FREIZEITPÄDAGOGIK IN DER LEISTUNGSGESELLSCHAFT

KLINKHARDTS PÄDAGOGISCHE QUELLENTEXTE

Herausgegeben von Prof. Dr. THEO DIETRICH und Prof. Dr. ALBERT REBLE unter Mitarbeit von OSKAR ANWEILER, HANS HERBERT BECKER, WINFRIED BÖHM, ULRICH BÜHLER, HERBERT CHIOUT, ERICH DAUZENROTH, HILDEGARD FEIDEL-MERTZ, ERICH E. GEISSLER, BERTHOLD GERNER, GOTTFRIED HAUSMANN, HELMUT HEILAND, MARIAN HEITGER, FRANZ HUBER, THEO HÜLSHOFF, HEINZ-JÜRGEN IPFLING, FRANZ-JOSEF KAISER, JOB-GÜNTER KLINK, FRIEDRICH W. KRON, RUDOLF LASSAHN, RUDOLF LENNERT, ILSE LICHTENSTEIN-ROTHER, RUDOLF LOCHNER, JOACHIM LOHMANN, HERMANN LORENZEN, KARL ERNST MAIER, FRITZ MÄRZ, RUDI MASKUS, LOTTE MÜLLER, WERNER S. NICKLIS, FRIEDHELM NICOLIN, HORST W. OPASCHOWSKI, HANS-HEINRICH PLICKAT, FRANZ PÖGGELER, HERMANN RÖHRS, WOLFGANG SCHEIBE, KARL SEIDELMANN, KARL SEILER, BERTHOLD SIMONSOHN, ARNOLD STENZEL, ERICH WEBER, ACHILL WENZEL, HEINZ WOHLERS u. a.

FREIZEITPÄDAGOGIK IN DER LEISTUNGSGESELLSCHAFT

Herausgegeben von

Dr. Horst W. Opaschowski

2., neubearbeitete und erweiterte Auflage
von »Freizeitpädagogik«

1973

VERLAG JULIUS KLINKHARDT · BAD HEILBRUNN/OBB.

1972. 12. Nn. Alle Rechte vorbehalten
Gesamtherstellung: Graphischer Großbetrieb Friedrich Pustet, Regensburg
Printed in Germany 1972
ISBN 3 7815 0173 6

Inhalt

I. Problemkreis und Begriffsbestimmung

1. Iring Fetscher

»Arbeit« und »Freizeit«

Daß mit *Arbeit* von Anfang an die Vorstellung von schwerer Mühe und Unglück verbunden war, macht die Etymologie des deutschen (wie übrigens auch des griechischen und lateinischen) Wortes deutlich. Kluge-Götze führt Arbeit auf ein germanisches Verbum ›arbejo‹ zurück, was soviel wie »bin ein verwaistes (und deshalb zu mühevoller Arbeit verdingtes) Kind« heißt.[1] »In der Gleichsetzung von Arbeit und (unwürdiger) Mühsal lebt« – nach den gleichen Autoren – »die von Tacitus [...] bezeugte Gesinnung: der freigeborene Germane überläßt die tägliche Arbeit den Unfreien« weiter. Diese Einstellung gilt allerdings genauso für die Griechen und Römer. Noch Luther, der im übrigen die modernere, positive Wertung der Arbeit fördert, benutzt das Wort auch im Sinne von ›schwerer Mühsal‹.

Eine allmähliche Änderung in der Wertschätzung der Arbeit hängt deutlich mit dem Aufstieg des Stadtbürgertums, des Handwerker- und Handelsstandes zusammen. In einer Sammlung von Sinnsprüchen über die Arbeit häufen sich die positiven Beispiele etwa seit Anfang des 15. Jahrhunderts. Bei Thomas a Kempis heißt es (um 1410 in seiner ›Imitatio Christi‹): »Was suchst Du nach Ruhe, da Du zur Arbeit geboren bist? – Ohne Arbeit gelangst Du nicht zur Ruhe, ohne Kampf nicht zum Sieg.« Und schon ganz bürgerlich klingt es bei Sebastian Brant (im ›Narrenschiff‹ 1494): »Die müßig Gehenden straft der Herr – und gibt der Arbeit Lohn und Ehr.« Charakteristisch für solche und alle späteren bürgerlichen Äußerungen über die Arbeit ist die Verinnerlichung des Zwangs; Arbeit bedarf nicht mehr eines äußeren Herren, sondern wird ›zur Ehre Gottes‹, in Befolgung des göttlichen Gebots geleistet. Erst durch die Reformation wird der Bibelspruch: »So jemand nicht will arbeiten, der soll auch nicht essen« (2. Thess. 3,10) popularisiert. Bei Luther finden wir schließlich den sinnigen Vergleich: »Der Mensch ist zur Arbeit geboren, wie der Vogel zum Fliegen.« Ganz und gar unantikisch meint Johann Friedrich Fischart: »Arbeit und Fleiß, das sind die Flügel, sie führen über Strom und Hügel« (›Das glückhaft Schiff von Zürich‹, 1576). Damals begann offenbar auch der Siegeszug des Fleißes als einer ›modernen Tugend‹, die den Alten ganz unbekannt war. Es dauert aber noch zwei Jahrhunderte, bis Benjamin Franklin den bürgerlichen Zweck der Arbeit offen ausspricht: »Der Weg zum *Reichtum* hängt vor allem von zwei Dingen ab: *Fleiß und Sparsamkeit*« (›Rat an einen jungen Handelsmann‹, 1748). Auch der enge Zusammenhang zwischen Arbeitsdisziplin und Geschlechtsmoral

---

[1] Friedrich Kluge – Alfred Götze, Etymologisches Wörterbuch der deutschen Sprache, Berlin 1953, S. 30.

ist nicht erst von Sigmund Freud entdeckt worden. Christoph Martin Wieland meint im ›Oberon‹: »Nichts unterhält so gut [...] die Sinne mit der Pflicht in Frieden, als fleißig sie durch Arbeit zu ermüden« (1780). In vollkommener Blindheit für alle vor- und nichtbürgerlichen Kulturen schreibt schließlich der Nationalökonom Roscher 1854: »Je höher die Kultur, desto ehrenvoller die Arbeit.«[2]

Das entscheidend Neue am bürgerlichen Zeitalter ist, daß Arbeit jetzt nicht mehr durch die direkte (sklavische) oder indirekte (feudale) Abhängigkeit von Personen erzwungen wird, sondern frei ist, wobei allerdings hinzugefügt werden muß, daß die personale Unabhängigkeit durch die Abhängigkeit vom Markt abgelöst wird. In einer rein bürgerlichen Gesellschaft gilt Arbeit nicht mehr als ein sozialer ›Makel‹. Alle arbeiten, oder geben doch vor, es zu tun. In der Tat verwandeln sich auch alle Tätigkeiten entweder in warenproduzierende Arbeit oder werden selbst zu Waren (Dienstleistungen). Auch künstlerische und wissenschaftliche Tätigkeit wird zur Ware, die genauso gegen die Ware der Waren, Geld, eintauschbar ist wie alles andere. Auf dem Markt werden alle Produkte und Tätigkeiten ›gleich‹, sie sind quantifizierbar (meßbar in ihrem ›Geld-Wert‹, der wiederum Ausdruck der in ihnen vergegenständlichten abstraktallgemeinen Arbeit ist). Tendenziell bestimmt sich die soziale Rangordnung nicht mehr nach Arbeit und Muße, sondern nach dem geleisteten Arbeitsquantum. Aber dieses idealtypische Bild wird in der Wirklichkeit durch zwei gegenläufige Tendenzen modifiziert. Einmal überleben vor allem in Europa (wie in Japan) noch bis ins zwanzigste Jahrhundert Überbleibsel des feudalen Verständnisses von Rang und Würde. Diesem feudalen (unbürgerlichen) Verständnis entspricht ein Ideal würdiger Muße, das insbesondere für die *Frauen* bürgerlicher Schichten noch immer eine gewisse Rolle spielt. Die bürgerlichen Berufe werden unter diesem Gesichtspunkt in eine Rangordnung gebracht, die nicht vollständig der reinen Einkommens- und Besitzhöhe entspricht. Hohe Staatsämter, Offiziersränge und Gelehrtentätigkeit werden höher eingestuft als ihrem – meist relativ geringen – Berufseinkommen entspricht. Die Bezieher von Grundrenten aus agrarischem Besitz wurden (namentlich in England) für ›vornehmer‹ erachtet als die Empfänger gleicher und noch weit höherer Einkommen aus Handel und Industrie. In den USA, wo anfangs diese feudalen Vorstellungen (außerhalb des Südens) kaum eine Rolle spielten, muß zu Beginn des imperialistischen Zeitalters eine Art nachträglicher ›Feudalisierung‹ der höchsten Einkommenskreise eingesetzt haben, von der Thorstein Veblens ›Theorie der Müßiggänger-Klasse‹ (1899)[3] berichtet. Muße, Luxus und ökonomisch nutzlose Geldausgaben galten (und gelten) in diesen Kreisen als Indiz eines privilegierten Sozialstatus. Es ist jedoch charakteristisch, daß reiche Bourgeois die Formen einer ‚Kultur der Muße‹ – mehr oder minder geschickt – von älteren feudalen Vorbildern erlernen mußten. Müßiggang und Luxus wurden oft auch entweder mit unterdrücktem schlechten Gewissen bezahlt oder durch Nebenabsichten (wie Geschäftswerbung) denaturiert.

[2] Franz Freiherr v. Lipperheide, Spruchwörterbuch, Berlin 1907, S. 23–28.
[3] Deutsche Ausgabe unter dem Titel: ›Theorie der feinen Leute‹, Köln o. J.

In einer Welt, in der nur ein verschwindend kleiner Prozentsatz der Gesellschaft wirklich ganz der Muße leben kann, ist es aber zu einem dringenden Bedürfnis der Selbsterhaltung des ökonomischen Systems geworden, den Eindruck allgemeiner Arbeitsamkeit und Arbeitspflicht zu erwecken. In den apologetischen Biographien großer amerikanischer Unternehmer wird daher kaum von deren Muße, sondern fast ausschließlich von deren intensiver, ja übermenschlicher ›Arbeitsleistung‹ gesprochen. Selbst dort, wo ihre ›Hobbies‹ wie Bildersammeln oder Großwildjagd beschrieben werden, ist mehr von dem Fleiß die Rede, mit dem sie diesen Tätigkeiten nachgingen, als von der Freude, die sie an einer völlig frei gewählten, befriedigenden Tätigkeit hatten. Die geringschätzige Behandlung des Playboys in ›seriösen Kreisen‹ ist ein Indiz für das noch immer vorhandene schlechte Gewissen derer, die nicht arbeiten müssen, aber anderen Fleiß und Arbeitsamkeit predigen.

Mit der Verherrlichung der Arbeit ist die bürgerliche Eigentumstheorie und die Rechtfertigung des Eigentums aufs engste verbunden. Seit John Locke Privateigentum aus der Bearbeitung abgeleitet hat, ist die ›Heiligkeit des Eigentums‹ auf eine neue, bürgerliche Basis gestellt worden. Für ältere Ideologien war die ungleiche Verteilung des Eigentums an Individuen und Gruppen einfach Folge einer von Gott gewollten Rangordnung. Die einen waren zum Herrschen und Führen bestimmt, die anderen zum Gehorchen und Ausführen; die einen mußten für ihre edleren Tätigkeiten von der Last der Alltagsarbeit freigestellt werden, die anderen waren gleichsam im Dienste ewiger Ordnung verpflichtet, für jene alle schweren Arbeiten zu leisten und für ihren Lebensunterhalt zu sorgen. Die Ableitung des Eigentums aus der individuellen Arbeit war ein großer Schritt nach vorn – er wurde von den Vertretern der Feudalgesellschaft zu Recht als revolutionär beurteilt und verdammt. Wenn nur Arbeit Recht auf Privateigentum verschafft, dann muß das Bearbeitete konsequenterweise denen gehören, die es bearbeitet haben, dann kann es keinen Besitz für Müßiggänger geben. Das mußte in den Ohren von Klerus und Adel wie eine Kampfansage klingen. Die freilich nie real existierende bürgerliche Idealgesellschaft müßte aus lauter – handwerklich und bäuerlich – Arbeitenden bestehen, die ihre wechselseitigen Produkte über den Markt beziehen, den sie alle mit ihren eigenen Waren beliefern. Aber schon John Locke verläßt – noch innerhalb seiner Theorie – dieses nie realisierte Modell. Beinahe versehentlich spricht er von der Arbeit nicht nur des Familienvaters und seiner Kinder, sondern auch von der des *Knechts,* durch welche nicht der Knecht, sondern *dessen Herr* Anspruch auf Eigentum des von ihm gestochenen Torfes erwirbt.

Durch die Existenz von Lohnarbeit wird die naturrechtliche Eigentumstheorie des Bürgertums von Anfang an desavouiert.[a] Der für Lohn Arbeitende erwirbt zwar Anspruch auf eine Bezahlung, aber deren Größe hat nichts mit dem Wert des von ihm erzeugten Produktes zu tun, das der ›Herr‹ (Arbeitgeber, Unternehmer) als Ware auf den Markt bringt. Ökonomisch gesehen ist die Arbeit des Lohnarbeiters gar nicht ›seine‹, sondern die des ihn ›Beschäftigenden‹, sie kann daher auch kaum jene Befriedigung an der Arbeit verschaffen, die noch immer von der bürgerlichen Moral als selbstverständlich unterstellt wird. Arbeit wird auch dort, wo der direkte (politische) Zwang weggefallen ist – wie in liberalen bürgerlichen Gesellschaften – noch immer als ›Zwangsarbeit‹ empfunden. Millionen suchen ihr durch Lotterie, Toto oder Verbrechen zu entfliehen. Das sittliche Ideal, das die Gesellschaft predigt, ist der erfolgreiche, arbeitsame und fleißige Mensch; das Ideal, das sie durch ihre Werbeagenturen, Zeitschriften und Fernsehsendungen indirekt suggeriert, ist der mühelos konsumierende, unbeschränktes Geldeinkommen beziehende, ewig jugendlich bleibende Glückspilz. Kaum ist der Mehrheit der Bevölkerung noch glaubhaft zu machen, daß Arbeit und Fleiß der einzige – oder auch nur ein gangbarer – Weg zu jenem allgegenwärtigen Traumziel des Glückes ist. Die Gesellschaft produziert notwendig Frustrationen, indem sie ständig mehr Wünsche erzeugt, als die meisten befriedigen können. Durch diesen Überhang an Konsumwünschen erzeugt sie aber zugleich einen indirekten Zwang zu erhöhter Arbeitsintensität und – selbst in hochindustrialisierten Gesellschaften – zu relativ langer Arbeitszeit. Während sich die Arbeitsproduktivität verhundert- und vertausendfacht hat, ist die Arbeitszeit um kaum 50 Prozent verkürzt worden. Gleichzeitig ist allerdings das Konsumbedürfnis gewaltig gewachsen. Da aber die auf Privateigentum beruhende Marktwirtschaft nur lebensfähig ist, solange sie *wächst,* und da die gesteigerte Warenmasse nur dann sinnvoll ist, wenn sie verkauft werden kann, müssen die Angehörigen der hochindustrialisierten Länder ständig mit Hilfe der Werbung zum Maximalkonsum ermuntert werden.

Längst vermag aber Arbeit nicht mehr Eigentum zu verschaffen, wenn Eigentum hier in dem traditionellen bürgerlichen Sinn von ›Eigentum an Produktionsmitteln‹ verstanden wird. Gewiß, durch Arbeitseinkommen können wertbeständige Konsumgüter wie Häuser und Grundstücke erworben werden, aber das durch eigene Arbeit Erreichte wird nur in ganz seltenen ›Glücksfällen‹ den Erwerb eines hinlänglich großen Produktionsmittels (einer Fabrik, eines Erwerbsgutes usw.) erlauben. Aufstiegschancen bietet die hochindustrialisierte Gesellschaft in der Regel nur *innerhalb* der Gruppe der Lohnabhängigen, nicht über diese hinaus. Dagegen fallen umgekehrt immer noch regelmäßig selbständige Existenzen in die Kategorie der ›Angestellten‹ hinab, ohne damit übrigens notwendig eine Minderung ihrer Konsumchancen hinnehmen zu müssen. Privateigentum in einer Größe, die seinen Inhaber von der Notwendigkeit eigener Arbeit enthebt, ist – in der Regel – ererbt. Die alte Verbindung zwischen Arbeit und Eigentumserwerb hat praktisch ihren Sinn verloren, und nur die ständig gewachsenen Konsummöglichkeiten bis hin zur Anschaffung von Prestige-Artikeln haben diese Tatsache dem Bewußtsein der meisten Zeitgenossen verdeckt. Die Wiederherstellung einer Gesellschaftsordnung, in der die Mehrheit der Familien tatsächlich über Privateigentum an den Produktionsmitteln verfügt, ist aber nicht nur praktisch unmöglich, sondern auch gar nicht mehr wünschenswert. Dagegen wird von den sensibleren Minoritäten hochindustrieller Gesellschaften der durch die manipulierten Konsumwünsche, Wettrüsten und geplanten Verschleiß vermittelte Leistungsdruck zunehmend als irrational und abschaffbar empfunden. Nicht deshalb scheint mühevolle Arbeit als irrational, weil sie nicht mehr imstande ist, dem Eigentumslosen Privateigentum an Produktionsmitteln zu verschaffen, sondern, weil es – angesichts des technischen Potentials hochindustrialisierter Länder – objektiv möglich wäre, diese Arbeitslast ganz erheblich zu reduzieren und damit das Leben aller Menschen qualitativ zu verändern. Einer solchen Änderung stehen nicht mehr – wie in früheren Zeiten – die beschränkten Möglichkeiten der menschlichen Produktion, sondern allein die überkommenen Organisationsformen und ökonomischen Strukturgesetzlichkeiten im Wege, die auch dort noch expansive Dynamik notwendig machen, wo sie längst entbehrt werden könnte, und zugleich die Produktion planlos in irrationale Richtung drängen.

Das neue Gleichgewicht, das technokratische Analytiker der hochindustrialisierten Gesellschaften mit so großer Zufriedenheit feststellen zu können glaubten, wird zwar einstweilen nur von relativ schwachen ›Randgruppen‹ dieser Gesellschaften bedroht oder doch in Frage gestellt, aber schon ist die ganze heitere Stimmung zerstört, die einige Jahre lang herrschte. Das ›Idealbild‹ einer fleißig *Abes:* vor sich hin produzierenden, ständig nach Konsumsteigerung gierenden, in ihrer kontinuierlichen Unbefriedigtheit zufriedenen Gesellschaft, deren Massen die Steuerung des Gesamtprozesses getrost ökonomischen Gesetzmäßigkeiten und korrigierenden Steuermännern an der Spitze überlassen, gehört der Vergangenheit an. Die Entpolitisierung des Bewußtseins, die Passivierung des Verhaltens, die Eindimensionalität des Denkens und Fühlens, Vorstellens und Hoffens wird von dissentierenden[b] Minderheiten nicht mehr hingenommen. Die totgesagte Utopie feiert ihre Auferstehung. Die domestizierte[c] ›Natur‹ des Menschen erweist sich als widerstandsfähig; das scheinbar Unveränderliche als änderbar. Es ist zumindest denkbar, daß die Utopie in dem Maße an Boden gewinnt, als das Interesse am technologischen Fortschritt die Industriegesellschaften dazu zwingt, schöpferisches Denken zu fördern und damit auch kritisches Potential zu erzeugen. Zumindest erweist es sich als ein Problem von zunehmender Schwere, wie es möglich sein soll, immer höhere und massenhaftere Fachqualifikationen zu produzieren, ohne zugleich – als ungewolltes Nebenprodukt höherer Bildung, längerer Freizeit, billigerer Informationsquellen, leichterer Kommunikation – Widerstand, Kritik und Auflehnung zu verstärken.

In einer Zeit, da mühevolle Arbeit technologisch aufhebbar erscheint und die Chance, mit Hilfe von Arbeit bleibenden Produktionsmittelbesitz zu erwerben, praktisch dahingeschwunden ist, wird der Konsumwunsch allgemein zum entscheidenden Vermittler des Arbeitsaufwands. Wer sich dem Leistungszwang der hochindustrialisierten Gesellschaft entziehen will, der muß sich daher auch – wenigstens partiell – vom Konsumzwang frei machen. Diesen Weg beschreiten amerikanische Hippies und andere oppositionelle Gruppen. Sie reagieren auf die entmenschlichenden Zwänge ihrer Gesellschaft auf eine Weise, die jedoch noch innerhalb der Kategorien dieser Gesellschaft befangen bleibt.

Indem sie sich gleichsam ›in den Poren‹ der existierenden Leistungsgesellschaft einnisten und sich gelassen deren Systemzwängen entziehen, bilden sie zugleich

11

Inseln einer neuen Menschlichkeit und Objekte kollektiven Neids, der nicht selten in Aggression gegen die Unaggressiven umschlägt (z. B. 1968 in Chicago).[4] Die Hippie-Gemeinschaft lebt gleichsam schon in einer Welt jenseits von Arbeit und Freizeit.

Zusammen mit der immer radikaler werdenden Kritik am Arbeitszwang und seiner sublimierten Entfremdung muß auch der Begriff ›Freizeit‹ in Frage gestellt werden. Er ist ein Produkt der industriell-bürgerlichen Epoche, ein Pendant zum Begriff Arbeitszeit, der erst mit der Quantifizierung aller Arbeit in der entfalteten kapitalistischen Wirtschaft zu zentraler ökonomischer Bedeutung gelangte. Freizeit bezeichnet den Zeitraum für freie menschliche Entfaltung (was sie theoretisch vielleicht sein könnte) stets nur *negativ* – als Zeit der Nicht-Arbeit, der unproduktiven Tätigkeit oder des Nichts-Tuns. Sie wird moralisch meist durch die Notwendigkeit der Wiederherstellung der vollen Leistungsfähigkeit gerechtfertigt und in den hochindustrialisierten Gesellschaften gleichsam ›für den Konsum in Beschlag gelegt‹. Der Nichtarbeitende soll wenigstens durch Konsum (Geldausgeben) für die Produktion tätig bleiben. Die freigesetzte Zeit (Freizeit) ist vor allem ein Objekt intensiver Werbung, eines sich steigernden Angebots an Waren in materieller und Dienstleistungsform. Die Mehrheit der Menschen, die in ihrer Arbeit ›fremdgesteuert‹ sind, bleibt in ihrer Freizeit genauso ›abhängig‹ wie während der Arbeitszeit. Die Hemmung der Initiative, die – auch wenn sie *technisch* längst kaum noch gerechtfertigt ist – immer noch für die meisten Arbeiten im Betrieb und Büro charakteristisch bleibt, überträgt sich auch auf die Freizeit. ›Zum Glück‹ kamen die modernen Massenmedien gerade in dem Augenblick, als wachsende Freizeit ›gefüllt‹ und ›genutzt‹ werden mußte: Film, Tonfilm, Radio, Fernsehen und illustrierte Zeitungen nehmen sich des Menschen in der Freizeit ebenso an, wie Massentourismus, Massen-(Zuschauer-) Sport und andere ›Vergnügungen‹. Das Verhältnis von Arbeit und arbeitsfreier Zeit kann sich erst grundlegend ändern, wenn es sich bereits *quantitativ* noch ganz erheblich weiter zugunsten der Freizeit verschoben hat und wenn die ›Freizeit‹ wirklich den Individuen für ihre freie Entfaltung zur Verfügung steht. Der säkulare Prozeß der Arbeitszeitverkürzung, den die Gewerkschaften und Arbeiterparteien zusammen mit der (von ihnen wesentlich geförderten) Industrialisierung durchgesetzt haben, scheint seit mehr als einem Jahrzehnt zum Stillstand gekommen zu sein. Die Vierzigstundenwoche, die schon 1945 allgemeines Programmziel war, ist kaum irgendwo schon unterschritten worden. Vielleicht haben die führenden Männer der Industriegesellschaften (mehr oder minder bewußt) erkannt, daß eine weitergehende Verlängerung der Freizeit unvorhersehbare *qualitative* Folgen haben müßte und zögern deshalb den Prozeß weiter hinaus. Gewiß fällt es vielen schwer, Abschied von einem Bild des Menschen zu nehmen, das seit Jahrhunderten durch Erziehung, Tradi-

---

[4] Vgl. Lewis Chester, Godefrey Hodgson, Bruce Page, Was ist das für ein Land! Der Kampf ums Weiße Haus, Hamburg 1969, S. 468 f., und Norman Mailer, Nixon in Miami und die Belagerung von Chicago, Reinbek 1969.

tion, religiöse Sanktion und moralische Wertungen verfestigt wurde: das Bild des homo laborans, des arbeitenden Menschen, der ›im Schweiße seines Angesichts sein Brot essen muß‹. Der Gedanke, daß eines Tages nicht nur für einige wenige – wie von jeher – sondern für *alle* Menschen das Ende dieser Mühsal kommen könnte, beunruhigt ob seiner Neuheit. Das karikierende Bild eines Schlaraffenlandes schiebt sich vors Bewußtsein, jahrhundertealter Spott über die Träumer von einer besseren Welt, über die Utopisten und Idealisten hat seine Spuren in uns allen hinterlassen. Ein kurzer Blick auf die Geschichte der Utopien, auf die differenzierteren Thesen von Marx – im ›Kapital‹ – und auf die Erkenntnisse Sigmund Freuds über den Zusammenhang von psychischer Struktur und Arbeitswelt könnte dazu beitragen, diese traditionellen Hemmungen und Abneigungen zu überwinden.[d]

2. Heinz Klunker

Freizeit, die sie meinen . . . Eine Kritik des gesamtdeutschen Sprachgebrauchs

> *Jenseits des Fließbands*
> Das Reich der Freiheit beginnt in der Tat erst da,
> wo das Arbeiten, das durch Not und äußere Zweck-
> mäßigkeit bestimmt ist, aufhört; es liegt also der
> Natur der Sache nach jenseits der Sphäre der eigent-
> lichen materiellen Produktion . . .
>
> Karl Marx

Die deutsche Fleiß-Tradition, die ihren simpelsten ideologischen Niederschlag in der Lesebuchmaxime *Bete und arbeite!* fand, hat nachhaltige Wirkungen gezeitigt: *Freizeit* wird vorläufig noch immer negativ definiert. Im Wortfeld *Untätigkeit* – eine Tätigkeit, die in der Freizeit wohl erlaubt sein sollte – versammelt der deutsche Wortschatz diese Synonyma: Trägheit, Faulheit, Unfleiß, Bequemlichkeit, Bärenhaut, Phlegma, Nichtstun, Dolce far niente, blauer Montag, Tagediebserei, Faulenzerei, Bummelei, Arbeitsscheu, Sauregurkenzeit, Zeitverschwendung, Zeitvergeudung. Menschen, die sich dieser Untätigkeit hingeben, erscheinen auf solchem Hintergrund als Nichtstuer, Müdlinge, Faulpelze, -säcke oder -tiere, als Herumtreiber, Strolche, Pflastertreter, Drohnen, Murmeltiere, aber auch als Träumer und Tagträumer.

So verrät der alltägliche Sprachgebrauch, daß von der *Arbeit* alles ausgeht, daß auf die *Arbeit* alles hinausläuft. Freizeit ist also, laut Brockhaus-Enzyklopädie, »die freie Zeit des arbeitenden Menschen, die weder durch berufl. oder berufsähnl. Pflichten (z. B. der Hausfrau, des Schülers) noch durch Schlaf gebunden ist«. Sie habe sich erheblich vergrößert und zu allerlei kulturkritischen Erörterungen Anlaß gegeben, woran man sich dann eifrig beteiligt. Freizeit nämlich soll keine *Zeitverschwendung* sein, soll »sinnvoll gestaltet« werden. In der hochkapitalistischen Gesellschaft heißt das, alles zu vermeiden, was der Reproduktion der Arbeitskraft Abbruch tut, sich aber allem zu öffnen, was die freizeitindustriellen Profitraten steigert – seine kostspieligen Hobbys zu pflegen, ein treues Glied der Do-it-yourself-Gemeinde zu werden.

Wo vorgeschrieben wird, wie Freizeit »sinnvoll« zu verbringen sei, darf ein Katalog nicht fehlen, der die angeblichen »Gefahren der Freizeitgestaltung« warnend aufführt. Die Enzyklopädie hilft auch hier weiter (allerdings ohne den Anspruch der Aufklärung zu erfüllen, der von den Enzyklopädisten, den französischen zumal, ausging). Gefahren lägen in der Tendenz, »gewinnbringende Zusatzbeschäftigung zu übernehmen«, deren Folge Erschöpfungszustände seien. »Eine andere Gruppe benutzt die F. zur Kompensation der unbewußten Enttäuschung über mangelnde Entfaltungs- und Selbstbetätigungsmöglichkeiten im Beruf.« Hier sind vor allem Jugendliche gemeint in ihrem »unsinnigen Rekordstreben bei Wochenendfahrten«. Und schließlich: »Die aus Rücksichts-, Hemmungs- und Maßlosigkeit sowie Unerzogenheit resultierenden F.-Schäden nehmen ständig zu.« Das ist 1968 veröffentlicht worden, als die Soziologie bereits entdeckt war und manches entdeckt hatte.

Befunde aus der DDR sind ähnlich trostlos, wenn auch ehrlicher, weniger umwunden. Das »Ökonomische Lexikon« definiert Freizeit als »arbeitsfreie Zeit nach Teilnahme am Arbeitsprozeß zwecks Reproduktion der Arbeitskraft« – eine Bestimmung aus bestem kapitalistischem Geiste. »Freizeit und Arbeitszeit bedingen sich gegenseitig. Der potentielle Wert der Freizeit ist von den gesellschaftlichen Verhältnissen abhängig.« Dem ist kaum zu widersprechen. Als Gegenstück zur bürgerlichen »sinnvollen Freizeitgestaltung« bietet das soeben herausgekommene »Kulturpolitische Wörterbuch« aus der DDR die Forderung nach »sozialistischem Freizeitverhalten« auf. Diese Formel scheint erfüllt im »Wörterbuch der marxistisch-leninistischen Soziologie«, das sich von der ökonomischen Schroffheit entfernt. Freizeit ist hier »ein Teil der Nicht-Arbeitszeit, in dem von den Werktätigen ihr kulturelles Niveau erhöht, ihre Bedürfnisse hinsichtlich Bildung, Erholung, gesellschaftspolitischer Tätigkeit, Geselligkeit, Kunstgenuß, Unterhaltung, Körperkultur und Sport befriedigt werden.«

Freizeit ist offenbar unheimlich. Die sie gewähren, wollen darüber verfügen, wie sie über den Menschen und seine Arbeitskraft verfügen. Der Mensch soll Objekt bleiben, nicht zu sich selbst und auf renitente Ideen kommen. Freizeit wird idealistisch in den *Freizeitgedanken* aufgelöst, wissenschaftlich als *Freizeitproblematik* zerschwätzt, noch ehe sie überhaupt gewonnen wurde. Freizeit ist heute bloß eine ökonomische Größe, eine Lücke in der verwalteten Welt. Nur wenige Menschen haben die Chance, sie menschlich zu nutzen, individuell zu leben. Es bedarf noch mancher gesellschaftlicher Veränderung, ehe Freizeit als »*freie Zeit* – die sowohl Mußezeit als Zeit für höhere Tätigkeit ist« wirklich werden wird. Diese Definition ist von Marx.

II. Geschichte der Freizeit und Freizeiterziehung

1. Albrecht Timm
Verlust der Muße. Der historische Weg zur Freizeitgesellschaft

Hat das Freizeitproblem in der Mitte des 20. Jh. Vorstufen oder Vorformen in der Vergangenheit? Recht häufig hat man Historikern eine »Flucht in die Vergangenheit« als Negativum angelastet, nicht ganz so oft einen allzu zeitgebundenen Aspekt übel angemerkt. Es bleibt zu hoffen, daß sich dieser kleine Versuch in der ausgleichenden Mitte bewegt. Die Geschichte ist von der Vergangenheit bestimmt, aber nach der Zukunft hin offen. Auch wo diese Zusammenfassung einer Untersuchung nicht der Gefahr entgangen zu sein scheint, die Vergangenheit als zu rosig zu malen, darf der Autor versichern, daß er die Geschichte für unwiederholbar hält. Auch eine »Erziehung zur Freizeit« sollte hier nicht etwa an Hand von Vorbildern gegeben werden. Die historische Betrachtung bietet sich allerdings gelegentlich als eine Art Travestie, denn mehr als nur einmal steckt hinter einer Darlegung der Vergangenheit eine gegenwartsbestimmte Fragestellung an diese Vergangenheit.

Offenbar gab es im Altertum bei den Hochkulturen des vorderen Orients wie auch wohl bei denen in Asien und Amerika ein Mußemonopol der herrschenden Schichten. Hier waren indessen nicht nur die Herrscher selbst oder eine Gentilaristokratie eingeschlossen, sondern auch der vielschichtige Kreis ihrer Berater, Richter, Philosophen, Wissenschaftler und Künstler. Sie alle wirkten auf diese Weise auf die Lenkung des Staates oder Gemeinwesens ein. Muße ist im Grunde seit dem Altertum ein »freies Spiel von Kräften«, um die zum geflügelten Wort entwickelte Formulierung von Friedrich Schelling aus seiner Schrift von der »Weltseele« aus dem Jahre 1798 aufzugreifen. Gerade in der Antike wird indessen Muße nicht gleichsam nebenbei »gespielt«, sondern offenbar mit nachhaltigem Erfolg gelebt.

Im klassischen Griechenland tritt das, durch mancherlei Quellen belegt, deutlich hervor. Muße und Verhandeln, im Interesse der Politik wie eines Handels, sind im Altertum, im Grunde genommen auch noch bis in das 19. Jh. hinein, mannigfach miteinander verknüpft. Hier liegen wesentliche Wurzeln der Diplomatie. Selbst Geschäfte werden im alten Griechenland in Muße, gewissermaßen zufällig und nebenbei, abgeschlossen. Der Müßige trägt dort keine Geschäftigkeit zur Schau. Muße vollzieht sich also in möglichst starker innerer und äußerer Unabhängigkeit, bedeutet freies, sich selbst genügendes oder der Polis wesentliches Schaffen, aber kein zwangsweises Tun. Gerade in seiner Scholé führt man kein kontemplatives Leben des reinen Genusses, hält sich aber von jeder Erwerbstätigkeit fern.

Arnold J. Toynbee hat bei seinem »Gang durch die Weltgeschichte« die Muße als »Amme der Kultur« bezeichnet. Das wird besonders augenfällig, wenn man den Beitrag des klassischen Griechenlands in den Bereichen der Wissenschaften und Künste beachtet. Was die bildende Kunst und die darstellende Kunst bereits den Zeitgenossen boten, zeigt den höchst unmittelbaren Beitrag der Muße zum Leben der Polis und in der Polis.

Wirft man die Frage auf, ob bereits zu dieser Zeit im Bereich der Muße Anfänge einer solchen »Freizeitgesellschaft« anzutreffen seien, wie diese sich in der Mitte des 20. Jh. überall auf der Welt auszubreiten beginnt, dann wäre diese Frage zu bejahen, falls man darunter jede größere, nicht arbeitsmäßig gebundene Gemeinschaft verstehen würde, aber diejenigen, die im klassischen Griechenland die Muße pflegen, sind durch ihre Hingabe an sie keineswegs »frei«, d. h. ungebunden oder auch nur freizeitlich unabhängig. Ähnlich, aber doch nicht völlig gleichartig, kann die Rolle der Muße im alten Rom angesehen werden.

Die nach griechischem Vorbild übernommenen artes liberales können nur von Unabhängigen in der Muße gepflegt werden, ein Begriff »geistige Arbeit« ist der Antike wie auch dem Mittelalter völlig fremd. Muße wird bei näherem Umgang mit artibus liberalibus zu einer verfeinerten Form des Lebensgenusses, gibt aber auch eine Grundlage für die Ausbildung einer Persönlichkeit. Die mit Genuß gekoppelte Muße wird freilich in Rom zuweilen bereits ein Stück wenig schöpferischer »Konsumenten-Kultur«, ruht sie doch auf den Grundlagen einer breiten Produzentenschicht.

Ludus hat in Rom eine doppelte Bedeutung erhalten. Es läßt sich einmal mit Elementarschule wiedergeben, in der den jungen Menschen der Umgang mit Muße vermittelt wird und in der man dem Spiel ähnliche Übungen betreibt, dann aber auch als spielerischer Genuß. Der homo ludens verfolgt mit seinem Spiel zunächst keinen praktischen Zweck oder Nutzeffekt. Wenn im antiken Griechenland ein Zueinander von Muße und Betätigung Freude bringt, so kommt dem im alten Rom das Idealbild des homo ludens gleich, der sich noch nicht lediglich »bespielen« oder vorspielen läßt, sondern ludus als schöpferisches Selbstsein sieht oder zu gewinnen sucht. Freilich rückt dann recht bald ludus für die breiteren Volksschichten immer mehr in einen Zusammenhang mit Schauspiel oder Zeitvertreib.

In Rom eröffnen sich damit, etwa im Circus Maximus, erste Möglichkeiten für eine »Freizeitgestaltung von Massen«. Dort sind Menschen verschiedener Herkunft zeitweilig zusammengefaßt, aber kaum zusammengefügt, lassen sich durch Attraktionen oder Sensationen auf Zeit fesseln, aber doch nicht eigentlich ansprechen. Dabei wird das von Juvenal in seinen Satiren am Ende des ersten Jahrhunderts nach Chr. geprägte Wort: »Panem et circenses« zu einer Devise, über die sich freilich alle diejenigen erheben, die weiterhin selbst Muße pflegen oder genießen wollen, otium dem negotium vorziehen.

Das im Mittelalter lebendige mittelhochdeutsche »muoze« bewegt sich zunächst in der Nachbarschaft von müssen, hat sich dann aber gleichsam nach der Gegenseite entwickelt. Die ursprüngliche Bedeutung beinhaltet etwa: eine Möglichkeit oder Gelegenheit haben, etwas nach Gutdünken zu tun. Ein »in aller

Muße« ist gleichbedeutend mit »in aller Ruhe«. Mit der Muße wird die Würde nicht nur gewahrt, sondern sogar vertreten. Die Mußestunde kann im Mittelalter nicht als »tempus vacuum« verstanden werden, sondern bringt die pflichtfreie Stunde des Tätigen oder die Besinnungsstunde des Klerikers. Muße und Werken erscheinen im Mittelalter etwa mit der Devise *Benedikts:* »ora et labora« enger miteinander verknüpft, als in der Antike, beide liegen sogar häufig fast im Gemenge. Der Begriff Freizeit ist indessen auch auf das Mittelalter nicht übertragbar, denn er setzt eine Einstellung zur Arbeit voraus, die dieser Epoche völlig fremd bleibt, nämlich die Vorstellung einer Erwerbsarbeit. *denn keine ~*

Das Leben in der Gemeinschaft schreitet damals von Fest zu Fest. Fest und Feier hängt mit dem lateinischen feriae zusammen, man ist also dann entweder feierlich oder festlich gestimmt und gewinnt somit Festpunkte, Fixpunkte gegenüber der verrinnenden Zeit. Die Zusammenfassung des Jahres wie des Tages erfolgt demnach letztlich zur Ermittlung der Gebetszeiten. Diese, durch Glocken angezeigt, bstimmen aber nicht allein die Festtage, sondern prägen darüber hinaus jeden Alltag, leiten ihn ein und schließen ihn ab.

Seit dem 14. Jh. erscheinen die ersten Räderuhren. Mit solchen gewissermaßen mechanisch arbeitenden Schlaguhren wird der Übergang von der »kanonischen« Zeitmessung im Dienste der Kirche, des unmittelbaren Gottesdienstes, zu den gleichbleibenden, schematisch gezählten, den Tag auch im Interesse der Arbeit abteilenden und ablesbaren Stunden markiert. Seither ist es möglich, eine Arbeitszeit konkret zu messen und einzuschätzten. Solcher Wechsel von der »rechten Zeit« des Gebets nach dem Zeichen der Glocken zur »genauen Zeit« nach den Uhren im Interesse der Betätigung wirkt recht bedeutsam für Zeitgenossen wie für heutige Betrachter. Freilich zeichnen sich – zumal in den Städten – im Spätmittelalter Bestrebungen ab, nicht nur vom Gebet, sondern auch von der Tätigkeit her, Pausen in den Arbeitstag einzulegen. Rast und Pause sind seither mit Vorstellungen der Arbeit oder der Tätigkeit verknüpft worden.

Im Spätmittelalter beginnen sich Müßige zu ihrer Unterhaltung nicht zu ihrem Stand gehörige Diener der Muße zu halten. Sie bewegen sich dann auf einer Vorstufe des Mäzenatentums. Der wachsende Einfluß eines vom Bürgertum geförderten Erwerbsdenkens zeichnet sich schrittweise ab. Es bleibt für das Mittelalter die Feststellung, daß Muße dort als Betätigung der Arbeitsfreien, nicht zuletzt der Ritter und ihrer Frauen, oder als *Kompensation zur Arbeit* gekennzeichnet werden muß, in den von der Kirche gesetzten ordo eingegliedert bleibt.

Mit dem 16. Jh. rückt die Arbeit, die zuvor ganz im Schatten der Lebenswelt des Adels und der Kirche stand, entschieden in den Vordergrund. Der nun im Interesse aller stehende homo faber, dem es stärker auf einen Nutzen, auch auf einen Nutzen der Zeit, ankommt, nimmt die Muße als etwas Fremdes, im Grunde Unnützes. Seither wird Muße immer häufiger über das Stichwort Müßiggang zu einem Gleichwort für Trägheit.

Die Reformationszeit brachte die Freiheit des einzelnen Christen, der nun in Freiheit dienen soll. Das ethische Moment des Berufs ist durch die Reformation stark betont und dadurch die Bedeutung der bis dahin maßgeblichen Genossenschaften und Korporationen abgeschwächt worden. *Luther* betont die Werktreue, er unterstreicht den Wert des laborare, des tätigen, auch mühseligen Seins für den erbsündigen Christen. Er sieht Arbeit im Sinne von Beständigkeit, Zuverlässigkeit, Selbstlosigkeit, als gottesfürchtigen Dienst. Der Wert solcher Arbeit soll nach der Treue ihres Dieners gemessen und vom Feierabend gekrönt sein.

Der wahre Feierabend gedeiht nur in der Nachbarschaft, d. h. unter dem positiven Einfluß der mitmenschlichen Verbindungen, zugleich auch in der Nachbarschaft von Wohn- und Arbeitsstätten. Nachbarliche Beziehungen sind in den Städten bis ins 18. Jh. hinein fast genauso lebendig wie in den Dörfern, sofern Familien, die der gleichen Zunft angehören, nahe beieinander wohnen, bestimmte Handwerkszweige also in einem Viertel konzentriert erscheinen.

Die Wesensentfaltung des Menschen, die gerade beim Bauern und Handwerker sich sowohl in der Werktätigkeit wie im Feierabend gleichermaßen vollzieht, wird nach der ersten industriellen Revolution außerhalb der neuartigen Arbeitswelt leichter erkennbar als in ihr, aber diese Arbeitswelt dominiert sehr bald und formt den Alltag. Als Kennworte des 18. Jh. können *Ökonomie* und *Industrie* angesehen werden.

Eine Fragestellung: »Hatte man früher mehr Zeit?« ist im Grunde genommen anachronistisch, denn die Zeitvorstellungen der Antike oder des Mittelalters sind eben anders als die der modernen Epoche. Nicht unwesentlich scheint indessen die Beobachtung, daß man im allgemeinen erst seit dem 18. Jh. mit der Zeit, die man in Stunden faßte, zu geizen beginnt. War die Adelswelt und ähnlich die sich um Universitäten und Akademien gruppierende »Gelehrtenrepublik« bis in das 18. Jh. noch weitgehend übernational, so macht sich durch das heraufkommende höhere Beamtentum und seinen neuen Offiziersstand nun bereits ein Eigengewicht verschiedener Staaten oder Nationen bemerkbar. Dabei erhält über den Begriff »Pflicht« die neuartige Arbeitsauffassung Eingang in die alte auf Mußedemonstration eingestellte Herrenwelt. Der »Herr« kümmert sich nun um seine Gutswirtschaft, steht als Offizier oder hoher Beamter im Dienst des Staates. Auch der Herr des 18. Jh. verachtet, ebenso wie die Antike und die Adelsgesellschaft des Mittelalters, jede Lohnarbeit im Handwerk und in der Kaufmannschaft, dient, aber als Offizier oder als Beamter, gelegentlich sogar als Fabrikeninspektor seinem König und leistet diesen Dienst gegen eine Bezahlung, läßt sich im Dienst reglementieren.

Im Wettbewerb einzelner Staaten, der im 17. Jh. von verschiedenen Höfen und Herrschaften angeregt wird, muß außerdem Mühe auf das Erlernen von Formen und einer *Mußedemonstration* verwandt werden. In dieser Richtung wirken die Kavalierschulen und Ritterakademien tonangebend. Ein Leben der demonstrativen Muße ist seit dieser Zeit in der Nachbarschaft des demonstrativen Konsums angesiedelt, das bedeutet, ein Repräsentant sucht mit besonderem Aufwand an Kleidung, Wohnung oder Verzehr zu brillieren. Was eine Elite in Jahrhunderten als demonstrative Muße übte, gerät nun in die Gefahr einer

Veräußerlichung oder einer ausweglosen Verfeinerung. Groteske Entgleisungen sind deshalb nicht eben selten. Nicht mehr die eigentliche Muße, die Hingabe an Geist, Seele, Wissenschaften oder Kunst um ihrer Selbst willen soll nun verbreitet werden, sondern ein maître de plaisir erscheint deshalb als Ausbilder im perfekten Nichtstun. Muße galt nun wieder stärker als ein Vorrecht, bildete das Merkmal einer Schicht, die sich im Besitz der sozialen und wirtschaftlichen Macht meinte, die repräsentieren mußte und zu repräsentieren wußte. Hier herrschte zeitweilig bereits die Devise »Dolce far niente«, andererseits nahmen indessen gesellschaftliche Pflichten, sehr häufig mit administrativen Aufgaben verbunden, erhebliche Zeit in Anspruch, so daß die moderne journalistische Fragestellung: »Wieviel Freizeit hatte der Herr Baron?« nicht nur anachronistisch, sondern auch unberechtigt erscheint, denn der Baron hatte vielmehr eine Fülle von »Festzeiten« d. h. Termine, zu denen er meist turnusmäßig präsent sein mußte und die schließlich fast alle seine Tage mit Beschlag belegte. Seit dem 18. Jh. galten offizielle Empfänge oft als Pflicht im diplomatischen Verkehr, aber ebenso oft als Geselligkeitsabklatsch, füllten den Festplan des angeblich so freizeitreichen Barons fast in gleicher Weise, wie ein Terminplan des Managers im 20. Jh. gefüllt erscheint.

Seit dem Mittelalter tritt neben der Adelswelt und der Kirche, die Muße in abgewandelter Form pflegen, das tätige Bürgertum mehr und mehr hervor und schafft neue Bezüge zum Handeln, die sich auch vom natürlichen Arbeitsprozeß des Bauern erheblich abheben. Seit dieser Zeit läßt sich schrittweise eine Art *Emanzipation oder Versachlichung der Arbeit* beobachten. Gleichzeitig läßt sich auch eine Verwissenschaftlichung der Technik und der Natur feststellen. Der Feierabend von Bauern und Handwerkern gestaltet sich am Wohnplatz im Rahmen der Familie oder der Nachbarschaft unmittelbar neben der Arbeitswelt, aber mit dem 17. Jh. kommen auch dort Arbeitsintensitätsfragen auf, wird an Stelle der Feierabendglocke ein individuelles Messen der Leistung und der Arbeitszeit maßgeblich.

Seit dieser Zeit verbreitet sich vom pädagogischen Bereich her ein neues Arbeitsethos. Einer Ablösung der älteren Begriffe Muße und Feierabend entspricht ein grundlegender Wandel von Lebensbedingungen, die etwa – nach der Verbreitung von Manufakturen und Fabriken – durch eine weite räumliche Trennung von Wohnstätte und Arbeitsplatz, durch eine völlig familienfremde Tätigkeit, durch neue Möglichkeiten des Verkehrs und der Geselligkeit stark mitbestimmt werden.

Jetzt sah man in der Kultur ein Gegenstück zur Arbeit und zur Arbeitswelt, wollte also die Arbeit und die Kultur fast voneinander absondern. Allein außerhalb der Arbeit sollte ein privater Raum für Kultur und ihre potentielle Vorform, die »Zivilisation«, bestehen. Der Einfluß, den die Industrialisierung des 18. Jh. auf das ausübt, was man seither unter Kultur zusammenfaßt, wirkt im ganzen gesehen wenig positiv, denn nun sieht mancher Gebildete unter ihrem Einfluß einen erheblichen Gegensatz zwischen Kultur und Zivilisation. Im 19. Jh. wird darüber hinaus der Abstand zwischen denjenigen, die Kultur pflegen oder zu pflegen meinen und denjenigen, die in ihrer Arbeitswelt verharren und verharren müssen, noch erheblicher.

Mit der bezahlten Tätigkeit des Künstlers, der nun aus dem Zusammenhang von Muße, ordo oder patriarchalischer Betreuung endgültig gelöst erscheint, ist ebenfalls der Beginn einer neuen Epoche gekennzeichnet. Gewiß wird auch im Altertum oder im Mittelalter die Kunst vielfach »im Auftrag« gestaltet und durch einen Auftraggeber honoriert. Dem Künstler wurde aber – entsprechend dem herrschenden Zeitmaß – völlig freie Zeit gelassen, es gab keine Terminarbeiten, die Muße dominierte also auch in dieser Beziehung. Seit dem 18. Jh. scheint freischöpferische Kunst dagegen kaum noch möglich. Im Bereich der Technik wie dem der schönen Künste, die nun ganz voneinander gelöst werden, drängt ein Auftraggeber, zunächst die Obrigkeit, dann der reich werdende freie Unternehmer, oft im Wettbewerb oder Wettlauf mit einem Nebenbuhler oder Konkurrenten. Das technische Schaffen vollzieht sich seither in der Regel ohne Muße. Der freischaffende Künstler fühlt sich gedrängt oder bedrängt. Im Grunde genommen bleibt freilich bei ihm ein Übergang zwischen Arbeit und Spiel weiter fließend, aber die Abhängigkeit von der Arbeitswelt nimmt doch entscheidend zu.

Wenn also auch in diesem Bereich ein weiterer Verlust von Muße festgestellt wird, so wächst zugleich doch der Einfluß des Musischen. Muße und musisch stehen zwar in keinem etymologischen Zusammenhang, aber man darf doch feststellen, daß musisch seit dem 19. Jh. immer häufiger dann gebraucht wird, wenn man das zu umreißen sucht, was man in der schöpferischen Muße pflegen will. Unter »Museum«, das zunächst als Studierstube, als Sammlung von wissenschaftlichen Beiträgen oder auch Gegenständen bekannt war, versteht man gegen Ende des 19. Jh. eine Sammlung von Kunstgegenständen oder Altertümern aus der Geschichte der Menschheit oder der Natur. Sie sollen erst »Interessenten«, dann auch der breiten Öffentlichkeit zugänglich sein. Museen vermögen freilich damals nur sehr beschränkt die heraufkommende Freizeit zu füllen oder zu ihrer sinnvollen Gestaltung anzuregen.

Für das 19. Jh. sollte auf den Hintergrund der *sozialen Frage* das Zueinander von *Arbeitszeit* und *arbeitsfreier Zeit* beachtet, ein neuartiger Zusammenhang zwischen *freier Zeit* und *Bildung* herausgestellt werden. Im Verlaufe der Neuzeit hat der homo faber den homo ludens fast ganz verdrängt. Aus aktiven Mitspielern entwickelt sich eine breite Schicht von Spielkonsumenten, wozu neuartige Kommunikationsmittel erheblich beitragen. Der Einfluß von Standes- und Berufsorganistionen, die Bildung neuartiger Vereine wird während der ersten industriellen Revolution bemerkenswert und im Vorfeld der zweiten industriellen Revolution bedeutsam, weil mit einer Verstärkung der Mechanisierung und dem Heraufkommen der Automatisierung das organische Verhältnis zur Arbeit erheblich gestört erscheint. Im Spannungsfeld von Individuum und Masse entsteht das *Freizeitbedürfnis* des 20. Jh. Schließt sich damit der Kreis, kommt die Freizeit, eine Ideal-Freizeit der Muße nahe?

Im Gutachten des »Deutschen Ausschusses für das Erziehungs- und Bildungswesen«: »Zur Situation und Aufgabe der deutschen Erwachsenenbildung« vom 29. Januar 1960 wird im Abschnitt 2: »Muße und Freizeit« besonders auf die Muße hingewiesen, »*den Inbegriff eines unmittelbaren Daseins, das sich in der Welt der Pflichten, gegen sie und für sie behauptet*«. Mit dem Kennwort oder unter dem Kennwort Muße werden in diesen Jahren hohe Aufgaben und Ziele verbunden, oft ein *Muße-Utopia* aufgebaut, eine Vergangenheit fast romantisch verklärt, als ideal herausgestellt. Die Geschichte kennt aber keine Wiederholungen, und so wird sich die klassische Mußezeit kaum wieder berufen oder imitieren lassen.

Ist es dann müßig, über einen Verlust der Muße zu handeln oder hier sogar eine Klage über diesen Verlust herauszulesen? Was der Historiker aus den Bereichen der Wirtschafts- und Sozialgeschichte sowie der Kultur und Technik beizubringen vermag, bietet weder erstrebenswertes »gutes Altes«, noch Rezepte für die Gegenwart, sondern möchte lediglich Probleme und Problematik vertiefen helfen. Der Historiker sieht sich dabei nicht als Prognostiker, er vermag demnach keine Aussagen über die Zukunft zu bieten, aber er kann doch feststellen, daß offenbar die Freizeit im Zusammenhang mit der zweiten industriellen Revolution im geistigen, kulturellen und politischen Bereich eine ähnliche Wirkung ausübt, wie die Aufhebung der Leibeigenschaft des 19. Jh. Damals wie jetzt sind Menschen aus traditionellen Bindungen befreit, fühlen sich frei, mancher droht freilich zunächst in einem Strudel unterzugehen, bevor er sich wirklich »frei schwimmt«. Er bedarf deshalb vielleicht einer gewissen Anleitung und einiger Vor- und Leitbilder. Ein Teil von Muße und ein Teil des alten Feierabends kann doch wohl »Modelle« bieten, sofern Muße als die Zeit gilt, die man als freier Mensch genießt, wobei die Betonung ebenso bei frei wie bei Mensch liegen muß. Wem ein Feierabend gegeben ist – nicht selten bezieht sich in der Gegenwart der Begriff Feierabend auf den gesamten Lebensausgang – der sollte Besinnung und Erbauung pflegen, aus zweckfreiem Tun, aus schöpferischem Sein einen Standort oder einen Ausblick gewinnen. Er versteht sich dann als Mittelglied einer Kette und beschränkt sich keineswegs auf unverbindliches Tun, sondern sucht einen neuen Bezug zur menschlichen Gesellschaft.

2. Horst W. Opaschowski
Das Freizeitproblem in der Geschichte des deutschen Erziehungsdenkens*

Auf die gesellschaftlichen Voraussetzungen einer Idee der erzieherischen Gestaltung des Freizeitlebens im Laufe der Geschichte verwies erstmals *Johannes Zielinski* im Jahre 1954 in seiner Arbeit ›Freizeit und Erziehung‹. Die gegenwärtigen Probleme der Freizeit konnten nach Meinung *Zielinskis* nicht einfach wie

* Zu den Literaturhinweisen des Autors vgl. Abschnitt »Quellennachweis und Anmerkungen des Herausgebers« (II/2).

»Blitze aus dem heiteren Himmel«[1] auftauchen, vielmehr mußten sie in ursächlichem Zusammenhang mit geschichtlichen Tatsachen stehen. Dazu zählte er die Verkürzung der Arbeitszeit bzw. den gleichzeitigen Zuwachs an Freizeit im ausgehenden 19. und beginnenden 20. Jahrhundert, durch die für den Arbeiter ein Vakuum geschaffen und eine kulturelle Durchdringung der Freizeit unmöglich wurde. So stellte sich für *Zielinski* die Freizeitidee zwar als ein historisch gewachsenes, aber für die Erziehung erst im 20. Jahrhundert problematisch gewordenes Phänomen dar. Zu ähnlichen Ergebnissen gelangte zwei Jahre später *Viggo Graf Blücher* in der für die moderne Freizeitsoziologie und Freizeitpädagogik richtungsweisend gewordenen Untersuchung ›Freizeit in der industriellen Gesellschaft‹.[2] In dem 1968 von *Hermann Giesecke* herausgegebenen Sammelband zum Thema ›Freizeit- und Konsumerziehung‹ faßt *Blücher* die wichtigsten Aspekte seiner Forschungen zusammen. Die drei Hauptthesen lauten:

1. Der Begriff ›Freizeit‹ ist industriegesellschaftlichen Ursprungs.
2. Er taucht erstmals um 1880 auf.
3. Er wird als Komplementärbegriff zur Arbeit verstanden[3].

Blüchers Thesen sind bis heute fast von der gesamten Forschung anerkannt und – wie diese Arbeit beweisen will – anscheinend ungeprüft und kritiklos übernommen worden. *Geck* schreibt 1957: »Der Ausdruck und damit der Begriff, die Idee der Freizeit sind ... erst nach 1900 aufgekommen«[4]. Und *Habermas* konstatiert: »Arbeit und Freizeit sind heute noch so sehr verschränkt, daß die eine nur mit dem Blick auf die andere verstanden werden kann.« Auch für ihn besteht kein Zweifel an dem »komplementären Verhältnis von Arbeitsanspruch und Freizeitverhalten.« Er entwirft geradezu das »Modell einer komplementären Funktion der Freizeit im Verhältnis der Arbeit[5].« Für *Küchenhoff* ist Freizeit ein »Produkt der Industriegesellschaft[6]«, für *Giesecke* ein »Produkt der modernen industriellen Revolution[7].« *Erich Webers* umfassende Darstellung der Freizeitpädagogik geht davon aus, daß Freizeit »ein sehr junger Begriff« ist, »der in engster Verbindung mit der fortschreitenden Industrialisierung aufgekommen ist und erst im 20. Jahrhundert breitere Verwendung findet[8].« *Bornemann* und *Böttcher* stellen 1964 fest: »Der Begriff ›Freizeit‹ taucht erstmals um 1880 auf[9].«

Diese Feststellung ist mißverständlich. Der Begriff ›Freizeit‹ geht auf den mittelalterlichen Rechtsbegriff *»frey zeyt«* (vgl. auch ›freyselde‹, ›freiung‹, ›friheit‹) zurück, der in der Bedeutung *»Marktfriedenszeit«* erstmals um 1350 in der deutschsprachigen Literatur auftauchte. Die »frey zeyt« begann am Tage vor Maria Geburt zur Vesperzeit (»Alwegen uf unser lieben frauen nativitatis zu vesper zeit gaet aen die *freyzeyt* ...« Das alde Gerichtsboech. Abgedruckt in: Urkunden und Akten zur Geschichte der Verfassung und Verwaltung der Stadt Koblenz bis zum Jahre 1500. Bearb. v. Max Bär, Bonn 1898, S. 99 f. und 75), also am 7. September, und endete mit dem Remigiusfest am 1. Oktober. Die ›frey zeyt‹ gewährte den zum Markt Reisenden und vom Markt Heimkehrenden sicheres Geleit. Der Marktfrieden hatte die Bedeutung eines persönlichen Schutzbannes. Wahrzeichen der frey zeyt und damit der Freiheit des Marktes (forum liberum) war das von den Fronboten errichtete hölzerne Marktkreuz, das – mit einem Handschuh und einem Schwert geschmückt (ein hoilzen creuz mit eime schwerde und einer hand, S. 99) – die Anwesenheit des Königs symbolisierte, von dem sich das Marktrecht herleitete und unter dessen Frieden der Markt stand (Königsbann). Die frey zeyt garantierte allen Marktbesuchern Sicherheit gegen Gewalt und Störungen aller Art (keiner mag den andern fredebruchig sagen zuschen vorgenanter zeit biß uf den neesten gerichts tag nach s. Remigii, S. 99). In dieser frey zeyt stellte der Markt eine Art ›Bann- und Friedensbezirk‹ dar, in dem das Immunitätsprivileg galt, das Zwangshandlungen (z. B. ›districtio‹: Vorladung, Verhaftung) ausschloß. In der frey zeyt begangene Friedensbrüche wurden doppelt bestraft (der gildt dubel boesse, S. 100).

Die Aussage – der Begriff ›Freizeit‹ taucht erstmals um 1880 auf – kann in dieser Formulierung nicht aufrechterhalten bleiben. Es wird im folgenden noch nachzuprüfen sein, wann das Wort ›Freizeit‹ erstmals in seiner *heutigen* Bedeutung in der deutschen Literatur auftauchte.

Weiterhin heißt es bei *Bornemann* und *Böttcher*: »Das Freizeitleben ist als Antithese zum Arbeitsleben zu verstehen … Das Freizeitleben ist notwendiges Komplement zum Arbeitsleben[10].« Auch *Strzelewicz* ist fest davon überzeugt, daß Freizeit und Freizeitprobleme »verhältnismäßig sehr jungen Datums« sind. Für ihn bedarf es gar »keiner ausführlichen Erläuterung, warum ein eigentliches Freizeitproblem erst für die industrielle Gesellschaft entstand.« *Strzelewicz* glaubt, daß es erst eines etwa hundertjährigen Industrialisierungsprozesses und einer damit verbundenen Umgestaltung der Arbeitswelt und Gesellschaft bedurfte, ehe Freizeit wirklich aktuell wurde – »also etwa seit dem Ersten Weltkrieg[11].« Ebenso ist *Giesecke* der Ansicht, daß wir in bezug auf die Geschichte der Freizeit und ihre Erforschung »vor einer völlig neuen Tatsache stehen[12]«. Nach *Giesecke* sind die heutigen Freizeitvorstellungen »in ökonomischen Notstands-Zeiten«[13] geboren und ist die Freizeit als »pädagogisches Problem«[14] von den bürgerlichen Schichten erst dann entdeckt worden, »als die Arbeiterschaft unübersehbar daran zu partizipieren begann«[15]. Für ihn ist die Freizeiterziehung eine »traditionslose Aufgabe«[16]. Im folgenden soll versucht werden, die These von der Traditionslosigkeit des Freizeitproblems in Frage zu stellen. In der Absicht, das Freizeitproblem in der Geschichte des deutschen Erziehungsdenkens zu beschreiben, wird der Nachweis erbracht, daß die Freizeit nicht mehr nur als Gegenpol zur industriellen Arbeit gesehen werden darf, der Ursprung der Freizeit nicht mit dem Ursprung der modernen Arbeit zusammenfällt und Freizeitforschung nicht mit Erforschung der Arbeiterfreizeit identisch ist. Bei der historischen Herleitung lassen sich drei Bereiche, in denen Freizeit zum Problem wurde, unterscheiden:
1. Schulpädagogik
2. Protestantische Seelsorge
3. Sozialfürsorge und -politik.

Bis in die Gegenwart hinein wurde die Freizeiterziehung fast ausschließlich als ein Problem der Sozialfürsorge behandelt und die Freizeit aufgefaßt als eine Zeit zur Wiederherstellung der Arbeitskräfte, zur Erholung und Entspannung. Vor dem kontrastierenden Hintergrund der industriellen Arbeitssphäre galt die

Freizeiterziehung als ein spezifisches Problem der Arbeitererziehung. Daß die Ursprünge der Freizeitproblematik innerhalb der Schulpädagogik und der Protestantischen Seelsorge sehr viel früher liegen, ist bis heute weithin unbeachtet geblieben.

1. Schulpädagogik

Schon *Comenius* kam in seiner Didactica Magna zu der Einsicht, daß es für den Schüler zweckmäßig, ja notwendig sei, neben den täglichen Arbeiten in der Schule Erholungspausen einzulegen, die mit geselliger Unterhaltung, Spiel, Musik u. a. ausgefüllt werden sollten (cap. XV/12). Dazu führte er weiter aus: »Recta igitur Scholarum institutionis bona pars erit, legitima Laborum et quietis, sive Operarum et Vacationum, atque Recreationum, dispositio« (cap. XV/13)[17]. *Andreas Flitner* übersetzte diese Stelle wie folgt: »Die ordentliche Einrichtung der Schulen wird deshalb zu einem guten Teil von der gesetzmäßigen Verteilung von Arbeit und Ruhe, Tätigkeit und *Freizeit* oder Ferien abhängen«[18]. Auch in der Übersetzung von *Hans Ahrbeck* wird von einer »geordneten Verteilung von Arbeit und Ruhe, von Beschäftigung, *Freizeit* und Erholung«[19] gesprochen. Diese Forderung von *Comenius* –zunächst isoliert erscheinend – gewinnt in dem Augenblick an besonderer Bedeutung, wo sich deutlich Einflüsse bei *Pestalozzi* und *Fröbel* nachweisen lassen. So taucht in den *Fröbel*schen Schriften 1823 das Wort ›Freizeit‹ in seiner heutigen Bedeutung zum ersten Mal in der deutschen Literatur auf und nicht – wie die gegenwärtige Freizeitforschung glauben machen will – erst um 1880/1900.

In *Pestalozzis* Tagebuch über die Erziehung seines Sohnes findet sich für das Jahr 1774 folgender Vermerk: »Lehrer, sei von dem Guten der *Freiheit* überzeugt ... Dein Kind sei *frei*, so sehr es immer kann; schütze jede Möglichkeit, ihm *Freiheit* und Ruhe und Gleichmütigkeit zu geben«[20]. Noch deutlicher kommt *Pestalozzis* Anschauung einer Erziehung in Freiheit, die dem Schüler in der unterrichtsfreien Zeit vielfältige Möglichkeiten individueller Freizeitbeschäftigung gewährt, in der Tagesordnung von Iferten zum Ausdruck: »... eine Viertelstunde vor dem Mittagessen werden die Kinder *frei* gelassen. Nach dem Essen können sie sich *erholen* bis um halb zwei Uhr; dann dauert der Unterricht bis halb vier Uhr, von der Zeit bis um fünf Uhr sind sie *frei* ...«[21] Neben den täglichen Freizeiten gab es für die Schüler sogenannte ›*Bummeltage*‹, in denen sie Gelegenheit zu Wanderungen, mehrtägigen Reisen, zum Spielen und Baden im See und im Winter zum Schlittschuhlaufen erhielten. Im August 1805 besuchte der 23jährige *Friedrich Fröbel* zum ersten Mal *Pestalozzi* in Iferten, ehe er sich 1808 als Hauslehrer der drei Söhne der Familie *von Holzhausen* zwei Jahre lang dort aufhielt. In der Zusammenarbeit mit *Pestalozzi*, dem er eine »*unglaubliche Freiheit*«[22] in der Ausführung seiner Unterrichtspraxis bescheinigte, gelangte *Fröbel* zu eigenen Ansichten über ›Menschenerziehung‹ und bildete sich seine Auffassung von der selbsttätigen Entfaltung schöpferischer Kräfte des Kindes im Spiel. In seiner 1823 in Rudolstadt veröffentlichten Schrift ›Fortgesetzte Nachricht von der allgemeinen deutschen Erziehungsanstalt in Keilhau‹ bringt er in dem Kapitel »*Zeit zu freier Beschäftigung* für die Zöglinge« eine erste Erläuterung und nähere Bestimmung des neuen Begriffs ›Freizeit‹: »Lehrer und Schüler, Zöglinge und Erzieher bedürfen nach Verlauf einer gewissen Anzahl von Monaten einer *Zeit,* wo der Gebrauch derselben für sie von der gewöhnlichen und strengen Folge losgesprochen und ihnen zur Anwendung *nach ihren persönliche und individuellen Bedürfnissen freigegeben* ist, entweder zur Wiederholung oder zum Nachholen, zur Übung oder zur Vorbereitung. Durch die kirchliche oder bürgerliche Ordnung zerfällt uns das Jahr in fast vier gleiche Teile. In die Oster- und Michaeliszeit fällt gesetzmäßig der Anfang eines neuen durch die Jahreszeit bestimmten Unterrichtsganges. Hier wird fortgesetzterweise der geregelte Unterricht ungefähr vierzehn Tage unterbrochen, in welchen nach einiger *ganz freier Erholungszeit* die Lehrenden sich auf die Forderung des nächsten Halbjahres vorbereiten und die Lernenden den Unterricht des verflossenen nach Umständen zusammenfassend und vergleichend wiederholen. Die Sommerzeit ist zum Reisen bestimmt ... Die ersten Tage der *Freizeit* in den Weihnachten sind den Freuden dieser Zeit gewidmet«[23]. Drei Jahre später veröffentlichte *Fröbel* sein Hauptwerk ›Die Menschenerziehung‹ in der Zeitschrift ›Die erziehenden Familien. Wochenblatt für Selbstbildung und die Bildung Anderer‹. Hier finden sich zwei Belege für das Wort ›Freizeit‹. Im Kapitel ›Der Mensch als Knabe‹ heißt es: »Es ist *Freizeit,* und jeder hat nun für sich sein Werk begonnen ...«[24] Im § 104 seiner Abhandlung bringt *Fröbel* einen »Überblick und Schluß des Ganzen«: »Wir sagen nun wohl: Wenn die Knaben nur erst ganz groß und erwachsen sind, da werden, da können sie das alles nachholen, dann zeigt sich ihnen *Freizeit* genug dazu. Wir Thoren, die wir sind! indem wir dieses aussprechen, widerlegt uns unser Inneres, wenn wir nur dem, was es spricht, Gehör geben und ihm in seiner Bedeutung nachgehen wollen. Es mag aber auch da oder dort sich etwas nachholen lassen, was zu bestimmen nicht hierher gehört; aber, was überhaupt in den Knabenjahren, in der Menschenerziehung und -Entwicklung versäumt und vernachlässigt worden ist, ist nie nachzuholen«[25].

Ebenfalls aus dem Fachbereich der Schulpädagogik stammt ein weiterer früher Textbeleg; er findet sich bei *Johann Andreas Schmeller* (1785–1852) in seiner Tagebucheintragung vom 16. Oktober 1831: »So ist denn auch die vergönnte *Freizeit* für 1831 vorüber. Seit mehr als vier Wochen die schönsten, sommerlichsten Tage. Nur zehn habe ich in Gottes Welt außer den vier Mauern zugebracht. Groß war die Versuchung, die Verlassenen zu B(urgdor)f, die Theuern in Lenzburg, den Einsiedler in Eppishausen, der noch dazu mit dem aus Neapel wiederkehrenden Haxthausen, ja dem Meister Jac. Grimm locken konnte, und überhaupt die schöne Schweiz zu sehen. Ich habe im Gefühl andrer Pflichten widerstanden[26].«

An dieser Tagebuchnotiz ist für unseren Sachzusammenhang die Erwähnung des schweizerischen Ortes ›Burgdorf‹ wichtig, weil in ihm *Pestalozzi* mehrere Jahre gelebt und gewirkt hat. Hier hat *Schmeller,* der als Germanist, Sprachforscher und Schöpfer der mundartlichen Grammatik und Lexikographie berühmt geworden ist, im Sommer 1804 seine wissenschaftliche Laufbahn als Pädagoge begonnen. Nachdem *Pestalozzi* 1805 das Erziehungsinstitut in Iferten errichtet hatte, fand sich *Schmeller* 1808 auch dort ein, genau zur gleichen Zeit, da *Friedrich Fröbel* als Mitarbeiter *Pestalozzis* in Iferten weilte. In Umgang und Zusammenarbeit haben diese drei Pädagogen möglicherweise eine pädagogische Fachterminologie entwickelt, in der sie die ›Zeit zu freier Beschäftigung‹, die den Zöglingen ›zur Anwendung nach ihren persönlichen und individuellen Bedürfnissen freigegeben‹ war, als ›ganz freie Erholungszeit‹ *(Fröbel)*, als Muße, als freie Zeit, kurz als ›Freizeit‹ bezeichneten.

Für Ursprung und Entwicklung der deutschen Wortprägung ›Freizeit‹ im neuzeitlichen Sinne wage ich folgende Thesen:

1. *Pestalozzi, Fröbel* und *Schmeller* sind die geistigen Urheber.
2. Die westschweizerische Stadt *Iferten* im Kanton Waadt ist der geographische Ursprungsort.
3. Die Zeit um *1808* ist das wahrscheinliche Entstehungsdatum.

Fröbels pädagogische Schriften wurden von *Wichard Lange* (1826–1884) herausgegeben. *Lange*, Direktor einer privaten Realschule und in der Schulpolitik als Sprecher bei allgemeinen Lehrerversammlungen bekannt geworden, war in seinem pädagogischen Ideengut weitgehend von *Fröbel* beeinflußt. Viele Gedanken *Fröbels* finden sich in dem 1861 erschienenen Buch *Langes* ›Zehn Jahre aus meiner pädagogischen Praxis. Ein Rückblick‹ wieder: »Muß der Knabe unnatürlich lange sitzen und sich zusammennehmen, so sticht ihn der Hafer von allen Seiten. Er wird unlustig und unaufmerksam und verfällt auf allerhand Thorheiten. Aber wenn er sich nach jeder Stunde einmal wieder *frei* ergehen und austummeln kann, so kann man nach der *Freizeit* die äußerste Kraftanstrengung, die straffste Haltung und die zäheste Aufmerksamkeit von ihm verlangen. Der Wechsel erfrischt alle Menschen, ganz vornehmlich aber die Jugend; darum muß auf äußerste Anspannung fortwährend gänzliche *Abspannung* und auf diese jene folgen ... Man erzielt einen freudigen und frischen Ton, wenn ... in der Anstalt der Überbürdung kein Raum gegeben, sondern für stets ausreichende *Erholung* und für erfrischenden Wechsel gesorgt ist«[27]. *Daniel Sanders* benutzte 1865 *Langes* Text als Quellenbeleg für das von ihm erstmals in einem Wörterbuch der deutschen Sprache verzeichnete Wort ›Freizeit‹[28]. Damit hatte sich der Begriff endgültig im Deutschen durchgesetzt.

2. Protestantische Seelsorge

Parallel zur Entstehung der spezifischen Freizeitproblematik in der Schulpädagogik wurde im 18. Jahrhundert innerhalb der Protestantischen Seelsorge eine im Pietismus begründete Freizeiterziehung entwickelt. Die bis ins 20. Jahrhundert hinein geltenden Freizeitvorstellungen als einer Zeit der Besinnung und religiösen Betrachtung, als ›Rüstzeit‹ (Exerzitien, geistl. Wochen, retreats u. a.), haben hier ihren Ursprung. Es ist bezeichnend, daß dieser Aspekt der Freizeiterziehung aus dem Zusammenwirken schulpädagogischer und kirchenseelsorgerischer Maßnahmen hervorgegangen und eng mit Namen wie *Francke, Zinzendorf, Schleiermacher* und *Wichern* verknüpft ist.

Von der auf *Spener* zurückgehenden Form der Privaterbauungsversammlung (Conventikel, collegia pietatis) beeinflußt, gründete A. H. *Francke* in Leipzig eine Gesellschaft der Bibelfreunde, die regelmäßig zu gemeinsamen ›*Erbauungsstunden*‹ zusammentraf. Auch in dem 1695 von ihm errichteten Waisenhaus in Glaucha und den nach ihm benannten Stiftungen in Halle wurde auf den Religionsunterricht, die ›*Betstunden*‹ und ›*Recreationsübungen*‹ besonderer Wert gelegt. Die Schüler sollten »fleißig zur Arbeit und Stille«[29] angehalten werden. »In den *Freistunden* außer der Schule« hatten die Erzieher darauf zu achten, daß die Schüler »nicht gar Müßiggang treiben oder lauter Allotria vornehmen mögen[30].« Jede Art individueller Freizeitbeschäftigung war verboten; es gab keinen freien Sonntag und keine Ferien. Kindliche Spiele wurden als Eitelkeit und Torheit ausgelegt. »Fleiß und Liebe zur Arbeit« fanden nur dort ihre Grenze, wo der »*Mangel aller Muße und Erholung*« die Kinder »ermüdet, träg und verdrossen«[31] machte.

1710 trat der gerade 10jährige *Nicolaus Ludwig von Zinzendorf* in das Adelspädagogium der *Francke*schen Stiftungen in Halle ein und kam so mit dem Pietismus in Berührung. In der von ihm auf seinem Gut Berthelsdorf gegründeten Brüdergemeine Herrnhut versammelte *Zinzendorf* 1722 die böhmisch-mährischen Brüder um sich und entfaltete fortan im Rahmen der lutherischen Landeskirche eine starke Missions- und Erziehungstätigkeit. Ganz im Geiste *Franckes* hielt die Herrnhuter Brüdergemeine ›Erbauungsversammlungen‹ ab, gab es ›Gemeintage‹, ›Erbauungsstunden‹, ›Stundengebete‹, ›Liederpredigten‹ und ›Singstunden‹. Unser heutiger Begriff ›*Singe-Freizeit*‹ hat hier seinen Ursprung. Noch 1930 wurde ›Freizeit‹ im Großen Brockhaus in diesem Sinne verstanden – nämlich als ein »Gemeinschaftsleben gesinnungsverwandter Menschen an einem ruhigen, dem städtischen Getriebe entrückten Ort, zum Zweck gemeinsamer Besinnung, gegenseitiger Förderung oder auch besonderer Arbeit (Singe-Freizeit)«[32]. Nach dem Willen *Zinzendorfs* wurden ebenso in dem Herrnhuter Waisenhaus »freie Beschäftigung oder Nichtstun« abgelehnt und die arbeitsfreien Sonntage mit 9 Stunden geistlichen Übungen und ›*Betstunden*‹ ausgefüllt[33]. Mit der Zeit trat *Zinzendorf* allerdings auch dafür ein, daß die »Schärffe abgeschafft« und eine »freyere Erziehung«[34] eingeführt wurde. 1783 wurde *Friedrich Schleiermacher* Schüler der Herrnhuter Brüdergemeine. Von der Herrnhuter Glaubenshaltung beeindruckt, ist er zeitlebens ein ›Herrnhuter höherer Ordnung‹ geblieben, auch wenn er in einzelnen Glaubensfragen im Laufe seines Lebens einen anderen Standpunkt einnahm. *Schleiermacher* hatte in seiner Jugend die »Kehrseite dieser Organisation« an sich selbst erfahren; sie bestand in der »weitgehendsten Beaufsichtigung und Bevormundung jedes einzelnen« und in der »Vernichtung aller und jeder persönlichen Freiheit[35].« Gerade darum forderte er in seinen pädagogischen Schriften für die Jugend eine »*Zeit* der gemeinsamen *freien Tätigkeit*«, in der »die Freiheit am meisten im Spiel sich manifestiere« und so »die Jugend auf das mannigfaltige Leben vorbereitet werde und ihre Freiheit auszuüben lerne[36].« In den Vorlesungen aus dem Jahre 1826 führt *Schleiermacher* dazu weiter aus: »Wir haben aber das Verhältnis der Schule zum Haus noch von einer anderen Seite zu betrachten, nämlich mit Rücksicht auf den Gegensatz zwischen Ernst und *Spiel*, strenger Übung und *freier Tätigkeit* ... Es wird alles darauf ankommen, daß ein richtiges Verhältnis stattfinde in dem Verteilen der *Zeit* zwischen strenge Übung und freie Tätigkeit[37].« Mit Recht hat *Wolfgang Hinrichs* in einer Arbeit über *Schleiermachers* Theorie der Geselligkeit darauf hingewiesen, daß *Schleiermacher* das Offene im Gegensatz zum Systematischen der Sach- und Arbeitswelt von einem Feld her zeige, »das man heute *Freizeit* nennt[38].« Den *Schleiermacher*schen Gedanken eines Freizeitlebens der Jugend nahm *Johann Hinrich Wichern* wieder auf. *Wichern* hörte als Student die Vorlesungen *Schleiermachers* in Berlin und sprach später »nur mit Ehrfurcht«[39] von seinem Lehrer. 1833 gründete *Wichern* als Rettungsanstalt für verwahrloste Jugendliche das ›Rauhe Haus‹ bei Hamburg. Hier sah er es als eine »inhaltsreiche Aufgabe« an, die jugendliche »Berechtigung des Bedürfnisses nach Ruhe und geselliger Freude« anzuerkennen und für Gestaltung und Pflege ihrer *»freien Beschäftigung«* und ihrer »Sonntagsfreuden und -erholungen«[40] Sorge zu tragen. *Wichern* bekannte sich zu dem »Prinzip der Freiheit«[41]. Jeder einzelne sollte zur *»Freiheit befreit* werden«[42] auf dem Wege über die Erholung und das Spiel. Das Freizeitleben der Jugendlichen im ›Rauhen Haus‹ galt »der Freude und der Erholung, dem Feier- und Festleben[43].« Ganz im Banne der Tradition des Pietismus und der protestantischen Erweckungs- und Evangelisationsbewegung des 19. Jahrhunderts, die eine Erziehung vom Evangelium her forderte, ließ *Wichern* an einem Tag in der Woche eine ›Wochenbetrachtung‹ im ›Rauhen Haus‹ stattfinden, die der Bibellesung, der Stille zum Nachdenken und zu christlichen Betrachtungen[44] diente. *Wichern* und sein allgemeiner Aufruf zur Evangelisation führten in Deutschland schließlich zur Gründung von ›Evangelischen Gesellschaften‹ und ›Vereinen für Innere Mission‹ und lösten eine biblizistische Bewegung aus, die Ende des 19. Jahrhunderts die männlichen ›Bibelkreise‹ und weiblichen ›Bibelkränzchen‹ entstehen ließ. Aus ihnen ging die erstmals 1913 vom ›Evangelischen Verband für die weibliche Jugend Deutschlands‹ durchgeführten ›Freizeiten‹ hervor. Im Jahre 1912 hatte *Hulda Zarnack* an einem ›Camp‹ der englischen Jugendgruppe ›Time and Talent‹ teilgenommen. Knapp ein Jahr später führte sie vom 20. bis 30. Januar im thüringischen Kurort Tambach für den Evangelischen Reichsverband weiblicher Jugend eine ähnliche Veranstaltung durch, die den Namen ›Freizeit‹ erhielt. Jeweils 12 bis 15 Teilnehmerinnen bildeten eine Gruppe. Ziele der Gruppenarbeit waren die »Vertiefung des inneren Lebens« und die »Weckung des sozialen Sinnes[45].« Hatten die englischen Camps noch der Erholung gedient, so trat bei den deutschen Freizeiten der Gedanke des *Gemeinschaftslebens* und der Vertiefung von Lebensfragen im Kreise Gleichgesinnter in den Vordergrund[46]. Das »gemeinschaftliche Leben«, die innere »Verbundenheit«, die »Stimmung«, das »Erleben« und »gemeinsame Ringen und Durchdenken der Fragen« wurden betont und auf die »Weckung des Verantwortungsbewußtseins« besonderer Wert gelegt.

Viele erlebten diese Tage als »geistigen Höhepunkt«. Andererseits aber ließen die gemeinsame »Spannung« und das »Ergriffensein« nicht selten eine »*Freizeitpsychose*« aufkommen, die die Teilnehmerinnen so »überwältigte«, daß sie nach Beendigung der Freizeit Schwierigkeiten hatten, wieder in das Alltagsleben zurückzufinden[47]. Von 1913 an fanden nun eine ganze Reihe von Freizeiten satt: ›Singefreizeiten‹, ›Wanderfreizeiten‹, ›Gymnastikfreizeiten‹, ›Erholungsfreizeiten‹ und sogenannte ›*Rüstzeiten*‹, in denen sich gleichgesinnte Jugendliche 3 bis 8 Tage zum Zweck der Besinnung zusammenfanden und biblische Themen »gesammelt« erarbeiteten. Zwischendurch wurden ›Schweigestunden‹ eingelegt; Ruhe und Stille sollten dem einzelnen zu einer umfassenderen Besinnung verhelfen. Die Bedeutung der Freizeit als eine ›Rüst- und Besinnungszeit‹ findet sich heute noch in deutschen Wörterbüchern wieder.

Mackensen spricht von der »Erholungszeit Gesinnungsverwandter zur Aussprache«[48] und in *Wahrigs* ›Deutschem Wörterbuch‹ von 1968 findet sich der Vermerk: »Freizeit ... ev. Kirche: Rüstzeit, Zusammenkunft mit Andachten, Gesprächen, Bibelarbeit usw[49].«

3. Sozialfürsorge und -politik

Nicht mehr als Träger schulpädagogischer und seelsorgerischer Maßnahmen wird ›Freizeit‹ um die Jahrhundertwende im Rahmen der Sozialfürsorge zum Schlagwort für umfassende soziale Reformen. Im Zusammenhang mit den Ereignissen der Julirevolution hatte *Schleiermacher* als einer der ersten die Bedeutung der sozialen Frage erkannt und als einen Rechtsanspruch, nicht einer Wohltat, die Verkürzung der Arbeitszeit für die unteren Stände gefordert. Doch erst *Friedrich Naumann*, der Oberhelfer in *Wicherns* ›Rauhem Haus‹ war und entscheidende Eindrücke von der Inneren Mission empfing, gelang es, die soziale Frage ›von unten her‹ – aus der Sicht des Arbeiters – mit Erfolg anzugehen. Beeinflußt durch die christlich-soziale Bewegung *Stoeckers* verband er in seinem Kampf um die Emanzipation der Arbeiterschaft die Aufgaben der Inneren Mission und der Kirche mit der Sozialpolitik. Er widmete sich vor allem der Gründung christlicher Arbeitervereine. In seinem ›Arbeiter-Katechismus‹ von 1889 griff er erstmals das Freizeitproblem auf, wobei er auf die unsoziale Lage der Arbeiter, denen »Geld und *Freizeit*« fehlten, hinwies. »Außer der Gesundheit«, so meinte *Naumann*, gehöre zum irdischen Glück eines jeden Menschen »die nötige *Erholungszeit*« und »*Ruhezeit* für Leib und Seele[50].« Und ein Jahr später warnte er in seiner Arbeit ›Christliche Volkserholungen‹ die Wissenschaft eindringlich davor, ›Volkserholung‹ und ›Freizeit‹ als ein zu »leichtes Thema‹ anzusehen, das für »gelehrte Untersuchungen« nicht viel hergebe. »Und doch«, so fuhr er fort, »dies leichte Thema, dies Reden von Erholung und Unterhaltung ist vielleicht für den Volksbestand im großen weit wichtiger als manche hochwissenschaftliche Untersuchung, denn die Erholungszeit, die freien Stunden haben einen geradezu unberechenbaren Einfluß auf das gesamte Leben der Bevölkerung. Wer sie in der *Freizeit* gewinnt, dem wird sie auch im Ernst und in der Arbeit folgen[51].« Bereits zwei Jahre später veranstaltete die ›Centralstelle für

Arbeiter-Wohlfahrtseinrichtungen‹ eine Konferenz in Berlin[52], an der auch Staatsminister *von Bötticher* und der preußische Minister *von Berlepsch* teilnahmen. Während der zweitägigen Konferenz wurden die Fragen der »Erholungen der Arbeiter« und der zweckmäßigen »Verwendung der Sonntags- und Feierzeit«[53] erörtert. Seit dieser Zeit wurde nun Freizeit in zunehmendem Maße als eine von der Berufsarbeit freie Zeit und als Gegenbegriff zur Arbeit verstanden. Nach dem Ersten Weltkrieg setzte in Deutschland eine ›Freizeitbewegung‹ ein, die infolge quantitativer Kürzungen der Arbeitszeit um eine qualitative Gestaltung und ›sinnvolle‹ Erfüllung der neugewonnenen Freizeit bemüht war. Der ›Reichsausschuß der Deutschen Jugendverbände‹, dem 70 Jugendverbände mit fast vier Millionen Mitgliedern angehörten, machte die Freizeitbewegungen zu einem Anliegen der gesamten deutschen Jugend und veröffentlichte seit 1925 in der Zeischrift ›Das junge Deutschland‹ reglmäßig Beiträge zur Freizeitproblematik. 1925 erschienen u. a. hier Arbeiten von *Maass* über ›Die Freizeit der Jugend‹ und von *Klopfer* über ›Die Freizeit der Jugendlichen als sozialpädagogisches Problem‹, 1926 von *Boelker* über ›Die Mithilfe der freien Wohlfahrtsverbände an der förderlichen Verwendung der Freizeit Jugendlicher‹ und von *Ziertmann* über ›Die Bedeutung der Freizeit für die Erziehung der erwerbstätigen Jugend‹. 1927 wurde von *Fritz Klatt* ein Aufsatz zur ›Pädagogisierung der Freizeit‹[54] veröffentlicht. 1929 erschien von dem gleichen Verfasser das Buch ›Freizeitgestaltung‹, von dem eine starke Wirkung ausging, und das die Freizeitforschung der nächsten Jahre bestimmte. *Klatt* hatte nach dem Ersten Weltkrieg im Rahmen der Volkshochschulbewegung in seinem Freizeitheim Prerow an der Ostsee ›Freizeiten‹ durchgeführt, an denen Berufstätige während ihres Urlaubs teilnahmen. Diese ›Freizeiten‹ sollten »durch die Entfaltung der ungenutzten Gesamtkräfte während der *Urlaubszeit* die abgenutzten Teilkräfte des Menschen« ersetzen. *Klatts* »Erfahrungen zur Erziehung des berufsgebundenen Menschen«[55] und seine pädagogische Freizeittheorie bilden den Höhepunkt und vorläufigen Abschluß einer etwa zweihundertjährigen Diskussion über Freizeiterziehung und den eigentlichen Beginn der deutschen Freizeitpädagogik[56].

Mit dieser Untersuchung wollte der Verfasser aufzeigen, daß die fast zum Gemeinplatz gewordene Behauptung, Freizeit und Freizeitproblem seien eine Folge der Industrialisierung und hätten »noch nicht einmal oder im Höchstfall das Alter einer durchschnittlichen Generationszeit« *(Strzelewicz)*[57], einer Korrektur bedarf. Es hat sich gezeigt, daß die freie Zeit seit etwa zwei Jahrhunderten als die individuell frei verfügbare *Mußezeit* (Schulpädagogik), als die der Besinnung und Betrachtung dienende *Rüstzeit* (Protestantische Seelsorge) und als die der Entspannung und Erholung gewidmete *arbeitsfreie Zeit* (Sozialfürsorge und -politik) Gegenstand pädagogischer Erörterungen war. Darin weiß sich der Verfasser mit *Giesecke* einig, daß die bisherige Freizeitforschung in Deutschland für die Pädagogik noch nicht sehr ergiebig gewesen ist und es lohnenswert wäre, sich um eine Geschichte der Freizeiterziehung zu bemühen, die auch die »Kontinuität zu den vorindustriellen pädagogischen Gegebenheiten herstellen könnte[58].« Diese Studie sollte der erste Schritt zu einer systematischen pädagogischen Darstellung dieses Problems sein. In der Untersuchung fand sich *Max Webers* These bestätigt, wonach der ›Geist des Kapitalismus‹ im 19. Jahrhundert mit seinem Streben nach immer neuem Gewinn und Rentabilität seine Wurzel in der Berufsethik des asketischen Protestantismus hat. Bestimmte religiöse Glaubensinhalte im Pietismus haben dem Geist des modernen Kapitalismus den Weg geebnet, das Eindringen asketischer Lebensführung in den Raum der Freizeit erleichtert und die Entwicklung einer ›Konsumentenkultur‹ erschwert. Für *A. H. Francke* stellte die Berufsarbeit »das asketische Mittel par excellence«[59] dar und *Zinzendorfs* Ausspruch »Man arbeitet nicht allein, daß man lebt, sondern man lebt um der Arbeit willen . . .«[60] war nur eine Vorwegnahme der ›Arbeitsgesinnung‹ des 19. Jahrhunderts. Ebenso ist der reine Gefühlspietismus nichts anderes als »eine religiöse Spielerei für ›leisure classes‹«[61] gewesen. Die im Geiste innerweltlicher Askese geborene Berufskonzeption ließ der Luxuskonsumtion und dem unbefangenen Genuß keinen Raum in der Freizeit. Darum war es vor allem *Naumanns* Bestreben, den Menschen von der ›totalen Arbeit‹ zu befreien und ihm in seiner Freizeit Wohlstand, Luxus, Genuß und Müßiggang zugänglich und für die Schaffung eines eigenen ›Freizeitethos‹ Mut zu machen. Hier setzte auch *F. Klatts* pädagogische Freizeittheorie ein; sie verstand sich als der »Versuch eines Einbruchs in die zünftige Pädagogik von Schule, Fach- und Hochschule. Und zwar ein Einbruch aus unerwarteter Richtung, nämlich von den einfachen Notwendigkeiten des täglichen Lebens her, um die sich die Pädagogik bisher wenig gekümmert hat[62].« Eine ›Freizeithochschule‹ sollte gegründet werden mit dem Ziel, dem Menschen sein Freizeitleben zu erschließen. Einen ähnlichen Gedanken greift eine Schrift auf, die den für heutige Verhältnisse wohl ›modernsten‹ Ansatz einer Beurteilung des Freizeitproblems aus pädagogischer Sicht enthält: *Wihelm Flitners* Entwurf einer Theorie der ›Abendvolkshochschule‹ aus dem Jahre 1924. Darin charakterisiert *Flitner* die »Freizeit« als eine »*zweite Arbeitswelt*«, die dem Menschen neben seiner Erwerbstätigkeit als »Raum für eine produktive, verantwortliche und sinnvolle Arbeit«[63] verbleibt, und die in der Lage ist, den Dualismus von Arbeit und Freizeit, von Leben und Bildung durch die Einheit »Lebensbildung« aufzuheben. Diese »Lebens- und Volksbildung« sollte nach *Flitner* das Kernstück des ganzen Volkshochschulunterrichts bilden: »Wirtschaft, Recht und Staat stehen hier grundsätzlich in Frage, das Verhältnis der Ethik zur Politik, des individuellen Handelns zum Geschichtsgang, die materialistische Geschichtsauffassung und ihre Gegner, *Individuum* und *Gemeinschaft,* kehren in immer neuen Verbindungen als Problem wieder.« So führt der Problemkreis »zur Wissenschaft, zur Ethik, zur Lebenskunde«, er deutet auf die »*Fülle der Lebensbezüge*« hin, in denen der einzelne steht, und deckt das ganze »*Gefüge des gesellschaftlichen Lebens*« auf. Diese Betrachtung der Lebensgebiete kann zur »*Lebenshilfe*«[64] werden, die die Trennung von Leben und Bildung, von Arbeitswelt und Freizeitwelt aufzuheben vermag.

Damit ist die Entwicklung der pädagogischen Freizeitbewegung bis etwa 1930 skizziert. Von den 30er Jahren an geriet die Freizeitbewegung[65] in Deutschland in den Einflußbereich der Politik und wurde die Freizeitpolitik[66] ein bedeutsamer Gegenstand internationaler Kongresse in Lüttich, Los Angeles, Brüssel und 1936 in Hamburg, wo aus Anlaß der Olympischen Spiele der ›Weltkongreß für Freizeit und Erholung‹[67] stattfand. Erst durch das moderne Freizeitleben der Nachkriegszeit und die gegenwärtige Entwicklung zu einer Freizeitgesellschaft tritt das Problem der Freizeiterziehung in eine neue Phase, in der sich die Sinngebung des Lebens in den Freizeitbereich zu verlagern scheint und »Freizeit als ein pädagogisches Problem sich erst in Zukunft in aller Schärfe stellen wird[68].«

III. Freizeitsystem und Gesellschaftskritik

1. Theodor W. Adorno
Freizeit

Die Frage nach der Freizeit: was die Menschen mit ihr anfangen, welche Chancen etwa ihre Entwicklung bietet, ist nicht in abstrakter Allgemeinheit zu stellen. Das Wort, übrigens erst jüngeren Ursprungs – früher sagte man Muße, und das war ein Privileg unbeengten Lebens, daher auch dem Inhalt nach wohl etwas qualitativ anderes, Glückvolleres –, weist auf eine spezifische Differenz hin, die von der nicht freien Zeit, von der, welche die Arbeit ausfüllt, und zwar, darf man hinzufügen, die fremdbestimmte. Freizeit ist an ihren Gegensatz gekettet. Dieser Gegensatz, das Verhältnis, in dem sie auftritt, prägt ihr selbst wesentliche Züge ein. Darüber hinaus, weit prinzipieller, wird Freizeit abhängen vom gesellschaftlichen Gesamtzustand. Der aber hält nach wie vor die Menschen unter einem Bann. Weder in ihrer Arbeit noch in ihrem Bewußtsein verfügen sie wirklich frei über sich selbst. Sogar jene konzilianten Soziologien, die den Rollenbegriff als Schlüssel verwenden, erkennen das insofern an, als der dem Theater entlehnte Rollenbegriff darauf hindeutet, daß die den Menschen von der Gesellschaft aufgenötigte Existenz nicht identisch ist mit dem, was sie an sich sind oder was sie sein könnten. Freilich wird man keine einfache Teilung zwischen den Menschen an sich und ihren sogenannten sozialen Rollen vornehmen dürfen. Diese reichen in die Eigenschaften der Menschen selber, ihre innere Zusammensetzung tief hinein. Im Zeitalter wahrhaft beispielloser sozialer Integration fällt es schwer, überhaupt auszumachen, was an den Menschen anders wäre als funktionsbestimmt. Das wiegt schwer für die Frage nach der Freizeit. Es besagt nicht weniger, als daß, selbst wo der Bann sich lockert und die Menschen wenigstens subjektiv überzeugt sind, nach eigenem Willen zu handeln, dieser Wille gemodelt ist von eben dem, was sie in den Stunden ohne Arbeit loswerden wollen. Die Frage, welche dem Phänomen der Freizeit heute gerecht würde, wäre wohl die, was aus ihr bei steigender Produktivität der Arbeit, aber unter fortdauernden Bedingungen von Unfreiheit wird, also unter Produktionsverhältnissen, in welche die Menschen hineingeboren werden und die ihnen heute wie ehemals die Regeln ihres Daseins vorschreiben. Schon jetzt ist die Freizeit überaus angewachsen; dank der wirtschaftlich noch keineswegs voll verwerteten Erfindungen in den Bereichen der Atomenergie und der Automation dürfte sie sich immens erhöhen. Suchte man die Frage ohne ideologische Beteuerungen zu beantworten, so ist unabweislich der Verdacht, Freizeit tendiere zum Gegenteil ihres eigenen Begriffs, werde zu dessen Parodie. In ihr verlängert sich Unfreiheit, den meisten der unfreien Menschen so unbewußt wie ihre Unfreiheit selbst.

Ich möchte, um das Problem zu erläutern, eine geringfügige eigene Erfahrung benutzen. Immer wieder wird man, in Interviews und Erhebungen, danach gefragt, was für ein Hobby man habe. Wenn die illustrierten Zeitungen über einen jener Matadore der Kulturindustrie berichten, von denen zu reden wiederum eine Hauptbeschäftigung der Kulturindustrie ausmacht, so lassen sie es sich selten entgehen, über die Hobbies der Betreffenden mehr oder minder Anheimelndes zu erzählen. Ich erschrecke über die Frage, wenn sie auch mir widerfährt. Ich habe kein Hobby. Nicht daß ich ein Arbeitstier wäre, was nichts anderes mit sich anzufangen wüßte, als sich anzustrengen und zu tun, was es tun muß. Aber mit dem, womit ich mich außerhalb meines offiziellen Berufs abgebe, ist es mir, ohne alle Ausnahme, so ernst, daß mich die Vorstellung, es handele sich um Hobbys, also um Beschäftigungen, in die ich mich sinnlos vernarrt habe, nur um Zeit totzuschlagen, schockierte, hätte nicht meine Erfahrung gegen Manifestationen von Barbarei, die zur Selbstverständlichkeit geworden sind, mich abgehärtet. Musik machen, Musik hören, konzentriert lesen ist ein integrales Moment meines Daseins, das Wort Hobby wäre Hohn darauf. Umgekehrt ist meine Arbeit, die philosophische und soziologische Produktion und das Lehren an der Universität, mir bislang so glückvoll gewesen, daß ich sie nicht in jenen Gegensatz zur Freizeit zu bringen vermöchte, den die gängige messerscharfe Einteilung von den Menschen verlangt. Allerdings bin ich dessen mir bewußt, daß ich als Bevorzugter spreche, mit dem Maß an Zufälligkeit und Schuld, das darin liegt; als einer, der die seltene Chance hatte, seine Arbeit wesentlich nach den eigenen Intentionen auszusuchen und einzurichten. Nicht zuletzt darum steht vorweg das, was ich außerhalb der umzirkelten Arbeitszeit tue, nicht in striktem Gegensatz zu jener. Würde Freizeit wirklich einmal der Zustand, in dem, was einmal Vorrecht war, allen zugute kommt – und etwas davon ist der bürgerlichen Gesellschaft im Vergleich zur feudalen gelungen –, so stellte ich sie mir nach dem Modell dessen vor, was ich an mir selbst beobachte, obwohl dies Modell in veränderten Verhältnissen seinerseits sich änderte.

Unterstellt man einmal den Gedanken von Marx, in der bürgerlichen Gesellschaft sei die Arbeitskraft zur Ware geworden und deshalb Arbeit verdinglicht, so läuft der Ausdruck Hobby auf das Paradoxon hinaus, daß jener Zustand, der sich als das Gegenteil von Verdinglichung, als Reservat unmittelbaren Lebens in einem gänzlich vermittelten Gesamtsystem versteht, seinerseits verdinglicht ward gleich der starren Grenze zwischen Arbeit und Freizeit. In dieser setzen sich die Formen des nach dem Profitsystem eingerichteten gesellschaftlichen Lebens fort.

Schon ist die Ironie im Ausdruck Freizeitgeschäft so gründlich vergessen, wie man das show business seriös nimmt. Allbekannt, aber darum nicht weniger wahr, daß spezifische Freizeitphänomene wie der Tourismus und das Camping um des Profits willen angedreht und organisiert werden. Zugleich ist dem Bewußtsein und Unbewußtsein der Menschen der Unterschied von Arbeit und Freizeit als Norm eingebrannt worden. Weil, nach der herrschenden Arbeitsmoral, die von Arbeit freie Zeit die Arbeitskraft wiederherstellen soll, wird die der Arbeit ledige Zeit, gerade weil sie bloßes Anhängsel der Arbeit ist, mit puritanischem Eifer von dieser getrennt. Man stößt hier auf ein Verhaltensschema des bürgerlichen Charakters. Auf der einen Seite soll man bei der Arbeit konzentriert sein, nicht sich zerstreuen, keine Allotria treiben; darauf beruhte einst die Lohnarbeit, und ihre Gebote haben sich verinnerlicht. Andererseits soll die Freizeit, vermutlich damit man danach um so besser arbeiten kann, in nichts an die Arbeit erinnern. Das ist der Grund des Schwachsinns vieler Freizeitbeschäftigungen. Unter der Hand wird freilich die Konterbande[a] von Verhaltensweisen aus der Arbeit, welche die Menschen nicht losläßt, doch eingeschmuggelt. Auf dem Schulzeugnis des Kindes gab es früher Noten für Aufmerksamkeit. Dem entsprach die subjektiv vielleicht sogar wohlmeinende Sorge der Älteren, die Kinder möchten in der Freizeit nicht zu sehr sich anstrengen: nicht zuviel lesen, abends nicht zu lange das Licht brennen lassen. Insgeheim wittern Eltern dahinter eine Ungebärdigkeit des Geistes, oder auch eine Insistenz[b] auf dem Vergnügen, die mit der rationellen Einteilung der Existenz sich nicht verträgt. Ohnehin ist alles Gemischte, nicht eindeutig, säuberlich Unterschiedene dem herrschenden Geist verdächtig. Straffe Zweiteilung des Lebens preist jene Verdinglichung an, die unterdessen die Freizeit vollständig fast sich unterworfen hat.

Man kann das an der Hobby-Ideologie einfach sich klarmachen. In der Selbstverständlichkeit der Frage, welches Hobby man habe, klingt mit, daß man eines haben müsse; womöglich auch schon eine Auswahl zwischen Hobbies, die übereinstimmt mit dem Angebot des Freizeitgeschäfts. Organisierte Freiheit ist zwangshaft: wehe, wenn du kein Hobby, keine Freizeitbeschäftigung hast; dann bist du ein Streber oder ein altmodischer Mensch, ein Unikum, und verfällst der Lächerlichkeit in der Gesellschaft, welche dir aufdrängt, was deine Freizeit sein soll. Solcher Zwang ist keineswegs nur einer von außen. Er knüpft an die Bedürfnisse der Menschen unter dem funktionalen System an. Camping – in der älteren Jugendbewegung liebte man zu kampieren – war Protest gegen bürgerliche Langeweile und Konvention. Man wollte heraus, im doppelten Sinn. Das Unter-freiem-Himmel-Nächtigen stand ein dafür, daß man dem Haus: der Familie entronnen sei. Dies Bedürfnis ist nach dem Tod der Jugendbewegung von der Campingindustrie aufgegriffen und institutionalisiert worden. Sie könnte die Menschen nicht dazu nötigen, Zelte und Wohnwagen samt ungezählten Hilfsutensilien ihr abzukaufen, verlangte nicht etwas in den Menschen danach; aber deren eigenes Bedürfnis nach Freiheit wird funktionalisiert, vom Geschäft erweitert reproduziert; was sie wollen, nochmals ihnen aufgenötigt. Deshalb gelingt die Integration der Freizeit so reibungslos; die Menschen merken nicht, wie sehr sie dort, wo sie am freiesten sich fühlen, Unfreie sind, weil die Regel solcher Unfreiheit von ihnen abstrahiert ward.

Wird der Begriff der Freizeit, im Unterschied von der Arbeit, so strikt genommen, wie es zumindest einer älteren, heute vielleicht schon überholten Ideologie entspricht, so nimmt sie etwas Nichtiges – Hegel hätte gesagt: Abstraktes – an. Prototyp ist das Verhalten jener, die in der Sonne sich braun braten lassen, nur um der braunen Hautfarbe willen, und obwohl der Zustand des Dösens in der prallen Sonne keineswegs lustvoll ist, möglicherweise physisch unangenehm, gewiß die Menschen geistig inaktiv macht. Der Fetischcharakter der Ware ergreift in der Bräune der Haut, die ja im übrigen ganz hübsch sein kann, die Menschen selber; sie werden sich zu Fetischen. Der Gedanke, daß ein Mädchen, dank seiner braunen Haut, erotisch besonders attraktiv sei, ist wahrscheinlich nur noch eine Rationalisierung. Bräune ist zum Selbstzweck geworden, wichtiger als der Flirt, zu dem sie vielleicht einmal verlocken sollte. Kommen Angestellte aus dem Urlaub zurück, ohne die obligate Farbe sich erworben zu haben, so dürfen sie dessen versichert sein, daß Kollegen spitz fragen »Sind Sie denn gar nicht in Urlaub gewesen?«. Der Fetischismus, der in der Freizeit gedeiht, unterliegt zusätzlicher sozialer Kontrolle. Daß die Kosmetikindustrie mit ihrer überwältigenden und unausweichlichen Reklame das Ihre dazu beiträgt, ist ebenso selbstverständlich, wie die willfährigen Menschen es verdrängen.

Im Zustand des Dösens kulminiert ein entscheidendes Moment der Freizeit unter den gegenwärtigen Bedingungen: die Langeweile. Unersättlich ist denn auch der hämische Spott über die Wunder, welche Menschen von Ferienreisen und anderen freizeitlichen Ausnahmesituationen sich versprechen, während sie doch, auch hier, aus dem Immergleichen nicht herausgelangen; nicht länger ist es, wie noch für Baudelaires[c] ennui[d], in weiter Ferne anders. Spott über die Opfer ist den Mechanismen, welche sie dazu machen, regelmäßig gesellt. Schopenhauer[e] formulierte früh eine Theorie über die Langeweile. Seinem metaphysischen Pessimismus gemäß lehrt er, daß entweder die Menschen an der unerfüllten Begierde ihres blinden Willens leiden oder sich langweilen, sobald sie gestillt ist. Die Theorie beschreibt recht gut, was aus der Freizeit der Menschen unter jenen Bedingungen wird, die Kant[f] solche von Heteronomie würde genannt haben und die man im Neudeutschen Fremdbestimmtheit zu nennen pflegt; auch das hochmütige Wort Schopenhauers von den Menschen als Fabrikware der Natur trifft in seinem Zynismus etwas von dem, wozu die Totalität des Warencharakters die Menschen tatsächlich macht. Der zornige Zynismus läßt ihnen immer noch mehr an Ehre widerfahren als weihevolle Beteuerungen, die Menschen hätten einen unverlierbaren Kern. Trotzdem ist die Schopenhauersche Lehre nicht zu hypostasieren[g], nicht als schlechthin gültig, womöglich als Urbeschaffenheit der Gattung Mensch zu betrachten. Langeweile ist Funktion des Lebens unterm Zwang zur Arbeit und unter der rigorosen Arbeitsteilung. Sie müßte nicht sein. Wann immer das Verhalten in der freien Zeit wahrhaft autonom, von freien Menschen für sich selbst bestimmt ist, stellt Langeweile schwerlich sich ein; dort ebensowenig, wo sie ihrem Glücksverlangen ohne Versagung folgen, wie dort, wo ihre Tätigkeit in der freien Zeit selbst vernünftig als ein an sich Sinnvolles ist. Noch Blödeln braucht nicht stumpf zu sein, kann selig als Dispens von den Selbstkontrollen genossen werden. Vermöchten die Menschen über sich und ihr Leben zu entscheiden; wären sie nicht ins Immergleiche eingespannt, so müßten sie sich nicht langweilen. Langeweile ist der Reflex auf das objektive Grau. Ähnlich verhält es sich mit ihr wie mit der politischen Apathie. Deren triftigster Grund ist das keineswegs unberechtigte Gefühl der Massen, daß sie durch jene Teilnahme an der Politik, für welche die Gesellschaft ihnen Spielraum gewährt, an ihrem Dasein, und zwar in allen Systemen auf der Erde heute, wenig ändern können. Der Zusammenhang zwischen der Politik und ihren eigenen Interessen ist ihnen undurchsichtig, deshalb weichen sie vor der politischen Aktivität zurück. Eng gehört zur Langeweile das berechtigte oder neurotische Gefühl der Ohnmacht: Langeweile ist objektive Verzweiflung. Zugleich aber auch der Ausdruck von Deformationen, welche die gesellschaftliche Gesamtverfassung den Menschen widerfahren läßt. Die wichtigste ist wohl die Diffamierung der Phantasie und deren Schrumpfung. Phantasie wird ebenso als sexuelle Neugier und Verlangen nach Verbotenem beargwöhnt wie vom Geist einer Wissenschaft, die kein Geist mehr ist. Wer sich anpassen will, muß in steigendem Maß auf Phantasie verzichten. Meist kann er sie, vestümmelt von frühkindlicher Erfahrung, gar nicht erst ausbilden. Die gesellschaftlich eingepflanzte und anbefohlene Phantasielosigkeit macht die Menschen in ihrer Freizeit hilflos. Die unverschämte Frage, was denn das Volk mit der vielen Freizeit anfangen solle, die es nun habe – als ob sie ein Almosen wäre und kein Menschenrecht –, beruht darauf. Daß tatsächlich die Menschen mit ihrer freien Zeit so wenig anfangen können, liegt daran, daß ihnen vorweg schon abgeschnitten ist, was ihnen den Zustand der Freiheit lustvoll machte. So lange wurde er ihnen verweigert und verunglimpft, daß sie ihn schon gar nicht mehr mögen. Der Zerstreuung, wegen deren Flachheit sie vom Kulturkonservativismus begönnert oder geschmäht werden, bedürfen sie, um in der Arbeitszeit die Anspannung aufzubringen, welche die vom Kulturkonservativismus verteidigte Einrichtung der Gesellschaft ihnen abverlangt. Nicht zuletzt dadurch sind sie an ihre Arbeit und an das System gekettet, das sie zur Arbeit dressiert, nachdem es dieser weitgehend bereits nicht mehr bedürfte.

Unter den herrschenden Bedingungen wäre es abwegig und töricht, von den Menschen zu erwarten oder zu verlangen, daß sie in ihrer Freizeit etwas Produktives vollbrächten; denn eben Produktivität, die Fähigkeit zum nicht schon Dagewesenen, wird ihnen ausgetrieben. Was sie dann in der Freizeit allenfalls produzieren, ist kaum besser als das ominöse Hobby, die Nachahmung von Gedichten oder Bildern, die, unter der schwer widerruflichen Arbeitsteilung, andere besser herstellen können als die Freizeitler. Was sie schaffen, hat etwas Überflüssiges. Diese Überflüssigkeit teilt sich der minderen Qualität des Hervorgebrachten mit, die wieder die Freude daran vergällt.

Auch die überflüssige und sinnlose Tätigkeit in der Freizeit ist gesellschaftlich integriert. Abermals spielt ein gesellschaftliches Bedürfnis mit. Gewisse Formen der Dienstleistungen, insbesondere die von Hausangestellten, sterben aus, die Nachfrage ist außer Verhältnis zum Angebot. In Amerika können nur noch wirklich Wohlhabende Dienstmädchen sich halten, Europa folgt rasch nach. Das veranlaßt viele Menschen, subalterne Tätigkeiten auszuüben, die früher delegiert waren. Daran knüpft die Parole »Do it yourself«, tue es selbst, als praktischer Rat an; allerdings auch an den Überdruß, den die Menschen vor einer Mechanisierung empfinden, die sie entlastet, ohne daß sie – und nicht diese Tatsache ist zu bestreiten, nur ihre gängige Interpretation – Verwendung hätten für die gewonnene Zeit. Deshalb werden sie, wiederum im Interesse von Spezialindustrien, dazu animiert, das selbst zu tun, was andere besser und einfacher für sie tun könnten und was sie zutiefst ihrerseits eben darum verachten müssen. Im übrigen gehört es zu einer sehr alten Schicht des bürgerlichen Bewußtseins, daß man das Geld, das man in der arbeitsteiligen Gesellschaft für Dienstleistungen ausgibt, sparen könne, aus sturem Eigeninteresse blind dagegen, daß das ganze Getriebe sich nur durch den Tausch spezialisierter Fertigkeiten am Leben erhält. Wilhelm Tell, das abscheuliche Urbild einer knorrigen Persönlichkeit, verkündet, daß die Axt im Haus den Zimmermann erspart, wie denn aus Schillers Maximen eine ganze Ontologie des bürgerlichen Bewußtseins sich kompilieren[h] ließe.

Das Do it yourself, ein zeitgemäßer Typus des Verhaltens in der Freizeit, fällt jedoch in einen weit umfassenderen Zusammenhang. Ich habe ihn schon vor mehr als dreißig Jahren als Pseudo-Aktivität bezeichnet. Seitdem hat Pseudo-Aktivität erschreckend sich ausgebreitet, auch und gerade unter solchen, die sich als Protestierende gegen die Gesellschaft fühlen. Man wird allgemein in der Pseudo-Aktivität ein zurückgestautes Bedürfnis nach Änderung der versteinerten Verhältnisse vermuten dürfen. Pseudo-Aktivität ist fehlgeleitete Spontaneität. Fehlgeleitet aber nicht zufällig, sondern weil die Menschen dumpf ahnen, wie schwer sie ändern könnten, was auf ihnen lastet. Lieber lassen sie in scheinhafte, illusionäre Betätigungen, in institutionalisierte Ersatzbefriedigungen sich abdrängen, als dem Bewußtsein sich zu stellen, wie versperrt die Möglichkeit heute ist. Die Pseudo-Aktivitäten sind Fiktionen und Parodien jener Produktivität, welche die Gesellschaft auf der einen Seite unablässig fordert, auf der anderen fesselt und in den Einzelnen gar nicht so sehr wünscht. Produktive Freizeit wäre möglich erst mündigen Menschen, nicht solchen, die unter der Heteronomie[i] auch für sich selber heteronom geworden sind.

Freizeit steht indessen nicht nur im Gegensatz zur Arbeit. In einem System, wo Vollbeschäftigung an sich zum Ideal geworden ist, setzt Freizeit schattenhaft die Arbeit unmittelbar fort. Noch fehlt es an einer eindringenden Soziologie des Sports, zumal der Sportzuschauer. Immerhin leuchtet die Hypothese, neben anderen, ein, daß durch die Anstrengungen, welche der Sport zumutet, durch die Funktionalisierung des Körpers im team, die gerade in den beliebtesten Sportarten sich vollzieht, die Menschen sich, ohne es zu wissen, einschulen auf die Verhaltensweisen, die, mehr oder minder sublimiert, im Arbeitsprozeß von ihnen erwartet werden. Die alte Begründung, man betreibe Sport, um fit zu bleiben, ist unwahr nur, weil sie die fitness als eigenständiges Ziel ausgibt; fitness für die Arbeit indessen ist wohl einer der geheimen Zwecke des Sports. Vielfach wird man im Sport erst sich selber einmal antun, und dann als Triumph der eigenen Freiheit genießen, was man sich unter gesellschaftlichem Druck antun und sich schmackhaft machen muß.

Lassen Sie mich noch ein Wort sagen über das Verhältnis von Freizeit und Kulturindustrie. Über diese als Mittel von Beherrschung und Integration ist, seitdem Horkheimer und ich vor mehr als zwanzig Jahren den Begriff einführten[k], so viel geschrieben worden, daß ich ein spezifisches Problem herausgreifen möchte, das wir damals nicht übersehen konnten. Der Ideologiekritiker, der mit der Kulturindustrie sich abgibt, wird, ausgehend davon, daß die Standards der Kulturindustrie die eingefrorenen der alten Unterhaltung und niederen Kunst sind, zur Ansicht neigen, die Kulturindustrie beherrsche und kontrolliere tatsächlich und durchaus das Bewußtsein und Unbewußtsein derer, an die sie sich richtet und von deren Geschmack aus der liberalen Ära sie herstammt. Ohnehin ist Grund zur Annahme, daß die Produktion den Konsum wie im materiellen Lebensprozeß so auch im geistigen reguliert, zumal dort, wo sie so sehr der materiellen sich angenähert hat wie in der Kulturindustrie. Man sollte also meinen, die Kulturindustrie und ihre Konsumenten seien einander adäquat. Da aber unterdessen die Kulturindustrie total wurde, Phänomen des Immergleichen, von dem die Menschen temporär abzulenken sie verspricht, ist daran zu zweifeln, ob die Gleichung von Kulturindustrie und Konsumentenbewußtsein aufgehe. Vor ein paar Jahren haben wir im Frankfurter Institut für Sozialforschung eine Studie durchgeführt, welche diesem Problem gewidmet war. Leider mußte die Auswertung des Materials hinter dringlicheren Aufgaben zurückstehen. Immerhin läßt dessen unverbindliche Durchsicht einiges erkennen, was für das sogenannte Freizeitproblem relevant sein mag. Die Studie schloß sich an die Hochzeit der niederländischen Prinzessin Beatrix mit dem deutschen Jungdiplomaten Claus von Amsberg an. Ausgemacht sollte werden, wie die deutsche Bevölkerung auf jene Hochzeit reagierte, die, von allen Massenmedien ausgestrahlt und in den illustrierten Zeitungen endlos breitgetreten, in der Freizeit konsumiert wurde. Da die Art der Präsentation ebenso wie die Artikel, die man über das Ereignis schrieb, ihm ungewöhnliche Wichtigkeit beimaßen, erwarteten wir, daß es auch Zuschauer und Leser ebenso wichtig nähmen. Wir glaubten insbesondere, daß die heute bezeichnende Ideologie der Personalisierung wirksam werde, die darin besteht, daß man, offenbar als Kompensation der Funktionalisierung der Wirklichkeit, Einzelpersonen und private Beziehungen gegenüber dem gesellschaftlich tatsächlich Maßgebenden maßlos überschätzt. Mit aller Vorsicht möchte ich sagen, daß derlei Erwartungen zu simpel waren. Die Studie bietet geradezu einen Schulfall dafür, was kritisch-theoretisches Denken von der empirischen Sozialforschung lernen, wie es an ihr sich berichtigen kann. Symptome eines gedoppelten Bewußtseins zeichnen sich ab. Einerseits wurde das Ereignis genossen als ein Jetzt und Hier, wie es das Leben den Menschen sonst vorenthält; es sollte, mit einem beliebten Cliché der neudeutschen Sprache, »einmalig« sein. Soweit fügte die Reaktion der Betrachter dem bekannten Schema sich ein, das auch die aktuelle und womöglich politische Neuigkeit auf dem Weg über die Information in ein Konsumgut verwandelt. Wir hatten aber in unserem Interviewschema die auf unmittelbare Reaktionen zielenden Fragen zur Kontrolle durch solche ergänzt, die darauf gingen, welche politische *Bedeutung* nun die Befragten dem hochgespielten Ereignis beimaßen. Dabei zeigte sich, daß viele – die Repräsentanz mag auf sich beruhen – plötzlich sich ganz realistisch verhielten und die politische und gesellschaftliche Wichtigkeit desselben Ereignisses, das sie in seiner wohlpublizierten Einmaligkeit atemlos am Fernsehschirm bestaunt hatten, kritisch einschätzten. Was also die Kulturindustrie den Menschen in ihrer Freizeit vorsetzt, das wird, wenn meine Folgerung nicht zu voreilig ist, zwar konsumiert und akzeptiert, aber mit einer Art von Vorbehalt, ähnlich wie auch Naive Theaterereignisse oder Filme nicht einfach als wirklich hinnehmen. Mehr noch vielleicht: es wird nicht ganz daran geglaubt. Die Integration von Bewußtsein und Freizeit ist offenbar doch noch nicht ganz gelungen. Die realen Interessen der Einzelnen sind immer noch stark genug, um, in Grenzen, der totalen Erfassung zu widerstehen. Das würde zusammenstimmen mit der gesellschaftlichen Prognose, daß eine Gesellschaft, deren tragende Widersprüche ungemindert fortbestehen, auch im Bewußtsein nicht total integriert werden kann. Es geht nicht glatt, gerade in der Freizeit nicht, die die Menschen zwar erfaßt, aber ihrem eigenen Begriff nach sie doch nicht gänzlich erfassen kann, ohne daß es den Menschen zuviel würde. Ich verzichte darauf, die Konsequenzen auszumalen; ich meine aber, daß darin eine Chance von Mündigkeit sichtbar wird, die schließlich einmal zu ihrem Teil helfen könnte, daß Freizeit in Freiheit umspringt.

2. Hellmuth Karasek

Das Angebot der Kulturindustrie

Daß wir uns einem beträchtlichem Ausmaß an Freizeit gegenübersehen, noch dazu einem, das weiterwächst und weiterwachsen wird, diese Erfahrung ist relativ jung. Um so älter sind die kulturellen Freizeitmöglichkeiten, sind die traditionellen Formen, Freizeit in Kulturkonsum zu verwandeln. Natürlich kann da gleich der Einwand laut werden, daß es doch eine Fülle kultureller Veranstaltungen gibt, die ihr Dasein ebenso der Technik verdanken, wie es die Freizeit ihrerseits tut, die andererseits von der Technik nur dazu ins Leben gerufen wurden, um Freizeit zu binden. Nichts anderes drückt ja das Wort Kulturindustrie aus: sie entläßt die Menschen für die freien Stunden aus dem industriellen Prozeß in einen neuen, industriell vorgefertigten Prozeß des kulturellen Konsums. Mit anderen Worten: die Industrie bindet, was sie freisetzt, aufs Neue. Ob man ans Fernsehen oder ans Kino denkt, dem nicht zufällig lange der Titel von der Traumfabrik angeheftet wurde, eben weil hier auch wieder die Entspannungsenergien einem Produktionsprozeß ihrer Verharmlosung, Verwertung und Umkehrung ausgesetzt wurden, ob man schließlich an die Schallplatten und Kassettenindustrie, an die Tonbandkultur, an den gemanagten Underground denkt, an die Zulieferungs-Frischluftfabriken, wo in Massenkonzerten der Schallplattenkunde mit sogenannten Erlebnisfaktoren aufgeladen wird, um seine einsame Zweisamkeit mit der Platte am Kopfhörer wieder aushalten zu können – stets wird deutlich, wie eng industrielle Entwicklung und Kulturindustrie zusammenhängen, wie jung also die jeweiligen Formen kultureller Freizeitverwertung sind.

Wenn hier dennoch behauptet wurde, eingangs, daß die kulturellen Freizeit-angebote wesentlich älter sind als die Freizeitmöglichkeiten, auf die sie heute treffen, dann gilt das von den traditionellen Freizeitangeboten der Kultur, dann gilt das also vom Theater, von den Galerien und Museen, schließlich von den Konzerten. Natürlich haben auch sie den Fabrikationsprozeß, dem die Kultur wie jedes andere Gebiet ausgesetzt und unterworfen wurde, nicht unverändert überlebt. Um das gleich mit zwei augenfälligen Beispielen zu verdeutlichen: der obligatorische Museumsbesuch der Vielen ist eine Begleiterscheinung des Massen-tourismus, unter anderem. Erst die Fabrizierung der Ferienorte, erst die Indu-strialisierung der Ferienindustrie hat auch bekannte Museen optimal verwert-bar gemacht. Und ein anderes Beispiel: wie Beat- und Schlagerindustrie kausal mit der Schallplattenindustrie verkettet sind, ja von ihr produziert werden, so ist auch der moderne Konzertbetrieb, seine Verwertung unter dem Gesichts-punkt des optimalen Effekts ursächlich und unlösbar an die Schallplattenindu-strie gebunden. Hier gleich ein konkreter Fall, der das deutlicher belegt: die Osterspiele, die Karajan in Salzburg als eine Art Anti-Bayreuth veranstaltet, sie wären nicht denkbar ohne die Garantie der Schallplattenfirmen, die anfallenden Kosten durch das Plattengeschäft zu decken.

Soviel also ist auch an alten Freizeitformen neu geworden. Wenn hier trotz-dem behauptet wird, daß die Problematik kultureller Freizeitgestaltung und kultureller Freizeitplanung damit zusammenhängt, daß alte Medien auf neue Sachverhalte, neue Gewohnheiten, neue Freizeitausmaße stoßen, dann deshalb, weil die meisten Probleme der mangelnden kulturellen Freizeitausnutzung, wie sie von Kulturpessimisten immer wieder beklagt wird, hier ihre Ursachen haben. Die meisten kulturellen Freizeiteinrichtungen, die wir heute antreffen, sind so, wie sie heute meist noch sind, zu einer Zeit entstanden, die heute nirgendsmehr so vorhanden ist: also hat sich deren kultureller Bereich als dauerhafter erwie-sen als die übrigen Lebensbereiche. Konkreter gesprochen: die meisten unserer Theater stehen da (zumindest an den Orten), wo sie sich die Fürsten einst hin-setzten, die Gewohnheit unserer Konzerte beruht auf den nachgeahmten und abgewandelten Hofgewohnheiten des sich musikalisch aufklärenden Absolutis-mus; das meiste, was uns in Opern vorgeschmettert wird, war für adelige Ohren konzipiert und erdacht; schließlich und endlich legten kunstsinnige oder kunst-eitle Landesväter den Grundstock für die Bestände der heute berühmten Museen. Allgemeiner gesprochen: Städte wie Wien und München verdanken vieles von ihrer vielbemühten kulturellen Atmosphäre der Tatsache, daß es da kulturell ambitionierte Fürstenhäuser gab. Wie lebensfähig und alle Zeitläufe überdauernd solch kulturelle Gründungen sind, läßt sich nicht nur an den großen russischen Balletten ablesen: von ballettversessenen Zaren ins Leben gerufen, haben sie selbst eine so radikale Umwälzung wie die Oktoberrevolution überstanden. Und wer nach Frankreich blickt, der kann sich schnell ins Gedächtnis rufen, daß die Statuten, nach denen die Comédie Française noch heute lebt, von keinem an-deren als Napoleon inauguriert wurden. Obwohl also im kulturellen Bereich schnell und oft von revolutionierenden Neuerungen die Rede ist – was die Kulturinstitutionen anlangt, so sind sie gegen Umwälzung meist widerstandsfähiger als alles andere.

Aus dieser Herkunft wird klar, daß es sich bei den kulturellen Einrichtungen tatsächlich um Freizeiteinrichtungen handelt. Denn die privilegierte Adelsschicht hatte beides, was zur Kultur nötig war. Das mäzenatische Geld und die nötige Freizeit, die damals noch Muße hieß. Ein sich seiner Rolle selbstbewußt werdendes Bürgertum, das aus sich heraus wieder Eliten produzierte und gebar, konnte diese Einrichtungen der Muße ohne Schwierigkeit übernehmen, sie ohne große Problematik seinen Zwecken anpassen.

Wenn also die Beschäftigung mit Kultur eine Auszeichnung war, wenn die Kunst zum Höheren zog und zum Besseren bildete – angeblich –, dann lag das sicher auch daran, daß es als Auszeichnung galt, Muße und Freizeit zu besitzen, nicht sklavisch dem Lebenserwerb hinterher rennen zu müssen, sondern sich stattdessen in das zu versenken, was als zweckfrei galt: eben die Kultur, deren schönes, hehres Allen-Zwecken-Enthobensein sicher kausal damit zusammenhängt, daß man für sie eben Zeit braucht, Zeit, die nicht für den Broterwerb zur Verfügung stehen muß, Zeit auch, die nicht unbedingt nur der Entspannung und Neuansammlung von Kräften dient, die man für den Produktionsprozeß braucht. Der Tatsache, daß Kultur damit immer nur den wenigen zugute kam, die über diese Zeit in hinreichendem Maße verfügten, verdankt sie unter anderem ihren Ruf, elitär zu sein. Der Tatsache, daß sie nie so konzipiert war, sich eben mal rasch dem aus der Produktion Steigenden zur Entspannung anzubieten, verdankt sie ihren Mißkredit, bei vielen, als zu anstrengend zu gelten. Oder, wie es Leute heute noch in aller Unschuld ausdrücken: »Klassische Musik, das ist nichts für mich«. »Theater, das ist mir viel zu anstrengend.«

Sind also die traditionellen Kultureinrichtungen, die Freizeit erfordern und Freizeit herausfordern, zur Befriedigung eines Freizeitbedürfnisses, das die Breite unserer Gesellschaft erfaßt hat, im Grunde nicht oder nur wenig geeignet? Blickt man auf die Zahlen derjenigen, die von diesen kulturellen Einrichtungen Gebrauch machen, dann könnte man schnell mit Bedauern feststellen: So ist es. Was das Italienerlebnis früher denjenigen vorbehalten, die da als Künstler von den ökonomischen Verhältnissen Begünstigte hinkonnten, und ist es heute so, daß manch einer die Nase rümpft, wenn er hört, daß sein Nachbar in den Ferien »nur« nach Italien geht, so muß man feststellen, daß Theater, Konzertsäle, Bibliotheken und Galerien für die meisten unserer Landsleute immer noch das sind, was für ihre Großväter und Urgroßväter Italien war. Die Freizeitindustrie also, sie hat mit ihren technischen Möglichkeiten, mit ihrer immensen Mobilität möglich gemacht, daß die Akropolis in Athen oder das Forum Romanum in Rom zum Allgemeinbesitz der Ferienfreizeit geworden sind. Der Konzertabend in der gleichen Stadt aber, er scheint noch immer für die gleichen meisten unendlich weit weg zu liegen, weiter als Akropolis und Forum. Es scheint fast so, als wehrten sich bestimmte kulturelle Einrichtungen gegen ihre allgemeine und massenhafte Verwertung, als fürchteten sie, dadurch ihren Ruf einzubüßen und sorgten deshalb durch die Schaffung einer künstlichen Aura der Abwehr dafür, daß sie von einem Kulturtourismus nicht so leicht gestürmt und geplündert werden könnten wie eben die Akropolis, wo zwischen Fotografen und Andenkenläden Touristen aus allen Ländern unbekümmert herumturnen, während sie bei der Vorstellung, sie sollten Äischylos oder Aristophanes im Theater sehen, sofort meinten, das wäre nun nichts für sie.

Wer die Zahlen der Ferienreisenden vor Augen hat, die da wachsen, wachsen und wachsen, der müßte doch erstaunt sein, wenn er hört, daß die Zahlen der Theaterbesucher dagegen zurückgehen. Die Ferien, nicht wahr, die betreffen doch nur, im Unterschied zum Theater oder zum Konzert, die Freizeit an einem Stück. Da aber auch die Freizeit pro Tag, da auch die wöchentliche, die zerstückelte Freizeit zunimmt, da die Wochenenden wachsen, die Arbeitsstunden schrumpfen, warum nehmen dann die Theaterbesucher ab? Ins Theater gehen nicht einmal zehn Prozent, vielmehr nähert sich die Zahl, allen Erfolgsmeldungen zum Trotz, der Fünfprozent-Klausel. Bei Konzerten sieht es nicht anders aus. Und betrachtet man Erhebungen über Lesegewohnheiten, dann kommt man auf ähnlich verblüffend niedrige Zahlen – jedenfalls sobald man anspruchsvolle Belletristik von billigster Unterhaltungsware scheidet.

Den ersten Schluß, den man daraus ziehen kann, ist der: als breites Freizeitangebot für die vielen kommt der traditionelle Kulturbetrieb, kommen seine traditionellen Produkte nach wie vor nur in verschwindendem Ausmaße in Betracht. Wollen wir die Scheidung zwischen Kultur und Schund mühsam aufrecht erhalten, wollen wir weiterhin meinen, daß zwischen Mickey Mouse und Asterix auf der einen und dem Doktor Faustus und Kafkas Prozeß auf der anderen Seite ein Wesensunterschied besteht, dann sind wir einfach gezwungen, in den kulturellen Freizeitgewohnheiten fast härtere Unterschiede zu setzen wie sie in den sonstigen Freizeitverhalten bestehen. Faßlicher gesprochen heißt das: so wie sich manche Leute in ihrer Ferienfreizeit nur ein Hotel vierter Kategorie leisten können und nur ein billiges Menü, während andere für beides mehr auszugeben in der Lage sind, so scheint es auch bei den Kulturkonsumgewohnheiten, allem anderen Gerede zum Trotz, Menschen vieler Kategorien zu geben. Nur: hier ist es oft noch nicht einmal der Geldbeutel, der notwendig scheidet – obwohl nicht verschwiegen werden soll, daß die Salzburger Festspiele für viele der Salzburg-Touristen einfach unerschwinglich wären und obwohl nicht verschwiegen werden soll, daß am Kölner Theater die teuerste Karte immerhin 32 Mark kostet – und damit ist nicht gemeint, daß irgendein Opernweltstar gastiert, denn dann wird das Teure noch teurer. Gemeint ist damit, daß auch bei der billigsten Karte, also – um beim Kölner Schauspiel zu bleiben – jemand 1,50 für einen zu hohen, für ihn nicht lohnenden Preis erachtet. Gemeint ist, daß man in Essen schon für drei Mark ein Konzert besuchen kann – und es dennoch doch vorwiegend nicht tut. Gemeint ist schließlich, daß man die Kunsthallen und Galerien der deutschen Städte am Wochenende in der Regel kostenlos aufsuchen und besichtigen kann – dennoch machen nicht schrecklich viele von dieser Freizeitmöglichkeit Gebrauch.

Natürlich weiß man dergleichen und sucht auch nach Auswegen. Und man muß nach Auswegen suchen, weil alle (oder besser: so gut wie alle) kulturellen

Einrichtungen von der Allgemeinheit subventioniert werden, was nichts anderes heißt als daß alle, ohne gefragt zu werden, in die früher vom Fürsten freiwillig und bewußt ausgeübten Rollen zu schlüpfen haben, um ein Mäzenatentum für das abzugeben, wofür sie sich doch offensichtlich nur in so verschwindendem Maße interessieren. Man muß das noch deutlicher belegen: so sehr es dem einzelnen egal sein kann, wenn das exklusive Hotel »Zum wilden Kaiser« in der Ferienzeit nur von einer Elite belegt ist, die bereit ist, die Preise des »Wilden Kaisers« zu zahlen, so wenig kann es dem einzelnen egal sein, wenn er kulturelle Einrichtungen deshalb ungefragt mitfinanziert, die durch die Subventionierung für alle erschwinglich sein sollen und in die, aus welchen Gründen auch immer, doch nur die gehen, denen auch ein exklusiver »Wilder Kaiser« zumutbar wäre. Zürich machte vor wenigen Tagen für diesen Fall eine Probe aufs Exempel. Dort nämlich müssen die steigenden Kosten des Züricher Schauspielhauses, das nur noch im Schnitt auf fünfundfünfzig Prozent seiner Plätze überhaupt besetzt ist, durch eine Volksabstimmung bewilligt werden. Wäre sie negativ ausgefallen, dann ist sicherlich auf Grund der speziellen Schweizer Verfassung, zum ersten Mal ein Theater einem plebiszitären Votum unterworfen – es hätte dann geschlossen werden können, nicht anders wie ein Ferienort wieder ein normaler Ort wird, wenn es sich die Touristen anders überlegt haben.

Natürlich ist niemand so töricht, denkt niemand so schlichtgeradlinig, daß er meinte, kulturelle Einrichtungen müßten Bilanz machen, wie gutgehende Spielkasinos Bilanz machen. Daß in der Kultur das Meistgekaufte nicht das beste ist (was sich ja notfalls von einer Seife noch sagen läßt, von einem Freizeitort schon viel weniger, weil er dann überfüllt und damit reizlos ist), steht ebenso fest, wie man weiß, daß dieses Feststehen oft als Ausrede für schlecht-exklusive Kulturhervorbringungen herhalten muß: Auch Kultureinrichtungen flüchten sich ja gern in die Attitude des mißverstandenen Künstlers, auch sie sind sich dann zu gut für diese Welt. Dennoch muß sich der Freizeitwert und Freizeitnutzen von kulturellen Institutionen definieren lassen. Und wenn die direkte Definition, also die der wirklichen Benutzung und Frequentierung, nicht ausreicht, dann muß man sich nach einer indirekten umsehen. Die erste indirekte Definition, die sich anbietet, ist die des Renommees, die der Reputation. Um es einmal ganz touristisch-freizeitlich industriell zu sagen: Wien zehrt von seinem Burgtheater, Opern- und Philharmoniker-Ruhm auch bei denjenigen, die nie in die Oper, nie ins Burgtheater, nie in ein Konzert gehen. Das Vorhandensein dieser Institutionen gibt der Stadt einen guten Teil seines kulturellen Rufs; den vermeinen auch die zu konsumieren, die als Besucher nach Wien kommen und lieber gleich zum Heurigen eilen – ohne den Umweg über die Burg zu machen.

Das mag etwas zynisch geschildert sein, ist aber doch der Wahrheit nicht so fern, wie ein jüngstes Beispiel aus Bremen verdeutlicht. Da wurde nämlich dem Intendanten des dortigen Theaters der Stuhl vor die Türe gesetzt – zumindest wurde ihm das angedroht – und die gleiche Stadt, die auf diese Weise ausdrückte, daß sie ein derartiges Theater nicht länger haben wolle, warb für sich mit einer Annonce, die eben das anpries, was sie sich vom Halse zu schaffen trachtete. Auf dieser Annonce, die das, wie es im Text heißt, »legendäre« Bühnenbild von Minks zu Zadeks »Räubern« zierte, hieß es: »Bremen hat Deutschlands heißes Theater. Das ist nicht jedermanns Sache. Auch nicht eines jeden Bremers Bürger Sache. Aber eben dieser Bremer Bürger würde diese Bühne verteidigen, wollte jemand ihre Existenz in Frage stellen. Nicht weil er unbedingt weiß, daß diese Bühne seit Jahren internationalen Ruf für Bremen erwarb. Und das Prädikat: Bremer Stil. Sondern weil es einfach bremisch ist, dem Experiment und der heilsamen Provokation eine Chance zu geben.« Aus diesem Text spricht das Bemühen, die kulturellen Einrichtungen wenn schon nicht direkt, dann doch indirekt zur touristischen Imagewerbung einzuspannen. Viele Kulturdezernenten deutscher Städte haben erkannt, daß sich der »Freizeitwert« ihrer Stadt mit Kultur heben läßt – auch dann, wenn diese Kultur nicht konsumiert wird.

In einer Glosse hat dies Nina Grunenberg in der *Zeit* so ausgedrückt: »Die Städte sehen ihre Zukunft in der Kultur. Sie rivalisieren nicht mehr um die größten Industriebetriebe, die breitesten Straßen und die glänzendste Neon-City; die neuen Schlagworte für das, was sie jetzt wollen, heißen ›stärkere Anziehungskraft‹, ›größerer Freizeitwert‹, ›mehr Urbanität‹«. Und weiter: »Zum Beispiel Nürnberg: der ungeheure Aufwand, den die Stadt mit ihrem Dürer-Festival betreibt, fördert ihren Freizeitwert und reinigt sie von dem Makel, die ehemalige Reichsparteitagsstadt gewesen zu sein. Was dabei Kultur ist und was von den Dürer-Aktivitäten unter Public-Relations fällt, sei dahingestellt.« Natürlich ist dieser äußerliche, indirekte Freizeitwert der Kultur etwas, auf das man erst verfällt, wenn man einmal merkt, daß sie direkt nur sehr wenig Zulauf hat, ohne daß deswegen ihre indirekte Wirkung verloren ginge. Und zum anderen ist dieser indirekte Freizeitwert etwas, von dem die Kulturdezernenten hoffen, daß er den direkten dann doch bewirkt und beflügelt. So leicht es ist, darüber die Nase zu rümpfen – nicht leugnen läßt sich, daß die Vorbilder, die kunstliebenden Fürsten, ja ähnlich Äußerlich-Indirektes im Auge hatten, wenn sie für Kultur und für Muße sorgten: auch sie wollten ja Florenz nachahmen, Weimar nachschaffen, Versailles nachempfinden. Daß Kultur sich veräußern und veräußerlichen muß, will sie ein breites Publikum erreichen, ist klar. Es war niemand anderer als Bert Brecht, der an sein Theater am Schiffbauerdamm ein Transparent anbringen wollte, auf dem zu lesen sein sollte: »Hier lachen Sie kolossal«, als er den »Puntila« spielte. Hier griff einer, der doch als grauer Theoretiker und kalter Intellektueller verschrien ist, auf Filmwerbemethoden sehr bewußt zurück, weil er sehr wohl begriffen hatte, daß der Freizeitwert des Theaters nur zu halten ist, wenn es sich von seiner abweisenden Exklusivität befreit und auch gastlich für diejenigen erweist, die es besichtigen wollen wie eine pittoreske Kneipe.

Museen, die sich einmal auch anderen, heitereren Veranstaltungen öffnen, könnten die kulturelle Schwellenangst ähnlich überwinden, die dem Freizeitwert entgegensteht. Denn wenn die elitäre Ausschließlichkeit, die die Kulturstätten geerbt haben, ohne sie besitzen zu wollen, nicht allein am Preis liegen kann, dann muß sie in Gewohnheiten liegen, die abgebaut werden müssen, will die Kultur wirklich sich der Freizeit vieler als entsprechendes lohnendes Objekt darstellen. Also muß die Schwellenangst abgebaut werden, die den Konzert- und Theaterbetrieb noch immer umgibt, die Museumsbesucher zu weihevollen Kirchgängern umstilisiert, die krampfhaft-schweigend und pflichtbewußt vor einem berühmten Gemälde verweilen, weil sich das einfach so schickt. Mit diesen Riten, mit denen sich die Kultur lange umgab, um auserwählt, um elitär zu bleiben, muß sie befreit werden. Gewiß, sie wird dabei viele ihrer Qualitäten verlieren, aber sie wird, wie erfolgsversprechende Beispiele beweisen, neue dafür gewinnen, die sich nicht nur aus einer gedankenlosen Überlieferung herleiten lassen, sondern daraus, daß sie die Anforderungen des Tages verstanden hat, daß sie bereit ist, die neuen Herausforderungen auch anzunehmen.

Schon heute gehen viele Theater dazu über, sich auch als Diskussionsstätten zu verstehen, auf denen nicht nur fertige Produkte angeboten werden, sondern wo die Zuschauer am künstlerischen Arbeitsprozeß teilhaben können, den sie diskutieren, in Frage stellen, ergänzen dürfen. Das mag nur modisch klingen. Aber ist es nicht eine spezifischere Antwort auf die Herausforderung des Fernsehens als die Reaktion anderer, die sich entweder beleidigt in den Schmollwinkel der hehren Kunst zurückziehen oder die, wie es die Berliner Bühnen taten, meinten, es sei genug, eine Plakataktion zu starten, auf der stand: »Theater ist immer live«? Die Schaubühne am Halleschen Ufer, die jetzt mit höchster Kunst am »Peer Gynt« auch dessen Kinoeffekte zeigt, die ihre Proben öffnet und jedem zugänglich macht, ist für Wochen ausverkauft. Und das, obwohl sie ihren Zuschauern zwei Abende von fast acht Stunden Dauer zumutet.

Andere Bühnen, wie zum Beispiel die in Dortmund, versuchen ihre Zuschauer am vertrauten Freizeitort zu erreichen: sie gastieren also in Kneipen und in Vorstadtsälen. Auf diese Weise wird einmal dem Faktum Rechnung getragen, daß bei unseren abends aussterbenden Innenstädten, bei unseren teuren Verkehrsmitteln, bei unseren Parkplatzproblemen das Theater im Moment noch mehr Mühe macht, als die Leute in ihrer Freizeit aufzubringen bereit sind. Zum andern wird ihnen die Schwellenangst genommen, die Furcht vor der ungewohnten Umgebung, die vielen den ersten Schritt ins Theater erschwert.

Auch die Museen sind dabei, nicht mehr nur die Totenhäuser des Etablierten zu sein. Auch sie öffnen sich für Diskussionen, für Einblicke in den Arbeitsprozeß, für die Ausstellung nicht nur des Einschüchternd-Perfekten, sondern dessen, was auch den Stil einer Zeit ausmacht: also auch des Unvollkommenen, soweit es typisch ist und Aufschlüsse über Epochen zu geben vermag. Daß Konzerte und Opernhäuser es am schwersten und am leichtesten zugleich haben, liegt auf der Hand. Denn hier ist der traditionelle Zusammenhang am stärksten, am ungetrübtesten. Das führt einmal dazu, daß sich die Musik nach wie vor auf ein teures, festes Stammpublikum verlassen kann, das seine hier verbrachte Freizeit nie in Frage stellen will und muß. Bei keiner anderen Kunst gibt es deshalb bis heute so unverrückbare Rangordnungen, Marktwerte und Starlisten. Für die Oper, für das Stardirigenten-Konzert ließen sich sicher ähnlich Baedeker-Sterne verteilen wie für die Sehenswürdigkeiten Spaniens und Italiens. Zum anderen führt es aber auch dazu, daß hier Neuerungen am schwersten durchzusetzen sind. Die Opern sind – so sehr das moderne Regiebemühungen auch zu übertünchen suchen – Musikmuseen, in denen nicht die Variatio sondern die Repetitio delectat, in denen also die Wiederholung eines doch recht schmalen Bestellerrepertoires erfreut. Auch das Konzert-Publikum war vor Jahren bestenfalls bei Brahms angelangt und ist jetzt gerade noch bereit, Mahler aufzunehmen. Moderne Werke können bestenfalls mitgeschleppt werden – im Schlepptau einer gesicherten Beethoven-Symphonie oder eines berühmten Virtuosen. Nicht zuletzt das hat zu der harten Scheidung zwischen U- und E-Musik geführt. Und dazu, daß zuerst der Jazz und jetzt der Beat zu Generationssymbolen wurden, mit denen die Jungen sich bewußt von den Freizeit- und Musikgewohnheiten der Alten absetzten. Die Frankfurter Empörung darüber, daß es Leute gibt, die aus dem alten Opernhaus ein Multimedia-Forum machen wollen, in dem dann auch Beat ertönen könnte, erklärt sich nicht zuletzt daraus, daß es bei der Musik Freizeitgewohnheiten gibt, die auch Generationsscheidungen sind, die sich emotional und ideologisch aufladen.

Nun ist dies aber, sieht man kulturelle Freizeit nicht zu äußerlich, zu mechanistisch und zu sehr unter dem Effekt des Marktgesetzes stehend, ohnehin das Kernproblem. Denn da, wo Kultur nicht als Hobby verschlissen wird wie Reiten und Wandern, wie Reisen und Baden, muß man sich klar darüber sein, daß sie ebenso wenig ein pures Freizeitvergnügen sein kann wie Politik. Denn da, wo sie nicht nur Zeit totschlagen soll, bindet und fordert sie Energien heraus, die sich am besten daran ablesen lassen, daß es zu Skandalen, zu heftigen Abwehrreaktionen kommt, ebenso wie zu blinden und übertriebenen Jüngerschaften und missionarischem Eifer. Nach der Uraufführung von Schillers »Räubern« in Mannheim fielen sich wildfremde Menschen tränenreich um den Hals, rissen sich andere die Kleider vom Leib. Beim Beat-Konzert in Woodstock fühlten die vielen Hunderttausende – ob zu Recht oder zu Unrecht, sei dahingestellt –, daß für sie eine neue Zeit sichtbar und spürbar begonnen habe. Hier soll derartigem nicht etwa das Wort gepredigt werden, wenn man sagen muß, daß solche Effekte, von der Freizeitindustrie sonst nicht geplant, geschweige denn erreicht werden können. Das wäre ja ähnlich absurd, wie wenn man behaupten wollte, es gäbe die Zahncreme, die glücklich macht, wie es manche Werbung verspricht, wirklich. Hier soll das nur heißen, daß es unter Umständen nicht unredlich ist, wenn die Verplaner der Freizeit meinen, sie auch bei der Kultur nur als touristische Nebenattraktion verkaufen zu können. Alles andere ist nicht zu planen.

Es ist bestenfalls der Freiraum, die Toleranzzone zu schaffen, damit sich einstellen kann, was nicht im voraus bestellt werden kann.

IV. Freizeitplanung und Zukunftsforschung

1. Viggo Graf Blücher

Freizeitbedürfnisse und Umwelt

»In unserer hochindustrialisierten Leistungsgesellschaft wird die Freizeit künftig eine zunehmende Rolle spielen. Hieraus werden sich Konsequenzen auch für die Gestaltung der Umwelt des Menschen ergeben. Neben der Agrar-, Industrie- und Wohnlandschaft wird auch eine Erholungslandschaft nötig sein, die sich immer mehr zu einer *Freizeitlandschaft* entwickeln wird.« So endete das 13. Mainauer Rundgespräch im Jahre 1970, in dem von Graf Lennart Bernadotte für junge Planer ein Wettbewerb um die »Freizeitlandschaft der Zukunft« ausgeschrieben wurde.

Eine auf den ersten Blick unbefriedigende Definition des Begriffs der menschlichen »Umwelt« in einer Gesellschaft, in der die Freizeit sowohl sozio-ökonomische als auch humanistische Funktionen allererstens Ranges zu leisten hat. Die Definition der drei Preisträger (Füsslin, Köhl, Rabe) versöhnt uns wieder: »Freizeitlandschaft beinhaltet alle Räume, in denen Freizeit verbracht wird. Wohnung, Siedlungsbereich und Region sind Freizeiträume und damit Freizeitlandschaft in diesem Sinne. Wesentlichstes Merkmal der Freizeit ist die völlige Freiheit in der Disposition dieser Zeit. Jedes frei gewählte Tun, auch Nichts-Tun findet darin sein Berechtigung. Diese Freizeit steht an Arbeitstagen, Wochenenden und im Urlaub sowie aus bevölkerungssoziologischen Gründen in unterschiedlichem Maße zur Verfügung.«

Definition: »Freie Zeit« ist alle selbstdisponierte Zeit und schließt zahlreiche Funktionen ein, dabei auch Muße, Freizeit, Arbeit in eigenem Interesse und die Fülle der Erholungs-, Entfaltungs- und Zerstreuungsfunktionen.

Auf der Möglichkeit zur Eigendisposition liegt das Gewicht. Kommt ein entsprechendes Maß an freidisponierbarem Geldbetrag hinzu, so sprechen wir von einem »mehr oder minder fortgeschrittenen« Prozeß der »Freisetzung« als Antipol zur von Marx so definierten »Fremdbestimmung«. »Freizeit« entzieht sich einer gemeinverbindlichen Definition.

Die Freizeitlandschaft der Zukunft also umfaßt alle Räume, in denen Freizeit verbracht und für Freizeit anderer gearbeitet wird:
- Wohnung
- Siedlungsbereich
- Region
- Dienstleistungsbereich.

1. Der Stand der wachsenden Freizeit

Freie Zeit ist heute (mit 2400 Jahresstunden) die Mehrheit der Wachzeit des arbeitenden Menschen. Die Menschen befinden sich in einer sich entfaltenden

48

Freizeitsituation. Die freie Zeit umfaßt inzwischen mehr als 50% der Wachzeit im Leben eines repräsentativen Bevölkerungsquerschnitts. Sie wächst weiter. Ihr stehen 2200 Stunden gemessener Durchschnitt an Arbeitszeit gegenüber – einschließlich Arbeitsweg (der dazugehört; denn auf dem Verkehrsmittel verbrachte Zeit ist Arbeitszeit und sollte bezahlt werden).

Aber nicht die Quantität, sondern die Qualität entscheidet über die Bedeutung der freien Zeit. Wir stehen im Übergang von der physischen zur geistigen Leistung auf allen Ebenen des Arbeitsvollzugs. Die Arbeit wird zwar kürzer, aber gleichzeitig beträchtlich intensiver, anspruchsvoller, schwerer zu »verkraften«.

2. Wandlungen in der Arbeitswelt

Gegenwärtige Prozesse in der Arbeitswelt sind vor allem die folgenden:

a) Die Rationalisierung schreitet fort. Die Technisierung und Spezialisierung der Arbeit durch die Arbeitsteilung bewirkt eine Sinnentleerung der Arbeit der Masse; parallel verläuft – für sehr wenige – eine ständig gesteigerte Verantwortung durch die Steuerung der Automaten. Der Sinn muß von vielen in der Freizeit gesucht werden.

b) Die physische Lage der menschlichen Existenz ändert sich. Der menschliche Organismus wird von der Arbeit nicht mehr beansprucht, so daß die in einer Million Generationen herausgebildete Muskulatur und der Organismus des Menschen nicht mehr angemessen belastet werden und damit gesund funktionieren können. Der menschliche Organismus, die menschlichen Organe und Muskeln werden durch den Broterwerb nicht mehr gezwungen in dem Sinne zu funktionieren, zu dem sie sich im Laufe von Jahrmillionen entwickelt haben. Hinzu kommt der Wohlstand mit dem Zuviel an Nahrungsmittelkonsum und Zuwenig an Bewegung, von dem die Medizin ein Lied zu singen weiß. Das Beispiel der unangemessenen Kuren zeigt das Bild einer Erholung durch körperliches und geistiges Nichtstun von einer Arbeit, die vor allem durch körperliches Nichtstun und geistige Eingleisigkeit zu charakterisieren ist. Der Ausgleich (die körperliche Arbeit und die physische Askese) muß in der Freizeit stattfinden.

c) Umschichtung der Potentiale verändert die volkswirtschaftlichen Bedingungen. Die Massenproduktion und Automatisierung setzt im Kern der Produktion Arbeitskraft frei, die anders verwendet werden muß, wenn es nicht zu Arbeitslosigkeit und Wirtschaftskrise kommen soll, und zwar:

1. direkt in Form von Freizeit und Konsum,
2. in Form von Dienstleistungen für Freizeit und Konsum,
3. in Form von Konsum- und Verbrauchsgütern des gehobenen Bedarfs für die zunächst – siehe das Beispiel der »Fernsehwelle«, ohne die wir auch ganz gut leben konnten – ein originärer Bedarf nicht vorhanden war.
   Vielmehr mußte der Bedarf erst
4. in Form von Bedarfsweckung stimuliert werden
   (Freizeitgut, Auto, Bücherwand, Urlaubsreise, Wohnkomfort, Luxusgut).

Das Bezugssystem für alle diese Prozesse zur Kompensation der Überproduktion ist also die Freizeit. Die gesellschaftliche Funktion der Freizeit übertrifft deren Bedeutung für das Leben des einzelnen bei weitem. 67% unseres Netto-sozialprodukts fließen in die Haushalte der Arbeitnehmer. Konsumiert wird im wesentlichen in der Freizeit. Ohne den Freizeitkonsum dürfte das ökonomische System einer hochentwickelten Industriegesellschaft zusammenbrechen.

3. Unangemessene Institutionen

Die Institutionen von heute sind in der arbeitsorientierten Gesellschaft er-wachsen und auf
– Arbeit
– Produktivität
– Leistungssteigerung
– ökonomische Effizienz
– Wirtschaftswachstum und Maximierung des Sozialprodukts zugeschnitten.
Boden wird nach dem durch die Konstellation einer Vielzahl von Entwicklun-gen artifiziell bestimmten Wert einer – unverschuldeten und unverdienten – Lage bewertet, nach dem funktionalen Nutzen für eine Verwendung, die schon morgen technisch, strukturell oder durch die Neuorientierung der Werte im Sinne einer »nachindustriellen Denkweise« veraltet sein kann. Die Umwelt, die sich der Mensch für den Aufbau seiner industriellen Welt geschaffen hat, ist für deren Betrieb und Funktion gedacht, dagegen für seine gegenwärtigen Bedürfnisse unangemessen geworden. Also muß sie verändert werden, wenn sich der Mensch nicht in dauerndem Kampf mit dieser Unangemessenheit aufreiben will.
Infrastruktur der Freizeit ist nur für eine schmale Kulturoberschicht mit der gesellschaftlichen Entwicklung zusammen gewachsen; die traditionell bestehen-den Einrichtungen sind im wesentlichen auf die alte Bildungsoberschicht zuge-schnitten und werden heute vor allem von dieser genutzt, wie sich in einer breit angelegten Freizeituntersuchung für das Ruhrgebiet herausstellte.[a]

4. Neue Ansätze

Die neuen Entwicklungen sind allerorten zu beobachten. In den Anlagen des Erholungsparks Ville kann man ein vorbildliches Beispiel erleben: Auf den öden Kippen des ausgekohlten Braunkohlegebietes des Erftraumes bei Köln erwächst die Infrastruktur für eine neue Freizeitwelt: Die Freizeitlandschaft der Zukunft. Die Freizeitkultur überwächst die Industriekultur buchstäblich.
Indikatoren gibt es zahlreiche: Der Freizeitwert der Städte / kombinierte Freizeitanlagen, wie die neuen Revierparks / Anstau von Gewässern für Erho-lungszwecke / Pläne für die Umgestaltung ganzer Regionen, wie das Teufels-moor bei Bremen im Zuge des »Experiments Worpswede« / Revision veralteter Gesetze, wie das »L'art pour lart« des Naturschutzes / das Rasentabu fällt. Aber das sind zunächst strukturlose Einzelvorgänge. Eine integrierte Umwelt von Morgen, die sowohl für die veränderten Bedingungen der Arbeitswelt als auch für gleichberechtigte Ansprüche von Freizeit und Konsum funktionsfähig ist, wird sich nicht im Selbstlauf entwickeln, sondern bedarf einer gezielten Ent-wicklungshilfe.

5. Bedingungen für eine angemessene Umwelt

Die Freizeitbedürfnisse erfordern eine systematische Anpassung, Umgestaltung und Weiterentwicklung der unangemessenen Umwelt. Die sich stellenden Aufgaben erstrecken sich in zahlreiche Dimensionen. Besonders vordringlich erscheinen unter vielen anderen vier Gesichtspunkte:

a) Die Form der Wohnsiedlungen

Die City-zentrierten Großstädte unserer Gegenwart sind erwachsen (um die wichtigsten Gesichtspunkte zu nennen) aus:

– Der mittelalterlichen Verteidigungskonzeption,
– dem Profitstreben der Gründerzeit und den Wirkungen des Bodenrechts,
– der Unangemessenheit des Verkehrssystems im 19. Jahrhundert.

Es beginnt also mit der Form unserer Wohnsiedlungen. Die Städte, aus der mittelalterlichen Verteidigungskonzeption erwachsen, sind weder der Lebenssituation nach noch funktional auf die heutigen Gegebenheiten zugeschnitten. Ihre Funktion, die Koordination von Wohnen und Arbeiten und die Funktion der Versorgung sind nicht mehr auf die frühere lokale Orientierung angewiesen, sondern alte lokale Ordnungen werden heute durch großräumige und wesentlich anders organisierte überregionale Strukturen ersetzt. Der Markt ist nicht mehr Mittelpunkt einer lokal überschaubaren Einheit, sondern erstreckt sich auf das Gebiet z. B. der EWG. Trotzdem fanden wir Gefallen an dem lebhaften Treiben der Innenstädte; das wiederum (hier deplacierte) Funktionen, wie die überregionalen Riesenverwaltungen, solange anzieht, bis die Cities an ihrem Magnetismus zu ersticken beginnen. Das ist der Zeitpunkt, den wir erleben. Durch Fehlorganisation frißt die Industriegesellschaft die freie Zeit wieder auf, die sie geschaffen hat. Die Freizeit wird sinnlos auf dem Verkehrsmittel verbracht. Deshalb leisten die Wohnsiedlungen nicht mehr das, was von ihnen verlangt werden muß:

– Reibungslose Koordination von Wohnen und Arbeiten;
– reibungslose Versorgung mit Lebensgütern;
– flüssige Koordination der hochspezialisierten und differenzierten Wirtschaftsstruktur.

Man versucht zu heilen (»rettet unsere Städte jetzt«!) und man steckt doch nur – wenn überhaupt – außerordentliche Mittel in eine verfehlte Grundstruktur hinein. Verdichtung und Vervielfältigung des Verkehrs in konzentrisch strukturierten Wohnsiedlungen ist die falsche Antwort auf die Probleme. Die Struktur der Wohnsiedlungen ist eindimensional auf einen trotz aller Bemühungen mehr und mehr funktionsunfähig werdenden Kern zugeschnitten, anstatt daß von vornherein und systematisch multidimensional strukturiert wird. Die Beispiele, wo das geleistet wird, sind selten und lassen sich knapp aufzählen:

Köln-Nord, Düsseldorf-Garath, Berlin, Hansaviertel und Märkisches Viertel, Langwasser, Neue Fahr, Sennestadt, Tannenbusch, Waldstadt. Aber sie sind als Entlastungsstädte und nicht als Kern einer neuen Stadt-Land-Struktur geplant, einer »Stadtlandschaft«, wie es sie vereinzelt bereits gibt.

Das gehobene und spezialisierte Freizeitangebot zwingt die Menschen immer noch in die City, anstatt daß es dorthin verlegt wird, wo Menschen wohnen. Wohnen und Arbeiten wird nicht ausreichend koordiniert; überlange Wegzeiten fressen die zusätzliche freie Zeit auf. Lange Arbeitswege sind die wirklich einzige Form einer wirklich sinnlosen Freizeitbeschäftigung. Wenn die Strukturen sich so weiterentwickeln wie bisher, wird der Mensch sich im wesentlichen zu einem »Arbeitsweg-Wesen« entwickeln.

b) Die Erfüllung der Wohnwünsche der Bevölkerung

Es ist nicht einzusehen, warum bei dieser Lage Menschen, abgeschnitten von Grün, frischer Luft, Bewegungsmöglichkeit und Freizügigkeit in gewaltigen Wohnsilos und in viel zu kleinen Wohnungen verpackt leben müssen. Die Konzentration ist nicht mehr zwingend, sondern nur noch Folge zufälliger nicht mehr angemessener Strukturen und des daraus erwachsenen kommunalen Egoismus.

Die Wohnwünsche von zwei Dritteln aller Großstädter laufen darauf hinaus, in aufgelockerter Wohnweise im Grünen, trotzdem aber urban zu leben. Nach gesicherten empirischen Befunden konzentrieren sich die Wünsche auf folgende Punkte:

– Wohnen in aufgelockerter Wohnweise in grüner Umgebung;
– Wohnen in urbanem Umfeld mit entsprechenden Einrichtungen in der Wohnsiedlung selbst und angemessenen Verkehrsverbindungen zu zentralen Einrichtungen und Angeboten der Gesellschaft in der »Restcity«;
– Wohnen in Fußgängerentfernung zum Arbeitsplatz;
– Wohnen mit angemessenen Bedingungen für die Ausgliederung von Wohnfunktionen im Wohnquartier und mit angemessenen Freizeitfolgeeinrichtungen in Wohnungsnähe;
– Wohnen in Wohnungen, die den Mitgliedern der Familie jeweils einzeln und gemeinsam angemessen den Raum zum Leben, Wohnen und für Freizeit, nicht nur zum Schlafen bieten. Die Kombination von großen Wohn- mit viel zu kleinen Schlafräumen ist der Situation nicht mehr angemessen; die Bauwirtschaft der Bundesrepublik liefert mit veralteten Techniken zu übersteuerten Preisen.

Wohnungsgröße und Wohnungsschnitt von heute entsprechen den Bedürfnissen einer vergangenen Gesellschaftsepoche. In der ökologischen Umgebung der Wohnung ist zu wenig Auslaufmöglichkeit. Sie enthält zu wenig Ersatzlösungen für in der Wohnung nicht mehr abzusättigende Funktionen, zu wenig Naturräume und Parks. Immer noch krankt unsere Gesellschaft daran, daß zwar Wohnungen, nicht aber die ebenso notwendigen Freizeitfolgeeinrichtungen gebaut werden. Mit dem Bau von Wohnungen beginnt die Erschaffung der Umwelt; sie endet noch lange nicht damit.

Wenn schon – gegen Wunsch und Willen der Menschen – verdichtet werden muß, so möge man die Verdichtungszentren gliedern und in ein eigenes Umfeld setzen. Von entscheidender Bedeutung ist hierfür eine eigenständige lokale Verwaltung, die getragen wird vom Willen der Bürger.

c) Freizeitlandschaft und Infrastruktur der Freizeit

Aber mit der Strukturierung und der Auflockerung ist es nicht getan. In Großstadtnähe, angelehnt an Wasserflächen, werden Freizeitlandschaften und nahe Erholungszentren benötigt. Freizeitangebote sind mit den freizeitgerecht umzustrukturierenden Einkaufsgelegenheiten, Restaurants, Hotels, Sportgelegenheiten, Informationsmöglichkeiten, Kommunikationszentren und Mehrzweckhallen zu koppeln. Ich denke dabei zum Beispiel an die freizeitgerechte Lösung des Ausbaus der Kieler Küste für die Olympischen Spiele. Weiträumig sind Freizeitparks zu errichten, die ein multidimensionales Angebot für weiträumige Siedlungsflächen enthalten und übrigens finanziell zu den rentabelsten Lösungen gehören.

Der dritte Gesichtspunkt ist also eine der Freizeitsituation entsprechend entwickelte Infrastruktur mit Angeboten:
— Für Erholung, Zerstreuung und Kommunikation unter Dach;
— für körperliche Entfaltung und Bewegung im Weichbild der Wohnsiedlungen;
— von Erholungs- und Betätigungszentren der verschiedensten Art;
— von Freizeitlandschaften und -regionen im freien Raum zwischen den Wohnsiedlungen.

Die freie Landschaft, die bebauten Zonen und die Wälder in einer hochentwickelten Industriegesellschaft sollen den Menschen nützen. Das geschah in der frühindustriellen Gesellschaft durch Lieferung der anderwärts nicht zu erhaltenden Lebensmittel; heute in der reichen und hochindustriellen Gesellschaft wird die Fiktion, als brauchten wir die Lebensmittel der heimischen Produktion noch, durch Subventionen aufrecht erhalten.

Was wir aber dringender brauchen, als das tägliche Brot, ist die Freizeitlandschaft, Flächen zur Regeneration, Kompensation, Entfaltung und Zerstreuung für den auf engsten Raum zusammengedrängten Bewohner der verdichteten Großstadt und seine Kinder. Landschaft für Freizeitzwecke sieht anders aus wie Landschaft für Ernährungszwecke. Auch und gerade sie benötigt die Fürsorge der Bauern. Der Prozeß der Erweiterung des Berufs der Landwirte zugleich zum Landschaftswirt läßt sich bereits beobachten. Der Mansholt-Plan enthält eine Reihe von verständigen Gedanken in diesem Sinne.

Von einer nächsten Bauerngeneration, die man im Verlaufe einer höchst lebendigen Untersuchung der Lage der Deutschen Landjugend kennenlernen konnte, verspricht man sich eine moderne, auf der Höhe der Zeit befindliche Gesinnung in dieser Richtung.

Hier noch einige Wünsche zur im wesentlichen noch zu schaffenden »Infrastruktur der Freizeit«, die nur den Anfang eines langen Katalogs bilden:
1. Man schaffe Mehrzweckangebote.
2. Man organisiere kombinierte Möglichkeiten mit vielfältiger Struktur und multidimensionalem Angebot für Erholung, Zerstreuung, Spiel, Spaß, Amüsement, Kultur und physische Entfaltung.
3. Man verwandle die für Erwerbszwecke in der industriellen Gesellschaft entwickelte produktionsorientierte Landschaft in eine Mehrzwecklandschaft, deren Erholungswert als zu bezahlender Produktionsfaktor gelten möge.

d) Das Problem der Bewußtheit

Der 4. Gesichtspunkt zur Entwicklung einer freizeitgerechten Umwelt betrifft ein entwickeltes Programm, um die neue Lage der menschlichen Existenz und die tatsächliche Freizeitsituation ins Bewußtsein zu rufen.

Menschen verkümmern,

– weil ihnen die Gefahr ihrer Lage in der entwickelten Industriegesellschaft nicht bewußt ist;
– weil sie über die heute bereits bestehenden Möglichkeiten der Freizeitexistenz nichts wissen;
– weil ihnen die reichlich vorhandene freie Zeit »zwischen den Fingern davonrinnt«.

Je länger man sich unausweichlichen Lösungen verschließt, um so mehr wird man die Lage der streckenweise bereits unerträglichen Situation der Menschen verschlimmern.

Vordringlich sind:

– Wohnungen, in denen der Mensch sich auch in der verlängerten Freizeit wohlfühlt;
– Wohnquartiere, die die erforderlichen Freizeitfolgeeinrichtungen enthalten;
– überörtliche Freizeitangebote mit weitem Radius im Stadtzentrum;
– integrierte Freizeitanlagen an der Peripherie der Städte;
– genügend erschlossene Wochenenderholungsgebiete;
– genügend erschlossene und zugängliche Landschaften für die Erholung;
– Wohnsiedlungen, deren Struktur nicht die Ideologien und das Sparsamkeitsprinzip des 19. Jahrhunderts konserviert, sondern die unausweichlichen Entwicklungen des 21. Jahrhunderts vorwegnehmen.

Wir haben eine lange Zeit relativ ungestörter Entwicklung und eine kurze, hektische Periode, in der die Störungen durch die rasche technisch-gesellschaftliche Entwicklung allzu deutlich wurden, hinter uns. Die Langsamkeit der Veränderung erlaubte es zunächst, die Probleme laufen zu lassen. Man paßte sich an. Veränderung und Fortschritt kommen jetzt wie ein Sturzbach über uns. Die Anpassung der Umwelt erfolgt ebenso wenig von selbst genügend rasch, wie sich der menschliche Organismus nach 20 Millionen Jahre währender »Evolution« innerhalb einer einzigen Generation den von Grund auf veränderten Umweltbedingungen anpaßt.

Also muß die Umwelt an den Organismus angepaßt werden. Das ist in der kurzen verfügbaren Zeit ohne Planung nicht mehr denkbar. Folgerung: Geplante Umwelt oder Leiden unter unangemessenen Bedingungen ist die Alternative.

2. Rainer Waterkamp

Kreatives Vergnügen oder Konsum-Zirkus?

Konflikte in der künftigen Freizeitgesellschaft

Signale der kommenden Freizeitgesellschaft

Daß es an Zukunftsmodellen noch vielfach fehlt, zeigen die gesellschaftspolitischen Leerstellen inmitten einer immer mehr anschwellenden »technokratischen Literatur« über angeblich unvermeidliche Sachzwänge. »Wenn wir Zukunftspläne entwerfen wollen, um den Problemen zu begegnen, die die moderne Biologie aufwirft« – schreibt beispielsweise Gordon Rattray Taylor[1] –, »stoßen wir auf die Hauptschwierigkeit: Wir wissen gar nicht recht, wie die Welt, die wir uns wünschen, aussehen soll.«

Wenn man von der gesellschaftspolitischen Grundhaltung ausgeht, daß eine freiheitliche Gesellschaft bei ausreichendem Industrialisierungsgrad praktisch keine Massenarbeitslosigkeit mehr dulden kann, dann besteht die Chance, ein ständig höheres Wirtschaftswachstum als im vorausgegangen Zeitraum zu erzielen, zumal wir in bestimmten Bereichen mit einem steten technischen Forschritt rechnen können. Für die Herstellung einer ständig größer werdenden Gütermenge wird immer weniger menschliche Arbeitskraft je DM Sozialprodukt benötigt. In der gleichen Zahl von Arbeitsstunden können mehr Güter und Dienstleistungen erzeugt werden als je zuvor. So mußte im Jahre 1866 ein Arbeiter in seinem Leben 180 000 Arbeitsstunden leisten, 1966 waren es 50 Prozent weniger, im Jahre 2000 werden es höchstens noch 45 000 Stunden sein. Das von einem Arbeitnehmer vor hundert Jahren erzeugte Produkt stellte einen Wert von etwa 1 500 DM jährlich dar, 1906 waren es 3 000 DM, 1966 10 000 DM, und im Jahre 2000 werden es wenigstens 35 000 DM sein. Steigender Produktivitätszuwachs ist also die entscheidende Grundbedingung einer Freizeitgesellschaft.

Wenn der gesamte Produktivitätszuwachs der USA während der letzten zwanzig Jahre ausschließlich für die Steigerung der Einkommen verwendet worden wäre, hätte nach amerikanischen Berichten das durchschnittliche Pro-Kopf-Einkommen um 82 Prozent zugenommen. Würde man den gesamten Zugewinn für mehr Freizeit verwenden, könnte die Arbeitswoche bis zum Jahre 1985 auf 22 Stunden verkürzt werden; die Menschen brauchten auch wahlweise entweder nur 27 Wochen im Jahr zu arbeiten oder könnten sich bereits mit 38 Jahren pensionieren lassen. Die Produktivitätsgewinne könnten aber auch dazu verwendet werden, um die Verhältnisse am Arbeitsplatz selbst zu verbessern. Um diese Entwicklung zu höherer Produktivität und zunehmender Freizeit zu fördern, gibt es also verschiedene gesellschaftspolitische Optionen.

---

[1] *Gordon Rattray Taylor:* ›Die biologische Zeitbombe‹; Frankfurt/M. 1969, S. 298 f.

Das westliche Wirtschafssystem, die Konsumwirtschaft, hängt nach dem Oxforder Zoologen Julian Huxley[2] davon ab, daß den Leuten ein immer größerer Bedarf eingeredet wird. Das führe zu einem Raubbau an den Rohstoffquellen, die erhalten werden sollten, zu einer übertriebenen Steigerung der Werbung für käufliche Produkte und zum Vernachlässigen der Vorsorgemaßnahmen für die Zukunft. Auch der Publizist Wilhelm Bittorf sieht eine »diabolische ökonomische Notwendigkeit« in der Konsumgesellschaft, den Verbrauch immer wieder neu anzuheizen. Tatsächlich weckt das Gewinnstreben der Produzenten mit Hilfe wirksamer Reklametechniken stets neue Bedürfnisse im Menschen und bietet ganz bewußt ständig neue Konsumanreize. Noch am Beginn des vorigen Jahrhunderts war in einem großen Teil der Land- und Arbeiterbevölkerung dieses Konsumstreben nicht vorhanden; es wurde erst künstlich geweckt. Eine Option für die Gestaltung einer zukünftigen Gesellschaft könnte deshalb darin bestehen, entfremdeten Verbrauch in menschlichen zu verwandeln. Allerdings müßten dafür jene wirtschaftlichen Prozesse geändert werden, die diese entfremdete und entfremdende Konsumtion bewirken. Die Produktion müßte also denjenigen Bereichen dienstbar gemacht werden, deren echte Bedürfnisse noch nicht befriedigt werden konnten. Da der Mensch in unserer Gesellschaft nach Schelsky außerhalb des Berufs von einer »Zwangsgesetzlichkeit der industriellen Gesellschaft« in eine andere, die des Konsums tritt, müßte eine Politik der nachindustriellen Gesellschaft versuchen, den Zuwachs an Produktivität immer mehr in den Dienst soziokultureller Aufgaben zu stellen, »anstatt eine auf die Dauer zum Totlaufen verurteilte Auto-Kühlschrank-Psychose zu forcieren«[3]. Alle Anstrengungen, Produktion und Konsumtion zu vermenschlichen, haben nicht das Ziel, die Produktion zu steigern oder größere Befriedigung allein durch die Arbeitsbedingungen zu erzeugen. Diese Bestrebungen werden nämlich nur innerhalb einer völlig neuen sozialen Struktur sinnvoll, in der die wirtschaftliche Betätigung nur ein Teil des sozialen Lebens ist. Die Arbeit darf auch nicht von politischer Tätigkeit, vom sinnvollen Gebrauch der Freizeit und vom persönlichen Leben getrennt werden.

Allerdings wird nur langsam und nur von einer Minderheit allmählich begriffen, daß sich bisherige Gewohnheiten und Anschauungen ändern, daß Wertmaßstäbe wie etwa Selbstachtung, menschenwürdiges Dasein nunmehr wichtiger werden als verbrauchswirtschaftliche Kriterien. Das Ziel ist also nicht erhöhte Produktivität für Konsumgüter oder höherer Lohn, sondern ein neuer Lebensstil. Zwar werden in den Fabriken – so die Hoffnung der Futurologen – Schmutz, Lärm und Gestank ebenso verschwinden wie der schäbige Arbeitskittel und der

---

[2] *Julian Huxley:* ›Die Zukunft des Menschen – Aspekte der Evolution‹; in ›Das umstrittene Experiment – Der Mensch‹, ›Modelle für eine neue Welt‹ (hrsg. von *R. Jungk/ H. J. Mundt*); München 1966, S. 43.

[3] *Klaus Kästner:* ›Gesamtwirtschaftliche Planung in einer gemischten Wirtschaftsordnung‹; in ›Wirtschaftspolitische Studien‹, Bd. 5; Göttingen 1966, S. 84.

rauhe Umgangston innerhalb und außerhalb der Betriebe. Der amerikanische Professor für Kernchemie, Glenn T. Seaborg, nimmt darüber hinaus an, daß die gesellschaftliche Heuchelei zusammen mit dem ruinösen Wettbewerb verschwinden werde, und meint, erst ein Gemeinwesen, das frei von Not sei und in dem jeder Bürger ein nicht auf Kosten anderer erworbenes Gefühl für Menschenwürde besitze, führe zur Befreiung des Menschen. Steigender Wohlstand und die Wandlung der Konsumgesellschaft werden es hoffentlich ermöglichen, das egoistische Konkurrenzsystem Einer-gegen-Alle aufzugeben, das bisher die wesentliche Triebfeder der gesellschaftlichen Entwicklung gewesen ist.

Gewiß ist die Erzeugung materieller Werte nicht zu verachten, aber auf die Dauer sind doch die einzigen wirklich menschenwürdigen Betätigungen das Suchen nach Erkenntnis und das Schaffen neuer Kunstwerke – wobei eine gewisse materielle Sicherheit natürlich wiederum Voraussetzung ist. Nicht allein Ernährung, Wohnung und Kleidung werden den Luxus der zukünftigen Gesellschaft ausmachen, sondern die soziokulturellen Entfaltungmöglichkeiten, »die aus der Befreiung von der Fron der Schwerarbeit, aus der Ausdehnung der Freizeit und aus der für die Industriegesellschft unerläßlichen Hebung des Bildungsniveaus sich ergeben: die Befreiung von Ignoranz, die Freisetzung schöpferischer und spiritueller Fähigkeiten für immer breitere Schichten der Bevölkerung«[4].

Die Verwirklichung dieser Option scheint Voraussetzung für eine echte Freizeitgesellschaft zu sein, damit nicht für viele Menschen die erreichte Freizeit nur ein Bestandteil der durch die Automation bedingten Arbeitslosigkeit werde. Die Gefahr liegt darin, daß neue Bedürfnisse geschaffen werden, die schneller wachsen als die Fähigkeit der Menschen, diese Bedürfnisse einzuordnen und zu assimilieren.

Produktivitätszuwachs und Gemeinschaftsaufgaben

Es gibt mehrere Kategorien menschlicher Bedürfnisse: manche werden ohne Rücksicht auf Mitmenschen empfunden, andere erwachsen aus dem Gefühl der Überlegenheit über die Nachbarn (Prestige-Bedürfnisse), wobei »eine Nachfrage nach diesem Teil der Produktion nicht vorhanden wäre, wenn man ihn nicht fabrizierte«[5]. Wie wir gesehen haben, setzt die Freizeitgesellschaft voraus, daß die konsumtive in eine produktive Produktion verwandelt wird, das heißt, der entfremdete Verbrauch muß vermenschlicht werden.

Tatsächlich wächst mit zunehmender Ausbreitung der Technik und mit steigenden Einkommen auch die Nachfrage nach öffentlichen Dienstleistungen in hochentwickelten Wirtschaftssystemen.

Zudem ist die Wandlung des Staates in einen »Haftungsverband«, der den einzelnen Bürger gegen alle denkbaren Lebensrisiken (Alter, Krankheit, Tod, Geburt usw.) versichert, eine logische und reale Konsequenz der modernen gesellschaftlichen Entwicklung sowie eine weitere Voraussetzung für eine echte

[4] *Nicolaus Sombart:* ›Raumplanung – Zentralproblem der Industrialisierung‹; in ›Frankfurter Hefte‹, April 1967, S. 272.
[5] *John Kenneth Galbraith:* ›Gesellschaft im Überfluß‹; München/Zürich 1963, S. 176.

Freizeitgesellschaft. »Während die alte Sozialversicherung einen Lastenausgleich innerhalb einer Schicht vollzieht, also sozusagen ›die Armen für die Armen zahlen läßt‹, führt die aus Steuermitteln gewährte Versorgung einen Leistungsfluß von oben nach unten, der das Versorgungsprinzip in den Augen der Politiker anziehend macht; nicht minder anziehend wirkt der Gedanke, daß eine Versorgung, die allen Bürgern gewährt wird, bei den minderbemittelten Gruppen nicht mehr die Vorstellung, sie allein seien auf Unterstützung und Hilfe angewiesen, aufkommen läßt.«[6]

Die Produktivitätsgewinne müssen also verstärkt dazu verwendet werden, offene Bedürfnisse der Gemeinschaft durch größere öffentliche Investitionen zu befriedigen (Gemeinschaftsaufgaben). Da diese Leistungen der staatlichen Gemeinschaft aber lange Ausreifungszeiten benötigen und da sie allen Menschen zugute kommen, können sie nicht über den Marktmechanismus angeboten werden. Eine beträchtliche Anzahl dieser Dinge – das bestätigt auch Galbraith[7] – läßt sich nicht privatwirtschaftlich erzeugen, erwerben und verteilen. Wenn einer sie bekommen soll, müssen alle sie bekommen, und die Gemeinschaft muß dafür zahlen, sonst sind sie überhaupt nicht zu haben. Der Staat muß also über einen Teil des Zuwachses an Produktivität und privatem Einkommen mit Hilfe der Steuern verfügen können. Damit kann er gleichzeitig auch Voraussetzungen für eine sinnvolle Freizeitbeschäftigung schaffen, damit die gewonnene Zeit nicht einer orientierungslosen Konsum- und Unterhaltungsindustrie zum Opfer gebracht wird.

Produktivitätszuwachs und Arbeitszeitverkürzung

Nach französischen Untersuchungen kostet eine durchschnittliche Arbeitszeitverkürzung von zwei Stunden pro Woche etwa 2,7 Prozent vom Lebensstandard. Vermutlich werde »jede Arbeitszeitverkürzung von zwei Stunden pro Woche das weitere Ansteigen des Lebensstandards um ein Jahr oder fast ein Jahr verzögern, genauer: den Fortschritt der Produktivität um ein Jahr aufhalten; das gleiche gilt, in fast gleichem Umfang, für einen Jahresurlaub von anderthalb Wochen, für den um ein Jahr verlängerten Schulbesuch und für die Herabsetzung des durchschnittlichen Ruhestandalters um ein Jahr«[8]. Die Entscheidung zugunsten der Arbeitszeitverkürzung zwingt also zu einer Entscheidung zwischen Lebensstandard und Lebensweise.

Die Arbeitszeitverkürzung führt zu zahlreichen Nebenwirkungen, zum Beispiel in Hinsicht auf die Gesundheit und die Sicherheit sowie auf die berufliche Weiterbildung der Arbeitnehmer. Verkürzung der Arbeitszeit heißt, Konsumbedürfnisse zugunsten längerer Schulausbildung, größerer Freizeit und der Erziehung der Menschen zu gehobenerer Lebensweise zurückzustellen. Mit der Option zugunsten der Arbeitszeitverkürzung ist die Hoffnung verbunden, damit würde

[6] *Manfred Friedrich:* ›Opposition ohne Alternative‹; Köln 1962, S. 15.
[7] *John Kenneth Galbraith:* ›Gesellschaft im Überfluß‹, a.a.O., S. 150.
[8] *Jean Fourastié:* ›Die 40 000 Stunden‹; Düsseldorf/Wien 1966, S. 95.

- eine längere und gründlichere Schulbildung sowie ein späterer Eintritt in das Berufsleben,
- eine Herabsetzung der Zahl der Wochenarbeitsstunden und damit mehr Zeit für sinnvolle Freizeitbeschäftigung,
- eine elastischere Altersgrenze mit teilweiser Herabsetzung des Pensionierungs- und Rentenalters,
- eine Ausweitung der Urlaubszeit,
- eine bezahlte Freistellung für die Umschulung und Weiterbildung von Erwachsenen ermöglicht.

Es geht um die Bewegungsrichtung und um die Gesamtschau jenseits aller Teilsystemprognosen. Dazu ist interdisziplinäre Teamarbeit notwendig. Der amerikanische Professor für Wirtschaftsorganisation an der Yale-Universität, Martin Shubik, hat in diesem Zusammenhang die Technokraten kritisiert, die sich auf die technologischen Aspekte der Zukunft beschränkten und sich daher den falschen Problemen zuwendeten, und die Sozialkritiker, die wenig mit der Technologie anzufangen wüßten, wenn sie die richtigen Probleme definierten.

Problematik und Thematik der gesellschaftspolitischen Prognose liegen also darin, die Trenduntersuchungen verschiedener Fachrichtungen zu integrieren, ihre Interdependenzen zu studieren und Alternativmodelle zu zeigen.

Lebenserwartung und Freizeitgesellschaft

Im Jahre 1760 betrug die Lebenserwartung eines männlichen Mitteleuropäers 25 Jahre, wobei nur 425 von 1000 Geborenen dieses Alter erreichten. Im Jahre 1960 betrug die Lebenserwartung bereits 72 Jahre, wobei 932 von 1000 Geborenen dieses Alter erreichten. Im Jahre 2000 wird die Lebenserwartung eines männlichen Mitteleuropäers aber 77 Jahre betragen, wobei 984 von 1000 Geborenen dieses Alter erreichen werden. Diese steigende Lebenserwartung hat natürlich Konsequenzen für die Altersphasen, den Lebensrhythmus und die Freizeitbetätigung, wobei qualitative Sprünge – verursacht durch tiefgreifende biologisch-medizinische Entdeckungen – nicht einmal berücksichtigt sind. Es gibt Schätzungen, wonach die durchschnittliche Lebensdauer des Menschen 120 Jahre erreichen könnte. Schon bis zum Jahre 2050 – so die Wissenschaftler der Rand Corporation – werden die Mediziner das Alter des Menschen um etwa 50 Jahre verlängern können. An der Universität von Nebraska wurde die Lebensspanne von Mäusen um etwa die Hälfte verlängert, indem man sie mit einer Substanz mit dem Namen BHT fütterte. Die beobachtete Verlängerung ihres Lebens lag bei 44 Prozent. Beim Menschen würde dies bedeuten, daß die normale Lebenserwartung von rund 70 Jahren auf über 100 Jahre erhöht wird.

Das Alter wird somit zu einer dritten, vollwertigen Lebensperiode, die es sinnvoll auszufüllen gilt. Hier zeigen sich jedoch Konfliktsituationen, denn »je größer die Freizeit, desto dringlicher ... eine Erziehung, die eine richtige Verwendung dieser Freizeit erlaubt«[9]. Taylor sieht zudem Probleme darin, daß alte

[9] *Bertrand de Jouvenel:* ›Die Kunst der Vorausschau‹; Neuwied/Berlin 1967, S. 258.

Leute nicht nur zu Starrsinn, sondern auch zu Streit- und Herrschsucht neigen. »Die alte Großmutter, die ihre Kinder beherrscht, indem sie deren Erwartungen auf eine Erbschaft und ihre natürliche Zuneigung ausnutzt, stellt schon ein kleines Problem dar. Eine Gesellschaft mit einem großen Prozentsatz solcher ›Drachen‹ wäre völlig unerträglich«, schreibt er.[10] Dieses Problem könnte allerdings sozialpsychologisch durch verständnisvollere Behandlung der Alten und ökonomisch-strukturell durch die durchaus mögliche Überwindung der Armut in den hochindustrialisierten Ländern gelöst werden. Eine andere Gefahr in der durchschnittlich höheren Lebenserwartung sieht der amerikanische Mikrobiologe Hilary Koprowski in der Tatsache, daß immer mehr Menschen ein hohes Alter erreichen, in dem sie anfällig für Infektionen sind. Er erwartet demzufolge eine stärkere Verbreitung von Infektionen. Die Verlängerung des Lebens in einer Freizeitgesellschaft darf jedoch nicht dazu führen, die Altersphase in Form eines pflegebedürftigen und abhängigen Greisenalters zu verlängern. Nicht eine Übervölkerung der Altersheime darf die Perspektive sein, sondern ein längerer und aktiv gestalteter Lebensabend in voller geistiger und körperlicher Regsamkeit nach dem Ausscheiden aus dem Berufsleben. Man muß also in Zukunft die Menschen auf das Alter als eine dritte vollwertige Lebensphase vorbereiten, in der sie Möglichkeiten haben, am gesellschaftlichen Leben aktiv teilzunehmen. Insofern ist der »Herabsetzung des Pensionierungsalters« eine elastischere Altersgrenze vorzuziehen, zumal sich bereits heute viele der Älteren gegen die Pensionierung wehren, da die Gewöhnung an die geregelte Arbeit ihrem Leben eine feste Ordnung gibt. Nach Ansicht einiger Futurologen sollte das Pensionierungsalter sogar nach oben verschoben und nicht ständig herabgesetzt werden, denn 65 Jahre werden bald nur noch ein mittleres Alter sein. Der Konfliktstoff dieses Vorschlags liegt darin, daß jungen Nachwuchskräften so allzulange die Spitzenstellungen in Staat, Wirtschaft und Wissenschaft vorenthalten würden.

Eine andere Alternative geht nicht von der Zeitspanne nach der Berufsarbeit, sondern vor dem Berufseinritt aus. Im Zeitalter der Automation und der Computer steigen die beruflichen Anforderungen. Sie erfordern mehr intellektuelles Wissen, mehr Spezialisierung, mehr Beweglichkeit, obwohl der Mensch heute bereits 16mal mehr weiß als vor 150 Jahren.

Die Verlängerung des Lebens hat aber auch zur Folge, daß die Zeit der Ehe sich verlängern wird. Auch hier können sich Konfliktsituationen ergeben, die das konventionelle soziale Gefüge erschüttern. Das Prinzip der ehelichen Treue für ein ganzes Leben wird schwieriger aufrechtzuerhalten sein. Nach Heirat und Kindererziehung werden die Eheleute in eine lange Periode ihres Lebens eintreten, die sie sinnvoll miteinander gestalten müssen. Es ist nicht unwahrscheinlich, daß sich viele Eheleute nach neuen Partnern umsehen werden, wenn die Kinder aus dem Haus sind. Während die Frau der Jahrhundertwende bis an die Grenze ihrer Fünfzigerjahre für ihr jüngstes Kind zu sorgen hatte, ist die Frau von heute bereits vom 41. Lebensjahr an der erzieherischen Aufgaben ledig. Fraglich ist

---

[10] *Gordon Rattray Taylor:* ›Die biologische Zeitbombe‹, a.a.O., S. 143.

zudem, ob im Zeitalter der Anti-Baby-Pille und der daraus erwachsenden Befreiung der Frau aus biologischer und materieller Abhängigkeit weiterhin kinderreiche Ehen geplant werden. Auch aus der kinderlosen Ehe würde sich mehr freie Zeit für kulturelle Dinge ergeben, denn bei einem durchschnittlichen Heiratsalter von 25 Jahren und einem Durchschnitt von drei Kindern, die im Abstand von zwei Jahren geboren wurden, beanspruchte die Mutterschaft bisher rund 15 Jahre im Leben einer Frau. Die Verkürzung der Arbeitszeit, die steigende Lebenserwartung und der Wandel im Bereich von Familie und Ehe bieten zukünftig weit mehr Frauen die Chance, berufstätig zu sein, als bisher. Eine Konfliktmöglichkeit besteht jedoch im Ansturm emanzipierter Frauen auf die immer seltener werdenden Jobs einer Freizeitgesellschaft, für die weibliche wie männliche Arbeitskräfte gleichermaßen geeignet sind. So hält die amerikanische Forscherin Margaret Mead es für notwendig, daß »gesellschaftlich verankerte Formen zum Schutz der Empfindungen männlicher Identität« geschaffen werden, denn Männer, die im Sinne der traditionell vorgegebenen Überlegenheit über das weibliche Geschlecht erzogen worden sind, würden sich unvermeidlich von der Konkurrenz und den Leistungen der Frauen bedroht fühlen, »wenn diese aus der Enge des Heimes in eine weitere Welt hinausstreben«.

Die Einstellung zum Beruf ändert sich

Nach Jean Fourastié befindet sich unsere Berufsstruktur in einer Übergangsphase, deren Abschluß vermutlich dadurch gekennzeichnet sein wird, daß rund 80 Prozent der Erwerbstätigen in Dienstleistungsberufen und nur noch höchstens etwa 10 Prozent jeweils in den primären und sekundären Beschäftigungsgruppen der Landwirtschaft und der Industrie tätig sein werden. Die Berufsarbeit verlangt immer mehr intellektuelle und psychologische Fähigkeiten anstelle der physischen Kraft vergangener Zeiten. Der Münchner Soziologe Theo Pirker schließt daraus, daß sich mit dem technologischen Fortschritt, mit der systematischen Erziehung zur modernen Berufswelt die Einstellung zum Beruf ändern wird. Ausgehend von einer »kulturbestimmten, religiös überhöhten Wertschätzung der Arbeit, der Romantisierung einer Arbeits- und Gesellschaftsordnung«, in der sich nur ein geringer technologischer Wandel vollzogen habe, sei der Beruf zu einem »Wert an sich« geworden. Eine mobile Gesellschaft im permanenten Wandel bedürfe jedoch der mobilen Arbeitskraft – das oftmals lebenslange Arbeitsverhältnis bei einer einzigen Firma wird es nicht mehr geben[11]. Auch der britische Zukunftsdenker Nigel Calder sagt einen Wandel in der Berufseinstellung voraus: »Um die Moral der Arbeitenden in all den dazwischenliegenden Jahrhunderten aufrechtzuerhalten, mußten die Menschen in gegenseitiger Gehirnwäsche einander immer wieder die Vorzüge der Arbeit eintrichtern. Ständige Unterweisung im Kindergarten, in der Schule, in der Kirche, in Alltagsgesprächen, in Legenden und in der Literatur haben den nahezu unerschütterlichen Glauben aufgebaut, daß die Arbeit etwas ganz besonders Tugendhaftes

---

[11] *Theo Pirker:* ›Drei Tage Arbeit – vier Tage Freizeit?‹; in ›Die Gesellschaft der nächsten Generation‹ (hrsg. v. *H. J. Netzer*); München 1966, S. 97 und 99.

sei und Würde verleihe.«[12] Heute dagegen müßten wir uns auf eine Situation einstellen, »in der wir die Arbeit abschaffen und unseren Geist von der uns eingeschärften Gewohnheit befreien werden«.

Tatsächlich prognostizieren die Futurologen für die hochindustrialisierten Gesellschaften im Jahre 2000 die Beseitigung der materiellen Armut bei weitgehender Freizeit und hohem Einkommen für alle Bevölkerungsschichten. Sie erwarten beispielsweise für die USA im Jahre 2000 pro Bürger ein jährliches Durchschnittseinkommen von 7500 Dollar und eine Arbeitswoche von vier Tagen zu sieben Stunden. Im Jahresdurchschnitt würden die Menschen 39 Wochen beruflich tätig sein und die übrigen 13 Wochen auf Urlaub gehen, was 147 Arbeitstagen im Jahr gleichkommt.

Sinngebung der Freizeit

Uneins sind die Futurologen sich in der Prognose, wie der Mensch seine vermehrte Freizeit dereinst ausfüllen wird. Während die einen prophezeien, die leistungsorientierte Gesellschaft weiche der vergnügungsorientierten Gesellschaft, in der Zuschauerspiele als Opium für Massen dienen, die in ihrem Leben immer weniger ein Ziel erkennen können (so Zbigniew Brzezinski), sehen andere in der freizeitorientierten Überflußgesellschaft erstmalig die Chance soziokultureller Entfaltungsmöglichkeiten (so Nicolaus Sombart).

Die Konfliktmöglichkeiten müssen immer im Auge behalten werden. Der unaufhaltsame Fortschritt muß seiner lebensgefährlichen Möglichkeiten beraubt werden, er muß auf menschenwürdige Ziele gelenkt werden. Da diese Ziele letzlich aber weltanschaulich und politisch bestimmt werden, gilt es, Einfluß auf zukunftsorientierte politische Entscheidungen zu nehmen. Viel wäre schon gewonnen, wenn die grundlegenden Optionen mit Sachverstand und allgemeinverständlich öffentlich diskutiert würden.

---

[12] *Nigel Calder:* ›Vor uns das Paradies? Entwurf eines gelobten Landes‹; ›Modelle für eine neue Welt‹ (hrsg. von *R. Jungk/H. J. Mundt*); München/Wien/Basel 1968, S. 45 und 46.

V. Freizeitprobleme und Freizeitpädagogik

1. C. Wolfgang Müller
Die Familie und die un-heimliche Freizeit

Mutter:
»Hast du in deiner Jugend nicht auch Freunde einladen dürfen?«
Vater:
»Ja! Einmal im Jahr, zu meinem Geburtstag! Jeder kam in seinem blauen Konfirmationsanzug – wir aßen Schokoladenpudding mit Vanillensauce und spielten Pfänderspiele, und nebenan saß die ganze Verwandtschaft.«
Mutter:
»Klaus ist zur letzten Party in blue jeans gegangen, mit dem Matrosenpulli, den er sich in Marseille gekauft hat.«
Vater:
»Das ist es ja – er war schon mit siebzehn in Marseille! Da hab' ich noch Schmetterlinge im Stadtwald gefangen.«

Sender Freies Berlin: Die Mitbringe-Party. 1959.

Viele Dinge haben sich in den letzten zwanzig Jahren ereignet, die man früher nicht für möglich gehalten hätte. Unsere Autos sind schneller geworden, als wir sie fahren können – aber in den Zentren unserer Städte kommen wir nur noch im Schrittempo voran. Wir haben mehr Freizeit als je zuvor – aber immer mehr Menschen sterben, gehetzt von Terminen, Verpflichtungen, unbewältigten Aufgaben. Wir sind reicher geworden als je zuvor – aber unser Reichtum produziert jeden Tag neue Armut, neues Elend, neuen Krieg. Unsere Gesellschaft besitzt nahezu demokratische Strukturen – aber wir scheinen nichts rechtes mit ihnen anfangen zu können. Unsere Kinder haben mehr Freiheit, als wir je sie hatten – aber sie wissen sie nicht zu gebrauchen. Auf einen Nenner gebracht: Die Menschen scheinen in der letzten Generation ihre materiellen Möglichkeiten enorm erweitert zu haben – aber sie scheinen noch nicht gelernt zu haben, diese Möglichkeiten mit vernünftigem Leben zu füllen.

Ist das richtig? Oder schlägt sich in der Klage über die sinnlos verbrachte Freizeit und die achtlos vergeudete Freiheit unserer Kinder nur das Ressentiment einer Generation nieder, die neidisch ist, weil ihre Kinder es besser haben als ihre Eltern?

Wahrscheinlich wird man zwei Probleme voneinander trennen müssen: die wirtschaftlichen, sozialen und politischen Krisen in der Welt und die Probleme, die sich aus der notwendigen Entwicklung menschlichen Verhaltens ergeben. So grotesk es klingen mag: die weltweiten Krisen wären vermeidbar – die Entwicklung menschlichen Verhaltens ist es offensichtlich nicht.

Nachdem wir uns einmal entschieden haben, daß die Arbeit allein nicht den

63

Sinn unseres Lebens ausmachen kann, daß Wohlstand nicht Sünde, sondern menschliches Recht ist und daß wir in einer Gesellschaft leben wollen, in der die Menschen grundsätzlich gleich und frei sind (was pädagogisch bedeutet, daß man sie gleich und frei wird erziehen müssen), dürfen wir vor den Konsequenzen dieser unserer Entscheidungen nicht zurückweichen. Diese Konsequenzen lauten, daß sich die Wertakzente unseres Lebens immer mehr von der Arbeit auf die Freizeit verschieben, daß diese Freizeit maximal zu nutzen nicht Müßiggang bedeutet, sondern produktives Verhalten und daß wir unsere Kinder auf diese maximale Nutzung ihrer Freizeit am besten dadurch vorbereiten, daß wir sie diese Freizeit experimentell erobern lassen.

Nachdem diese Aufgabe der Menschen in einer industriellen Spätkultur einmal aktenkundig geworden ist, haben sich die Pädagogen des Problems bemächtigt und den Begriff der Freizeit-Erziehung erfunden. *Erich Weber* (»Das Freizeitproblem« München und Basel 1963), *Wolfgang Schulz* (»Freizeitverhalten als pädagogisches Problem« in: Bildungsfragen im Zeitalter der Automation, Weinheim 1965), *Horst E. Wittig* (»Schule und Freizeit« Bad Harzburg 1964) und *C. Wolfgang Müller* (»Jugendpflege als Freizeiterziehung«, Weinheim 1965) stellen neben vielen anderen Autoren die Frage, wie sich Erzieher angesichts wachsender Freizeit verhalten sollten.

Am Phänomen der Freizeit, darin sind sich die meisten Autoren einig, scheiden sich die Geister in Kulturoptimisten und Kulturpessimisten. Während die Kulturpessimisten bezweifeln, daß die Mehrheit der Menschen je lernen wird, etwas Vernünftiges mit ihrer vermehrten Freizeit anzufangen, erwarten die Kulturoptimisten auf lange Sicht von weiteren Arbeitszeitverkürzungen eine merkliche Hebung des kulturellen Standards breiter Bevölkerungsschichten. Gleichzeitig gehen die Meinungen darüber auseinander, ob die Menschen mit Hilfe vermehrter Freizeit auf direktem Wege ihrer eigentlichen, humanen Bestimmung gerecht werden können, oder ob nicht sehr zu bezweifeln wäre, daß Menschen, »die während der Arbeitszeit in einem entfremdeten Verhältnis zu ihrer Umgebung leben, so flexibel (sind), daß sie im Handumdrehen ihr elastisches, entschlossenes, intelligentes Menschsein regenerieren, sobald Kontrolluhr und Werksirene sie von den Arbeitsplätzen entlassen« *(Jürgen Habermas)*.

Freizeit scheint also – um ein unpassendes Bild zu gebrauchen – ein zweischneidiges Schwert zu sein. Einerseits ist denkbar, daß quantitativ und qualitativ ständig vermehrte und verbesserte Freizeitmöglichkeiten dazu beitragen, Menschen und ihre Tätigkeiten zu kultivieren und die Gesellschaft schrittweise zu vermenschlichen. Andererseits ist zu befürchten, daß diese Freizeit zum Schrebergarten eines Freizeit-Konsums degeneriert, der die Menschen vergessen machen soll, welchen in-humanen Zumutungen sie in ihrer Arbeiszeit ausgesetzt sind, mit welchen Mißerfolgserlebnissen diese Arbeitszeit besetzt ist und wie man dies alles ändern könnte. Wenn man wollte.

Was hat dieser Gedankengang mit der Familie zu tun? Er hat etwas mit Familie zu tun, weil er etwas mit Erziehung zu tun hat und weil materielle Sicherung und Emanzipation der jungen Generation durch Erziehung die beiden

Hauptaufgaben der Familie in unserer Gesellschaft sind. Wenn die Erziehung angesichts wachsender Freizeit eine pädagogische Aufgabe ist, dann ist sie auch eine Aufgabe der Familienerziehung. Dann muß sich auch die Familie mit ihr auseinandersetzen.

Das ist in der Tat leichter gesagt als getan. Denn das Vertrackte an unserer gegenwärtigen gesellschaftlichen Situation (und an der gegenwärtigen gesellschaftlichen Situation in den meisten hochindustrialisierten Ländern) ist offensichtlich die Tatsache, daß diese gesellschaftliche Situation sich innerhalb einer einzigen Generation so gravierend ändert, daß die Menschen diese Veränderung am eigenen Leibe spüren und mit Anpassungsschwierigkeiten zu kämpfen haben. Wenn es in der Regel schon schwierig genug ist, im Laufe seines Lebens mit *einem* gesellschaftlichen Herrschafts-System fertig zu werden (wie unsere Kinder), um wieviel schwieriger muß es dann sein, nacheinander mit zwei gesellschaftlichen Systemen ins Reine zu kommen (wie wir), oder mit drei Systemen (wie unsere Eltern) oder mit vier (wie unsere Großeltern, falls sie heute noch leben). Menschen, die gelernt haben, daß ihre Lernprozesse im wesentlichen mit dem achtzehnten Lebensjahr (oder spätestens nach Abschluß ihres Studiums) abgeschlossen sind und die nun darauf vertrauen, daß sich zwischen dem Abschluß ihres schulischen Lernens und ihrem Tod im großen und ganzen nicht mehr viel ändert, stehen plötzlich vollkommen verwirrt neuen Situationen gegenüber, in denen das nicht mehr gilt, was sie in ihrer Jugend gelernt haben, sondern etwas andres, was sie nie in ihrem Leben gelernt haben und was sie nun auch nicht mehr lernen *wollen*. Mit diesem Problem fertig zu werden, ist für viele Menschen schon schwierig genug. In einer so unübersichtlichen und wenig vorausschaubaren Situation auch noch Kinder erziehen zu sollen, erhöht die Schwierigkeit um ein Vielfaches. Vor allem, wenn man gelernt hat, daß die Erziehung von Kindern und Jugendlichen eine unerschütterlich feste Grundhaltung der erwachsenen Erzieher voraussetzt. Viele Eltern, die zerstört finden, woran sie einmal glaubten, finden nun nicht mehr die Sicherheit, überhaupt noch zu glauben, wissen deshalb auch nicht mehr, welche Werte sie ihren Kindern gegenüber darstellen und welche Grenzen sie ihnen setzen sollen und flüchten in jenen Erziehungsstil, den die Fachleute »Laissez-Faire-Stil« nennen, also einen Stil des hilflosen Treiben-Lassens und des grundsatzlosen Gewährens.

Die Desorientierung der Erwachsenen auf dem Gebiet der Erziehung (die selbstverständlich auch eine Desorientierung der Kinder und Jugendlichen produziert) ist nicht in allen Bereichen des vielfältigen Erziehungsfeldes gleich gravierend. Schule und Hochschule, Betrieb, Büro und Militärorganisation haben es bisher verstanden, strukturellen Veränderungen ihres Systems – die aufgrund der allgemeinen politischen Veränderungen an und für sich notwendig waren – wirksamen Widerstand entgegenzusetzen. Familie und Freizeit hingegen sind Bereiche, die wegen ihrer geringeren institutionellen Verfestigung den gesellschaftlichen Veränderungen stärker und schutzloser ausgesetzt sind. Auf dem Felde der Freizeit als einem Teilbereich menschlicher Existenz sieht sich die zeitgenössische Familie besonders deutlich den Anforderungen einer hochentwickelten, hochspezialisierten, auf Markterweiterung und Marktstabilisierung ausgerichteten Bedarfsweckungswirtschaft gegenübergestellt. Diese Bedarfsweckungswirtschaft des Spätkapitalismus, die sich in einigen Punkten grundsätzlich von der Bedarfsdeckungswirtschaft des Hochkapitalismus unterscheidet, ist drauf und dran, das alte Tugend-System (das noch heute als Forderung in der Erziehung von Kindern und Jugendlichen eine Rolle spielt) durch ein neues Tugend-System zu ersetzen, das zunächst einmal weder schlechter noch besser ist als das alte System, sondern einfach anders.

Konsumieren ist vaterländische Pflicht

Das alte, bürgerliche Tugend-System des 18. und 19. Jahrhunderts basierte auf der Sparsamkeit (»Wer den Pfennig nicht ehrt ist des Thalers nicht wert«), dem Fleiß (»Morgenstunde hat Gold im Munde«, »Wer rastet, rostet«, »Was Du heute kannst besorgen, das verschiebe nicht auf morgen«), der Bescheidenheit (»Mehr sein als scheinen«, »Deutsch sein heißt, eine Sache um ihrer selbst willen tun«), der Treue und dem Vertrauen. Kindererziehung in der Familie bestand jenseits der elementaren frühkindlichen Reinlichkeitserziehung in der ständig wiederholten Mitteilung und Anwendung dieser Tugenden. Selbstverständlich enthielt der bürgerliche Tugend-Katalog auch noch andere Merkposten (Ordnung, Reinlichkeit, Ursprünglichkeit, Tapferkeit, Besonnenheit, Klugheit, Gelassenheit, Wahrhaftigkeit) – aber wir wollen uns in diesem Kapitel nur mit *den* Tugenden beschäftigen, die eine direkte Beziehung zur modernen Freizeit haben. Dieser Tugendkatalog wurde von seinen Befürwortern meist so behandelt, als stamme er aus überirdischen Quellen und sei gleichsam für die Ewigkeit gemacht. Das machte ihn so besonders wirksam: wer wagt schon, an Ewigkeitswerten zu rütteln. Vergleiche mit den Tugend-Systemen anderer Zeiten und anderer Kulturen haben uns jedoch inzwischen gezeigt, daß Tugenden im allgemeinen menschliche Erfindungen sind, welche das Verhalten der in einer konkreten Zeit lebenden Menschen im Interesse der in dieser Zeit wirksamen Macht-Interessen und in Übereinstimmung mit den daraus ableitbaren Gesellschafts-Srukturen steuern sollen. So war Sparsamkeit zur Zeit des sozialdarwinistischen Liberalismus eine elementare Tugend der Daseinsfürsorge und der Krisenvorsorge. Solange es weder Arbeitslosenversicherung, noch Krankenkassen, Erziehungsbeihilfen, Altersversorgung und Lebensversicherungen gab, mußte der einzelne für mögliche Notfälle selber sorgen. Fleiß war in einer Zeit extensiver Ausbeutung menschlicher Arbeitskraft bei gleichzeitiger Entlohnung dieser Arbeitskraft auf der Schwelle des physischen Existenzminimums eine außerordentlich wichtige Tugend, um den Aufbau einer privaten Schwerindustrie voranzutreiben und maximale Profite zu garantieren. Im Interesse des Hochkapitalismus mußte dieser Fleiß selbstverständlich mit einer generellen Bescheidenheit Hand in Hand gehen, damit nicht durch ein Anheben des Anspruchsniveaus das Gleichgewicht zwischen Ausgebeuteten und Ausbeutern aus den Fugen geriete. Treue und Vertrauen wurden aus mittelalterlichen Lebensverhältnissen auf die bürgerliche Periode übertragen. Sie sollten den Fortbestand enger, zwischenmenschlicher Beziehungen innerhalb traditioneller Sozialsysteme garantieren: innerhalb der Ehe und Familie, innerhalb der Arbeitsverhältnisse, der Kirche, des Staates. Diese Tugenden konnten so lange aufrechterhalten werden, solange sie den Entwicklungen wirtschaftlicher und politischer Interessen nicht im Wege standen. Genau dies ist nun aber in der Mitte des zwanzigsten Jahrhunderts in unserem Lande geschehen. In dem Augenblick, in dem sich die direkte Ausbeutung der Menschen über die Ausbeutung ihrer *Arbeitskraft* in die indirekte Ausbeutung der Menschen über die Ausbeutung ihrer *Kaufkraft* verwandelt, kann unser ökonomisch-politisches System mit Sparsamkeit, Fleiß und Bescheidenheit allein nichts Rechtes mehr anfangen. Im Gegenteil: diese Tugenden stehen der neuen Rolle des Menschen als Verbraucher hinderlich im Wege. In Phasen großer Marktexpansion und Produktionserweiterung wird Konsumieren zur vaterländischen Pflicht; so wie eine Generation vor uns Joseph Goebbels das »Groschengrab« erfand, um zur Sparsamkeit zu erziehen, so lassen wir uns heute von cleveren Werbeagenturen Konsumsymbole erfinden: Barbie und andere »Öfter-mal-was-Neues-Symbole« stilisieren die große Verschwendung zur nationalen Tat.

Die Tugend des Fleißes wird im Zuge dieser Entwicklung ihrer »Tugend-an-sich«-Funktion entkleidet und in eine Fleiß-Investition für begrenzte Nahziele umfunktionalisiert: man ist nicht mehr fleißig schlechthin, sondern man investiert seine Energie für bestimmte, genau definierte Kaufziele, anschließend darf man dann durchaus wieder faul sein und trödeln. Die Tugend der Bescheidenheit gewinnt in unserer konsum- und statusorientierten Epoche anachronistischen Charakter, denn Bescheidenheit korrespondiert mit individueller Bedürfnisbeschränkung und produziert antriebsarme Konsumenten, die sich zu Weihnachten eine Schallplatte wünschen statt einer Gesellschaftsreise nach Lateinamerika.

Jugendliche sind die besten Konsum-Rekruten

Die Entscheidungsschlachten der zeitgenössischen Ökonomie sind auf zwei strategische Ziele gerichtet: einmal muß der bereits vorhandene Markt stabilisiert und die vorhandenen Konsumenten durch emotionale Bindungen an die bereits entwickelten Kaufgewohnheiten festgemacht werden, zum anderen müssen die vorhandenen Waren und Dienstleistungen für immer neue Käuferschichten erschlossen und den alten Käuferschichten immer neue Bedürfnisse werblich suggeriert werden. Ein besonders lohnendes Feld expansiver Marktstrategie ist der sogenannte Teenager-, und zunehmend auch der Kinder-Markt. Um diesen Mechanismus zu begreifen, muß man sich zunächst klar machen, warum Menschen in einer »Bedarfsweckungsgesellschaft« kaufen.

Schon *Karl Marx* hat erkannt, daß Waren nicht nur einen Gebrauchswert besitzen, sondern daß sie darüber hinaus einen gewissen Fetisch-Charakter haben. »Eine Ware scheint auf den ersten Blick ein selbstverständliches, triviales Ding. Ihre Analyse ergibt, daß sie ein sehr vertracktes Ding ist, voll metaphysischer Spitzfindigkeit und theologischer Mucken.« Was meint er damit? Offensichtlich besitzt jede Ware und jede Dienstleistung zunächst einmal einen bestimmten *Gebrauchswert* und befriedigt ein bestimmtes materiales Bedürfnis des Käufers. Aber Waren werden selbst dann gekauft, und Dienstleistungen werden selbst dann in Anspruch genommen, wenn das primäre Bedürfnis des Käufers bereits befriedigt ist. Sie besitzen dann offensichtlich keinen Gebrauchsnutzen mehr, sondern einen *Geltungsnutzen*. Kaufen scheint so etwas wie ein Akt sozialer Kommunikation zu sein, eine Handlung, durch die man sich mit anderen Menschen (die das gleiche kaufen und benutzen) in sprachlose Verbindung setzt. Indem man etwas Bestimmtes kauft – mehr und mehr, ohne es tatsächlich im Sinne biblischer »Notdurft« zu brauchen – gibt man zu erkennen, wer man und wie man sein möchte. Kaufen ist auch und zunehmend stärker ein Akt sozialer Identifikation.

Wenn das richtig ist, dann sind besonders solche Käufergruppen auf das Kaufen als sozialen Kommunikationsprozeß angewiesen, die noch auf der Suche nach ihrer Identität sind: Jugendliche, Frauen, unsichere und labile Menschen. *Ernest Dichter*, der »Erfinder« der amerikanischen Motivforschung, meint, die Leute kaufen mit Waren und Dienstleistungen gleichzeitig: Selbstbestätigung, Sicherheit, Liebe und Zuwendung ihrer Mitbürger, Kraft, Gesundheit und nicht zuletzt ein Stück Unsterblichkeit. Das ist natürlich Unsinn, aber *Ernest Dichter*, der »Erfinder« der amerikanischen Motivforschung, meint, nicht darum, was richtig ist, sondern was die Leute denken, meinen und fühlen.

Kinder und Jugendliche sind diesem sozialpsychologischen Mechanismus besonders hilflos ausgesetzt: einmal handelt es sich bei den täglich neu auf dem Markt auftretenden Waren und Dienstleistungen meist um solche Waren und Dienstleistungen, die man nur in seiner Freizeit richtig und wirklich nutzen und genießen kann. Kinder und Jugendliche haben in der Regel etwas mehr Freizeit als beruflich voll integrierte Erwachsene. Zum anderen zeichnet sich in Gesellschaften wie der unseren gerade die späte Kindheit und die Jugend durch eine angestrengte, ja häufig selbstquälerisch-kritische Suche nach der eigenen Identität aus. In dieser labilen, für äußerliche Stabilisierungsangebote außerordentlich empfänglichen Lebensphase ist man besonders gut darauf vorbereitet, sich selbst durch die Dinge darzustellen, die man hat und die man mag: durch Schallplatten und Redensarten, durch Kleidungsstil und Tanzverhalten, durch die Bücher, die man ostentativ mit sich herumschleppt, die Eisdielen, die man besucht, die Sänger, für die man schwärmt, die Zeitschriften, die man liest. Darum konnte man bereits früher und kann man besonders heute ein junges Mädchen nicht empfindlicher treffen, als wenn man ihm verbietet, zu einem bestimmten Anlaß ein bestimmtes Kleid oder eine bestimmte Frisur zu tragen, die sie sich in den Kopf gesetzt und die sie mit ihrer Freundin abgesprochen hat.

Die Eltern, die um das Jahr 1950 ihr erstes Kind bekommen haben, gehören mit hoher Wahrscheinlichkeit zu jener ersten Generation von Eltern, die erleben müssen, wie ihre Kinder in ein Normen- und Tugend-System hineinwachsen, das sich radikal von dem Normen- und Tugend-System unterscheidet, in dem sie selbst groß geworden sind. Sie erleben, wie ihre Kinder ihnen mit jedem Jahr fremder werden, und sie erleben die Freizeit, in der sich diese Entfremdung vorzugsweise abspielt, als eine unheimliche Freizeit. Alles, was fremd ist, wirkt zunächst unheimlich. Alles, was vertraut war und plötzlich fremd wird, ist es umso mehr.

Erziehung angesichts zunehmender Freizeit

Natürlich kann man versuchen, diese Entwicklung rückgängig zu machen. Natürlich kann man versuchen, die eigenen Kinder unter dem Vorzeichen eines generellen Konsumverzichtes zu erziehen. Imponierende menschliche Energien und Leistungen sind investiert worden, das Unmögliche möglich zu machen und das Wahrscheinliche zu verhindern. Natürlich hat jede Familie das grundgesetzlich verbriefte Elternrecht, ihre Kinder nach eigener Vorstellung und Entscheidung zu erziehen. Das geht so lange gut, solange es der einzelnen Familie gelingt, die Kinder hermetisch von der Außenwelt abzuriegeln, sie in einer persönlich geprägten pädagogischen Provinz aufwachsen zu lassen. Aber sobald die Kinder dem familiären Laufstall entwachsen und sich in der Welt – und das bedeutet für ihre Altersstufe: unter Kindern gleichen Alters – umzusehen beginnen und feststellen, daß Askese nicht ein Grundzug unserer Gesellschaft, sondern ein Privat-Hobby ihrer Eltern war, werden sie sich verstärkt dem faszinierdenden Reiz dieser für sie neuen Welterfahrung durch Aneignung von Waren und Dienstleistungen aussetzen, und die anfänglichen Erziehungserfolge des asketischen Elternhauses sind schnell wieder dahin.

Ich meine, daß es keine Möglichkeit gibt, Familienerziehung vernünftig zu betreiben, ohne gleichzeitig Freizeit und Konsum als feste Posten in die erzieherische Rechnung einzusetzen. Das bedeutet, wenn man es konsequent zu Ende denkt, daß Kinder und Jugendliche heute durch eine Entwicklungsphase hindurch müssen, in der sie – wie der früh verstorbene Soziologe *Rudolf Tartler* es einmal ausgedrückt hat – »Veteranen des Konsums« werden. In der sie also, wie der Junge im Märchen, sich durch den süßen Reisberg hindurchgegessen haben, um wieder den Blick frei zu bekommen für menschliche Ziele, die möglicherweise (aber auch nur *möglicherweise*) jenseits des Bedürfnisses nach Besitz und Gebrauch verborgen liegen könnten. Jahrhundertelang hat Erziehung als Anpassung an ärgerliche gesellschaftliche Tatbestände dazu herhalten müssen, Kindern und Jugendlichen den Spaß zu verderben. Sie hat dabei, weil »Spaß haben« offensichtlich ein elementares menschliches Bedürfnis ist, immer wieder massiven Zwang anwenden müssen. Der Zwang hat sich in der Erziehung und anderswo zu einem in vielen Fällen heute unnötigen gesellschaftlichen Herrschaftsinstrument entwickelt, mit dem jungen Menschen ganz allgemein das Rückgrat gebrochen wird, selbst wenn wir es uns heute leisten könnten oder sogar leisten können müßten, dieses Rückgrat heil zu lassen.

Die Angst, daß Kinder – mit ihren Bedürfnissen alleingelassen – maßlos würden und der Wohlstandsverwahrlosung zum Opfer fielen, ist ebenso häufig wie unbegründet. Jedes Jugendamt und jede Familienfürsorgerin könnte darauf hinweisen, daß die wirklich gravierenden Fälle von Jugendverwahrlosung mindestens zu gleichen Teilen in Familien auftreten, in denen die Eltern sehr rigide, unversöhnliche und kompromißlose Wertvorstellungen haben und mit aller

Macht auf ihre Kinder zu übertragen suchen und in Familien, in denen sich die Eltern von ihren Pflichten dadurch freikaufen, daß sie ihre Kinder mit einem Fünfzigmarkschein ausgerüstet ins Freie schicken.

Wir können uns heute offensichtlich in Mitteleuropa eine Gesellschaft leisten, welche die elementaren Bedürfnisse der Menschen nach jenem Glück befriedigt, das diese Menschen kennen. Wir können es uns heute offensichtlich leisten, auf eine Erziehung zu verzichten, welche die junge Generation darauf abrichtet, zu gehorchen, sich Wünsche versagen, zu verzichten. Das scheint mit der Entwicklung unserer Produktivkräfte und unserer Produktionsmittel zusammenzuhängen und weniger mit der Verwirklichung einer Gesellschaft sozialer Gerechtigkeit. Immerhin. An dieser Tatsache ändert auch der Hinweis auf die hungernden Kinder in Vietnam wenig. Die hungernden Kinder in den Entwicklungsländern werden nicht dadurch satt, daß wir Konsumverzicht leisten und uns den zweiten Whisky am Abend versagen, sondern einzig und allein dadurch, daß wir durch politische Aktionen darauf hinwirken, daß den Industrienationen in Ost und West das moralische wie das ökonomische Recht genommen wird, die Entwicklungsländer weiterhin auszubeuten.

Wenn diese Feststellung richtig ist, dann hat sie eine Reihe pädagogischer Konsequenzen. Wenn wir uns tatsächlich eine Gesellschaft leisten können, in der die Arbeit nicht mehr zur Selbstverwirklichung des Menschen emporstilisiert werden muß, sondern in der sie lediglich einen (allerdings wichtigen) Teilbereich menschlicher Aktivität darstellt, dann wird die Erziehung in der Freizeit und die Erziehung zur Freizeit ein immer dringlicheres pädagogisches Problem. Diese Erziehung wird dann nicht mehr unter dem Vorzeichen der Askese, des Konsumverzichtes, der Bedürfnisentsagung stehen. Diese Erziehung wird dann nicht mehr dadurch Herrschaftsinstrument sein, daß sie jungen Menschen einredet, das, was sie wollen, sei verwerflich, *weil* sie es wollen (statt ihnen leidenschaftslos zu sagen, daß die Befriedigung bestimmter elementarer Bedürfnisse im Augenblick leider noch nicht möglich, generell aber natürlich wünschenswert sei), sondern sie wird den Versuch machen müssen, auf jene Freizeit vorzubereiten, von der wir alle reden, die wir aber alle scheuen.

Wolfgang Schulz hat in einem Aufsatz (»Freizeit als pädagogisches Problem«) sechs Aufgaben einer modernen Freizeiterziehung formuliert:

– Das Herausbilden anspruchsvoller, berufsunabhängiger Rollen neben der Berufsrolle,
– das Erkennen und Korrigieren der Selbstrolle,
– das Entwickeln der Fähigkeit zum kritischen Genuß der vielfältigen Kulturangebote,
– die Erleichterung stetiger, differenzierter Orientierung innerhalb unserer Gesellschaft,
– die Entwicklung einer ausreichenden Frustrationstoleranz, die zur teilweisen Nichtteilnahme am Kommunikations- und Konsumptionsprozeß fähig macht,
– die Entwicklung und Erhaltung zwischenmenschlicher Kontaktfähigkeit.

Damit ist eine allgemeine Tendenz moderner Erziehung markiert. In dem

Augenblick, in dem es der Erziehung nicht mehr aufgegeben ist, dem einzelnen gegenüber Forderungen zu vertreten, die nur mit Mühe einsichtig gemacht werden können, weil sie dem Interesse des einzelnen widersprechen, in genau diesem Augenblick kann sich die Erziehung – bisher Herrschaftsinstrument zur Verlängerung des Interesses der Unterdrücker ins Bewußtsein der Unterdrückten – den Luxus der Aufklärung und Selbstaufklärung ihrer Zöglinge leisten.

In genau diesem Augenblick wird die Freizeit kein unheimliches Phänomen mehr sein, sondern eine Plattform zur Verwirklichung menschlicher Möglichkeiten mit menschlichen Mitteln. Je eher und je genauer die Familie ihre Aufgabe erkennt, Kinder und Jugendliche darauf vorzubereiten, in dieser Freizeit und durch diese Freizeit ihre Interessen zu formulieren (also im genauen Sinn des Wortes »mündig« zu reagieren), umso eher wird diese Freizeit ihren unheimlichen Charakter verlieren und zur Heimat derer werden, für die Arbeit zwar notwendig, aber nicht notwendiges Instrument von Unterdrückung ist.

2. Erich Weber
Die freizeitpädagogische Herausforderung der Schule

A. Die moderne Freizeitsituation[1]

I. Merkmale der modernen Freizeitsituation

1. Berufs- und Freizeitleben werden immer schärfer voneinander getrennt, bleiben aber dennoch in einem Wechselwirkungsverhältnis miteinander verbunden. Während der alte Feierabend der vorindustriellen Epoche, in dem der Arbeitstag allmählich ausklang, noch in enger Verbindung mit dem Berufsleben stand, kam es im Gefolge der Industrialisierung und Bürokratisierung sowie der damit weithin üblich gewordenen Trennung der Erwerbsstätten von den Wohnplätzen zu einer strengen Begrenzung der Arbeitszeit und einer klaren Unterscheidung zwischen dem Berufs- und Freizeitleben. Trotz des damit verbundenen Rollenwechsels kommt es nur zu einer relativen Isolierung der beiden Lebensbereiche. Sie bleiben in der Personeinheit des einzelnen Menschen integriert. Auch heute noch wirken sich z. B. die Länge und Belastung, aber auch die Struktur und Eigenart der Erwerbsarbeit auf die Art der Freizeitverbringung entscheidend aus. Wer während der Arbeitszeit in völliger Fremdbestimmung nur monotone Tätigkeiten zu verrichten hat, wird in der freien Zeit kaum zu spontanen und produktiven Verhaltensweisen neigen. Aber auch die Art der Freizeitverbringung, ob als erholsam und befriedigend oder strapaziös und belastend erlebt, bleibt gewiß nicht ohne Einfluß auf das Arbeitsleben. Man muß also, trotz der inzwischen eingetretenen relativen Isolierung des Arbeits- und

---

[1] Ausführliche terminologische Vorbemerkungen findet man im Zweitdruck des vorliegenden Beitrags (in: Pädagogische Welt, Jg. 1972).

Freizeitbereiches auch die Wechselwirkungen zwischen beiden Lebensfeldern berücksichtigen.

2. *Die Freizeit wird immer stärker als Privatbereich erlebt, der jedoch mit dem gesellschaftlichen Leben verflochten bleibt.* Im Gegensatz zum alten Feierabend, der in den einzelnen Ständen jeweils in standesspezifischen, also sozial und traditionell geprägten Formen und Gehalten der Erholung und Geselligkeit, Unterhaltung und Feier verlief, wird die Freizeit heute meist als reiner Privatbereich verstanden. In ihm strebt der einzelne eine maximale Unabhängigkeit an und möchte sich soweit wie möglich nach seinem persönlichen Belieben verhalten. Dieser subjektiv erlebte Privatcharakter der Freizeit täuscht jedoch leicht über die objektive Abhängigkeit des Freizeitbereichs von gesellschaftlichen Lebensbedingungen und Interessen hinweg. Soziale Determinanten sind nicht allein deshalb schon unwirksam, weil man sie meist weder registriert noch kritisch reflektiert. Die Freizeitverbringung hängt, wie in bezug auf das Arbeitsleben schon angedeutet, nicht nur vom privaten Verhalten in der freien Zeit ab. Die Freizeit wird auch erheblich vom Grade der Industrialisierung und Demokratisierung einer Gesellschaft, von ihren wirtschaftlichen und politischen Strukturen, von der schichtenspezifischen Sozialisation und Erziehung, aber auch von der generell-institutionalisierten Ausbildung und Bildung ihrer Mitglieder beeinflußt. Deshalb genügt es nicht, die Freizeit lediglich privatistisch als individuelles Refugium zu verstehen. Sie ist auch ein öffentliches und soziales Phänomen, das dort, wo es die individuelle und gesellschaftliche Emanzipation behindert, der politischen und pädagogischen Kritik und Veränderung bedarf.

3. *Die Freizeit erfährt eine immer stärkere Ausdehnung, die allerdings bisher nicht allen Berufsgruppen gleichermaßen zugute kam.* Die Freizeit hat in der Gegenwart, generell betrachtet, eine erhebliche Ausweitung erfahren, die künftig – wenn keine politischen und wirtschaftlichen Katastrophen eintreten – vermutlich noch weiter zunehmen wird. So wurde inzwischen für die meisten Erwerbstätigen die tägliche Arbeitszeit auf 8 Stunden herabgesetzt, in der Regel sogar bei einer nur fünftägigen Arbeitswoche. Wenn man hier noch die Feiertage und den Urlaub berücksichtigt, ist bereits mehr als ein Drittel des Jahres dienstfrei. Die Arbeitszeitkürzungen erfolgten in der jüngsten Vergangenheit vor allem zugunsten der Verlängerung des Wochenendes, das heute für viele Erwerbstätige bereits am frühen Freitagnachmittag beginnt. Die freie Zeit ist jedoch auf die verschiedenen Bvölkerungsgruppen sehr unterschiedlich verteilt, was in der öffentlichen Diskussion angesichts der empirisch ermittelten Durchschnittszahlen häufig zu wenig berücksichtigt wird. Die Freizeit hat vor allem bei jenen Arbeitern und Angestellten am meisten zugenommen, deren Arbeitszeit exakt terminiert ist und deren Wohnstätten von ihren Erwerbsstätten eindeutig getrennt sind, deren Berufe sich weitgehend technisch rationalisieren lassen und dem einzelnen über die genau begrenzte Arbeitserledigung hinaus relativ wenig zusätzliche spontane berufliche Verantwortung abverlangen. In vielen freien Berufen, etwa bei Ärzten und Landwirten oder im Bereich des Managements und der Politik, aber auch dort, wo Mehrfachbelastungen auftreten, wie bei den

erwerbstätigen Müttern, steht heute sogar weniger Freizeit als in früheren Epochen zur Verfügung. Dennoch gilt gegenwärtig in allen Berufen die Freizeitverlängerung zumindest als ein berechtigter Anspruch. Es zeigt sich, daß jene Berufe, die dem einzelnen wenig freie Zeit lassen und keine anderen Kompensationschancen, wie etwa Prestige, Macht, Reichtum und persönliche Befriedigung durch die mit der Arbeit verbundene Freude zu bieten vermögen, zunehmend an Nachwuchsmangel leiden.

4. *In der Freizeit, die eine fortschreitende Demokratisierung erfährt und als Konsumbereich immer größere Bedeutung gewinnt, lassen sich neuartige Freizeitaktivitäten und erhebliche Stil- und Niveauunterschiede der Freizeitverbringung feststellen.* Auch in bezug auf die Freizeitinhalte sind Pauschalaussagen unangebracht. Zur Charakterisierung der neuartigen Freizeitsituation sind zumindest folgende grob differenzierende Feststellungen nötig.

Die Freizeit ist heute weitgehend ein Konsumbereich. Das zeigt sich allein schon darin, daß die Freizeit nicht nur Konsumraum ist, sondern selbst einen expansiven Freizeitmarkt hervorbringt, der z. B. vom Bastelwerkzeug bis zur Campingausstattung reichen kann (vgl. C. A. Andreae 1970)[2]. Keinesfalls aber trifft es zu, daß die Mehrzahl der Bevölkerung sich fast ausschließlich mit dem unkritischen Konsum niveauloser Angebote der Massenmedien begnüge und es deshalb zur Verkümmerung aller spontanen und produktiven Aktivitäten komme. Man kann z. B. auch eine Zunahme der Hobbys und des Do-it-yourselfs, aber auch vermehrte Aus- und Fortbildungsaktivitäten sowie eine vermehrte Freizeitverbringung im Kreise der Familie beobachten, besonders am Wochenende. Es muß jedoch betont werden, daß sich hinsichtlich der Zugehörigkeit zu bestimmten Altersstufen, Sozialschichten und Bildungsgraden, im Durchschnitt betrachtet, bedeutsame qualitative Unterschiede in den Freizeitverhaltensweisen feststellen lassen. Wenngleich Freizeit heute kein Privileg einer kleinen Mußeschicht (»leisure class«) darstellt und die Verhaltensweisen in der freien Zeit sich in allen Bevölkerungsschichten teilweise angleichen (z. B. in bezug auf die gleichen Fernsehsendungen oder Urlaubsgegenden), so bestehen dennoch bei der konkreten Realisierung dieser Möglichkeiten bedeutsame Unterschiede. Sie sind nicht nur durch die verschiedenen finanziellen Möglichkeiten, sondern auch durch die unterschiedlichen Bildungsgrade der einzelnen Bevölkerungsgruppen bedingt. Viele der heute beklagten Niveaulosigkeiten des Freizeitverhaltens sind Folgen eines nicht ausreichenden Bildungsstandes. Es gibt große Bevölkerungsgruppen, die in kurzer Zeit mit einer völlig neuartigen Freizeitsituation konfrontiert wurden, ohne daß sie Gelgenheit hatten, all das zu lernen, was zu einer sinnvollen und emanzipatorischen Freizeitverbringung erforderlich ist. Zur Überwindung dieser Lerndefizite im Freizeitbereich sind entsprechende institutionalisierte Lernhilfen notwendig.

5. *Immer mehr Menschen verlagern den Schwerpunkt ihrer Daseinssinngebung in die Freizeit, obwohl auch heute noch der Beruf von zentraler Bedeutung*

---

[2] Zu den Literaturhinweisen des Autors vgl. Abschnitt »Quellennachweis und Anmerkungen des Herausgebers« (V/2).

für die soziale Position eines Menschen ist. In jenen Fällen, in denen die Erwerbstätigkeit primär in der Erledigung monotoner und heteronom gesteuerter Teilfunktionen besteht, die wenig Gelegenheit zur persönlichen Identifikation mit dem Beruf bieten, erhofft man sich die Sinnerfüllung des eigenen Daseins vom Freizeitleben. Die Erwerbstätigkeit hat dann nur die Funktion, die finanziellen und temporären Voraussetzungen für die freie Zeit zu gewährleisten. Von ihr verspricht man sich eine Kompensationschance sowie die Gelegenheit zu autonomem Verhalten nach persönlicher Neigung und Eignung. Es ist allerdings fragwürdig, ob sich diese Möglichkeit vom einzelnen allein ohne Lernhilfen und politische Maßnahmen realisieren läßt. Außerdem ist zu bedenken, daß der Beruf auch heute noch, obwohl das soziale Leben nicht mehr ausschließlich und zentral von ihm geprägt wird, dennoch von ausschlaggebender Bedeutung ist. Das gilt sowohl für die finanzielle Lage samt den damit verbundenen Konsum- und Lebensmöglichkeiten als auch für die Zuweisung des sozialen Status und für das damit verbundene Prestige.

Das Insgesamt der aufgezeigten Merkmale und Tendenzen der neuartigen Freizeitsituation macht es verständlich, daß es die Freizeit ist, die bereits heute das Gesicht unserer Zeit entscheidend prägt und künftig vermutlich die soziokulturellen Verhältnisse noch stärker bestimmen wird. Deshalb wird unsere gesellschaftliche und kulturelle Lage gelegentlich bereits durch die Bezeichnung »Freizeitgesellschaft« charakterisiert.

II. Die umstrittene Bewertung der modernen Freizeitsituation

Die moderne Freizeitsituation läßt zahlreiche ambivalente Züge erkennen. Sie verbieten eindeutige, sichere, pauschale Bewertungen und verlangen nach differenzierteren Urteilen als sie gewöhnlich gefällt werden. Die Mehrdeutigkeit des gegenwärtigen Freizeitlebens hat eine vorwiegend spekulative Polemik ausgelöst (vgl. E. Weber 1963, S. 31 ff.).

Die *Pessimisten* entwerfen aus kulturkritischer und geellschaftskritischer Sicht das Bild einer die Humanität bedrohenden Freizeitwelt. Von seiten der konservativ eingestellten *Kulturkritik* (z. B. K. Bednarik 1957, F. G. Jünger 1946, V. Packard 1957) befürchtet man, daß die meisten Zeitgenossen aus Unfähigkeit zur Muße mit ihrer Freizeit nichts Rechtes anzufangen wüßten. Sie würden ihre Zeit lediglich totschlagen, unter dem Sog der Amüsierfabrikation in die Zerstreuung fliehen und den Werbekünsten der »geheimen Verführer« erliegen. Um der Prestigedokumentation willen lasse man sich in eine Konsumentenhaltung drängen, bei der man auf nichts verzichten wolle. Dadurch gerate der einzelne auch in der freien Zeit, die nun ihrerseits wieder äußerst strapaziös werde, erneut in Selbstentfremdung und Außenlenkung, denen er, wenn auch anders geartet, bereits im Erwerbsleben ausgesetzt sei.

Von der »Neuen Linken« (z. B. Th. W. Adorno 1967, W. Gottschalch 1969, H. Marcuse 1969 und 1970) wird die moderne Freizeitsituation einer politisch interessierten *Gesellschaftskritik* unterzogen. In der Freizeit, die immer mehr zum Konsumraum werde, in dem selbst die Kultur Warencharakter annehme, komme es, allein um der Produktivitätssteigerung und des Profites willen, zu immer raffinierteren Formen der Bedürfnismanipulation. Die Weckung und Befriedigung von falschen und obszönen Bedürfnissen, deren Zwangscharakter im Kleide der Bereicherung den meisten Menschen verborgen bleibe, diene lediglich der Stabilisierung der spätkapitalistischen Gesellschaft. Die erweiterten Freizeit- und Konsummöglichkeiten, die eine Steigerung des Verbrauchs und damit eine Expansion der Produktion und des Unternehmergewinnes hervorbringen, kämen neuen Formen der Ausbeutung gleich.

Die *Optimisten* (z. B. J. Fourastié 1952 und 1966, G. Soule 1956) hingegen entwerfen *aus fortschrittsgläubiger Sicht* Visionen einer vollkommenen Freizeitwelt. In ihr würde über die Erholung hinaus noch reichlich Zeit und Kraft für eine humane Daseinsführung bleiben. Hier erwartet man von einer weiteren quantitativen Freizeitausdehnung einen qualitativen Gewinn für die Freizeitverbringung. Sie biete dem Menschen nicht nur eine erfreuliche Konsumausweitung, sondern ermögliche es ihm auch, zu sich selbst zu kommen. Es entstünden Chancen zur gesunden Erholung in der Natur, zum produktiven Schaffen im Eigenheim und zur Intensivierung des Familienlebens. Die freie Zeit provoziere Spiel und Sport, individuelle Hobbys und dilettantisches künstlerisches Gestalten. Sie biete die Gelegenheit zur Unterhaltung, zur Information, zum ästhetischen Erleben, zur Lektüre, zum lebenslänglichen Weiterlernen, kurz, zur Hebung des kulturellen Niveaus und zwar für alle Bevölkerungsgruppen.

Beide extreme Positionen sind unhaltbar, da sie beobachtbare Einzelphänomene unstatthaft verallgemeinern und von einseitigen ideologischen Prinzipien aus empirisch nicht belegbare Gesamtdeutungen vornehmen. Beide extreme Positionen sind aber auch gefährlich. Die absolute pessimistische Kritik dramatisiert die möglichen Gefahren und erklärt sie für unvermeidbar, es sei denn, man würde das gesamte Gesellschaftssystem radikal und revolutionär verändern. Wer das jedoch nicht will, dem bleibt nur noch die Resignation. Der naive, optimistische Fortschrittsglaube ist ebenfalls bedenklich, da er nicht zu leugnende Entartungserscheinungen völlig verharmlost, sie als Übergangskrisen deutet, die sich von selbst beheben und deshalb keinerlei Gegenmaßnahmen erforderlich machen.

Im Wissen darum, daß heute eine endgültige Bilanz noch nicht möglich ist, gilt es, die moderne Freizeitsituation mit der Ambivalenz ihrer Gefährdung und Chancen aus der Sicht eines *verantwortlichen Realismus* zu begreifen. Das gegenwärtige Freizeitleben ist dann als eine pädagogische und eine gesellschaftspolitische Herausforderung zu erkennen, deren Meisterung uns noch aufgegeben ist.

Bei der Bewältigung der freizeiterzieherischen Aufgabe, die im folgenden nur unter schulpädagogischem Aspekt aufgezeigt wird, besitzen allerdings auch die kritischen und fortschrittsgläubigen Thesen eine positive Funktion. Die kultur- und gesellschaftskritischen Äußerungen machen auf jene Gefährdungen und Schwierigkeiten aufmerksam, die Lernhilfen erforderlich werden lassen. Die fortschrittsgläubigen Überzeugungen unterstützen jenen erzieherischen Optimismus, der erforderlich ist, damit man sich überhaupt zuversichtlich an die Freizeiterziehung heranwagt. Wo man sich um ihre Verwirklichung bemüht, genügt es allerdings nicht, sich nur an polemischen Spekulationen über das moderne Freizeitleben zu orientieren. Es sind dazu auch die Ergebnisse der empirischen Freizeitforschung zu berücksichtigen. (Vgl. z. B. E. Weber 1963, S. 72 ff.; W. Strzelewicz 1965; E. K. Scheuch 1969). Dabei ist allerdings zu bedenken, daß von den Faktenfeststellungen aus keine zureichenden Auskünfte über die Sinnhaftigkeit des ermittelten Freizeitverhaltens zu erhalten sind. Wo man, wie bei erzieherischen Absichten, Wertfragen stellen muß, sind anthropologische Überlegungen und normative Entscheidungen erforderlich.

III. Funktionen, die das Freizeitleben für den Menschen zu erfüllen vermögen

Man fragt hier nach dem »Sinn«, den ein bestimmtes Freizeitverhalten für einen bestimmten Menschen hat. Diese Frage läßt sich konkret nur individuell beantworten. Sinn hat, was in ein umgreifendes Wertganzes bedeutungsvoll eingefügt ist, d. h. einen wertvollen Beitrag zur Verwirklichung und zum Bestand des umfassenden Ganzen leistet. Ein Freizeitverhalten hat also Sinn, wenn es zur Daseinserhaltung und Daseinsbereicherung eines Menschen beiträgt, wenn es seiner humanen und mündigen Lebensführung dient. Das individuelle Subjekt besitzt mit seinem Sinnverständnis ein selektives Prinzip, das gerade auch angesichts der vielfältigen Verhaltensmöglichkeiten des modernen Freizeitlebens zur Orientierung und Identitätsgewinnung erforderlich ist. Ein sinnvolles Freizeitverhalten vermag für den Menschen zahlreiche Funktionen zu erfüllen, die sich prinzipiell unter folgenden vier Kategorien zusammenfassen lassen.

1. Die *Regeneration*. Sie ist als Erneuerung verbrauchter Energien die fundamentale Aufgabe der Freizeit, die mitunter bis zur Erschöpfung vernachlässigt wird. Neben der passiven Erholung des Schlafens und Ruhens gewinnen in der Gegenwart, in der die Menschen häufig nur einseitig beansprucht werden, die Formen der aktiven Erholung, z. B. Spiel, Sport und Hobbys an Bedeutung.

2. Die *Kompensation*. Sie ist als Ausgleich gegenüber den Unzulänglichkeiten und Versagungen des modernen Arbeitslebens unerläßlich. So kann die Freizeit z. B. gegenüber der Monotonie des Erwerbslebens zum Ausgleich Abwechslung und Unterhaltung bieten, etwa durch die Massenmedien. Dabei sollten auch weniger anspruchsvolle Angebote nicht grundsätzlich und pauschal verdammt werden. Jeder Mensch hat ein Recht auf das ihm zugängliche Vergnügen, zumal der Grad des Anspruchsniveaus nicht allein vom eigenen Willen abhängt, sondern häufig durch fehlende Kräftereserven und mangelnde Bildung beschränkt bleibt. Deshalb ist es eine snobistische und unrealisierbare Forderung, von jedermann nur kulturell hochwertige und anspruchsvolle Freizeiterfüllung zu verlangen. Das gilt vor allem dort, wo nur gröbere Unterhaltungen und Ablenkungen entlastend wirken oder nur leichtere Kost verdaulich ist. Dennoch darf man die Verhältnisse im Vergnügungssektor nicht einfach sich selbst überlassen. Einerseits gilt es, jene minderwertigen Angebote, die gegen die Humanität verstoßen, so weit wie möglich zu eliminieren. Andererseits besteht die pädagogische Auf-

gabe darin, durch erzieherische Hilfen jene Voraussetzungen herbeizuführen, die erforderlich sind, damit subtilere Unterhaltungen gewünscht werden und Vergnügen bereiten. Die freie Zeit gestattet im Gegensatz zur Heteronomie und Konformität des Erwerbslebens als Ausgleich die freie Wahl und Kultivierung ganz individueller Neigungen, wie wir sie z. B. als die verschiedensten ganz persönlichen Hobbys kennen. Durch sie können jene Interessen und Fähigkeiten entfaltet werden, die im Erwerbsleben zu kurz kommen. In der Freizeit vermag der einzelne auch alle jene für den Gegenwartsmenschen bedeutsamen Informationen zu gewinnen, die über den engen, spezialisierten Berufsaspekt weit hinausgehen. In der freien Zeit läßt sich auch die heute in unserer Lerngesellschaft für jeden einzelnen unerläßliche, lebenslängliche Weiterbildung realisieren. Dabei zeigt sich, daß die dazu erforderliche Lernbereitschaft und Bildungswilligkeit vom Ausmaß der vorausgegangenen Schulbildung stark abhängig ist (vgl. W. Strzelewicz 1965; L. Rosenmayr 1966).

Alle genannten und noch andere Kompensationschancen werden in der Freizeit jedoch nur dann ergriffen und in vernünftiger Weise realisiert, wenn der einzelne nicht gedankenlos und unverbindlich in den Tag hinein lebt, sondern sein Dasein sinnorientiert führt.

3. Die *Ideation*. Sie meint als Orientierung im Bereich des Ideellen die Konfrontation mit den Sinnfragen der menschlichen Existenz, die Frage nach der Bestimmung des Menschen. Zu solcher Besinnung auf das Bedeutsame gelangt man kaum im Getriebe und in der Unrast des Erwerbslebens, sondern in der Freizeit, soweit diese zur Muße wird. Mit Muße bezeichnet man den Bereich des kontemplativen Umgangs mit sich selbst und dem, was unserem eigenen Selbst Sinn verleiht. Solche Muße, die nicht mit Müßiggang verwechselt werden darf, vermag schon in kurzen Zeitspannen der Meditation Ereignis zu werden (vgl. J. Pieper 1958). In der sinnorientierenden Muße liegt für den Christen die zentrale Bedeutung der Sonn- und Feiertage (vgl. H. Dietzfelbinger 1960; R. Guardini 1957). Der in der Ideation erfahrbare Sinngehalt kann aber z. B. auch beim Lesen bedeutsamer literarischer oder philosophischer Texte, beim Erlebnis von Kunstwerken oder beim Nachdenken und Diskutieren über die Sinnfragen der individuellen und gesellschaftlichen Existenz deutlich werden. Eine solche sinnorientierende Idee ist die der Freiheit. Ihre persönliche und gesellschaftliche Verwirklichung ist gerade auch im Freizeitbereich möglich.

4. Die *Emanzipation*. Sie ist, als Befreiung von unnötiger Herrschaft und Abhängigkeit, die Voraussetzung für individuelle und gesellschaftliche Mündigkeit. In diesem Sinne wird »Freizeit als Befreiungszeit« verstanden (H. v. Hentig 1970, S. 186 ff.). H. Giesecke nennt folgende drei Emanzipationsmöglichkeiten der Freizeit: die Emanzipation von der Totalität der Berufsrolle, die Emanzipation vom Existenzminimum und die Emanzipation vom Milieu als lebenslangem, sozialem Schicksal (H. Giesecke 1968, S. 228 f.). Die Freizeit bietet aber noch weitere Befreiungschancen, z. B. die Emanzipation von Lerndefiziten und Abhängigkeiten infolge von Unaufgeklärtheit und Unwissen sowie die politische Emanzipation von unmenschlichen und undemokratischen Lebensverhältnissen.

Die emanzipatorische Funktion der Freizeit wird also dort erfüllt, wo sie zur Verwirklichung eines freieren, glücklicheren und humaneren Lebens beiträgt.

Ob das *Freizeitleben* eines bestimmten Menschen in seiner besonderen Lage als *sinnvoll* gelten darf, *läßt sich nur individuell entscheiden.* Dabei ist jeweils die spezifische Situation des betreffenden Menschen zu berücksichtigen. Sie wird vor allem durch seine soziale Lage sowie seine persönlichen Fähigkeiten und Neigungen bestimmt. Es gibt also keine generelle und uniforme Freizeitpatentlösung. Die Sinnfrage in bezug auf das Freizeitverhalten muß von jedem einzelnen Menschen, seinen individuellen und sozialen Lebensverhältnissen entsprechend, gestellt und beantwortet werden. Die Freizeiterziehung kann und darf dabei nur Lernhilfen bieten.

B. Die schulische Freizeiterziehung

I. Zielvorstellung der Freizeiterziehung

Wo man den Menschen prinzipiell als ein Wesen begreift, das aus eigener Einsicht zur vernünftigen und verantwortlichen Selbstbestimmung seines Handelns befähigt werden kann und soll, wird die »Mündigkeit« zur Zielvorstellung der Erziehung. Die durch Emanzipation anzustrebende Mündigkeit ist in bezug auf die verschiedenen Lebensbereiche und deren ständigen Wandel jeweils zeitgemäß zu konkretisieren. Das gilt auch für den Freizeitbereich. Die dort auftretenden, spezifischen Lernerfordernisse lassen die Freizeiterziehung notwendig werden. Sie will zur Freizeitmündigkeit verhelfen. Mit *Freizeitmündigkeit* meint man die Fähigkeit und Bereitschaft zur selbständigen Führung eines sinnvollen Freizeitlebens angesichts der gegebenen Freizeitmöglichkeiten sowie zu deren Veränderung in Richtung auf zunehmende Emanzipation. Die Freizeiterziehung will durch ihre Lernhilfen dazu beitragen, daß der einzelne zu dieser Freizeitmündigkeit gelangt. Dies gelingt nur dort, wo auch durch entsprechende politische Bemühungen die Voraussetzungen für eine freie und mündige Gesellschaft verwirklicht werden. Eine auch in bezug auf die Freizeit an »emanzipierter Beteiligung« (H. Giesecke 1969, S. 92 ff.) und »Mündigkeit« interessierte Erziehung hat vor allem folgende *Lernziele* anzustreben: die Befähigung und Bereitschaft zum Aufbau eines richtigen Bewußtseins, zur Überwindung von Vorurteilen, zur Entlarvung von Ideologien, zur Aufklärung der eigenen Situation, zum selbständigen Denken und kritischen Urteilen, zur sinnvollen Selektion, zur individuellen Selbstbestimmung und gesellschaftlichen Mitbestimmung, zur Wahrnehmung der eigenen Interessen, zur freien Anerkennung der Mitmenschen als gleichberechtigte Personen, zur Toleranz und Kooperation, zum Abbau von Lernbeschränkungen, zur Überwindung sozialer Zwänge und unnötiger Herrschaft von Menschen über Menschen, zur produktiven und befreienden Veränderung des Bestehenden, zur Entfaltung persönlicher Interessen und Neigungen, zur Erholung und Entspannung, zur vergnüglichen Unterhaltung und kultivierten Geselligkeit, zur Freude am selbstzwecklichen Tun, zum beglückenden und nicht von Skrupeln geplagten Erlebnis des Unnötigen und Überflüssigen, soweit es nicht auf Kosten anderer erreicht wird, u. a. m. Alle diese emanzipatorischen, d. h. an Mündigkeit interessierten Lernziele sind in bezug auf die jeweilige Freizeitsituation noch näher und konkreter zu präzisieren. Die moderne Curriculumforschung hat diese Aufgabe für die schulische Freizeiterziehung erst noch zu leisten.

Die Freizeiterziehung wird nur dann erfolgreich sein, wenn sie nicht isoliert, sondern in enger Verbindung mit einer Gesamterziehung erfolgt, die das allgemeine Bildungsniveau anhebt. Zu dieser Allgemeinbildung muß jedoch noch eine spezielle Freizeiterziehung hinzukommen, die jene spezifischen Fertigkeiten, Kenntnisse und Einstellungen fördert, die für eine emanzipatorische und mündige Beteiligung am Freizeitleben erforderlich sind.

II. Prinzipien der Freizeiterziehung

Eine an Emanzipation und Mündigkeit interessierte Freizeiterziehung muß sich vor jenen manipulierenden Fehlentwicklungen hüten, die bewirken, daß auch die Freizeit wieder um ihre Freiheit gebracht wird (vgl. E. Weber 1963, S. 203 ff.). Freizeitmündigkeit wird nur durch befreiende Lernprozesse erreicht, die auf *emanzipatorische Lernhilfen* angewiesen sind. Kennzeichnend für sie ist, daß sie nicht zwingen, sondern aufklären, nicht suggerieren, sondern beraten, nicht nötigen, sondern aufmerksammachen, nicht konditionieren, sondern zur eigenen kritischen Beurteilung anregen, nicht gängeln, sondern zur Selbstbestimmung herausfordern.

Deshalb sind auch Bedenken gegenüber dem Begriff der »Freizeitgestaltung« angebracht, der häufig transitiv verstanden wird. Diese Fehldeutung verleitet dann pädagogische und kommerzielle »Freizeitgestalter« dazu, sich der Freizeit derjenigen anzunehmen, die angeblich selbst nicht »gestaltungsfähig« sind. Freizeiterziehung kann und soll anregen und ermutigen, anleiten und einführen, anbieten und bereitstellen, beraten und unterstützen. Sie hat außerdem Kinder und Jugendliche vor gefährdenden Einflüssen der Freizeit zu schützen und gegen sie zu immunisieren sowie die Veränderungspotentiale hervorzubringen, die zur Verbesserung der Freizeitverhältnisse erforderlich sind.

Zur Bewältigung all dieser freizeitpädagogischen Aufgaben sind sämtliche Erziehungsinstitutionen herausgefordert. Sie besitzen jeweils spezifische Möglichkeiten der Freizeiterziehung. Da im folgenden nur von der schulischen Freizeiterziehung gesprochen wird, ist noch kurz auf jene Prinzipien hinzuweisen, die ihren Stil prägen und sie vom herkömmlichen Unterricht unterscheiden sollen.

Die *schulische Freizeiterziehung* muß so weit wie möglich den Grundsatz der *Freiwilligkeit* berücksichtigen. Mögen im Arbeitsbereich und in der vorberuflichen Erziehung Anordnungen häufig angebracht sein, so ist jedoch in bezug auf das Freizeitleben jeglicher Dirigismus abzulehnen. Die schulische Freizeiterziehung erfüllt deshalb ihre Aufgabe nur, wenn sie den einzelnen zum eigenen Abwägen, freien Entscheiden und selbständigen Handeln herausfordert.

Eng damit verbunden ist der Grundsatz der *Individualisierung,* der jegliche

Uniformierung und Nivellierung im Freizeitbereich verhindern will. Da in der schulischen Freizeiterziehung generell verbindliche Lehrplanansprüche und juristisch fixierte Vorrückungsbedingungen fehlen, erschließen sich hier weitgehende Differenzierungs- und Individualisierungschancen. Dem Freizeitleben ist allein die Möglichkeit, sich nach persönlichen Neigungen und Fähigkeiten zu verhalten, adäquat. Die Freizeiterziehung soll außerdem von dem Grundsatz erfüllt sein, die *Freude am Überflüssigen* zu erwecken. Dieses Prinzip ist in bezug auf die Freizeit deshalb angebracht, weil in ihr nicht das unbedingt Erforderliche und Unerläßliche geleistet werden muß. In der Freizeit darf man sich am Unnötigen, Unnützlichen, am Luxus und am Spielerischen, also an spezifisch humanen Lebensmöglichkeiten erfreuen.

Diese Besonderheit der Freizeit kommt auch in dem für die Freizeiterziehung erforderlichen Grundsatz der *Wertschätzung des Dilettantismus* zum Ausdruck. Der Dilettant, der sich in seiner Mußezeit in aller Bescheidenheit an den eigenen produktiven Betätigungen erfreut, geriet bei uns im Zusammenhang mit der Tendenz zur fortschreitenden Professionalisierung und Perfektionierung in Mißkredit. Dazu trug auch die im Anschluß an I. Kant zur Wirksamkeit gelangte rigorose Ethik bei, nach der nur als gut gilt, was der Neigung in harter Pflichterfüllung abgerungen wird. Auch die Arbeitsschulbewegung, vor allem bei G. Kerschensteiner, hat zur Abwertung des Dilettantismus im Sinne der unernsten, tändlerischen Beschäftigung, des leichtfertigen und stümperhaften Pfuschertums beigetragen. Im Gefolge dieser Entwicklungen wurde eine weit verbreitete Dilettantismusscham ausgelöst. So berechtigt eine anstrengungsbereite, um Werkvollendung bemühte Sachlichkeit für das Arbeitsleben auch sein mag, so wenig entspricht die einseitig zweckrationale und lediglich leistungszentrierte Arbeitshaltung dem Freizeitleben, dem eine entspannte, aufgelockerte, freudige Atmosphäre angemessen ist.

Die genannten Prinzipien der Freizeiterziehung dürfen in der Schule aber nicht absolut gesetzt werden. Der auf vorberufliche und berufliche Ertüchtigung ausgerichtete Unterricht muß zumindest teilweise von anderen Grundsätzen bestimmt sein. In einer Schule, die auch die Freizeiterziehung in ihren Aufgabenkreis mit einbezieht, kommt es darauf an, daß zwischen den Stilformen des herkömmlichen Unterrichts und denen der schulischen Freizeiterziehung unterschieden wird.

III. Möglichkeiten der schulischen Freizeiterziehung

1. Möglichkeiten im Rahmen des traditionellen gefächerten Unterrichts

Die Anliegen der Freizeiterziehung lassen sich bereits innerhalb des herkömmlichen Unterrichts stärker vertreten, als es bisher üblich ist. Das ist möglich, wenn eine gezielte und intensive Verknüpfung des Fachunterrichts mit den Problemen des Freizeitlebens und der Freizeiterziehung erfolgt, wenn also der Unterricht nicht in scholastischer Selbstbeschränkung aufgeht. Es wäre falsch, allein auf die funktionalen Erziehungseffekte zu hoffen, die, z. B. im musischen Bereich, gleichsam nebenbei als Folge des herkömmlichen Unterrichts, für das Freizeitleben erwartet werden. Es ist nicht damit getan, sich lediglich auf den »transfer of learning« zu verlassen. Wir wissen, daß fruchtbare Übertragungen der Lernergebnisse von einem Bereich in einen anderen sich nur dann einstellen, wenn in beiden Gebieten weithin identische Elemente vorhanden sind und wenn den Lernenden die den beiden Erfahrungsfeldern gemeinsamen Strukturen und Prinzipien bewußt sowie die Übertragungsakte exemplarisch vertraut gemacht werden. Gerade diese Bedingungen sind aber in unserem herkömmlichen Fachunterricht kaum gegeben. Deshalb erfordert die Einbeziehung der Freizeiterziehung in den Fachunterricht eine spezielle didaktische und methodische Berücksichtigung.

Die Konkretisierung dieser Aufgabe soll hier am Beispiel der literarischen Erziehung innerhalb des Leseunterrichts nur angedeutet werden. Er muß seine schulische Selbstgenügsamkeit überwinden und auch das Interesse für die außerschulische Lektüre wecken. Unsere Kinder werden in ihre Freizeitlektüre meist nicht durch die Schule eingeführt. Der bisherige Leseunterricht vermochte nur wenig Einfluß auf die Privatlektüre auszuüben. Das hat seine Ursachen vor allem darin, daß sich das schulische Lesen, eingeengt auf den Lernaspekt, zu sehr mit der Häppchen-Literatur in Lesebüchern begnügt, die ihrerseits das moderne Freizeitleben kaum berücksichtigen. In der schulischen Literaturerziehung ist neben der unterrichtsbezogenen Lektüre ganz generell die Lesefertigkeit und Lesefreude – auch in bezug auf das stille, längerwährende Lesen – zu erwecken und darüber hinaus der Zugang zum Schrifttum in allen seinen Erscheinungsweisen zu erschließen. Dabei sollten die vielschichtigen Lesemotive lebendig werden. Man liest ja nicht nur, um zu lernen oder beruflich voranzukommen, sondern auch um der Unterhaltung und Entspannung willen oder weil man die Einsamkeit überwinden möchte, für ein Hobby Kenntnisse zu erwerben beabsichtigt oder sich eine ideelle Sinnorientierung und kontemplative Erbauung von der Lektüre erhofft. Diese verschiedenartigen Beweggründe des Lesens erfordern ein unterschiedliches Schrifttum und jeweils angemessene Leseweisen. Die traditionelle »Behandlung« von Schullesestücken ist angesichts dieser vielgestaltigen Aufgaben unzulänglich. Es muß also auch eine Didaktik der Privatlektüre ausgebaut werden, die Gelegenheiten und Provokationen zum Lesen in allen Erscheinungsweisen aus der Vielfalt der Lesemotive heraus bietet. Dabei wäre eine stärkere Individualisierung der Lektüre sowie eine vermehrte Anregung zum freiwilligen Lesen erforderlich. Es gilt, den Sinn zu wecken für die vielfachen wertvollen Funktionen, die das Lesen im Leben eines Menschen, insbesondere auch in seiner Freizeit, zu erfüllen vermag. Diese Aufgaben kann die Schule nur bewältigen, wenn sie die Fähigkeit und Bereitschaft zum Lesen größerer Texte sowie zur kritischen Wahl und Beurteilung der Lektüre auslöst und, wo immer möglich, eine wechselseitige Verknüpfung zwischen dem gesamten Unterricht und der Privatlektüre anstrebt (vgl. E. Weber 1967 a und 1970).

Analog könnte auch in anderen Schulfächern eine stärkere Bezugnahme auf das Freizeitleben erfolgen. Dazu bieten nicht nur die musischen Fachbereiche (vgl. z. B. H. Antholz 1970, D. Rost 1970), sondern auch die Sachfächer (vgl. z. B. R. Geipel 1971) gute Gelegenheiten.

2. Möglichkeiten überfachlicher Unterrichtseinheiten im Rahmen einer Freizeitkunde

Überfachliche Unterrichtseinheiten sind überall dort angemessene Unterrichtsformen, wo in der Schule Wirklichkeitszusammenhänge in ihrer Totalität zu betrachten sind und wo es für diese Betrachtung keine entsprechenden Unterrichtsfächer gibt bzw. die Sprengung der herkömmlichen Fächergrenzen erforderlich wird.

Wenn solche Analysen von Wirklichkeitsbereichen nicht fachwissenschaftlich, sondern lebensbezogen dargestellt werden, also von der konkreten Erfahrung ausgehen und diese klärend und wertend durchdringen, haben wir es pädagogisch gesehen mit der »Kunde« von einem bestimmten Lebenszusammenhang zu tun. In diesem Sinne sollte in die Schule eine Art »Freizeitkunde« eingeführt werden. Sie könnte durch überfachliche Unterrichtseinheiten die für den Freizeitbereich wünschenswerte Lebensorientierung anbahnen. Die Freizeitkunde will dem Schüler helfen, die moderne Freizeitwelt sowohl mit ihren Chancen als auch mit ihren Gefährdungen kennenzulernen sowie sich die Maßstäbe und Verhaltensweisen für eine selbständige und sinnvolle Freizeiterfüllung anzueignen (vgl. L. Froese 1962). Die Freizeitkunde wird dem einzelnen angesichts der Freizeitrealität, von seinen eigenen Erfahrungen ausgehend, auf dem Wege ihrer gedanklichen Durchdringung dazu verhelfen, daß er Einzelerfahrungen richtiger zu erfassen und sie in den Gesamtzusammenhang wertend einzufügen vermag. Auf diese Weise wird der Schüler zu einer bewußteren Lebensführung im Freizeitbereich gelangen als er sie, lediglich sich selbst überlassen, erreichen würde. Diese Aufgabe der Freizeitkunde vermögen vor allem Diskussionen und Gespräche zu erfüllen. In ihnen werden durch Schilderungen und Argumentationen, bei denen auch Widersprüche zu dulden, verschiedene Standpunkte zu respektieren und offene Fragen bewußt zu machen sind, jene Orientierungen angestrebt, die eine Voraussetzung für freie und sinnvolle Entscheidungen sind.

Die Aufgabe einer schulischen Freizeitkunde kann im folgenden lediglich in bezug auf den Themenkreis »Umgang mit Massenmedien« und zwar am Beispiel der Filmkunde angedeutet werden. Sie sollte dem einzelnen zu einer medienadäquaten Unterscheidungsfähigkeit verhelfen, so daß er sich einerseits den minderwertigen Angeboten gegenüber kritisch zu distanzieren vermag, andererseits aber auch den wertvollen Darbietungen mit Verständnis und vertiefter Erlebnisfähigkeit zuwenden kann. Das erfordert die Erziehung zum partiellen Verzicht und zur sinnvollen Selektion, so daß der einzelne die Quantität zugunsten der Qualität des Erlebens reduziert (vgl. E. Weber 1964). Zur qualitativen Unterscheidung bedarf man aber eines Überblicks über die angebotenen Publikationen und ihre Informationsquellen, wobei die Werbung von der unabhängigen Ankündigung und Kritik zu unterscheiden ist. Zur wertenden Stellungnahme gegenüber den Filmangeboten braucht man auch Grundkenntnisse über die mit dem Kino verbundenen wirtschaftlichen und gesellschaftlichen Zusammenhänge, über die Entstehung und Technik des Films, über seine Darstellungsmittel und Gestaltungsmöglichkeiten, etwa über die Sprache, Dramaturgie und Regie des Films, über die Kameraeinstellung und -führung, über den Filmschnitt, die Filmmusik, usw. Von besonderer Bedeutung ist die inhaltliche Durchdringung und Beurteilung von gemeinsam gesehenen Filmen in anschließenden Gesprächen. Dabei kommt es weniger auf die moralisierende Bewertung von Einzelszenen an. Es geht primär um die Frage, ob ein Film überhaupt zur Erlebnisbereicherung und Daseinsorientierung beiträgt, oder ob er langweilt und ein falsches Bewußtsein erzeugt.

Besonders fruchtbar für das Kennen- und Beurteilenlernen der Massenpublikationen sind konkrete Vergleiche zwischen guten und schlechten Angeboten derselben Gattung. Durch solche Gegenüberstellung lassen sich die nötigen Unterscheidungskriterien besonders augenfällig und überzeugend gewinnen. Die erzieherische Verantwortung erfordert hier sogar, daß die jungen Menschen unter pädagogischem Geleit auch mit weniger wertvollen Filmangeboten konfrontiert werden, damit sie ihnen nicht unberaten und unkritisch ausgeliefert sind. Analog wären auch fundamentale und elementare Verständniskategorien für eine angemessene Auseinandersetzung mit den übrigen Massenmedien auszubilden (vgl. z. B. L. Kerstiens 1971).

Die hierzu erforderliche spezielle Medienkunde wird als ein wichtiges Teilgebiet innerhalb der Freizeitkunde, wie diese generell, am besten durch Blockstunden im Rahmen eines Epochalunterrichts durchgeführt. Dabei muß man sich mit einer exemplarischen Auswahl und Durchführung wichtiger, repräsentativer Themen begnügen. Weitere Themenkreise für eine überfachliche Freizeitkunde wären z. B. der Tourismus (vgl. H. Giesecke u. a. 1967, W. Hitzer u. A. Schmitt 1970) und das Konsumverhalten (vgl. E. Weber 1967 b und 1971).

3. Möglichkeiten des außerunterrichtlichen, freizeitanalogen Schullebens

Seit Beginn unseres Jahrhunderts will man, ausgelöst durch die verschiedenen Richtungen der pädagogischen Reformbewegung, die Schule von einer bloßen Lehranstalt zu einer Lebensstätte des Kindes ausweiten. Man möchte über das Lernen hinaus möglichst das volle Leben in die Schule einbeziehen, um die Schüler mittels pädagogisch betreuter Vorwegnahme in Realsituationen durch konkrete Herausforderungen auf das außer- und nachschulische Leben vorzubereiten. Dazu schuf man die verschiedenartigsten Einrichtungen des außerunterrichtlichen Schullebens (vgl. A. Banaschewski 1963, K. Odenbach 1959, R. Lassahn 1969). Durch sie sollen die Schüler in jugendgemäßem Vollzug z. B. in die kultivierten Formen der Gesittung und Geselligkeit sowie des musischen und kulturellen Schaffens und Erlebens eingeführt werden. Die Pflege dieser Institutionen des außerunterrichtlichen Schullebens bringt zahlreiche Situationen mit sich, die infolge ihrer Strukturen und Intentionen zur Kultivierung des Freizeitlebens beizutragen vermögen.

Einige freizeitpädagogisch relevante Bereiche des Schullebens seien kurz erwähnt. So kann etwa die geschmackvolle Ausgestaltung und Pflege des Schulhauses und Schulraumes zur Förderung der Wohnkultur im eigenen Heim beitragen. Von der Betreuung der Schulgärten, Aquarien und Terrarien vermögen Anregungen auf entsprechende Hobbys in der freien Zeit auszugehen. Die Pflege der verschiedenen Formen schulischer Geselligkeit, z. B. des gemeinsamen Spielens oder Tanzens (vgl. L. Rössner 1963) und die Einübung von Höflichkeits-, Gesprächs- sowie anderer Umgangsformen wird sich auch auf das gesellige Freizeitleben förderlich auswirken. Die rechte Vorbereitung und Durchführung von Schulwanderungen und Schulreisen aber auch von Schullandheimaufenthalten kann für das Wandern und Reisen in der Freizeit sowie für die Urlaubsverbringung von anregendem und orientierendem Einfluß sein. Das musische Gestalten und Erleben, wie es z. B. Schultheater, Schulchor und Schulorchester ermöglichen, darf in seiner initiierenden und regulierenden Bedeutung für entsprechende Freizeitverbringung nicht unterschätzt werden. Durch ein vermehrtes und rechtes Begehen von kleineren und größeren Schulfeiern und Schulfesten dürfte auch eine Kultivierung der gegenwärtig in den Familien und Vereinen immer mehr verkümmernden Feste und Feiern erwartet werden (vgl. E. Weber 1965).

Die genannten und weitere freizeitrelevante Situationen des Schullebens werden freizeitpädagogisch jedoch erst dann effektvoll, wenn man sich nicht allein auf ihre funktionale Übertragung auf das Freizeitleben verläßt, sondern deren förderlichen Einfluß auf das Freizeitverhalten anstrebt. Das bedeutet, daß vom Schulleben aus stets auf den Zusammenhang mit dem Freizeitleben aufmerksam zu machen ist. Das im Schulleben vollzogene freizeitanaloge Verhalten muß also gedanklich durchdrungen und geklärt sowie in seiner Bedeutung für das Freizeitleben aufgezeigt werden. Auch hier müssen sich, wie immer im Erziehungs- und Bildungsprozeß, Engagement und Reflexion dialektisch durchdringen, damit sich dem jungen Menschen die Freizeitwirklichkeit kategorial erschließt und er selbst für diese erschlossen wird (vgl. W. Klafki 1964)

4. Möglichkeiten der Erkundung der außerschulischen Freizeitwelt

Erkundungen im Bereich kommerzieller Freizeitinstitutionen können durch Besuche und Besichtigungen erfolgen, die zum Kennen- sowie Beurteilenlernen dieser Einrichtungen und ihrer Angebote beizutragen vermögen. Dadurch gewinnen die Jugendlichen einen Überblick über die Mannigfaltigkeit der verschiedenartigen Möglichkeiten und die Fähigkeit, von ihnen einen vernünftigeren Gebrauch zu machen, als er ihnen uninformiert und unberaten gelingen würde. Bei solchen schulisch betreuten Erkundungen, die sich durch Gruppen mit Beobachtungsaufträgen durchführen lassen, können z. B. Spielhallen, kommerzielle Leihbüchereien, Zeitschriftenkioske, aber auch Campingplätze, Schallplattengeschäfte und Buchhandlungen aufgesucht oder Theater und Konzerte besucht werden. Durch die anschließende Besprechung der dabei gewonnenen Erfahrungen und der Erprobungsversuche im Umgang mit den besuchten Einrichtungen ist es möglich, die Unterscheidungsfähigkeit angesichts der erkundeten Angebote zu wecken sowie die Distanzierungsbereitschaft gegenüber minderwertigen Machwerken einzuleiten. Bei diesem konkreten Kennenlernen der Freizeiteinrichtungen läßt sich auch jene Sicherheit anbahnen, die für das Ergreifen ihrer positiven Möglichkeiten erforderlich ist. Das ist besonders deshalb wichtig, weil viele Chancen des Freizeitlebens, etwa das Aussuchen und Einkaufen in einer Buchhandlung oder der Besuch eines Theaters mit den dazugehörigen Verhaltensweisen, wie empirische Untersuchungen zeigen, vor allem von ehemaligen Volksschülern häufig aus Unsicherheit und Unbeholfenheit nicht ergriffen werden.

Darüber hinaus können bei der Erkundung der Freizeitwelt Kontaktaufnahmen mit den außerschulischen Institutionen der öffentlichen Freizeitpflege sowie Einführungen in deren Arbeitsweisen, Programme, Angebote und der mit ihnen verbundenen Gelegenheiten zur eigenen Aktivierung erfolgen. Die Vielfalt der pädagogisch betreuten, außerschulischen Freizeiteinrichtungen und die Möglichkeiten des Zugangs zu ihnen sind vielen Jugendlichen weitgehend unbekannt.

So gibt es für Schüler z. B. verschiedene Möglichkeiten der meist von den Jugendämtern durchgeführten Ferienbetreuung, wie Ferienhorte, Ferienspiele, Zelt- und Heimlager (vgl. L. Mester). Daneben bietet auch die Mitgliedschaft in Jugendverbänden manche Gelegenheit zu einer jugendgemäßen, sinnvollen Freizeitverbringung. Aber auch für die Mehrzahl der nichtorganisierten Jugendlichen wurden inzwischen zahlreiche Einrichtungen der sogen. »offenen Jugendarbeit« geschaffen (vgl. L. Rössner 1967, H. Schepp 1963). Für ihre Zwecke errichtete man, vor allem in größeren Orten, eigene »Freizeitstätten« z. B. Jugendzentren, -höfe, -clubs, Nachbarschafts- und Begegnungsheime und sogen. »Heime der Offenen Tür« (vgl. W. Erl 1968, G. Oestreich 1965, L. Rössner 1962). Als besondere jugendpflegerische Einrichtungen zur Freizeitverbringung gibt es weiterhin Jugendreisedienste (vgl. H. Giesecke 1967), Jugendfilmclubs und Jugendtanzveranstaltungen, mit deren Absichten und Angeboten die jungen Leute ebenfalls vertraut zu machen sind. Die Jugendlichen sollen außerdem bereits an die verschiedenartigen Einrichtungen der Erwachsenenbildung, z. B. der Volkshochschulen und Volksbüchereien, herangeführt werden, so daß ihre Interessen dafür erwachen und sie später leichter den Zugang zu ihnen finden (vgl. H. Tietgens 1967). Darüber hinaus bestehen zahlreiche Freizeitvereine, wie etwa Sport- und Turnvereine der verschiedensten Art, sowie Kulturvereine (z. B. Philatelistenverbände, Tierfreundeclubs, Alpen- und Wandervereine). Sie bieten wertvolle Anregungen und Hilfen für eine den individuellen Neigungen entsprechende Freizeitverbringung (vgl. G. Herzfeld 1963, bes. S. 144 ff.). Die Freizeitvereine sind ihrerseits am Nachwuchs interessiert. Deshalb darf man bei ihren aktiven Mitgliedern auch mit der Bereitschaft rechnen, die Schüler durch Vorträge, Besichtigungen und Führungen anzusprechen und über die Freizeitangebote ihrer Vereine zu informieren und sie für diese zu interessieren.

Alle angedeuteten Versuche der pädagogisch betreuten Erkundung der außer-

und nachschulischen Freizeitwelt sind jedoch nur erfolgversprechend, wenn sie richtig vorbereitet, durchgeführt und ausgewertet werden. Denn nur dort werden aufschlußreiche Erfahrungen gewonnen und anhaltende Interessen geweckt, wo bereits mit gezielten Gesichtspunkten an die Realität herangegangen, diese planmäßig erkundet und das Erkundete nachträglich kritisch überdacht wird. Dabei gilt es, die jeweils spezifischen und zufälligen Beobachtungen auch in die weiteren und generellen Zusammenhänge gedanklich einzuordnen.

5. Möglichkeiten freiwilliger Neigungs- und Interessengruppen

Eine sinnvolle Freizeitverbringung, vor allem eine spezialisierte und aktive Freizeitliebhaberei läßt sich nicht allein durch informierende Belehrung ermöglichen, sondern erfordert auch praktizierende Einübung. Diesem Zweck dienen Neigungs- und Interessengruppen. Sie sind von den Schulen zwar einzurichten und zu betreuen, aber nicht obligatorisch im Lehrplan festzulegen. Solche Einrichtungen, an denen sich die Schüler freiwillig beteiligen können, sind Gruppen und Kurse für Fotofreunde, Laienspieler, Modellbauer, Briefmarkensammler, Tischtennis- und Schachspieler u. a. m. Sie befassen sich jeweils mit spezifischen Freizeitliebhabereien, mit Hobbys aller Art und mit den verschiedenen Formen des künstlerischen Dilettantismus.

Ein Steckenpferd bedarf der Erweckung, Erprobung und Entfaltung, also eines Förderungsprozesses, der, wie die Entstehung individueller Liebhabereien zeigt, öfter wiederkehrende Impulse und Anregungen erfordert, wenn etwas Bleibendes und Wirksames daraus werden soll (vgl. R. Lennert 1960). Hobbys lassen sich weder organisieren noch erzwingen, aber man kann dazu inklinieren und disponieren, also gleichsam Geburtshilfen leisten. Die freiwilligen Neigungsgruppen bieten günstige Gelgenheiten zur Entdeckung der persönlichen Interessen sowie zur Gewinnung der für spezielle Hobbies nötigen Kenntnisse und Fertigkeiten.

Amerikanische Untersuchungen zeigen die Fernwirkung solcher früh erworbener Potenzen und Tendenzen. Über 90% der Hobbys Erwachsener werden danach durch Erfahrungen und Bindungen gewonnen, die vor dem 19. Lebensjahr erworben wurden (G. Wurzbacher 1960, S. 16). Durch die Einführung des neunten und zehnten Schuljahres in den Hauptschulen können jetzt alle Schüler in dem für die Entdeckung und Entwicklung von Hobbys besonders fruchtbaren Jugendalter im Rahmen der freiwilligen Interessengruppen die wünschenswerte Betreuung und Förderung erfahren.

Die Organisation und Leitung der Neigungsgruppen kann und soll den Lehrern nicht obligatorisch als zusätzliche Belastung zugemutet werden. Nur dort, wo sie Hobbygruppen, weil sie sich selbst für das betreffende Steckenpferd interessieren, unter Anrechnung auf ihre Dienstzeit, freiwillig übernehmen wollen, darf mit dem Erfolg solcher Kurse gerechnet werden. Wo das nicht der Fall ist, lassen sich für die auf spezielle Freizeitgebiete ausgerichteten Vorhaben sicher mit Erfolg auch geeignete Fachlehrer und Pädagogische Assistenten sowie

Jugendpfleger und -leiter oder besonders aktive Mitglieder von Freizeitvereinen als Betreuer heranziehen.

Es ist gar nicht nötig und zweckmäßig, für jede einzelne Klasse oder Schule mehrere Neigungsgruppen und -kurse einzurichten. Es empfiehlt sich vielmehr unter Sprengung der Jahrgangs- und Schulsprengelgrenzen in koedukativer Form vielseitige, gemeinsame Angebote zu organisieren. Wo diese jedoch noch nicht zu realisieren sind, sollte man unter den gegebenen Bedingungen wenigstens bescheidene Versuche mit einzelnen Neigungsgruppen unternehmen. Dabei sind die bereits vorherrschenden Interessen der Kinder und Lehrer weitgehend zu berücksichtigen.

Welche Fülle und Vielfalt von freiwilligen Neigungsgruppen sich in ausgebauten Schulsystemen ergeben kann, zeigen die bereits vorliegenden Erfahrungsberichte (vgl. z. B. W. Pankow 1960 und 1966; H. E. Wittig 1964, S. 62 ff.; H. Linde 1963, S. 144; K. Haubrich 1969). Eine mögliche Organisationsform ist die sogen. »Offene Schule«. In ihr wird der obligatorische Unterricht, wie in der z. Zt. vorherrschenden Halbtagsschule, überwiegend auf die Vormittage beschränkt, den Schülern aber an den unterrichtsfreien Nachmittagen auf freiwilliger Basis neben einer Beaufsichtigung der Hausaufgabenfertigung die Teilnahme an schulisch betreuten Arbeitsgemeinschaften und Neigungsgruppen angeboten (vgl. H. Linde 1963). Andere für die Freizeiterziehung besonders günstige Organisationsformen sind die sogen. Ganztags- und Tagesheimschulen (vgl. H. Linde 1963, Lohmann 1965, G. Rutz 1961). Sie werden künftig, vor allem auch im Zusammenhang mit der sich immer mehr durchsetzenden Fünftage-Arbeiswoche, die sicherlich vor den Schulen nicht halt machen wird, über das bisherige Versuchs- und Modellstadium hinaus generell erforderlich werden. Bei diesen Schulformen werden außer dem Unterricht noch Übungszeiten, aber auch Teile der Freizeit im Schulbereich verbracht, vor deren totaler Verpädagogisierung und Reglementierung man sich jedoch hüten muß.

Was ein emanzipatorisches und sinnvolles Freizeitverhalten ermöglichen soll, läßt sich nicht manipulieren, stellt sich aber auch nicht von selbst ein, sondern ist auf Lernprozesse angewiesen, die durch freiheitliche Erziehungshilfen zu unterstützen sind. Sie sind erforderlich, weil die Art der Freizeitverbringung über unsere kulturelle und menschliche Zukunft mit entscheiden wird.

3. Günter Geschke/Uwe-Jens Schumann
Molotow-Cocktails oder Hasch

Freizeit als Protest, Protest als Freizeit

Der Protest gegen unsere Gesellschaftsordnung wird vor allem von jenen getragen, die (noch) nicht etabliert sind: Studenten, Oberschülern, zunehmend auch Lehrlingen. Es sind Gruppen, die mehr Zeit haben als andere, oder die sich doch – ohne Rücksicht auf Lernzwänge – Zeit nehmen: Zeit zu demonstrieren;

Zeit, darüber nachzudenken, ob es sich lohnt, die von den Erwachsenen ange-
sonnenen Rollen zu übernehmen; Zeit zu träumen und zu genießen. Alle zielen
auf Veränderung des Bestehenden. Zwei gegensätzliche Grundhaltungen zeich-
nen sich ab: Die einen wollen zuerst − notfalls mit Gewalt − die Verhältnisse
ändern, die anderen zuerst das eigene Verhalten. Die Alternative heißt: Molo-
tow-Cocktails oder Haschisch? Günter Geschke befragte Psychologen, Uwe-
Jens Schumann interviewte die (Freizeit-)Revolutionäre.

Klaus Grawe, 27 Jahre alt, arbeitet als Diplom-Psychologe in der psychiatri-
schen Universitätsklinik Hamburg-Eppendorf. Er interessiert sich vor allem für
eine Form jugendlichen Protestverhaltens: das Haschischrauchen. Dieses Spezial-
interesse ist selbst aus einem Protest geboren: Grawe nahm Anstoß an den außer-
gewöhnlich heftigen, undifferenzierten Reaktionen der Öffentlichkeit gegen die
»Rauschgiftwelle« und an den Untersuchungsmethoden der Wissenschaftler −
klinische Psychiater vor allem −, die diese Reaktionen noch verstärkten.

»Warum«, fragte er, »regen sich die Leute über die Zunahme des Verbrauchs
von Cannabis (Haschisch) so auf, während sie die wissenschaftlich erwiesene
Tatsache, daß Tabakrauchen den Lungenkrebs fördert, fast gleichgültig hinnehmen? Weshalb erregt eine relativ kleine Zahl von angeblich ›Haschsüchtigen‹,
nicht aber die mehr als 100 000 Alkoholiker unsere Öffentlichkeit?«

Zuerst fanden Grawe und andere heraus, daß die Klassifizierung der Hasch-
Konsumenten als »labile Charaktere«, »Neurotiker« und »Psychoneurotiker«
in der einschlägigen Fachliteratur auf einem falschen Ansatz beruhten: Psychiater und Psychologen gingen immer nur von ihren bereits seelisch hasch-abhängi-
gen Patienten als Bezugsgruppen aus, von einer negativen Auslese also. Grawe:
»Das ist so, als ob man von Gewohnheitstrinkern im Stadium des Delirium
tremens auf das Verhalten von normalen Biertrinkern schließen würde.« Die
wachsende Zahl der Haschraucher aber sei den Gelegenheits-Biertrinkern vergleichbar; ganz abgesehen davon, daß Haschisch nicht süchtig mache.

Dazu heißt es in der neuen Ausgabe der Zeitschrift für Sozialpsychiatrie: »Als
suchterzeugendes Mittel (wie Alkohol, Barbiturate und die Morphiumgruppe)
mit den klassischen Verhaltenskonsequenzen des Erwerbs um jeden Preis und der
physiologischen Entzugserscheinung kann Cannabis nicht gewertet werden.«
Dennoch zählt Haschisch hierzulande zu den verbotenen Rauschgiften.

Nicht aber dieses Verbot, so Grawe, ruft die intoleranten Reaktionen der Gesellschaft gegen die Haschkonsumenten hervor, sondern vielmehr deren Gesamt-
verhalten. Sie tragen langes Haar, Bärte, eine andere, lässigere Kleidung. Ihre
Einstellung zu Grundfragen des Lebens − Leistung, Liebe, Ästhetik − weicht
erheblich von der Norm ab. Grawe: »Schöne Gefühle zu haben ist ihnen wichtiger, als viel Geld zu verdienen und Karriere zu machen. Sie lehnen die Trennung in eine *erbarmungslose Arbeitswelt*, die fast jedes Mittel, sich durchzusetzen, rechtfertigt und eine ›humane‹ Freizeit ab. Sie wollen ehrliche und fried-
fertige Menschen sein. Deshalb liegt ihnen die Anwendung von Gewalt, wie sie
einige anarchistische Gruppen predigen, völlig fern.« Der Haschgenuß sei aller-

dings nicht als Flucht aus der Wirklichkeit, sondern als Versuch der Bewußtseinserweiterung anzusehen. Wer »hascht«, lehnt zum Beispiel meist den Alkohol ab, weil er betäubt.

Grawes Ausführungen werden durch eine zuverlässige Untersuchung des Bonner Psychologen Erich Lennertz bestätigt. Lennertz stellte fest, daß Haschischkonsumenten

– sich »durch einen hohen Grad an Toleranz auszeichnen«,
– eine »politisch klar definierte Gruppe sind, mit dem deutlichen Bemühen, vorurteilsfrei ... in die Gesellschaft hineinzuwirken« und
– »Cannabis für ein geeignetes Mittel (halten), festgefahrene und scheinbar unumstößliche Wahrnehmungsstrukturen im Bereich der persönlichen Selbsterkenntnis als auch in der sozialen und politischen Akzentuierung zu lockern.«

Bewußt oder instinktiv wehrt sich die Gesellschaft gegen diese Infragestellung ihrer Grundlagen. Deshalb reagiert sie so heftig, intolerant, gelegentlich feindselig gegen diesen stillen Protest der Haschischjünger.

Daneben gibt es vielfältige andere Fromen jugendlicher Rebellion gegen die Welt der Erwachsenen. Manche – die Sex-Revolte oder die musikalische Revolution der Beatles – sind längst vereinnahmt, kommerzialisiert. Und auch für den Hasch, hört man, sollen sich schon Kreise aus der Tabakindustrie interessieren. Weil diese Gesellschaft offenbar in der Lage ist, sich alles anzuverwandeln, wollen die *aktivistischen* Freizeitrevolutionäre sie zerschlagen.

Zum Beispiel Gernot *Weber* (25), Mitglied der *Roten Zelle Philosophie* in Berlin: »Revolution in der Freizeit ist ein sehr oberflächliches Thema. Warum nicht Revolution als Beruf. Sehen Sie sich doch die alten Kämpfer wie Liebknecht, Lenin und Rosa Luxemburg an. Die haben auch ihre ganze Zeit für die Revolution aufgebracht.

Glauben Sie, daß die Monopolkapitalisten einen ernst nehmen, wenn man nur nach Feierabend ein paar Phrasen in die Debatte wirft? Überhaupt ist Freizeit ein ziemlich dekadenter Begriff. Hauptsächlich dient er doch wohl nur dazu, die Werktätigen am Wochenende einzuschläfern.

Wenn Sie so wollen, sieht meine ›Freizeit‹ folgendermaßen aus: Flugblätter entwerfen und abziehen, Aktionssitzungen leiten und Genossen im Bunker (Gefängnis) besuchen. Übrigens haben diese Genossen ihre ›Freizeit‹ damit zugebracht, für das Recht auf die Straße zu gehen.

Wer sich heute noch erlauben kann, richtige Freizeitgestaltung zu treiben, der wird auf ewig in der dummen Masse ersaufen. Das Bildungsangebot ist zwar keineswegs ausreichend, aber man muß sich schon ständig in Literatur und Tagespolitik umsehen, damit man nicht als Trottel zurückbleibt.«

Oder *Wilfried*, 31, »Edelgammler«, Adresse: Monopteros, Englischer Garten, München: »Ich habe eine 100-Stunden-Woche ... Freizeit. Das ist manchmal gar nicht so einfach, besonders nicht, wenn es regnet.

Sicher nehme ich auch an Demonstrationen teil. Einmal aus Überzeugung, na klar, und zum anderen, weil man da ganz dufte Leute trifft. Das gehört auch in etwa zu meinem Freizeitplan. Ich halte es für gut, wenn man sich engagiert und das dadurch demonstriert, daß man einen Teil seiner Zeit für seine Ideen zu ihrer Durchsetzung opfert. Ich gebe gern zu, daß bei mir so ein bißchen Langeweile mit im Spiel ist.

Ich habe einen Freund, der sich hauptsächlich mit politischen Bastelarbeiten beschäftigt, wenn er mal freie Zeit hat. Der Knabe baut Molotow-Cocktails, sage ich Ihnen, Molotow-Cocktails ...« Einige von Wilfrieds Artgenossen lachen. »Und wenn Sie Mist schreiben, legt der noch eine Extraschicht ein. Also, seien Sie artig und gönnen Sie dem Jungen das bißchen Freizeit.«

Günther *Ebert* ist einer der 150 Schüler, die trotz Verbots der Lehrerschaft vor vier Wochen ein paar Stunden dem Unterricht fernblieben, um in Nürnberg am »Friedensmarsch 70« teilzunehmen. Ebert: »Wenn es gegangen wäre, wären wir natürlich lieber in der Freizeit mitmarschiert, dann hätten wir uns eine Menge Ärger ersparen können. Aber der Marsch fiel nun mal genau in unseren Stundenplan.

Ich glaube, daß man das Thema Revolution von einer zu lächerlichen Seite nimmt, wenn man sie als Langeweilevertreibungsmittel in der Freizeit abqualifiziert. Andererseits hat es auch bei uns Erfahrungen gegeben, daß viele unserer Aktionen nur dadurch einen so guten Besuch hatten, weil an diesem Nachmittag überhaupt nichts los war.«

Als einziger gab Thomas *Schlüchter* (22) zu, ein ausgesprochener Freizeit-Revolutionär zu sein: »Vor einigen Wochen haben wir hier in München ein pro-arabische Demonstration hingelegt, da war alles dran. Ich muß aber auch gestehen, daß ich kurz davor an einer pro-israelischen Demonstration teilgenommen habe. Ich finde es einfach faszinierend, was bei solchen Sachen passiert.

Ich kann mich noch nicht für eine ganz bestimmte Sache einsetzen, weil ich es in den letzten Jahren versäumt habe, mich umfassend zu informieren. Dennoch glaube ich, daß es auch so gut ist, sich einer Demonstration anzuschließen, denn bei den Leuten, die auf die Straße gehen, handelt es sich immer um Minderheiten. Dabei kommt es gar nicht so sehr auf die Zielsetzung an, glaube ich.«

Was ihn an einer Demonstration fasziniert? »Man ist immer in einer Gemeinschaft. Es wird viel diskutiert und argumentiert. Die Leute haben einen unheimlichen Bildungsstand ...«

In München sieht es neuerdings so aus, als ob selbst die Kleinsten in ihrer freien Zeit auf die Straße gehen und protestieren werden. Wegen mangelnder Spielplätze wurde eine Aktionsgruppe »Keks« gegründet, die in einem Flugblatt allen Kindern empfahl, überall zu spielen, wo es ihnen paßt, auch wenn Verbote bestehen. Claudia *Cantarelli* (9) kam daraufhin freudestrahlend zu ihrer Mutter: »Mutti, wir sollen jetzt Autos umkippen!«

4. Jugendfreizeitstätten

Analysen – Konsequenzen – Forderungen

Diskussionsergebnis der Arbeitsgruppe »Freizeitstätte – autonom oder ferngesteuert? (Pädagogik der Emanzipation – pro und contra)« im »Konfliktfeld Freizeit« auf dem 4. Deutschen Jugendhilfetag vom 10.–13. Mai 1970 in Nürnberg

Vorbemerkung

Das Diskussionsergebnis wurde von einem Redaktionsausschuß auf einer Zusammenkunft in Hamburg am 20./21. 6. 1970 im Studentenwohnheim Gustav-Radbruch-Haus abschließend formuliert. In diesen Ausschuß waren von der Arbeitsgruppe in Nürnberg gewählt worden:

Willi *Erl*, Evangelische Schule für Heimerziehung, Reutlingen
Dr. Wolfgang *Nahrstedt*, Universität Hamburg
Georg *Rögler*, Universität Hamburg, Studentisches Jugendarbeitsprogramm
Friedrich W. *Seibel*, M. A., Pädagogische Hochschule
Rheinland, Abteilung Wuppertal
Beatrix *Siep*, Kindertagestätte Bremen
Grundlage der Nürnberger Diskussion der Arbeitsgruppe – rund 200 Personen beteiligten sich daran – bildete ein »Arbeitspapier«, das nach Beratung der Unterkommission Jugendfreizeitstätten des Vorbereitungskomitees 4. Deutscher Jugendhilfetag entworfen worden war. Dieser Unterkommission gehörten an:
Sigurd *Agricola*, Jugendzentrum Frankenhof, Erlangen
Wolfgang *Beck*, Arbeitsgemeinschaft für Jugendpflege und
Jugendfürsorge (AGJJ), Bonn
Alfred *Christmann*, Stuttgart Jugendhaus e. V., Stuttgart
Dr. Hans *Rüdiger*, Universität Erlangen
Friedrich W. *Seibel*, M. A., Pädagogische Hochschule
Rheinland, Abteilung Wuppertal
Willi *Weber*, Katholische Landesarbeitsgemeinschaft Nordrhein-Westfalen –
Heim der Offenen Tür, Köln
Die Unterkommission Jugendfreizeitstätten war nach einer Arbeitstagung der AGJJ vom 24.–27. 11. 1969 in Schloß Glienicke, Berlin, aus einem Kreis von 30 Praktikern der »Haus-der-offenen-Tür-Arbeit« vorgeschlagen und vom AGJJ-Vorstand berufen worden.
Gemäß Beschluß der Nürnberger Arbeitsgruppe wurden außer der erwähnten Arbeitsgrundlage zwei weitere »Arbeitspapiere« besonders berücksichtigt, nämlich:
1. Mitarbeiter in Jugendfreizeitheimen. In: Die Mitarbeiter in der Jugendhilfe. Bericht vom 3. Deutschen Jugendhilfetag in Stuttgart. Bericht der Arbeitsgruppe 9 (gez. Grauer, Erl). München 1968, S. 93–103 (Schriftenreihe der Arbeitsgemeinschaft für Jugendpflege und Jugendfürsorge, Bd. 15).

2. AGJJ-Kommission »Heime der offenen Tür«: Skizze zur Problemlage der Arbeit in Jugendfreizeitstätten. Berlin 31. 1. 1969 (gez. Erl), hektrographiert.

1. Ausgangssituation

1.1 Die Freizeiteinrichtungen freier und kommunaler Träger sind sich – mit wenigen Ausnahmen[1] – selbst überlassen. Eine Untersuchung von 60 sogenannten Modelleinrichtungen ergab:

1.11 ein grobes und unverantwortliches Mißverhältnis zwischen den hohen Baukosten einer Freizeiteinrichtung und dem geringen laufenden Etat (Personal- und Sachkosten).

1.12. eine oft ans Unsoziale grenzende Unterbesetzung dieser Einrichtungen mit qualifizierten hauptamtlichen Mitarbeitern.

1.13 die Mitarbeiter werden, gemessen an ihrem ungewöhnlichen Arbeits- rhythmus, ungenügend bezahlt[2].

Dazu kommt, daß eine Solidarisierung der Sozialarbeiter/Sozialpädagogen nur schwer möglich ist, weil die Betroffenen in den unterschiedlichsten berufs- ständischen und gewerkschaftlichen Gruppierungen vertreten sind. Diese uner- freuliche Ausgangssituation ist u. a. Ursache für:

1.14 unzufriedene Sozialarbeiter/Sozialpädagogen

1.15 ein oft wenig attraktives und unorginelles Angebot und – auch als Folge dieser Situation –

1.16 unzureichend besuchte Häuser[3].

1.2 Diese Isolation der einzelnen Institutionen – es gibt kaum Zusammen- schlüsse auf kommunaler Ebene, noch weniger auf Landesebene und keine auf Bundesebene – führt zu Einzelaktionen der Betroffenen, die nur unzureichend – wenn überhaupt – die Gesamtsituation verbessern können.

1.3 Mangelndes Prestige der noch nicht allgemein anerkannten Freizeitpäd- agogik stehen übermäßige Erwartungen einer schlecht informierten Öffentlich- keit gegenüber. Dies trägt zur weiteren Verunsicherung der eigentlich zu leisten- den pädagogischen Arbeit bei. Die Unsicherheit wird dadurch verstärkt, daß keine Erfolgskontrolle der praktizierten Konzeptionen stattfindet.

Die wissenschaftlich orientierte Praxisbegleitung ist heute noch Zufall. Fol- gerichtig fehlt entscheidend eine Kommunikation von Theoretikern und Prakti- kern.

1.4 Erst allmählich konsolidiert sich eine Ausbildung für Freizeitpädagogen,

[1] Zu diesen Ausnahmen gehört Nordrhein-Westfalen, wo sich evangelische, katho- lische und sozialistische Landesarbeitsgemeinschaften konstituiert haben und sich mit Erfolg bemühen, ihre Einrichtungen untereinander in Kontakt zu bringen, eine intensive Form der Konsultation zu praktizieren und eine gezielte Praxisberatung aufzubauen.

[2] Vgl. Willi ERL: Modelleinrichtungen von Jugendfreizeitstätten in der Bundesrepu- blik, Forschungsbericht Deutsches Jugendinstitut, München, 1968 (In diesem Zusam- menhang ist auch auf die von Grauer/Lüdtke gemachte Untersuchung hinzuweisen, die voraussichtlich 1972 erscheinen wird).

[3] Vgl. Hans RÜDIGER: Angebotener Freizeitraum, Forschungsbericht Deutsches Jugendinstitut, München 1970.

die durch neue Strukturen (Universität, Pädagogische Hochschule, Fachhochschule) neue, noch nicht überschaubare Probleme hervorrufen wird. Soll der verunsicherte Status von Freizeiteinrichtungen nicht noch mehr belastet werden, müssen statt Retrospektiven endlich auf empirisch ermitteltem Material Zielprojektionen definiert werden. Dazu ist es nötig, nicht nur von Freizeit zu reden, sondern sie in ihrem Ausmaß und ihrer Funktion für die Zukunft zu erfassen.

2. Einige Intentionen und Kriterien

Ziel aller pädagogischen Bemühungen muß die Emanzipation des jungen Menschen sein. Dies bedeutet, fähig zu werden, die gesellschaftlichen Zusammenhänge zu erkennen, die Gesellschaft durch Partizipation (Mitwirken, Mitdenken, Mitbestimmen, Mitverantworten) zu gestalten und zur aktiven Veränderung ihrer Struktur beizutragen.

Die verschiedenen Erziehungsinstitutionen (Kindergarten, Schule, Freizeitstätten usw.) sollten diesem Ziel auf unterschiedliche Weise dienen. Die meisten Erziehungsinstitutionen gehen bei der Durchführung ihrer Maßnahmen von einem Zustand noch nicht erreichter Emanzipation aus. Dagegen sollten Freizeitstätten Emanzipation dadurch provozieren, daß sie den jugendlichen Besucher als bereits emanzipiert annehmen und ihm erlauben, mit Freiheit im weitest möglichen Maße zu experimentieren. Auf diese Weise ermöglichen die Freizeitstätten, den Umgang mit der Freiheit der Freizeit zu erlernen.

Deshalb ist eine möglichst große »Autonomie« für Freizeitstätten zu fordern. Eine »Fernsteuerung« als Ausdruck für bedingende Faktoren bleibt zwar vorhanden. Jedoch muß einerseits die Grenze zwischen »Autonomie« und »Fernsteuerung« zunehmend weiter aus der Freizeitstätte herausverlagert werden, andererseits muß sich der Charakter der »Fernsteuerung« verändern. Die Momente einer Fernsteuerung (z. B. Auffassung der Freizeiterzieher, Konzept des Trägers, Richtlinien des Staates, öffentliche Meinung der Gesellschaft) sollten insbesondere für Freizeitstätten diskutierbar und unter Umständen rasch veränderbar sein. Die Freizeitstätten müssen daher den Jugendlichen die Struktur der vorhandenen Fernsteuerungsmechanismen transparent machen, und sie sollen eine aktive Mitwirkung der Jugendlichen an den Veränderungen der Gesellschaft ermöglichen. Angesichts einer zunehmenden Selbstverwaltung der Jugendlichen in den Freizeitstätten erhalten die diesen Stätten assoziierten Personen und Institutionen in steigendem Maße einen Servicecharakter (z. B. Beratung)[4].

Daneben haben Freizeitstätten nach wie vor auch Hilfsfunktionen zu erfüllen, die nur indirekt mit der Emanzipation des jungen Menschen zusammenhängen. Deshalb erfüllen Freizeitstätten insgesamt

1. prophylaktische Funktionen,
2. soziale Hilfsfunktionen,

---

[4] Vgl. impuls – Aktionszentrum, Arbeitsgruppe »Umweltgestaltung, Pädagogik, Architekt« (Hg): Modell Haus der Jugend Wuppertal-Elberfeld, Wupertalfeld, o. J. (1969), hektographiert.

3. Bildungsfunktionen,
4. Freizeitfunktionen[5].

Diese vier Funktionen schließen sich weder gegenseitig aus, noch sind sie miteinander deckungsgleich. Sie markieren vielmehr verschiedene Bereiche sozialpädagogischer Möglichkeiten. Auf den »Freizeitfunktionen«, die sich aus dem Gedanken bereits erreichter Emanzipation ergeben, liegt für Freizeitstätten jedoch der Hauptakzent. Sie weisen den übrigen Funktionen die Richtung.

Es zeigen sich unterschiedliche Beziehungsverhältnisse zwischen Jugendlichen und Freizeitstätten. Ein Teil der Jugendlichen wird weiterhin durch Freizeitstätten, die einen traditionellen Charakter nach Art, Führung und Ausstattung tragen, befriedigt. Daneben aber haben sich Gruppen junger Menschen gebildet, die in Ausstattung und Führungsweise neu strukturierte Freizeitstätten verlangen. Diese Freizeitstätten müssen veschiedenen Faktoren Rechnung tragen, dem veränderten Anspruchsniveau, neuartigen Interessenausrichtungen und/oder einem Selbstverständnis der Jugendlichen, das die gesellschaftliche Integration in der bisher vorgegebenen Form ablehnt[6].

Die gesamte Variationsbreite praktischer Arbeit hat sich nach folgenden Kriterien auszurichten:

2.1 Orientierung an den Bedürfnissen, Interessen und Fähigkeiten der Kinder, Jugendlichen, Erwachsenen und pädagogischen Mitarbeiter.

2.2 Das jeweilige Interesse bestimmt die ihm zukommende Sozial- und Arbeitsform (einzelne, Klein- und Großgruppen).

2.3 Die Verwirklichung dieser Interessen bedingen mobile Möglichkeiten personeller und räumlicher Art sowie eine permanente Sinnüberprüfung der Inhalte.

2.4 Das Programm darf politisch und weltanschaulich nicht beeinträchtigt werden und erfährt prinzipiell keine thematische Einschränkung. Es erfordert aber in Aktion und Reflexion eine allmählich einsetzende Transparenz der gesellschaftlichen Zusammenhänge.

2.5 Das Austragen von Konflikten gehört mit zu den Aufgaben der Freizeitstätten.

3. Struktureller Aspekt und Demokratisierung

Bisher war die Errichtung von Freizeitstätten gemäß der weitgehend verbreiteten Planlosigkeit in der Bundesrepublik häufig ein Produkt »glücklicher« Umstände: Irgendwo gab es noch ein zu bebauendes Grundstück. Irgendwann besann sich eine Gruppe von Verantwortlichen, daß es auch Jugendliche gibt, und irgendwie wurde dann ein Haus konzipiert, das das Ansehen der Stadt oder des Verbandes mehren konnte. Nach der Grundsteinlegung schwand das öffentliche Interesse und wurde erst bei unerwünschten Aktionen und Verhaltensweisen Jugendlicher hellwach.

Sanktionen bis hin zur Schließung von Häusern waren dann nicht selten (z. B.

---

[5] Vgl. Hans RÜDIGER: a.a.O., Kap. III, 1.
[6] Vgl. AGJJ-Kommission »Heime der offenen Tür«: a.a.O.

das Jugendzentrum Erlangen; das Jugendhaus Bonames/Frankfurt; der Jugendclub Ça ira, Berlin; das Haus der Jugend, Ludwigshafen).

Freizeitstätten sind nur dort sinnvoll, wo sie in einem sozialen Gesamtgefüge
stehen. Ihre Funktion bestimmt sich in Wechselbeziehung mit anderen Einrichtungen von Erziehung und Bildung, Erholung und Unterhaltung. Das heißt u. a.:

3.1 Freizeiteinrichtungen müssen sorgfältig als Teil einer umfassenden Sozialplanung geplant sein. In diese Planung müssen sowohl pädagogische Jugendfreizeitstätten als auch kommerzielle Freizeitunternehmen sowie weitere Maßnahmen und Einrichtungen für Kinder, Jugendliche und Erwachsene einbezogen
werden. Insgesamt ist als Ziel ein Netz von Freizeiteinrichtungen anzustreben.

3.2 Die der Planung zugrunde liegenden Daten müssen mit wissenschaftlicher
Akribie ermittelt werden. Die wechselseitige Abhängigkeit von Sozialplanungen
mit anderen Teilplanungen (Wirtschafts-, Verkehrs-, Gesundheitsplanungen) und
Planungsfaktoren (wie Entwicklung, Schichtung, Altersstruktur der Bevölkerung) muß gesichert sein. Die Freizeitstätten stehen in einem Verbund von Teil-
plänen und erhalten von da ihren Rang.

3.3 Freizeitmaßnahmen müssen mehr gesellschaftsbezogen, bereits in ihrer
Planungsphase transparent und demokratisch kontrolliert werden. Bei der
städtebaulichen und architektonischen Planung von Freizeitstätten sind daher
die potentiellen Besucher bereits angemessen zu beteiligen. Planungsgremien sollten in etwa zu gleichen Anteilen aus Vertretern der möglichen Besucher, der
Träger, der Pädagogen, der Architekten und mit Fachleuten der befaßten Be-
hörde besetzt werden. Die Sitzungen sollten öffentlich sein.

3.4 Der Aspekt der Mobilität ist für die Planung stärker als bisher zu berücksichtigen. Das bedeutet:

3.41 Eine Starrheit sowohl in der Führung als auch in der administrativen
Zuordnung von Freizeitstätten widerspricht der Mobilität unserer Gesellschaft
insgesamt. Insbesondere erschwert sie die Mobilität innerhalb der Freizeitstätte.

3.42 Zur Mobilität gehört auch die Variabilität von Räumen. Es sind ungestal-
tete Räume und Freiflächen zu belassen und so Gestaltbarkeit zu gewährleisten.

3.5 Die Häuser sind den Möglichkeiten und Erfordernissen ihrer Standorte
entsprechend auszustatten. Im Zentrum werden Häuser mit »Citycharakter«
ohne größere Freiflächen, an Randgebieten werden Häuser mit »Nachbarschafts-
charakter« und größeren Freiflächen errichtet werden können.

3.6 Nach Interessenschwerpunkten sollten Freizeitstätten sowohl als Mehr-
zweckeinrichtungen als auch als Spezialeinrichtungen (für besondere Interessens-
gebiete und/oder bestimmte Gruppierungen) geschaffen werden. Für kurzzeitige
Bedürfnisse, z. B. für die Unterbringung einer Rocker-Bande, sollte in verstärk-
tem Maße auch der Weg einer kurzfristigen Anmietung von Räumen beschritten
werden. Der Mut zu Provisorien ist zu stärken. Funktionslos gewordene Freizeitstätten sollten geschlossen oder evtl. durch Spezialisierung einem neuen
Zweck zugeführt werden. Ein statischer »Gebäudeglaube« ist zu überwinden[7].

[7] Vgl. Willi ERL: Drei Beispiele für eine mobile Jugendarbeit; in: deutsche jugend
3/66, S. 118–126.

3.7 Die Funktion der Träger hat sich vorwiegend auf die Mittelbeschaffung und die wirtschaftliche Führung der Freizeitstätten zu beschränken. Die Verwendung der Mittel ist offenzulegen. Der Träger muß wertende Vorentscheidungen weitgehend zurückhalten. Nur bei konkreten Fragen hat der Träger seine Wertungen als mögliche Antworten den Jugendlichen anzubieten und in die Diskussion der Gremien einzubringen[8].

3.8 Es erhebt sich die Frage, ob es nicht nützlicher ist, ein System von Angeboten zu entwickeln, das sowohl den Aktivitäten der Jugendlichen als auch den Interessen des Gemeinwesens entspricht, statt nur für Jugendliche reservierte Bauten zu erstellen.

4. Personeller Aspekt

Der personelle Aspekt der Freizeitstätten beginnt mit der

4.1 Ausbildung

4.11 Das Modell einer Baukastengesamthochschule[9] ist im Hinblick auf den Bereich Sozialarbeit/Sozialpädagogik zu überprüfen. Ein differenzierter, praxisorientierter und damit auch dem Praktiker offenstehender Lehrbetrieb ist anzustreben.

4.12 Die Auswirkungen der Fachhochschulausbildung müssen im Hinblick auf den späteren Einsatz der Absolventen überdacht werden. Es sollten für bestimmte Tätigkeiten eindeutige Qualifikationen gefordert werden. Gleichzeitig sind Fortbildungsmöglichkeiten zu schaffen, um das ganze System auch für den Praktiker ohne Hochschulreife durchlässig zu machen.

4.13 Wie in den USA und in Frankreich ist die Ausbildungsmöglichkeit zum »Freizeitpädagogen« anzustreben.

4.14 Ohne ehren-/nebenamtliche Mitarbeiter sind auch künftig keine Freizeiteinrichtungen denkbar. Für sie, die keine genuin pädagogische Ausbildung mitbringen, aber befähigt sind, müssen besondere freizeitpädagogische Bildungsangebote gemacht werden (vgl. 4. 34).

4.2 Fortbildung

Eine permanente Forbildung ist gerade in der Jugendarbeit, wo sich ständig neue Formen des Zusammenlebens mit neuen Inhalten entwickeln, unerläßlich. Diese Fortbildung ist auf verschiedenen Ebenen zu praktizieren.

4.21 Fortbildung im Team

Die periodisch durchzuführende Arbeitsbesprechung eines Teams sollte sich nicht nur mit aktuellen Problemen des Tages beschäftigen. In ihr sollte auch aus der Situation des Hauses heraus die pädagogische Konzeption an der Praxis kontrolliert und gegebenenfalls unter Berücksichtigung neuer Erkenntnisse korrigiert werden. Hier lassen sich ehrenamtliche Mitarbeiter einbeziehen, um eine möglichst große Homogenität in den Verfahrensweisen und Zielsetzungen zu

---

[8] Der Punkt 3.7 war in der Diskussion umstritten. Eine Mehrheit stimmte der vorliegenden Auffassung zu.

[9] Vgl. Ernst VON WEIZSÄCKER: Baukastengesamthochschule. SPD-Landtagsfraktion Baden-Württemberg. Stuttgart, 1969.

garantieren. Die regelmäßige Diskussion von Fachartikeln ist notwendig, um auch neue Ideen aufzugreifen. Die methodische Praxisanleitung und Beratung durch einen Supervisor[a] gewinnt immer mehr an Bedeutung. Es ist darauf hinzuwirken, daß für 10 Freizeiteinrichtungen in einer Stadt bzw. Region ein Supervisor ständig die Praxis anregt.

4.22 Fortbildung durch Erfahrungsaustausch

Bestehen in einer Stadt oder einer Region mehrere Einrichtungen, dann sollte regelmäßig zu Zusammenkünften der Verantwortlichen eingeladen werden. Der Erfahrungsaustausch ermöglicht eine Spezialisierung der Aufgaben und rationellere bzw. ökonomischere Programmgestaltung. In diesem Zusammenhang wird folgender Vorschlag zur Diskussion gestellt:

Die AGJJ sucht 30 repräsentative Freizeitstätten aus. Sie bittet diese Freizeitstätten, zweimal im Jahr jeweils einen Vertreter zu einem einwöchigen Seminar zu schicken. Das bedeutet: in 30 Häusern der Bundesrepublik werden mindestens zwei Mitarbeiter im Jahr über neue Erkenntnisse der Jugendarbeit, der Organisationssoziologie, der didaktischen Experimente usw. informiert.

Diese 30 Häuser stünden in einer permanenten Konfrontation mit neuesten Ergebnissen und könnten, langfristig gesehen, in ihrem eigenen Bereich kontrollierte Experimente durchführen und dazu beitragen, daß eine Pädagogik der Emanzipation sehr bald auch auf empirischen Daten aufbauen kann.

Dieser Vorschlag sollte in Kooperation mit anderen Trägergemeinschaften verwirklicht werden.

4.23 Fortbildung als erweiterte Ausbildung

4.231 Die beiden bisher genannten Formen der Fortbildung reichen nicht aus, um auf die Dauer den sich ständig wandelnden Anforderungen in der Jugendarbeit gerecht zu werden. Der Träger von Freizeiteinrichtungen muß seinen Mitarbeitern jährlich ein mehrwöchiges Fortbildungsseminar ermöglichen (Gruppendynamische Seminare, Sensitivity Training, Methodenlehre). Diese jährlichen Fortbildungsseminare sind mit beruflichen Aufstiegsmöglichkeiten zu koppeln.

4.232 Alle vier Jahre sollten Sozialarbeiter/Sozialpädagogen drei Monate bezahlten Urlaub für eine zusätzliche fachorientierte Weiterbildung erhalten. Diese Weiterbildung soll auch älteren Mitarbeitern neue Berufschancen eröffnen.

4.24 Zusatzausbildung für ehren-/nebenamtliche Mitarbeiter

Ehren- und nebenamtlichen Mitarbeitern muß die Möglichkeit geboten werden, sich in Kursen und Wochenendseminaren pädagogisch anleiten zu lassen.

Der Gesetzgeber hat die rechtlichen Voraussetzungen zu schaffen, um ehrenamtliche Mitarbeiter vom Dienst zu befreien, wenn freizeitpädagogische Fortbildungsseminare besucht werden.

4.25 Bildungsurlaub

Alle diese Fortbildungsmöglichkeiten sind nicht identisch mit Bildungsurlaub. Dieser muß voll und ganz individuellen Neigungen reserviert bleiben.

4.3 Anstellung

Die Anstellung von Freizeitpädagogen soll in erster Linie nach fachlicher Qualifikation und unabhängig von Partei- und Konfessionszugehörigkeit erfolgen.

4.4 Leitung

4.41 An Freizeitstätten sollten nur Teams von mindestens drei hauptamtlichen Freizeiterziehern beschäftigt werden[10].

4.42 Die Leitung sollte kollegial erfolgen.

4.43 Das Team sollte nach Möglichkeit durch Absolventen verschiedener Ausbildungsgänge gebildet werden (Pädagoge, Psychologe, Soziologe, Politologe, Ingenieur, Kunsterzieher usw.)[11].

Es ist denkbar, daß das Team aus seiner Mitte den geschäftsführenden Leiter auf Zeit gegen eine widerrufliche Stellenzulage wählt.

4.5 Stellenplan und Besoldung

Die berufliche Qualifikation für hauptamtliche Mitarbeiter von Freizeitstätten könnte an folgenden Ausbildungsstätten erworben werden: Fachschulen, Fachhochschulen und Universitäten. Die Besoldung erfolgt nach Tätigkeitsmerkmalen unter Anlegung vergleichbarer Maßstäbe des Schulsektors.

4.6 Arbeitszeit

Den Freizeitpädagogen ist genügend persönliche Freizeit zu gewähren. Der Arbeitsrhythmus soll flexibel gestaltet sein. Um den Freizeitpädagogen nicht gesellschaftlich zu isolieren, ist eine gleitende Arbeitswoche einzuführen.

5. Wissenschaft und Forschung

5.1 Alle Maßnahmen bleiben ohne kritische Theorie Zufallsprodukte. Kritische Theorie macht eine fortwährende Deskription der Aktivitäten und ihrer Auswirkungen notwendig (Praxisbegleitende Wissenschaft). Erst dann lassen sich durch Analyse verbindliche Deduktionen für eine Art »Freizeitlehre« aufstellen.

Eine Freizeitlehre muß berücksichtigen:

5.11 anthropologische Gesichtspunkte

5.12 sozio-ökonomische Gesichtspunkte

5.13 psychologische Gesichtspunkte

5.14 gruppendynamische Prozesse

5.15 volkswirtschaftlich-politische Aspekte

5.16 Fragen der Sozialisation und Kommunikation

5.17 futurologisch-planerische Aspekte.

Erst aus einer Zusammenschau aller Erkenntnisse der genannten Aspekte lassen sich genauer Zielkonzeptionen im Hinblick auf die Freizeitpädagogik entwickeln.

5.2 Zu diesem Zweck ist es dringend geboten, eine *Bundesarbeitsstelle für Freizeiteinrichtungen* (BAF) zu schaffen. Diese BAF soll kein Dachverband im Sinne eines Zusammenschlusses von Trägern der Haus-der-offenen-Tür-Arbeit sein. Vielmehr stellt sie eine Clearingstelle dar, die wissenschaftliche und pädagogische Aufträge erfüllt. Sie soll:

5.21 eine ständige Kommunikation zwischen Theorie und Praxis herstellen.

[10] Vgl.: Mitarbeiter in der Jugendhilfe, a.a.O., S. 103.
[11] Ein Teil der Arbeitsgruppe empfahl Sozialarbeitern/Sozialpädagogen, sich ausschließlich im Team anstellen zu lassen.

98

5.22 eine ständig erneuerte Übersicht der Freizeiteinrichtungen mit einer Darstellung der Institutionen und ihrer Arbeitsweisen herausgeben.

5.23 eine bibliographische Übersicht über Neuerscheinungen auf dem Gebiet der Freizeitpädagogik laufend ergänzen.

5.24 spezielle Forschungsaufträge anregen, durchführen und/oder fördern.

5.25 durch hauptamtliche Referenten lokale Fortbildungen initiieren und so die Praxis intensivieren.

5.26 durch immer wieder veröffentlichte Beschreibung pädagogische Experimente dokumentieren.

5.27 durch ein periodisch erscheinendes Informationsorgan über Fortbildungsseminare, Kurse, laufende pädagogische Experimente einen Überblick bieten.

5.3 Die Bundesarbeitsstelle für Freizeiteinrichtungen soll möglichst in Verbindung mit einer bereits bestehenden, auf wissenschaftlicher Basis arbeitenden Institution geschaffen werden (z. B. AGJJ, Deutsches Jugendinstitut, Universität Konstanz oder Hamburg).

Sollte eine solche Konstruktion nicht möglich sein, müßte durch Kooperation bereits bestehender Einrichtungen die BAF geschaffen werden. Eine unabhängige, eigenständige BAF ist nur anzustreben, wenn sich andersweitig eine solche Arbeitsstelle nicht erreichen läßt.

5.4 Die Pädagogischen Hochschulen und die Universitäten insgesamt müssen sich den Fragen der Freizeiterziehung mehr als bisher zuwenden.

6. Repräsentation und Öffentlichkeitsarbeit

6.1 Repräsentation

Für die Freizeitpädagogik soll endlich eine wirksame Repräsentation in den regionalen und überregionalen Beratungs- und Entscheidungsgremien (z. B. bei der AGJJ, in den Jugendringen und in den Jugendwohlfahrtsausschüssen) gewährleistet werden. Diese Repräsentation soll der steigenden Bedeutung der Freizeitpädagogik entsprechen.

6.2 Öffentlichkeitsarbeit

Die Schwierigkeiten der Freizeiteinrichtungen sind auch Beleg für das anachronistische Verständnis von Öffentlichkeitsarbeit im sozialen Bereich. Mit modernen werbepsychologischen Mitteln ist die Öffentlichkeit über die Probleme der Freizeitstätten zu informieren, damit Freizeitpädagogen künftig eine bessere Chance haben, bei ihren Forderungen Gehör zu finden.

7. Die Zukunft der Freizeitstätten

Die Zukunft der Freizeitstätten hat bereits begonnen. Schon gründen Jugendliche »autonome Jugendzentren« (z. B. in Bern) weil die Welt der Erwachsenen zu oft nur repressives Interesse an jugendlichem Engagement besitzt[12].

[12] Vgl. Wolfgang BECK: Freizeitstätte – autonom oder ferngelenkt? in: Mitteilungen der Arbeitsgemeinschaft für Jugendpflege und Jugendfürsorge 59/Mai 1970, S. 17–19.

Jugendliche wollen selbst bestimmen. Sie suchen Spielraum für echte Verantwortung, die ihnen selbst in »ihren« Häusern nur widerstrebend zugebilligt wird.

Die gegenwärtigen Schwierigkeiten der Freizeitstätten müssen vor allem deshalb überwinden werden, weil diesen Häusern im Zuge des anstehenden Bildungsurlaubs und der vermehrten Freizeit für die Jugendlichen große Bedeutung zukommt. Das Programm der Freizeitstätten wird in Zukunft auf ein vernünftiges Angebot, gerade für die Gestaltung zusätzlich gewährter Freizeit, nicht verzichten können. Ein solches Programm ist aber nur möglich, wenn die personelle und ökonomische Situation entsprechend geändert wird.

5. Willi Erl

Das Freizeitangebot unserer Gesellschaft

Meine Damen (wieso meine?), Herren.

Ich lese. Du liest. Er, sie, es. Wir alle lesen. Lesen Freizeitaktivität. Mehr noch: Basis der Wissenschaft.

Wissenschaft. Lasset uns anbeten.

Professoren Hohe Priester. Dozenten Priester. Praktiker Meßknaben.

Wissenschaft. Rationalität. Objektivität. Kontrollibilität, vulgär: Nachprüfbarkeit.

Ideen unwissenschaftlich. Engagement unwissenschaftlich, pfui! Praxis pour Praxis dilettantisch. Praktiker Meßknaben.

Wissenschaft: diagnostizieren, analysieren, quantifizieren, klassifizieren – das *Bestehende*.

Verändern unwissenschaftlich. Wissenschaftlich verändern? Praxisbegleitende Wissenschaft?

(Zum Thema, Schätzchen! Und nicht so unwissenschaftlich! – Nicht mal dieser Zwischenruf.)

Also zum Thema:

Das Freizeitangebot unserer Gesellschaft

1. Gesellschaft. 2. Unsere. 3. Freizeit. 4. Das Angebot. 5. Jugendhilfetag. Vierter Deutscher Jugendhilfetag, Nürnberg, Meistersingerhalle. Wagner, Richard, Kunst, sinnvolle Freizeitbeschäftigung. 6. Die Nachfrage. 7. Zusammenfassung.

1. Gesellschaft

Deutsche Speisewagen-Gesellschaft. Gesellschaftsabend. Saubere Gesellschaft. Gesellschafter. Gesellschaftsdame. Obere Gesellschaft. Gesellschaftsfähig. Bürgerliche Gesellschaft. Gesellschaftstanz. Freizeitgesellschaft. Gesellschaftsspiel. Gesellschaftsvertrag. Gesellschaft verändern.

Gibt es eine Gesellschaft?

Gesellschaft Soziologenerfindung. Im weitesten Sinne: gedachte Einheit aller Menschen in Vergangenheit, Gegenwart und Zukunft. Auch Kennzeichnung der allgemeinen Tatsache der Verbundenheit von Lebewesen überhaupt. Gesellschaft verändern. Auch Bezeichnung größerer Einheiten, wie zum Beispiel die Nation oder die westliche Welt. Gesellschaft verändern. Gemeinschaft oder Gesellschaft. Gesellschaft verändern. Arbeit oder Freizeit. Zivilisation oder Kultur. Geist oder Politik. Gesellschaft: das Soziale. Gesellschaft oder Staat oder Mensch. Gesellschaft verändern.

In jeder beliebigen Gesellschaft vollzieht sich »häufig oder sogar ›ständig‹ ein rascher Wandel«.»Die einzelnen Wandlungen treten weder räumlich noch zeitlich isoliert auf. Ihre Auswirkungen sind häufig in ganzen Großräumen und womöglich in der ganzen Welt spürbar«; König, Renè.
Gesellschaft bewußt verändern.

Wohin?

Liberale Gesellschaft. Emanzipierte Gesellschaft. Anarchistische Gesellschaft. Katholische Gesellschaft. Repressionsfreie Gesellschaft. Sozialistische Gesellschaft. Gesellschaft bewußt verändern. Christliche Gesellschaft. Aktiengesellschaft. Maoistische Gesellschaft. Luxuristische Gesellschaft. Humanistische Gesellschaft. Scheißgesellschaft.

Wollt Ihr die totale Gesellschaft?

Gesellschaft bewußt verändern.

Gesellschaft, Zivilisation, Kultur. Aber die Kultur ist die größte unter ihnen.

2. Unsere Gesellschaft

Mobile Gesellschaft. Offene Gesellschaft. Verstädterte Gesellschaft. Technisierte Gesellschaft. Pluralistische Gesellschaft. Industrialisierte Gesellschaft. Wohlstandsgesellschaft.

Genauer:

Industrialisierung aufgrund der kapitalistischen Produktionsverhältnisse. Leistungsprinzip! Industrialisierung aufgrund der kapitalistischen Produktionsverhältnisse. Überflüssige Herrschaft! Industrialisierung aufgrund der kapitalistischen Produktionsverhältnisse. Klassenstruktur! Industrialisierung aufgrund der kapitalistischen Gesellschaft. Unterdrückung der Sexualität! Lustfeindlichkeit! Fremdbestimmung!

Industrialisierung: Überflußgesellschaft.

300 000 Menschen arbeiten, damit 3 Männer zum Mond fliegen können und wieder zurück.

Überflußgesellschaft.

Vielleicht werfen heute US-Flugzeuge Napalmbomben auf Städte und Dörfer in Nordvietnam und Kambodscha. Denn dem Kommunismus muß Einhalt geboten werden. Dem Kommunismus Einhalt!

»Damit der Mensch seinen Spaß haben kann, darum machen wir ja den Kommunismus«; Hacks, Peter.

Überflußgesellschaft.

Täglich sterben 25 000 Menschen an Hunger!
Überflußgesellschaft.
In 5 Stunden sterben 5000 Menschen. Hunger!
Überflußgesellschaft.
5 Stunden. Dauer eines Gesellschaftsabends.
Jugendliche haben einen Gesellschaftsabend von Erwachsenen nicht zu stören.
Schon gar nicht mit Dokumentationen. Keine 5 Minuten. Ihre Dias könnten
das Leid hungriger und verwundeter Kinder bewußt machen. Keine Störung
von Gesellschaftsabenden. Schutz des legitimen Rechts der Erwachsenen.
Recht auf Entspannung, Vergnügen, Fröhlichkeit und Wohlbehagen.
Industrialisierung aufgrund der kapitalistischen Produktionsverhältnisse.
Überflüssige Herrschaft. Überflüssige Gesellschaft. Überflüssige Überflußgesellschaft!
Kindheit und Jugend. In der Gesellschaft.

Hare Krishna Hare Krishna
Krishna Krishna Hare Hare

Kindheit und Jugend. Jugend und Kindheit. Repression. Frustration. Aggression.
Leben! Gerechtigkeit! Leben! Liebe! Leben! Glück! Leben! Freiheit! Leben
Friede!!
Mari Juana Mari Juana
Juana Juana Mari Mari
Kindheit und Jugend. Investititon der Gesellschaft. Investititon auf später.
Lehrzeit. Schonzeit. Schutzzeit. Verbotszeit.
Zeit hoher Intellektualität: Berufsverbot
Zeit hoher sozialer Aufgeschlossenheit: Politverbot!
Zeit höchster Potenz: Sexualverbot!
Perpetuierter Infantilismus.[a]
Sabba Sibby Sabba
Nooby Aba Naba

Le Le Lo Lo
Infantilismus, perpetuierter.
Verbotszeit.

Tooby Ooby Waba
Nooby Aba Naba
Early Morning
Singing Song.

Liebe! Leben! Glück!
Schonzeit! Unmündigkeit! Anpassung!

Freiheit!
Ich! Ich! Ich!
Wir.

3. Freizeit

Frei. Zeit. Zeit. Frei.

Freiheit. Freizeit. Fritid.

Horas desocupadas. Stunden, die nicht besetzt sind. Dopo lavoro. Nach der Arbeit. Feierabend. Samstag. Sonntag. Wochenende.

Urlaub. Altersfreizeit. Arbeitslosigkeit.

Horas desocupados. Récréation. Leisure. Erholung. Entspannung. Zerstreuung. Amüsement. Unterhaltung. Spiel. Muße. Neg otium. Ohne Geschäft. Müßiggang. Aller Laster Anfang. Arbeit macht frei. Ora et labora.

Freizeit. Nicht-fremdbestimmte Zeit. Verhaltens-beliebige Zeit. Eigene Zeit. Ich-bestimmte Zeit. Private Zeit. Glückszeit!

»Ist es aber sinnvoll, wissenschaftliche Untersuchungen über Freizeit und Spiel anzuregen, wenn dies ein wachsendes öffentliches und systematisches Eindringen in einen Bereich zur Folge haben könnte, der idealerweise privat und unorganisiert bliebe? Vielleicht wäre eine Verschwörung, über Freizeit und Spiel zu schweigen, ihr bester Schutz«; Riesman, David.

4. Das Angebot

Gesellschaft, Zivilisation, Kultur.

Gesellschaft – Zivilisation.

Zivilisation. Civis, Bürger, Statik. Zivilisation aufgrund kultureller-technischer Errungenschaften verfeinerte bürgerliche Lebensform. Also: Institution, Konsumtion, Quantität, Mode, Kitsch, Epigonentum, Außensteuerung.

Ein Häuschen mit Garten.

Zivilisation – Freizeitlehre.

Beck, Wolfgang und andere:

Anthropologische Gesichtspunkte, sozio-ökonomische Gesichtspunkte, psychologische Gesichtspunkte, gruppendynamische Prozesse, volkswirtschaftlich-politische Aspekte, Fragen der Sozialisation und Kommunikation, futurologisch-planerische Aspekte.

»Erst aus einer Zusammenschau aller Erkenntnisse der genannten Aspekte lassen sich genauer Zielkonzeptionen im Hinblick auf die Freizeitpädagogik entwickeln.«

Zivilisation – Freizeitpädagogik.

Pöggeler, Franz unter anderem:

Überschätzung von Arbeit und Betrieb im bisherigen pädagogischen Denken. Warnung vor pädagogischem Luxurismus. Kern der Menschenbildung das Dasein und Mitsein des liebenden, helfenden, lenkenden Menschen. Warnung vor pädagogischem Luxurismus. Rehabilitation von Erholung und Unterhaltung im pädagogischen Denken. Warnung vor pädagogischem Luxurismus. Reaktivierung der Familienerziehung und teilweiser Abbau der öffentlichen Erziehung. Warnung vor pädagogischem Luxurismus. Wiederentdeckung der Musen in einer technisierten Welt. Warnung vor pädagogischem Luxurismus. Die Chance der religiösen Erziehung und Bildung angesichts wachsender Freizeit. Und Warnung vor pädagogischem Luxurismus.

Vergleiche auch: Weber, Erich; Müller, Wolfgang C. und Erl, Willi.

Wollt Ihr die Pädagogisierung der Freizeit?
Zivilisation – Freizeitsystem
Motto: Der Selbstentfremdung des Menschen in der Arbeit folgte seine Selbstentfremdung in der Freizeit.
Freizeitangebote, Auswahlliste. Oder Versuch einer Phänomenologie:
Massenkommunikationsmittel. Massenkommunikation öffentlichen Rechts: Funk, Fernsehen. Daktari. Der Goldene Schuß. Das zweite Programm. Wie es singt und lacht. Und so weiter. Der Report.
Massenkommunikationsmittel, Kommerzieller Massenkonsum: Ein kluger Kopf steckt immer dahinter. Zeitungen, Zeitschriften, Filme, Schallplatten, Bücher. Auch freizeitbezogene Untersuchungen, Theorien, Anleitungen. Von und für Namen, die jeder schon kennt.

Ich lese. Du liest. Er, sie, es verkauft.
Wir alle kaufen.

Vergnügungs- und Reiseunternehmen. Sonne, Strand und Sex. Auch pädagogisch intendiert. Fahr mit!

»Je länger die Freizeit wird, desto nötiger die Freizeitindustrie für die Erhaltung der bestehenden Ordnung. Unsere Wirtschaftsweise kann nur bei ständig wachsendem Verbrauch stabilisiert werden«; Gottschalch, Wilfried.

Sonstige Freizeitindustrie. Grundig, Quelle, Pelikan, Neckermann, Beate Uhse. Do it yourself. Und so weiter.

Ein mehrtätiges internationales Verbot aller Produkte der Freizeitindustrie genügte, um die Weltrevolution auszulösen. Dann würden die Menschen erstmals gezwungen, an sich und ihre eigentlichen Interessen zu denken; Marcuse, Herbert.
Private Zusammenschlüsse. Auch Vereine und Klubs. Fußball. Briefmarken. Fußball. Kaninchen. Fußball. Skat. Fußball. Pfänderspiele. So lang nicht die Hose am Kronleuchter hängt.
Kirchen- und Religionsgemeinschaften. Kreise. Andachten. Tagungen. Kommunen und Staat. Andachten. Büchereien. Kommunal und staatlich subventionierte Programme und Einrichtungen. Konzerte, Volkshochschule, Theater.

»In New York wurde ein Erholungsheim für Wochenend-Müde eingerichtet. Es ist nur sonntags abends geöffnet. Wer von seiner Freizeit erschöpft ist, kann sich hier von der Freizeit erholen. Das Haus ist ständig belegt«; Pressemeldung.

Fußball. Der Goldene Schuß. Flipper. Arbeit und Leben. Zum Lamm. Professor Grzimek. Stadtpark. Klavier. Bertelsmann-Lesering.

Alle neune. Mittelmeer. Do it yourself.

Und das Auto. Das Auto. Das Selbst. Ich. Autoerotik. Prestige. Chrom glänzt. Geltung. Ich hab' zehn PS mehr. Bin ich nicht wer?

»Mehr Freizeit im Sinne von mehr eigener Zeit gibt ja nicht nur die Möglichkeit zur Muße, sie bietet auch die Chance mit kritischem Bewußtsein an den öffentlichen Angelegenheiten, an der Politik mitzuwirken«; nochmals Gottschalch, Wilfried.

Wollt Ihr die Politisierung der Freizeit?
Wollt Ihr die Kommerzialisierung der Freizeit?
Wollt Ihr die totale Privatisierung der Freizeit?
Gesellschaft – Zivilisation – Kultur.
Kultur. Colere. Tätig sein. Dynamik. Neues schaffen. Nicht Institution: Aktion. Nicht Konsumtion: Produktion. Nicht Quantität: Qualität. Nicht Mode: Stil. Nicht Kitsch: Kunst. Nicht Epigonentum: Avantgarde. Nicht Außensteuerung: Autonomie.

Hare Krishna Krishna Hare.

Freizeitkultur. Autonomes Freizeitleben. Einzelner, Paare. Gruppensubkulturen. Jugend. Unabhängig vom zivilisatorischen Freizeitsystem. Oder im Beherrschen der Angebote.
Freizeitkultur.
Hier bin ich Mensch. Hier darf ich's sein.
Be in.
Mehr Freizeit. Mehr Freizeit zur Freizeitkultur.

5. Jugendhilfe(tag)

Jugendhilfetag. Tag und Nacht. Jugendhilfe. Jugend, Hilfe? Hilfe Jugendhilfe!

Jugendhilfe Freizeitsystem, zivilisatorisches Freizeitsystem:
Consumo, ergo sum.

Consumo: Jugendgruppen, Jugendseelsorger, Jugendzeitschriften, Jugendhäuser, Jugendpsychologie, Jugendpfleger, Jugendclubs, Jugendkapellen, Jugendgottesdienste, Jugendbetreuung, Jugendbücher, Jugendwochen, Jugendleiterinnen, Jugendmeisterschaften, Jugendschutz.
Jugendschutz. »Schlechte Literatur, Kinematographentheater mit teils lüsternen, teils brutalen Vorführungen, die allen schlechten Instinkten der Massen schmeicheln«. Jugendschutz. Jugend nimmt die Angewohnheit an sich »in ihren Mußestunden ... zu amüsieren«. Jugendschutz tut not. »Sie gehen ins Wirtshaus, auf den Tanzboden, wo sie moralisch verkommen, das verdiente Geld verjubeln und gar leicht in die Hände gewissenloser Jugendverführer fallen«. Jugendschutz vor dem Ersten Weltkrieg.

Und Jugendschutz vor dem Dritten? Schmutz in Wort und Bild. Gedruckt und auf der Leinwand. Schmutz in Bars und Kneipen. Gefahren durch Hasch. Gefahren durch die APO. Gefahren durch die Pille. Jugendschutz. Und kein Schutz vor dem Napalmorgasmus.

Wer für den Frieden demonstriert, der ist ein Strolch und gehört erschossen; Nixon, Richard; womöglich.

Zivilisatorisches Freizeitsystem: Jugend, entmündigt, unfrei.
Jugend Objekt.
Freizeitkultur: Jugend, emanzipiert: Jugend Subjekt.
Hippiekultur. Popkultur. Kultur der Kommunen. Rockerkultur. Gammlerkultur. Unbenannte Kulturen. Untergrundkultur. Alternative culture. Modelle des Glücks!
Jugendhilfe. Für die andern, die mitwissen, nicht selbstwissen. Mitdenken, nicht selbst denken. Mitbestimmen, nicht selbstbestimmen. Mitverantworten, nicht selbstverantworten.

Jugendhilfe. Was solls?
Nur ein Hippie kann einem Hippie helfen.
Nur ein soul brother kann einem soul brother helfen.
Nur ein Kommunarde kann einem Kommunarden helfen.
Nur ein Gammler kann einem Gammler helfen.
Nur ein Rocker kann einem Rocker helfen.
Nur die Jugend kann der Jugend helfen.
Nur die Jugend kann die Jugend emanzipieren:
Jugendselbsthilfe.
Jugendhilfe als Jugendselbsthilfe?

Jugendselbsthilfe in Jugendgruppen. Jugendkultur in Jugendhäusern. Emanzipierte Jugendclubs. Jugendpfleger als Jugendberater. Jugendhilfe als Emanzipationshilfe.

Emanzipation heißt die Befreiung der Objekte aus zivilisatorischen Bedingungen, die ihre personale und soziale Entfaltung verhindern oder beschränken. Emanzipation läßt Objekte Subjekte werden.

Sum, ergo sum.

6. Die Nachfrage

Frage. Nach. Nachfrage. Ich frage nach. Du fragst nach. Wer fragt nach? Nachfragenmessung. Statistik. Wissenschaft. Lasset uns Nachfrage messen.

Nachfrage? Ja. Mehr oder weniger. Weniger oder mehr. In Prozenten.
Nachfrage. Auch bei subventionierten Freizeitangeboten. Eher weniger als mehr.
Genauer: Reaktion auf das Freizeitsystem. In EMNID-Prozenten. Folgende Präferenzen junger Menschen.

Präferenz:
Kommerzielle Zerstreuung in Kinos, Gaststätten und so weiter: 14%.

Präferenz:
Jugendpflege, staatlich unterstützte, in Häusern der Offenen Tür und so weiter: 4%.

Präferenz:
Bildungsveranstaltungen, ebenfalls subventioniert, zum Beispiel Theater, Konzert, Vorträge und so weiter: 4%.

Präferenz:
Öffentlich-rechtliche Massenkommunikationsmittel, wie Funk und Fernsehen: 22%.

Präferenz:
Selbstbestimmte Freizeitaktivitäten, wie informelle Gruppen und individuelle Liebhabereien: 23%.

Und so weiter bis 100% Präferenzen.
Was soll's?
Erhebung 1964. Veröffentlicht 1968. Und heute?

Befunde Mittelwerte. Goldene Mittelwerte. Wie in Flensburg? In Nürnberg? In Freiburg? Wie in der Altstadt? In den Neubaugebieten, in den Menschensilos? Ohne Kinematographentheater. Ohne Kneipe. Ohne Jugendclub. Ohne Spielplatz. Nicht mal Zivilisation, trotz WC und Müllschlucker.
Märkisches Viertel. Vogelsang. Fasanenhof, Kindheit und Jugend in unserer Gesellschaft.

Keine Freizeitstatistik: Das Auto. Chrom glänzt.
Auto, ergo sum.

Nachfrage. Frage nach.
Mensch in unserer Gesellschaft.
Gesellschaft bewußt verändern?

7. Zusammenfassung

1. Unsere sogenannte Gesellschaft macht unterschiedliche Freizeitangebote. Sie lassen sich nach einem zivilisatorischen Aspekt werten und nach einem kulturellen. Das beste Freizeitangebot, das unsere Gesellschaft machen könnte, wäre: mehr Freizeit.

2. Der Mensch braucht mehr Freizeit, nicht nur für sich, sondern auch für die Gesellschaft. Er hat in seiner Freizeit das Recht auf Privatheit. Er sollte aber auch sehen, daß er seine Freizeit nutzen kann, die Gesellschaft zu ändern. Wenn überhaupt allgemeingültig von sinnvollen Freizeitaktivitäten gesprochen werden kann, dann im Sinne des politischen Einsatzes zur Verbesserung unserer Gesellschaft.

3. Zweifelsohne sollen alle freizeitpädagogischen Bemühungen wissenschaftlich

begleitet sein. Eben so bedeutsam aber sind pädagogisch kreative Ideen und sowohl qualifizierte als auch engagierte Mitarbeiter.

4. Aufs ganze gesehen, trägt das gegenwärtige Freizeitangebot zivilisatorischen Charakter. Das heißt: Genau wie die Arbeitswelt behandelt das Freizeitsystem den Menschen als Objekt.

5. Im zivilisatorischen Freizeitsystem verdient besondere Aufmerksamkeit die institutionalisierte Jugendhilfe. Sie sollte korrekter Erwachsenenhilfe heißen. Denn sie hilft den Erwachsenen, ihre Herrschaftsstrukturen zu verfestigen und ihre Wertvorstellungen zu verankern. Sie hilft ihnen, die Jugend in Abhängigkeit und Unmündigkeit zu halten, bis sie angepaßt sind. Mit anderen Worten: Die gegenwärtige Jugendhilfe hilft die kapitalistisch geprägten Produktions- und Gesellschaftsverhältnisse zu perpetuieren.

6. Jugendhilfe, die der Jugend und dem künftigen Menschen helfen will, muß sich neue Ziele setzen, neue Institutionen und Instrumentarien schaffen sowie neue Arbeitsweisen wagen.

7. Solche Jugendhilfe prägt all ihre Freizeitangebote nach Prinzipien der Selbstbestimmung und Selbstverantwortung.

Solche Jugendhilfe steht der Jugend zur Seite bei der Suche nach Modellen des Glücks.

Solche Jugendhilfe arbeitet um so wirkungsvoller, je entbehrlicher sie wird.

Zusammenfassung der Zusammenfassung

Sabba Sibby Sabba
Nooby Aba Naba

Oder:
Laßt den Sonnenschein herein!
Bitte.

6. Horst W. Opaschowski

Überlegungen zur Konzeption der Freizeitberatung

> »Die Wissenschaft hat sich hauptsächlich um den ›sozialen Charakter‹ des berufstätigen und produzierenden Menschen gekümmert ... die Entdeckung des Freizeitmenschen steht noch aus.«
> David Riesman: »The Lonely Crowd« (1950)

Seit Jahren gibt es in Frankreich, Kanada und den USA einen neuen Berufsstand: den »*Animateur*«,[1] der als Berater in Freizeit- und Ferienzentren zur Verfügung steht. Im Nachbarland Dänemark ist der »*Freizeitpädagoge*« nicht nur ein begehrter, sondern auch ein gut bezahlter Beruf.

---

[1] Gleichbedeutende Berufsbezeichnungen sind »Moniteur«, »Adviser« und »Enabler«.

In der Bundesrepublik hat das Landratsamt Fulda 1970 mit der Ausbildung von *»Freizeitlehrern«* begonnen. Was sich auf den ersten Blick als bedeutsame Pionierarbeit darstellt, führt in Wirklichkeit allerdings in eine ausweglose Sackgasse. Ganz abgesehen davon, daß mit dem Begriff »Lehrer« mehr Arbeit und Leistung als Freizeit und Freiheit assoziiert wird und daß Erwachsene in ihrer freien Zeit eine Belehrung, wenn nicht gar Pädagogisierung befürchten müssen – bei den Fuldaer Freizeitlehrern handelt es sich um mehr oder minder gut ausgebildete Sportlehrer[2]. Das Fach Sport mit 11 Einzeldisziplinen und 266 Ausbildungsstunden macht den Hauptanteil des Lehrplans aus – dagegen sind für Grundlagenfächer wie zum Beispiel Soziologie, Psychologie und Pädagogik nur insgesamt 80 Stunden vorgesehen. Auf eine Stunde Soziologie folgen mehr als dreizehn Stunden Sport. Wenn »ein breitgefächertes Angebot von Freizeittätigkeiten« den Menschen die »sinnvolle Nutzung« ihrer Freizeit erleichtern soll, wie es die Fuldaer Ausbildungs- und Prüfungsordnung eigentlich vorsieht, dann paßt das deutliche Übergewicht sportlicher Aktivitäten ganz und gar nicht in das Konzept. Auf diese Weise gleicht die Ausbildung einer besseren »Trimm-Dich-durch-Sport«-Aktion: Als verlängerter Arm der Sportverbände und der Wirtschaft und Industrie bringen die Freizeitlehrer die bundesdeutschen »Freizeitfaulenzer« auf Trab und halten sie für die Arbeit fit. Diese Freizeitlehrer werden kaum in der Lage sein, die Bevölkerung über ein freizeitbewußtes Verhalten aufzuklären.

Von der Berufsbezeichnung, weniger von der Funktionsbestimmung her verdient der vor über zwanzig Jahren von dem amerikanischen Soziologen David Riesman gebrachte Hinweis auf die Notwendigkeit von *»Freizeitberatern«* besondere Beachtung. In seinem Buch »The Lonely Crowd« hatte er dargelegt, warum in unserer großstädtischen, beruflich spezialisierten Gesellschaft immer mehr Freizeitberater erforderlich werden. Allerdings verstand Riesman »Freizeitberatung« in einem sehr allgemeinen Sinne. Er beschrieb damit Tätigkeiten, die von einer Anzahl verhältnismäßig schnell wachsender Berufsgruppen bereits ausgeübt werden – hierunter fallen die Sportlehrer und Trainer, die Zeichen- und Tanzlehrer, die Angestellten der Reisebüros, die Hotelmanager und Direktoren in den Kurverwaltungen und Bäderbetrieben. Selbst Berufsgruppen, die Anregungen für Freizeit und Muße nur nebenbei, als »Nebenprodukt« irgendeiner anderen Berufstätigkeit verbreiten oder die Anregungen zu einem grundlegenderem Wechsel häuslicher Verhaltensgewohnheiten liefern wie z. B. die Architekten und Innenarchitekten, reihte Riesman in die Gruppe der Freizeitberater ein. So sehr diese Freizeitberater dazu beitragen, das Freizeitleben angenehmer und ›farbiger‹ (in zweifacher Bedeutung) zu machen, so ›verkaufen‹ sie in erster Linie Freizeitbeschäftigungen (›Schöner wohnen‹, Reiten, Schwimmen, Malen, Tanzen, Basteln, Reisen usw.). Anstatt den einzelnen zu beraten, versuchen sie, bei ihm eine Ware ›abzusetzen‹. Indem sie so die Freizeit für das

---

[2] Nach eigenen Angaben des Landkreises Fulda ist die *Freizeitlehrerausbildung* am ehesten vergleichbar mit der Fachsportlehrerausbildung *(nicht Dipl.-Sportlehrer)*.

Individuum gestalten und verplanen, rauben sie ihm den letzten Rest an Privatheit, Spontaneität und individuellem Widerstand. Die Freizeitberater in der Riesmanschen Version sind bloße Freizeitverführer.

Wie könnte nun eine qualifizierte Freizeitberatung der Zukunft aussehen, die auf dem Freizeitsektor das leistet, was Beratungsdienste auf anderen Gebieten wie zum Beispiel die »Berufsberatung«, die »Sozialberatung« oder die »Bildungsberatung« schon seit langem in bewährter Weise tun?

Zunächst einmal muß Einverständnis darüber bestehen, daß Freizeitberatung keine besondere Maßnahme in einer isolierbaren Freizeitwelt ist und sein darf. Freizeitberatung muß vielmehr im Gesamtzusammenhang des individuellen und gesellschaftlichen Lebens gesehen werden, von dem die Freizeit, also der nicht mit ökonomisch, sozial oder normativ notwendigen Beschäftigungen ausgefüllte Zeitraum ein integrierter, nicht abtrennbarer Bestandteil ist.

Zweitens sollte die Freizeitberatung so konzipiert sein, daß sie die Freizeit des Individuums nicht ›in Pflicht nimmt‹, gestaltet, organisiert oder kontrolliert. Vielmehr muß sie einer Verwaltung und Verplanung der individuellen Freizeit entgegenwirken, indem sie zum Erkennen der Sach- und Konsumzwänge im Freizeitsystem beiträgt und dazu verhilft, die Freizeit als persönlichen Freiheitsraum optimal zu nutzen – auch im Sinne einer Mitwirkung an ökonomischen, gesellschaftlichen, politischen, sozialen oder kulturellen Entscheidungen. Insofern würde der persönliche Wahl-, Entscheidungs- und Handlungsspielraum in der Freizeit durch Freizeitberatung erweitert, nicht eingeschränkt.

Drittens muß wissenschaftlich begründet und nachweisbar sein, warum es des Aufbaus und der Institutionalisierung eines Freizeitberatungsdienstes überhaupt bedarf. Mit anderen Worten: Lassen sich nach dem gegenwärtigen Stand der Freizeitforschung gravierende Mängel bzw. Defizite gesellschaftlicher und individueller Art feststellen, die eine Einbeziehung der Freizeitberatung in das vorhandene Bildungssystem rechtfertigen?

Die moderne Freizeit stellt einen Lebensraum dar, in dem absolute Leitmaßstäbe oder allgemeingültige Normen für das Freizeitverhalten nicht vorhanden sind. Infolgedessen muß sich das Individuum in der pluralistischen Gesellschaft eigene Freizeitwerte und Freizeitlebensstile schaffen, selbst persönliche Ziele setzen und die Entscheidung und Auswahl für sich selbst begründen und verantworten. Auf diese Selbstbestimmungsfähigkeit in der Freizeit ist die Mehrheit der Bevölkerung bisher kaum vorbereitet, zumal das gegenwärtige Schul- und Bildungssystem selbst nur ein Spiegelbild unserer arbeitsorientierten und berufsbezogenen Gesellschaft ist. Es fehlt ein Vermittlungsdienst, der für eine freizeitgerechtere Umwelt, eine Stärkung des allgemeinen Freizeitbewußtseins und für den Ausgleich vorhandener Defizite an emanzipierter Freizeit Sorge trägt.

Gesellschaftliche oder individuelle Freizeitdefizite liegen dann vor, wenn öffentliche Erziehungs- und Bildungseinrichtungen oder das individuelle Freizeitverhalten vom Arbeitssystem oder den Organisationen der Arbeit einseitig beeinflußt oder gesteuert werden oder von ihnen abhängig sind. Im einzelnen lassen sich an gesellschaftlichen Freizeitdefiziten feststellen:

1. Das Schulleben wird einseitig von Wirtschaft und Industrie beeinflußt (vgl. »Arbeitskreise Schule/Wirtschaft«; »Arbeitskreise Lehrerbildung/Wirtschaft«; »Betriebspraktika« u. ä.).
2. Die Freizeit wird in Schule und Lehrerbildung ›totgeschwiegen‹. Die Schulpädagogik erscheint als ein Vehikel der Berufspädagogik.
3. Die künftigen Lehrer absolvieren während ihres Studiums mehrwöchige »Industrie- und Betriebspraktika«; entsprechende Praktika in Freizeit- oder Sozialeinrichtungen sind nicht vorgesehen.
4. An den wissenschaftlichen Hochschulen sind Lehrstühle für »Berufspädagogik« oder »Wirtschafts- und Arbeitslehre« eingerichtet. Das Thema »Freizeit« wird dagegen in Forschung und Lehre in der Regel nicht behandelt.
5. In der BRD gibt es Arbeitsämter und Arbeitsministerien, Berufspädagogische Institute und Institute für Berufsforschung und Berufsbildung. Ähnliche Einrichtungen oder Institute auf dem Freizeitsektor sind bisher nicht vorhanden.
6. Die Volkshochschulen sind in ihren Fort- und Weiterbildungsprogrammen zu sehr arbeits- und berufsbezogen, als daß sie in der Lage wären, Lernhilfen für den Umgang in und mit der Freizeit zu geben.

Die gesellschaftlichen Freizeitdefizite spiegeln sich in den individuellen Freizeitdefiziten wider. Die sozialwissenschaftlichen Fakten sprechen eine deutliche Sprache:

1. Das ›Familienmedium‹ Fernsehen stellt einstweilen das überragende Freizeitangebot dar. Als Mittel zur Ausfüllung freier Zeiträume hat es Ausfüll-Funktionen bzw. Ersatz-Funktion (»sekundäre Umwelt«) für die nicht unmittelbar in der Freizeit selbst erlebte Realität. Nach einer Umfrage des EMNID-Instituts (»Freizeit im Ruhrgebiet«, Essen 1971) lassen die meisten Menschen ihr Freizeitleben von dem einen Medium »erdrücken«.
2. Der hohe Wert der eigenen Disposition und Wahlfreiheit wird infolge ungenügender Information, Verbraucheraufklärung und Konsumentenberatung in aller Regel nicht wahrgenommen. Die Mehrheit der Bevölkerung kann sich gegen gesteuerte Massenbedürfnisse (vgl. Reklame; Mode; Freizeit-Industrie; Tourismus; Konsum- und Statusstreben) nicht wirksam zur Wehr setzen bzw. nicht kritisch genug auswählen (z. B. Rimini; Mallorca).
3. Die große Masse der Bevölkerung ist nicht in der Lage, die vielfältigen Freizeitangebote für sich individuell zu nutzen. In bezug auf außerhäusliche Freizeitverhaltensweisen besteht eine große Unsicherheit (vgl. EMNID-Umfrage). Der Anteil an frei verfügbarer Zeit, der außerhalb der eigenen Wohnung und der eigenen Wohngegend verbracht wird, ist um so geringer, je niedriger der soziale Status und das Einkommen sind (vgl. *E. K. Scheuch*, Soziologie der Freizeit, Stuttgart 1969). Der effektive Lebensraum in der Freizeit wird durch niedrigen sozialen Status und geringes Einkommen erheblich eingeschränkt.
4. Einen breiten Raum in der alltäglichen Freizeit der Arbeiter nimmt der Bereich des ›semi-loisir‹ (Halb-Freizeit) ein, also jene Freizeitbeschäftigungen, die durch ausgesprochenen Verpflichtungscharakter und arbeitsähnliche Züge

gekennzeichnet sind. Bei den Arbeitern bestehen beträchtliche Diskrepanzen zwischen ihren leitbildhaften (»persönlichkeitsbereichernden«) Freizeitvorstellungen und ihrem effektiven Freizeitverhalten. Dieser »nicht zu übersehende Gefahrenpunkt« (*D. Hanhart,* Arbeiter in der Freizeit, Bern/Stuttgart 1964) könnte überwunden werden, wenn es durch Information, Aufklärung und Beratung gelänge, die Leitbilder einer persönlichkeitsbereichernden Freizeitverbringung (z. B. »Weiterbildung«; »Reisen«) tatsächlich verhaltensrelevant werden zu lassen. Bildungs- und Ausbildungsstand und Freizeitverhalten stellen in hohem Maße interdependente Größen dar.

5. Jugend und Alter sind zwei Gruppen, bei denen Freizeit zu einem besonderen Problem wird: »bei der Jugend als Entwicklung einer scheinbar der Welt der Erwachsenen entgegengesetzten Jugendkultur und bei alten Menschen als unerwünschtes Maß an disponibler Zeit in Analogie zum Übermaß der Zeit bei Arbeitslosen« (*E. K. Scheuch*). Insbesondere bei den alten Menschen führt die funktionelle Ausgliederung aus der Berufs- und Arbeitswelt zu einem geistig-seelisch unvorbereiteten, ausschließlich auf den Freizeitbereich bezogenen Lebensabschnitt, was erhebliche Unsicherheiten und Depressionen zur Folge hat (z. B. »existenzbedrohender Schock«; »Pensionierungstod«).

Sicher läßt sich dieser Katalog gesellschaftlicher und individueller Freizeitdefizite noch weiter ergänzen und modifizieren. Doch schon die wenigen Hinweise haben deutlich gemacht: Der gegenwärtige Raum der Freizeit ist nicht so strukturiert, daß alle Menschen optimale Chancen und größtmögliche Spielräume zur Verwirklichung ihrer Freizeit (und Freiheit) erhalten. Eine noch zu konzipierende Freizeitberatung wird darum nicht als kulturelles Anhängsel der Berufsberatung und -bildung, sondern als deren aufklärendes und kritisches Korrektiv verstanden werden müssen. *Beide,* Berufs- *und* Freizeitberatung, haben dem Menschen Dienste zu leisten, indem sie ihn »zur bewußten Teilhabe und Mitwirkung an den Entwicklungs- und Umformungsprozessen *aller* Lebensbereiche«[3] befähigen.

Es wird eine spezifische Aufgabe der Freizeitberatung sein, zur Erweiterung des Freizeitraumes und der Freizeitchancen beizutragen. Insofern wird die Freizeitberatung nicht auf eine einzige Funktion festzulegen sein. Mehrere Funktionen im Bereich der Freizeit werden – sich gegenseitig ergänzend und korrigierend – integrierter Bestandteil des übergeordneten »Freizeitberatungsdienstes« sein, der selbst wiederum auf ein umfassenderes »Beratungssystem« (Schullaufbahnberatung, Bildungsberatung, Berufsberatung, Erziehungsberatung, u. a.) bezogen ist.

Ein qualifizierter und effektiver Freizeitberatungsdienst sollte in sich so differenziert sein, daß er die Aufgaben der folgenden sechs Funktionsbereiche erfüllen kann:

---

[3] Deutscher Bildungsrat: Empfehlungen der Bildungskommission – Strukturplan für das Bildungswesen, Stuttgart 1970, S. 52.

1. Funktionsbereich: *Freizeitforschung*

Aufgaben: Durchführung von Untersuchungen; Ermittlung von Freizeitbedürfnissen und -interessen der Bevölkerung; Publikation von Forschungsergebnissen und Förderung ihrer Anwendung; Kooperation mit Ausbildung (Fortbildung) und Praxis; wissenschaftliche Vorbereitung, Begleitung, Kontrolle und Auswertung spezieller Freizeitprojekte (Projektforschung: »action research«); Gutachtertätigkeit; Erarbeitung von Entscheidungsunterlagen für freizeitpolitische Maßnahmen.
Arbeitsfelder: Universitäten/Hochschulen/Gesamthochschulen; Forschungsinstitute.

2. Funktionsbereich: *Freizeitlehre*

Aufgaben: Ausbildungs- und Lehrtätigkeit; wissenschaftliche Fundierung und Überprüfung von spezifischen Ausbildungsgängen; Begründung der Lernangebote und Lernverfahren; Untersuchungen zur Didaktik und zum Lehrplan (Wirkungskontrollen); Kooperation mit Forschungsinstituten.
Arbeitsfelder: Fachhochschulen; Sozialakademien; Bildungsinstitutionen aller Art.

3. Funktionsbereich: *Freizeitplanung*

Aufgaben: Infrastrukturplanung für eine freizeitgerechte Umwelt (Raum-, Städte-, Siedlungsplanung); Entwicklung von Planungstheorien, Prognosemodellen und Planungsinstrumenten; Förderung der »selektiven Strategie« (lokale bzw. kleinregionale Versuchsprojekte) als Komplement zur großräumigen, langfristigen strategischen Planung; Mitwirkung bei Investitions- und Verwaltungsentscheidungen; Entwicklung von Methoden und Verfahren zur Beteiligung der Öffentlichkeit an Planungsprozessen; Kooperation mit Wissenschaft (Freizeitforschung) und Politik.
Arbeitsfelder: Bundes-, Landes-, Kommunalverwaltungen; Kultur-, Sozial-, Stadtplanungsämter.

4. Funktionsbereich: *Freizeitberatung*

Aufgaben: Einzel- und Gruppenberatung; spezialisierte Beratung der nebenberuflichen und ehrenamtlichen Mitarbeiter (inhaltliche, methodische Fragen; Supervision; Training); Durchführung von Kursen, Lehrgängen, Seminaren, Vorträgen, Filmvorführungen, Diskussionen, Exkursionen; Organisation von freizeitkundlichen Ausstellungen; Konzeption von Freizeitprojekten (Gemeinwesen-, Siedlungsarbeit); Verbraucher-, Konsumberatung; Mitarbeit in Presse, Rundfunk, Fernsehen.
Arbeitsfelder: Organisationen, Verbände; Gesamtschulen, Volkshochschulen; Sport-, Kultur-, Sozialämter; Ferien-, Freizeitzentren; Massenmedien; neue städtische Wohnbezirke.

5. Funktionsbereich: *Freizeitleitung*

Aufgaben: Organisation, Durchführung und Leitung von Freizeiteinrichtungen, -anlagen, -programmen.

Arbeitsfelder: Ferien- und Freizeitzentren; Freizeitparks, -stätten, -häuser; Häuser der Offenen Tür; Nachbarschaftsheime; Kindertagesstätten, -spielplätze; Jugend-, Altenheime und -clubs.

6. Funktionsbereich: *Freizeitassistenz*

Aufgaben: Mitarbeit in den Funktionsbereichen Freizeitplanung/Freizeitberatung/Freizeitleitung, z. B. bei der Planung, Organisation, Durchführung und Leitung von Freizeiteinrichtungen, -anlagen und -programmen; selbständige Wahrnehmung bestimmter Einzelaufgaben.

Arbeitsfelder: vgl. Arbeitsfelder der Funktionsbereiche Freizeitplanung/Freizeitberatung/Freizeitleitung.

Für die drei auf den Freizeitsektor bezogenen Funktionsbereiche Forschung/Lehre/Planung brauchen keine eigenen Studien- und Ausbildungsgänge konzipiert zu werden. Sobald die Freizeitberatung in das bestehende Bildungssystem integriert ist, werden sich in Forschung, Lehre und Planung auf die Freizeit hin orientierte Spezialisierungen herausbilden und der Freizeitaspekt wird Studium und Berufspraxis inhaltlich und funktional verändern (z. B. Gründung von Freizeitforschungsinstituten, Ausschreibung von Hochschullehrerstellen für Freizeitwissenschaften, Berufsspezialisierungen auf den Gebieten der Sozialarchitektur und Freizeitplanung, u. ä.).

Auch wenn die Freizeitberatung im engeren Sinne, also die beiden Funktionsbereiche »Freizeitberatung« und »Freizeitleitung« künftig in die Fachhochschulausbildung des Sozialarbeiters und Sozialpädagogen einbezogen werden, so muß dennoch *ein spezifisches, fachübergreifendes, d. h. aus interdisziplinärer Kooperation hervorgehendes Ausbildungs- und Studienziel* konzipiert werden, das in Ermangelung einer vorhandenen Bezeichnung im folgenden mit »*Freizeitberater*« umschrieben wird. Hierbei handelt es sich nicht um einen neuen Beruf, wohl aber um eine zusätzliche Qualifizierung bzw. um eine auf das Tätigkeitsfeld »Freizeit« bezogene Spezialisierung, die bisher nicht Bestandteil der Sozialarbeiter- und Sozialpädagogenausbildung war und ist. Für bereits im Beruf tätige Sozialarbeiter und Sozialpädagogen müssen daher Möglichkeiten zu weiterführenden und ergänzenden Studien vorgesehen werden (z. B. berufsbegleitende Fortbildung bzw. Aufbau-, Zusatz- und Kontaktstudien). Eine solche berufsbegleitende Fortbildung in »Methoden der Freizeit- und Kommunikationsberatung« wird derzeit z. B. von der Akademie Remscheid für musische Bildung und Medienerziehung angeboten. (Die berufsbegleitende Fortbildung schließt mit einem Qualifikationsverfahren und der Vergabe eines Diploms).

Neben der mindestens dreijährigen Ausbildung an der Fachhochschule (bzw. Gesamthochschule in Nordrhein-Westfalen) zum Freizeitberater besteht für Realschulabsolventen (mit einjährigem Berufspraktikum bzw. freiwilligem sozialem Jahr) die Möglichkeit einer zweijährigen Ausbildung an einer Fachschule für Sozialarbeit und Sozialpädagogik zum *Freizeitassistenten.* Im Rahmen der Ausbildung soll der künftige Freizeitassistent sowohl zur Mithilfe und Zusammenarbeit in den Funktionsbereichen Freizeitplanung/Freizeitberatung/Freizeitleitung als auch zur selbständigen Wahrnehmung bestimmter Einzelaufgaben befähigt werden.

Der an einer Fachschule ausgebildete Freizeitassistent kann durch ein Zusatzstudium die Qualifikation zur »Freizeitberatung und -leitung« erwerben. Dafür sorgt ein abgestuftes und durchlässiges Ausbildungssystem, das dem Freizeitassistenten den Zugang in das zweite Jahr einer Fachhochschulausbildung, also eine zweijährige spezialisierende Ausbildung zum Freizeitberater eröffnet.

Im nachfolgenden Rahmenentwurf für einen an der Fachhochschule zu absolvierenden Ausbildungs- und Studiengang wird im einzelnen dargelegt, welche Anforderungen an den künftigen Freizeitberater (= *grad. Sozialpädagoge, Fachrichtung »Freizeitberatung und -leitung«*) zu stellen sind.

Rahmenentwurf für den Ausbildungs- und Studiengang »Freizeitberater«

A) Orientierungsphase (Einführung)

Die Orientierungsphase dient der allgemeinen Einführung in die Sozialpädagogik und Sozialarbeit (theoretische Ansätze, Arbeitsfelder, Institutionen). In diesem Studienabschnitt werden die verschiedensten sozialpädagogischen Berufsbilder durchschaubar und durch Exkursionen und Hospitationen wenigstens elementar ›erfahrbar‹ gemacht. Am Ende der Orientierungsphase werden die Studierenden in ihrer Entscheidung für einen bestimmten Studiengang durch psychologische Eignungs- und Kontrolltests unterstützt.

B) Spezialisierungsphase I (Theoretische Fundierung)

Die Spezialisierungsphase I ist methodisch als Erkundungsabschnitt mit intensiver theoretischer Nacharbeit (Studienbegleitbriefe oder fernmediendidaktisches Material) angelegt. Am Ende dieses Lernabschnittes steht eine Klärung der Berufsmotivation, eine Einschätzung der eigenen sozialen Rolle als Freizeitberater sowie die Befähigung zur Anwendung von wissenschaftlich fundiertem Orientierungswissen (Analyse und ggf. Veränderung der Praxis).

I. Freizeitwissenschaft

1. Freizeitforschung (Geschichte, Entwicklung und gegenwärtiger Stand);
2. Spezielle Freizeittheorien (Grundzüge) in Soziologie, Psychologie, Pädagogik und Ökonomie;
3. Theorie des Spiels und der Geselligkeit;
4. Methodik und Didaktik der Freizeitpädagogik;
5. Zukunftsforschung und Freizeitplanung (einschließlich Stadtplanung und Umweltgestaltung).

II. *Freizeitwirklichkeit*

1. Systemanalyse (systems engineering): a) Arbeit, Freizeit und Gesellschaft; b) Freizeit- und Konsumindustrie; c) »Bewußtseinsindustrie« (Massenmedien; Film, Funk, Fernsehen, Schallplatte, Presse); d) Freizeitinstitutionen und -organisationen (Ziele, Methoden, gesellschaftliche Relevanz); e) Öffentliche Freizeitangebote; f) Urlaub und Tourismus; g) Freizeit und Sport; h) Freizeit und Politik.
2. Freizeittätigkeiten und Freizeitverhalten der Bevölkerung: a) altersspezifisch; b) berufs- und schichtenspezifisch; c) lokal- und regionalspezifisch.
3. Probleme der Ausbildung, Selbstverständnis, Position, gesellschaftspolitische Funktion und Tätigkeitsfelder des Freizeitberaters.

III. *Allgemeine Grundfragen*

1. Lebensalterspsychologie;
2. Sozialhygiene und Gesundheitslehre (Präventivmedizin);
3. Rechtskunde und Versicherungsfragen;
4. Organisations- und Verwaltungstechnik.

C) *Spezialisierungsphase II (Praktische Einübung)*

Die Spezialisierungsphase II bringt eine Differenzierung der Aufgaben und eine Spezialisierung nach Funktionen. Sie dient dem intensiven Lernen in funktions- bzw. tätigkeitsfeldbezogenen Projekten. Der Studierende soll – neben der obligatorischen Teilnahme an den grundlegenden Seminaren I, II und III – in Kurs IV einen Überblick über potentielle Freizeitinhalte und -tätigkeiten gewinnen und sich hier – ebenso wie in Arbeitskreis V – schwerpunktmäßig nach späterem Tätigkeitsfeld in einzelnen Sachgebieten spezialisieren. Am Ende der Spezialisierungsphase steht ein Hospitationspraktikum (VI), in dem die Beherrschung tätigkeitsfeldbezogener Techniken, Methoden und Instrumentarien unter Beweis gestellt werden soll.

I. *Arbeitsmethodische Übung:* (Methodik der Einzelberatung; Beobachtungs-, Beratungs- und Informationstechnik; psychologisch fundierte Gesprächsführung; Diskussionstechnik; Rhetorik; Mittel und Methoden der Mitwirkung in der Öffentlichkeit).

II. *Gruppendynamisches Trainingsseminar* (Gruppenpädagogik; Sensibilitätstraining; Kreativitätsübungen; Kommunikationstherapie; Planspiele; Entscheidungsspiele; soziale Rollenspiele).

III. *Psychologisch-pädagogischer Diagnostiklehrgang* (Voraussetzungen, Anwendung und Interpretation diagnostisch-therapeutischer Verfahren; Methoden der angewandten Psychologie; Testkunde, z. B. charakterologische Tests).

IV. *Pädagogischer Medienkurs* (Foto; Film; Dia; Tonband; Video-Recorder; Lehrprogramme und Sprachlabor; Collage-Reproduktionstechniken; Malerei; Grafik; Plakatherstellung; techn. Werken; Basteln; Experimente mit Bild und Licht; Musik; Tanz; Spiel und Sport; usw.).

V. *Arbeitskreis für Umweltgestaltung und Sozialplanung* (Umweltschutz-Aktionen; Gemeinwesenarbeit; regionale Fremdenverkehrsplanung; Stadtplanung; Freizeitstättenbau; Errichtung von Kinderspielplätzen; Mitgestaltung von Freizeitsendungen in Funk und Fernsehen; u. a.).

IV. *Hospitationspraktikum:* Beobachtung und eigene Tätigkeit. Mit Hilfe der erworbenen Kenntnisse und gewonnenen Kategorien, die auch die Grundlagen für die Abfassung des vorzulegenden *Erfahrungsberichts (Hausarbeit)* bilden, erhält der Studierende die Gelegenheit, den Bereich zu beobachten und näher kennenzulernen, der mit seiner künftigen Berufstätigkeit in Zusammenhang steht.

Der künftige Freizeitberater

– trägt als *Organisator* Sorge für eine humanere Gestaltung des eigenen Wohn- und Lebensmilieus;
– wirkt als *Koordinator* öffentlicher Freizeitangebote und ist für die sozialpädagogischen und bildungspolitischen Leitlinien lokaler und regionaler Freizeitprogramme verantwortlich;
– trägt als *Informator* durch Orientierung und Aufklärung in der Öffentlichkeit dazu bei, die Freizeit nicht mehr allein als isolierende und privatistische (= gesellschaftspolitisch gleichgültige) Alternative zum Arbeitsleben zu sehen;
– fördert als didaktischer *Motivator* von Lernprozessen den bewußten und kritischen Umgang in und mit der Freizeit und damit auch die Fähigkeit, sich gegen eine ›organisierte‹ oder ›verwaltete‹ Freizeitwelt zu behaupten.

In den Fällen, wo der Freizeitberater im Rahmen seiner Aufgaben (z. B. in Heimen der Offenen Tür, Gesamtschulen, Jugendverbänden, -gruppen) Gruppen- oder Einzelberatungen durchführt, beeinträchtigt er in keiner Weise den individuellen Aspekt der Freizeit, das heißt das Recht und die Freiheit des einzelnen, seine freie Zeit grundsätzlich so zu verwenden, wie er sie in eigener Entscheidung verwenden will und nicht, wie andere sie »sinnvoll gestaltet« wissen wollen. Ziel der Einzelberatung kann nur die Erweiterung der persönlichen Autonomie sein, also die Förderung der persönlichen Wahl-, Entscheidungs- und Handlungsfreiheit, die sich auch auf die Entwicklung der individuellen und sozialen Kreativität in Freizeit *und* Beruf auswirken wird. Letztlich basiert aber jede noch so individuelle Einzelberatung auf dem Prinzip der Freiwilligkeit; sie stellt einen sozialen Service dar, der vom einzelnen ebenso in Anspruch genommen wie abgelehnt werden kann.

Die vorgelegte Konzeption bedarf noch einer kritischen Erprobung in der Praxis. Der Studiengang muß insbesondere auf seine didaktisch-methodischen Möglichkeiten und Schwierigkeiten hin überprüft werden. Nach einer Anregung des Wissenschaftsrates sollen für bestimmte Tätigkeitsfelder, die bisher einer wissenschaftlichen Ausbildung entbehrten, neue Studiengänge entwickelt oder vorhandene Studiengänge umgestaltet werden. »Soweit es sich um völlig neue Studiengänge handelt«, so empfiehlt der Wissenschaftsrat weiter, »sollten nach entsprechenden Vorüberlegungen zunächst einzelne Hochschulen die Initiative ergreifen und *derartige Studiengänge anbieten.* Bei Bewährung und ausreichender Nachfrage nach Absolventen ist dann eine quantitative Erweiterung möglich. Initiativen sollten von staatlicher Seite besonders gefördert werden, z. B. durch finanzielle Unterstützung bei der Ausgestaltung solcher Studiengänge. Insgesamt wird die vorgesehene Expansion des Bildungswesens ähnlich wie die Einführung der allgemeinen Schulpflicht in der Vergangenheit eine gesellschaftliche Umformung bewirken, die das Verhältnis von Ausbildung und Beruf wahrscheinlich grundlegend ändert«.[4]

Freizeit ist ein Thema, das in seiner Komplexheit und gesellschaftspolitischen Bedeutung alle Bereiche unserer Gesellschaft berührt. Infolgedessen ist es notwendig,

● Freizeit als fächerübergreifendes Thema in die Lehrerausbildung zu integrieren und in den Schulen ein Fach »Freizeitlehre« – korrespondierend zum Fach »Arbeitslehre« – anzustreben;

● innerhalb der Studiengänge von Fachschulen, Fachhochschulen und Hochschulen, z. B. für Sozialpädagogen/Sozialarbeiter, Theologen, Mediziner, Architekten, auf das Tätigkeitsfeld »Freizeit« bezogene Studienschwerpunkte zu bilden;

● »Freizeitpädagogik« als neuen pädagogischen Schwerpunkt in Prüfungsordnungen aufzunehmen, wie z. B. neben dem schon vorhandenen Schwerpunkt »Berufs- und Betriebspädagogik« in der Prüfungsordnung für Diplom-Pädagogen;

● die Freizeitforschung in der Bundesrepublik zu institutionalisieren und in der Lehre an den Hochschulen zu vertreten.

---

[4] Wissenschaftsrat: Bericht über die Hochschulbesuche im Sommersemester 1971. Verabschiedet am 28. Jan. 1972 (Vervielf. Manuskript S. 13).

VI. Freizeitforschung und Freizeitpädagogik

1. Rose Marie Hansen/Hartmut Lüdtke
Sozialwissenschaftliche Grundlagen einer modernen Freizeitpädagogik

Die Diskussion über Freizeit, die vor etwa 15 Jahren mit der steigenden Nachkriegsprosperität auch in der wissenschaftlichen Literatur einsetzte, ist im deutschsprachigen Raum von Beginn an mit pädagogischen Intentionen stark verknüpft gewesen (vgl. Schelsky 1956, Giesecke 1968, Scheuch 1969, Lüdtke 1972).[1] Auffällig dabei ist, daß sich die »pädagogischen Intentionen« zunächst in Tendenzen zu einer wertend-normativen Beurteilung von Freizeitphänomenen zeigten, wobei die Besorgnis im Hinblick auf das vermeintliche »Fehlverhalten« großer Bevölkerungsteile im Sinne mangelnder Bewältigung zunehmender freier Zeit zum Ausdruck kommt. Anders als zum Beispiel in der jüngsten Auseinandersetzung mit dem Problem der Umweltverschmutzung – wobei die öffentliche Diskussion erst dann ihren Höhepunkt erreichte, nachdem Ausmaß und Folgen des Phänomens hinreichend empirisch analysiert worden sind – ist die Freizeitdiskussion zum Teil bis heute unter Vernachlässigung empirischer Datenanalyse an jenem wertend-normativen Bezugsrahmen ausgerichtet. »Diese Diskussion ist ein Symptom für die Schwierigkeiten, einen solchen Wandel (der Qualität der Lebensbedingungen in technisch entwickelten Gesellschaften – die Verf.) vorbehaltlos zu verstehen, und sie zeigt zudem die Allgemeinheit von Wertkonflikten wie auch die Unsicherheit von Maßstäben für neue Phänomene gerade in modernen Sozialsystemen« (Scheuch 1969, S. 735).

Für diese Tendenzen lassen sich vor allem die folgenden drei Faktoren anführen:

1. Bei neuen gesellschaftlichen Phänomenen, die die Gesamtkultur berühren, neigen die öffentlichen Meinungsführer dazu, diese im Lichte traditioneller Kriterien zu interpretieren.

2. Die sogenannte Massenfreizeit bedroht prinzipiell bestimmte Muster der spätbürgerlichen »gehobenen Kultur« (zum Beispiel das Ideal einer kontemplativen Muße) und provoziert den Widerstand der »Monopolisten« eines »differenzierten« Kulturbewußtseins in oberen Sozialschichten.

3. Die moderne Freizeit und ihre neuen Wahlmöglichkeiten beinhalten eine Freisetzung traditionell unterprivilegierter Gruppen von den unmittelbaren Zwängen der materiellen Existenzerhaltung. »Die Lebenserfahrungen der Betrachter von Freizeit und derjenigen Gruppen, die neuerdings freigesetzt sind von den elementaren Zwängen, sind so ungleich, daß eine einfache Übertragung von Maßstäben und Kategorien sehr problematisch wird« (Scheuch 1969, S. 736).

---

[1] Zu den Literaturhinweisen der Autoren vgl. Abschnitt »Quellennachweis und Anmerkungen des Herausgebers« (VI/1).

Diese Faktoren haben unter anderem dazu beigetragen, daß an das sogenannte »Freizeitproblem« vor der sachlichen Datenanalyse mit pädagogischen Argumenten herangetreten wurde, ohne die folgende Frage zu prüfen: *Was legitimiert die Freizeitpädagogik dazu, das Freizeitverhalten breiter Bevölkerungsschichten zum Objekt von Anpassungshilfen zu definieren?* (Schulz 1968, S. 197).

Eine kritische Durchsicht der derart mit pädagogischen Intentionen verknüpften Arbeiten zu allgemeineren, theoretischen Aspekten der Freizeit (insbesondere Weber 1963, 1967; zum Teil auch Riesman 1958, 1966; Habermas 1958; Hanhart 1964) läßt sehr leicht bestimmte kulturkritisch-normative und anthropologisch-ontologische Modellvorstellungen erkennen, welche die Autoren bei der Beurteilung von Freizeitphänomenen zugrundelegen, die dazu geführt haben, daß weder operationale, das heißt in konkretes Verhalten umsetzbare, pädagogische Ziele noch konkrete didaktische Modelle vorliegen.

Theoretische Ansätze und empirische Befunde der Freizeitforschung

1. Zum Begriff der Freizeit

Es ist zunächst notwendig, eine verbindliche und scharfe Definition von Freizeit zu liefern – ein allerdings schwieriges Unternehmen, weil eigentlich keine der vorliegenden Arbeiten zur Freizeitsoziologie bisher eine Sozialwissenschaftler befriedigende Begriffsbestimmung geliefert hat (vgl. zum folgenden Lüdtke 1972 a, Kap. 2 und 1972 b).

Wohl die meisten Freizeitforscher stimmen darin überein, daß ihr Gegenstand ein relativ eigenständiger gesellschaftlicher Bereich ist, der mit anderen Bereichen zwar mehr oder minder stark verflochten ist, dessen Strukturen und Prozesse aber teilweise unabhängig von jenen analysiert und verstanden werden müssen. Wir können also Freizeit generell bestimmen als einen *strukturellen Sektor der Industriegesellschaft* neben mindestens drei anderen Sektoren: a) Arbeit, Berufssystem, Produktion und Dienstleistungen, b) Erziehung und Sozialisation durch besondere Institutionen, c) politische Institutionen, politische Partizipation und »gesellschaftliche« Tätigkeit.

Ein struktureller Sektor ist definiert durch die Spezifität der in ihm vorherrschenden Institutionen, kulturellen Standards (Ziele und Werte), Normen, Symbole, Rollen und Verhaltensweisen, sowie durch seine Funktionen in bezug auf Struktur und Wandel der Gesellschaft. Es bestehen zum Beispiel Verflechtungen der folgenden Art: Bei der individuellen Auswahl von Gütern und kulturellen Symbolen (in Kunst, Auto, Wohnung, Mode und ähnlichem) sind Einflüsse der schulischen Erziehung beteiligt; die Menge und Differenzierung der Konsumtion ist durch den Wirtschaftskreislauf mit dem Berufs- und Produktionssektor verknüpft; das Recht auf freie Zeit, die Sicherung von Freizeitmöglichkeiten (zum Beispiel Erholungsgebiete) und die Legitimität von Aktivitäten werden durch politische Entscheidungen bestimmt.

Als Verhaltensbereiche, die primär dem Sektor Freizeit zugeordnet sind, können so verschiedene Dimensionen, wie die folgenden gelten: privater Konsum (der bedeutsamste Freizeitbereich), Wohnen, Planung privater Investitionen (etwa Auto, Bildung, Lebensversicherung), Reisen, Aufbau und Pflege eines privaten Verkehrskreises, sexuelle Aktivitäten (die Partnerwahl zum Beispiel erfolgt heute überwiegend im Zusammenhang mit Freizeitaktivitäten), Spiel und spielerische Rituale (Feste), Unterhaltung und Zerstreuung, Informationssammlung mittels Massenmedien. Es muß nun möglich sein, die besonderen Strukturmerkmale der Freizeit klar von denen abzugrenzen, die anderen Sektoren spezifisch sind. Selbstverständlich bedarf es dazu eines relativ breiten und allgemeinen Bezugsrahmens, der die Einordnung so verschiedener Einzelbereiche zuläßt.

Wir können zunächst davon ausgehen, daß die Ausprägung differenzierter Skalen von Verhaltensmöglichkeiten in diesen Bereichen der Freizeit erst dann einsetzt, wenn in der Gesellschaft breite Bevölkerungsschichten von den elementaren Zwängen der materiellen Existenzsicherung freigesetzt werden. Wachsende freie Zeit und steigende ökonomische Konsumkapazität (der Ausdruck »Wohlstand« erscheint uns hier allzu mißverständlich) sind nur die äußeren Indikatoren dieses Prozesses. Zu Recht meint daher Scheuch (1969), daß die Analyse der Freizeit erst innerhalb des breiten Bezugsrahmens der Probleme einer Verbesserung der Qualität der Lebensbedingungen in technisierten Industriegesellschaften, das heißt der ökonomischen wie sozio-kulturellen »Infrastruktur«, einen sinnvollen Stellenwert erhält. Wir greifen nur einige sozialwissenschaftlich relevante Aspekte dieser Probleme heraus.

Ein wichtiges Merkmal struktureller Sektoren ist die Art der in ihnen jeweils dominierenden Orientierungen, das heißt der Kombinationen von erworbenen Motiven, Werten, Leitbildern und Zielrichtungen des Verhaltens von Akteuren und Gruppen. Freizeit läßt sich nun als derjenige Sektor bezeichnen, in dem der Tendenz nach *expressive Orientierungen und diffuse Erfahrungen vorherrschen,* bzw. dessen Situationen ein Maximum an Verhaltensausprägungen dieser Art zulassen.

Expressive Orientierung bzw. Handlungen (im Unterschied zu instrumentalen) sind in der soziologischen Theorie definiert durch die vorwiegende Ausrichtung der *Rollen* auf Konsumbedürfnisse des Individuums (gegenüber instrumentalen Fähigkeiten), durch *Normen der Auswahl erreichbarer Ziele* (gegenüber Normen der rationalen Wahl von Mitteln), durch Benutzung von *Mitteln* als Symbole der persönlichen Darstellung (gegenüber kognitiv-zweckhaften Medien) und durch *Werte,* die eine affektive Beziehung zu den Objekten zulassen (gegenüber reinen Nützlichkeitsbeziehungen). Die eingeklammerten Eigenschaften des Verhaltens dominieren typischerweise im Arbeits- und Berufssektor.
Diffuse Erfahrungen (im Gegensatz zu den spezifischen, begrenzten Sozialerfahrungen beim Handeln nach instrumentalen Rollen) liegen vor, wenn der Akteur in einer Situation den komplexen Bedürfnissen seiner unauswechselbaren Person folgen kann, wie dies im starken Ausmaß in Bereichen wie Konsum, Wohnen, Vergnügen der Fall ist.

Empirisch dürfte sich eine fast beliebige Zahl von Verhaltensweisen finden lassen, die zweifellos auf Orientierungen entlang dieser beiden Dimensionen beruhen. Dazu gehören zum Beispiel: die Demonstration von Sozialprestige in privaten Investitionen und Verbrauch sowie in öffentlicher Geselligkeit, die Suche nach sozialer Anerkennung in relativ frei gewählten Gruppen, der Aufbau persönlicher Identität durch Wahl und Gebrauch kultureller Symbole und durch einen privaten Fundus von bestimmten materiellen und immateriellen Werten, wie sie Wohnung, Hobby, Formen und Gewohnheiten des Genießens und ähnliches darstellen.

Welche konkreten Objekte bei diesen Verhaltensweisen jeweils angezielt sind, hängt natürlich von der gesamten sozialen Situation des Akteurs ab: seinen ökonomischen Spielräumen, bedingt durch seine Berufsposition, seinem schichtspezifischen Milieu und Sozialisationsfeld, seinen Alters-, Geschlechts- und Familienrollen, das heißt von seinem zugeschriebenen und erworbenen System von sozialen Positionen und Rollen. Scheuch (1969, S. 784) hat in folgender Weise versucht, anhand von empirischen Daten für die Bundesrepublik die »Determinationskraft« von verschiedenen Indikatoren der sozialen Situation eines Akteurs für »Variationen im (Freizeit-) Verhalten von Untergruppen« zu bestimmen:

1. *Starke Determination vieler Verhaltensweisen:*
Alter   Rolle Berufstätig
Schulbildung   Rolle Hausfrau

2. *Mittlere Determination vieler Verhaltensweisen:*
Geschlecht   Stellung im Lebenszyklus
Art des Berufs   Wohnort Stadt/Land

3. *Schwächere Determination vieler Verhaltensweisen:*
Individualeinkommen
                     Haushaltseinkommen
Autobesitz

(Die Anordnung der Variablen gibt die Rangfolge der Determination an.)

2. Das »Freizeitproblem« in soziologischer Sicht

Mit unserer allgemeinen Definition von Freizeit wird der enge Ansatz der Zeitverwendung zugunsten eines handlungstheoretischen Bezugsrahmens überwunden. Freizeit in diesem Sinn (Orientierungs- und Handlungsraum) und arbeitsfreie Zeit (freigesetztes Mittel) sind notwendige historische Korrelate. Auf der einen Seite führten steigende Arbeitsproduktivität, technische Substitution menschlicher Arbeit, Notwendigkeit der Expansion und Differenzierung der Konsumtion als eines Motors der Wirtschaft und nicht zuletzt sozialpolitisch motivierte Forderungen nach Arbeitszeitverkürzung zu einer ständigen Zunahme freier Zeit (neben der Zunahme der Einkommen) für die Berufstätigen, aber auch – in geringerem Grad – für die große Zahl der Hausfrauen.

Andererseits bedingen verschiedene Faktoren, die zum Teil eine direkte Folge von Demokratisierungs- und Emanzipationsprozessen in der Gesellschaft sind, ein zunehmendes Gewicht und eine wachsende strukturelle Autonomie (d. h. Eigenständigkeit der Verhaltensstandards) des Freizeitsektors:

– Popularisierung der kulturellen Partizipation: Erweiterung der Teilnahme breiter Bevölkerungsschichten an Gütern der ursprünglich »gehobenen« Kultur, insbesondere mittels der modernen Massenkommunikationsmedien, und Entstehung einer Populärkultur;

– damit verbundene Zunahme des Informations- und Bildungsbedarfs, dessen Befriedigung weitgehend in unterhaltend-spielerischen Situationen erfolgt;

– Aufwertung der Rollen der privaten Haushalte im Zuge steigender gesellschaftlicher Erwartungen als »unternehmerische« Subjekte von Konsum- und Investitionsentscheidungen sowie der individuellen Ausgestaltung privater Spielräume (vgl. Zahn 1967);

– Tendenz des technisch-ökonomischen Systems zur normativen Selbstregulierung und Schwächung seiner Verbindung mit tradierten integralen Werten der Gesellschaft (z. B. Arbeit als moralischer Selbstzweck, als gottgefälliger oder gesellschaftlicher Dienst, als Prozeß der Selbstverwirklichung der Person);

– damit verbundener emotionaler Rückzug des Individuums aus der Arbeitssphäre, die zum rein ökonomischen Instrument wird, und Suche nach emotionaler Sicherung und moralischer Identität in außerberuflichen Bereichen (Dubin, Berger);

– eine in jüngster Zeit durch die Protestbewegung der Jugend provozierte Abkehr von Leistung und technischer Effizienz als tabuierten Grundwerten der Gesellschaft zugunsten eines verstärkten Hedonismus als »neuer Moral des Glücks«.

Diese Faktoren deuten Entwicklungsprozesse an, die bei weitem noch nicht abgeschlossen sind. Verschiedene Bevölkerungsgruppen sind überdies bisher noch unterschiedlich von ihnen betroffen. Gleichwohl zeichnet sich darin ab, daß der Freizeitsektor weiterhin expansiv und eine Quelle potentieller sozio-kultureller Innovationen ist, aus denen sich als wichtige gesellschaftliche Funktion die Herausbildung neuer integrativer Mechanismen für ein pluralistisches System ergibt. »Integration« als Abbau von strukturellen Spannungs- und Konfliktquellen kann dabei vielerlei bedeuten: zum Beispiel Erweiterung der Möglichkeiten zum Aufbau von Primärgruppenbezügen und zur Erfahrung der Komplexität der Wirklichkeit entlang individueller Präferenzen und mit Hilfe der Massenmedien (Scheuch), Herausbildung neuer wertvoller Ziele, zunächst für einzelne Gruppen, allmählich auch für die Gesamtkultur (etwa Selbstverwirklichung durch Spiel anstelle von Arbeit) oder politische Emanzipation über das Experimentieren mit Verhaltenspräferenzen eigener Wahl und die Sensibilisierung des Individuums zur reflektierten Selektionen im Konsum. Aufgeklärte Konsumenten sind sehr wahrscheinlich ungeeignete Objekte für ideologische Manipulationen in politischen Wahlkämpfen. Integrative Mechanismen dieser Art zeigen sich freilich erst in Ansätzen. Ihre faktische Ausprägung und Reichweite hängt von der zukünftigen Entwicklung des sozialen Systems ab, zum Beispiel davon, ob es gelingt, die im Freizeitsektor entstehenden Präferenzen und Verhaltensmuster vom Zieldiktat der Produktionsinstanzen freizusetzen. Zu den sozialwissenschaftlichen Voraussetzungen einer modernen Freizeit- und Konsumerziehung gehören daher auch die Freisetzung der realen Möglichkeiten des Verhaltens in der Entwicklung des Freizeitsektors durch systematische Analyse, die Extrapolation[a] der zu erwartenden oder zu errichtenden Randbedingungen dieser Möglichkeiten sowie die rationale Verständigung über erwünschte pädagogische Ziele, d. h. über die konkrete Sollfindung aus der breiten Skala alternativer Möglichkeiten.

Vor diesen Schritten muß nun eine differenziertere Analyse der Freizeit bzw. des Freizeitverhaltens verschiedener Bevölkerungsgruppen bereits davon ausgehen, daß Freizeit eigentlich erst dadurch zum Gegenstand öffentlicher wie wissenschaftlicher Diskussionen wurde, daß sie als *gesellschaftliches Problem* ins öffentliche Bewußtsein trat. Welcher Art ist nun aber das gesellschaftliche Problem der Freizeit? Offenbar reichen häufig gebrauchte umgangssprachliche Indikatoren wie die »kommerzielle Manipulation vieler Menschen durch die Freizeit- und Unterhaltungsindustrien«, der »kulturelle Niveauverlust von Freizeitinhalten durch die Vermassung bestimmter Tätigkeiten« oder die »fehlende Sinngebung vermehrter freier Zeit durch den einzelnen« zur empirisch-theoretischen Bestimmung eines solchen Problems nicht aus. Dieses Problem ergibt sich, wenn die Verhaltensmodi eines oder mehrerer Gesellschaftssektoren zu anomischen[b] Konflikten und Versagungen führen oder wenn zwischen dem Verhalten bzw. den Verhaltenschancen verschiedener Gruppen eine derartige Diskrepanz entsteht, daß grundlegende Werte und Normen der Gesellschaft außer Kraft gesetzt werden.

Zunächst ist es die *Neuheit des Phänomens* der wachsenden freien Zeit, die zur Verhaltensunsicherheit im Freizeitbereich aufgrund des Mangels an institutionalisierten Maßstäben für »richtiges« Freizeitverhalten führen kann. Mit der Zuweisung von freier Zeit an den einzelnen, zum Beispiel durch den Automatismus tarifvertraglicher Regelungen der Arbeitszeitverkürzung, werden weder die Bezugsgruppen noch die Ziele der Verwendung für das Individuum mitgeliefert. Hinsichtlich der Beantwortung der »Sinnfrage« für sein Freizeitverhalten, insbesondere für dasjenige außerhalb ökonomischer Zwecke, Erholung, familialer und politischer Verpflichtungen (der sogenannten Halbfreizeit), ist das Individuum prinzipiell auf sich selbst verwiesen (vgl. Kluth), zumal es in pluralistischen Systemen ohnehin an allgemeinverbindlichen Wertinstanzen fehlt. Ein Teil der Freizeitaktivitäten dieser Art kann noch recht problemlos in die eigene Regie genommen werden: durch Bezug auf den Wunsch *nach* und das »Recht *auf* Privatheit«, also durch zufällige individuelle Sinndeutungen. Gleichwohl muß die *soziale* Bedeutung der gewählten Verhaltensrichtung in einer Situation, die man mit so vielen anderen teilt, grundsätzlich unsicher und ambivalent bleiben, wenn soziale Regelmäßigkeiten des Handelns fehlen, die einen orientierenden Vergleichsmaßstab, Leitbilder oder Bestätigungen für Ego darstellen.

Hinzu kommt, daß die zeitlich-organisatorische Trennung von Arbeits- und Freizeitsphäre für die Mehrheit der Bevölkerung zwar relativ abrupt erfolgte, die Dominanz von Arbeitstugenden als Maßstäben der Bewertung der gesamten Existenz des Individuums aber zunächst ungebrochen erhalten blieb, zumindest in ihrer äußeren ideologischen Schale. Berger (1963) sieht das Freizeitproblem darin begründet, daß die Arbeit ihren moralisch-integrativen Gehalt für die Gesellschaft weitgehend eingebüßt hat, während zugleich im neuen Freizeitbereich noch keine innovatorischen, integrativen Wertmuster sich gefestigt haben. Somit scheitert das Individuum auf seiner Suche nach moralischer Identität in diesem Sektor oder findet nur Scheinlösungen. Es sind nach Berger zwei widersprüchliche Werttraditionen, die in der gesellschaftlichen Interpretation der Freizeit gemeinsam auftreten: die griechisch-aristokratische Idee der Muße als des höchsten kontemplativen Selbstzwecks und die »protestantische« oder »industrielle« Sichtweise der Muße als aller Laster Anfang, weshalb Freizeit allein bestimmt sei zur Vorbereitung auf die Arbeit, zum Gottesdienst oder anderen »heilsamen« Zwecken. Inzwischen sind wir geneigt, die meisten industriellen Arbeitsvollzüge abwertend zu beurteilen oder sogar als inhuman oder entwürdigend, andererseits aber noch nicht bereit, die positiven Werte von Freizeitmöglichkeiten verschiedener Art vorbehaltlos zu akzeptieren. Berger drückt diese Ambivalenz pointiert so aus: »Wir sind ... übereingekommene griechische Bürger unter der Last einer protestantischen Ethik mit Zugeständnissen«.

Freizeitaktivitäten unterliegen daher der Bewertung durch verschiedene gesellschaftliche Instanzen. Die einflußreichsten von ihnen, und dazu gehören wohl insbesondere die Vertreter mittelständischer, traditioneller pädagogischer Normen des Bürgertums, bestimmen das Ritual des offiziellen Kulturbetriebs und repräsentieren eine scheinbar noch gültige kulturelle Hierarchie von der »wertvollen« Kultur bis zur Massenkultur, die gleichwohl angesichts der veränderten Freizeitbedingungen und Vermittler von Kultur außerhalb ihrer eigenen Gruppe irrelevant ist. . . .

Man sollte das Ausmaß der »kulturellen Verunsicherung« breiter Schichten nicht überschätzen. Dennoch kann das gesellschaftliche Problem der Freizeit als Orientierungsproblem im Sinne einer mangelnden Institutionalisierung neuer Verhaltensweisen, insbesondere der kommerziell zugänglichen, und der damit gegebenen Wert- und Rollenambiguitäten im Freizeitsektor verstanden werden. Dieser Aspekt ist sicherlich nicht der einzige, wohl aber ein besonders wichtiger des Freizeitproblems, weil daraus eine große Zahl von Konsequenzen ableitbar ist. Andere Aspekte, veilleicht solche von einem »objektiveren«, übergeordneten Standpunkt aus, können hier nur angedeutet werden: die sozio-ökonomischen Restriktionen des Zugangs zu den diversen Wahlmöglichkeiten des Freizeitverhaltens oder der Restriktionen der oben postulierten diffusen Erfahrungen. Oder, wie Fürstenberg (1967) meint: das »Rückzugsverhalten im Hinblick auf gesamtgesellschaftliche Probleme«, wodurch die private Welt der Freizeit in eine Distanz zum öffentlich-politischen Bereich der Gesellschaft gerät und der Freizeitakteur Gefahr läuft, daß ihm mangels öffentlicher Erfahrungen und Möglichkeiten »zur Einübung und Bewährung gesamtgesellschaftlich wirksamer Haltungen« die demokratische Kontrolle entgleitet (S. 91).

3. Die Problematik der Konsumentenrolle

Freizeit »ist wesentlich Konsum-Raum, besonders da ja die Steigerung des materiellen und geistigen Massenkonsums vornehmlich durch die Sozialisierung ehemaliger Luxusgüter erreicht wird, wobei gleich darauf hinzuweisen ist, daß dazu auch die Verbraucher-Sozialisierung der ehemals hochbürgerlichen Bildungsgüter durch die Massenkommunikationsmittel und die Veranstaltungsindustrie gehört« (Schelsky 1965, S. 175). Folgerichtig wird mit zunehmender Kommerzialisierung der meisten Freizeitaktivitäten die Rolle des Konsumenten zur bedeutsamsten oder allgemeinsten Freizeitrolle überhaupt, von der andere Freizeitrollen mehr oder weniger abgeleitet sind.

Die *soziale Position des Verbrauchers* in unserer Gesellschaft läßt sich sehr einfach bestimmen als das institutionalisierte Recht (und zum Teil auch die Pflicht) des Individuums als eines Nutznießers a) seines Budgets an arbeitsfreier Zeit und finanziellen Mitteln, b) von Angeboten im Markt der Güter und Dienstleistungen nach privaten Zwecken. Über die gesellschaftlichen Erwartungen an diese Position läßt sich zunächst nicht mehr sagen, als daß sie beinhalten, der einzelne möge sich kontinuierlich und sukzessiv kommerzielle Objekte nach dominanten hedonistischen Zielen, d. h. zur Maximierung von Lust und Glück (soweit Konsum über die Befriedigung elementarer physischer Bedürfnisse hinausgeht), aneignen. Diese Erwartungen, oder besser: Verhaltenschancen des Individuums, entsprechen heute zweifellos *universalistischen*, das heißt gesamtgesellschaftlich verbindlichen, Standards.

Zur Erläuterung: »Verbrauch« ist ein universalistischer Standard in Analogie zu »Leistung« im Berufssektor (Position des Berufsträgers) oder zu »politischer Teilnahme« im politischen System (Position des Wählers). Das individuelle Verhalten ist dabei bestimmten institutionellen Normen ausgesetzt: zum Beispiel wirtschaftliche Rationalität, Hygiene und »Umweltvorsicht« (Abfallproblem) beim Verbraucher, Einhaltung von Betriebszielen, Gütekriterien und Arbeitsschutzregeln beim Berufsträger, Informationspflicht und Verfassungstreue beim Wähler – zumindest dem allgemeinen Wertkonsensus nach. Da nach unserer Definition der einzelne Konsumakt vom sozialen System eines Marktes abhängt, ergibt sich als weiteres Regulativ der Beziehung Kauf – Verkauf die Institution des Vertrages.

Mit diesem universalistischen Rahmen der Konsumentenrolle ist deren individuelle Ausgestaltung praktisch kaum vorgeprägt. Und da eine absolute individuelle Wahlfreiheit des Konsumverhaltens ohnehin nicht denkbar ist, liegt hierin wiederum die Quelle von zahllosen möglichen Orientierungs- und Verhaltensproblemen. Obwohl dieser Rahmen beim gegebenen Zustand der Gesellschaft einen bestimmten Durchschnitt des Konsumverhaltens wahrscheinlich macht, bleiben die individuellen Verhaltensmöglichkeiten doch relativ beliebig. Sie umfassen, da auch die jeweiligen gesellschaftlichen Sanktionen ziemlich ungewiß sind, solange keine politische Kontrolle der Konsumtion existiert, auch Formen der Devianz von der Verweigerung bis zum Konsumexzeß. Auf der Ebene der allgemeinen Konsumentenrolle wird also der individuelle Akteur kaum gesellschaftlich verbindliche und zugleich konkrete, für ihn eindeutige Konsumziele vorfinden.

Das *faktische* Rollenverhalten des Konsumenten, d. h. die Stärke seiner Teilnahme (Konsumintensität) sowie die Richtung seiner Teilnahme am Konsum, seine Objektwahl (Konsumpräferenzen), hängt somit von zusätzlichen sozioökonomischen Determinanten ab:

Sozialisation und allgemeines Rollensystem des Akteurs konstituieren vier Determinanten, aus denen sich erst das faktische Rollenverhalten des Konsumenten vorhersagen bzw. erklären läßt:
(1) der objektive Spielraum des Akteurs (Geld, Zeit, Energie),
(2) seine verinnerlichten Motive (Bedürfnisse, Werte),
(3) seine kognitiven Dispositionen (Wahrnehmungs-, Reflexions-, Informationsfähigkeit),
(4) seine Bezugsgruppen (die durch Personen und soziale Leitbilder hoher Identifikation gesetzten Maßstäbe der Bewertung, Normierung, des Vergleichs und der Demonstration von Objekten).

Ihr Zusammenwirken bedingt, daß die relevante soziale Einheit des Konsums der *private Haushalt* ist. Im privaten Haushalt beziehungsweise in der Familie treffen die sozialen und ökonomischen Randbedingungen der Mitglieder zusammen; innerhalb dieses Kontextes fällt eine bestimmte Bedarfsentscheidung, dort werden Intensität und Präferenzen des Konsums bestimmt. Es liegt auf der Hand, daß der Haushalt bzw. die Familie sich im Konsumverhalten primär am eigenen, *partikularistischen Bezugsrahmen*, dem Resultat von Personenzahl, Rollensystem und schichtspezifischer Subkultur, orientiert und nach ihm den abstrakten universalistischen Handlungsrahmen mit konkreten Zwecken und Möglichkeiten füllt. *Es erscheint als eine Gesetzmäßigkeit ökonomisch geschichteter, hochdifferenzierter Industriegesellschaften, daß die Verhaltensunsicherheiten der generellen Konsumentenrolle zwar durch den Partikularismus des Akteurs weitgehend beseitigt, im gleichen Maß damit aber auch die Zahl der institutionell gesicherten Verhaltensmöglichkeiten in Konsum und Freizeit für den einzelnen reduziert wird.*
Nun funktioniert natürlich dieser Mechanismus nicht perfekt, d. h. die soziale Situation des Individuums fixiert und filtert nicht vollständig, wie in einer statischen Gesellschaft, seine Konsumwünsche und -maßstäbe. Vielmehr ist unsere Gesellschaft relativ mobil: Die berufliche Position des einzelnen kann sich ebenso verändern wie seine ökonomisch-zeitlichen Mittel und sein Anspruchsniveau; faktisch geschieht dies auch in der Regel in Richtung auf Aufstieg, Zunahme und Differenzierung. Weiterhin ist die Sozialisation in Subkulturen prinzipiell unvollständig und modifizierbar. Schließlich ermöglicht der Freizeitsektor selbst als Potential der Innovation infolge der in ihm angelegten Chancen zu diffusen Erfahrungen die Erweiterung des zunächst strukturell begrenzten Erfahrungshorizonts. Im Zusammenhang damit stellen die Massenkommunikationsmedien ständig Beziehungen zur »kognitiven Außenwelt« des Konsumenten her, über die auch unaufhörlich die Botschaften und Herausforderungen der Konsumpropaganda auf ihn einströmen. Man braucht keineswegs das Klischee der totalen Manipulation des Konsumenten zu beschwören, um einzusehen, daß diese vielfachen Reize ständig die selbstverständlichen Orientierungen des Akteurs gefährden (können), während einerseits in der Regel seine objektiven materiellen Restriktionen erhalten bleiben, andererseits innerhalb seines partikularistischen Bezugsrahmens kaum motivational stützende Innovationen wie neue Moral,

Werte und Normen entstehen können. Daraus folgt eine strukturell bedingte *Ambiguität auch der kontextgebundenen, partikularistischen Konsumentenrolle,* deren faktische Ausgestaltung zwischen den beiden Extrempolen einer normativen Erwartungsunbestimmtheit bei maximalen Wahlchancen und einer vollständigen Fixierung durch die materiellen Bedingungen und partikularistischen Erwartungen der eigenen Situation trotz diffuser Angebote von außen liegt.

Dreitzel (1968, S. 356) spricht im Zusammenhang mit der Konsumentenrolle von Orientierungsverlusten bzw. vom »Verlust an normativem Profil«: Position und Rolle des Verbrauchers habe an eindeutigen Erwartungsstellern und -inhalten verloren; es fehle heute ein gesamtgesellschaftlich relevantes (inhaltliches) Rollenmodell für das Konsumverhalten, das sich auf tradierte kulturelle Muster stützt. Zweifellos sind solche Muster in konsistenter Form nicht mehr erhalten (siehe oben), neue haben sich noch nicht profiliert und durchgesetzt. Als ein Zeichen der daraus resultierenden Ambiguität mag die Verunsicherung vieler Konsumenten, insbesondere aus den aufgestiegenen Mittelschichten, gelten. Sie bedürfen einerseits des demonstrativen Konsums zur Darstellung ihres Sozialprestiges, müssen andererseits aber verunsichert werden durch den Widerspruch zwischen der Forderung der konservativen Kulturkritik nach Konsumaskese und dem zum Teil mit revolutionärem Habitus artikulierten Lebensstil des neuen Hedonismus bei der jungen Generation. Hinzu kommt, daß diese Schichten, die letzten Endes den kulturellen Wert- und Symbolkonsensus unserer Gesellschaft entscheidend mitbestimmen, sich noch stark an den ästhetischen und Mußeidealen des alten Bildungsbürgertums orientieren, ohne in deren Bedeutungen sozialisiert worden zu sein, die Populärkultur jedoch distanziert als »Unterschichtkultur« betrachten – ihr eigener Standard ist dann der Konsum popularisierter »wertvoller« Kultur in kommerziellen Bahnen trotz alter Rituale (zum Beispiel in der Form der medienvermittelten Karajan-Kultur oder des festen Theaterabonnements unter Verlust der individuellen Selektion). Der gültige Stellenwert dieser Objekte auf der Skala der kulturellen Werte ist freilich ebenso unsicher geworden. Wir möchten als Konsequenz dieser Ambiguitäten des Konsumverhaltens allerdings nicht so sehr (wie Dreitzel) einen Verlust an Orientierung als eine *Verlagerung* der Orientierung vom Maßstab eines gesamtgesellschaftlichen Bezugsrahmens (mit welchem Grad der Überzeugung er auch immer geteilt wurde!) zu partikularistischen Standards ableiten. Daher scheint die außerordentliche Aufwertung des Privatismus der Freizeit- und Konsumorientierung auch ein notwendiges historisches Korrelat der Ambiguität der allgemeinen Konsumentenrolle zu sein.

Wir haben deutlich zu machen versucht, daß neben diesen normativen und Erwartungsambiguitäten auch die Beseitigung der Wahlfreiheit im Konsum durch die materielle Situation und das prädominante Rollensystem des Akteurs zu Orientierungsproblemen führt. Die Kehrseite der Medaille ist dabei die Diskrepanz zwischen Konsumleitbildern und -anspruchsniveau einerseits und den objektiven Konsummöglichkeiten aufgrund der Situation. Bei dieser Quelle von Frustrationen, individuellen und sozialen Konflikten ist es im Einzelfall kaum objektiv zu entscheiden, welcher Faktor schwerer wiegt: übersteigerte Konsummotive als Folge der »Manipulation« durch Konsumpropaganda oder die »Ungerechtigkeit« der eigenen Verhältnisse? Mit beiden Faktoren wird ziemlich unbefangen gegen oder für mehr Konsum argumentiert, ohne daß eindeutige empirische Belege verfügbar sind. Wir können aber davon ausgehen, daß eher die Diskrepanz als die Harmonie zwischen Konsumbedürfnissen und -mitteln die Regel ist – trotz der vielzitierten Zwangsläufigkeiten der »Bedarfsweckungswirtschaft«. Wenngleich der Manipulationsvorwurf in seiner naiv-polemischen Form noch genauer Überprüfungen bedarf, wird man ebenso voraussetzen können, daß zwischen Anbietern und Nachfragern im Konsummarkt (noch) eine stark asymmetrische Beziehung herrscht. Trotz des im Vertrags- und Marktmodell vorausgesetzten Gleichgewichts zwischen Angebot und Nachfrage haben angesichts der starken Verflechtung von Macht und Interessen auf seiten der Produzenten sowie des hohen Standes der Technologie der Konsumpropaganda die isolierten Verbraucher kaum eine Chance, bei der Definition der jeweils relevanten Art und Menge von Konsumobjekten (»echter Bedarf«) das gleiche Gewicht wie die Anbieter in die Waagschale zu werfen.

Freizeitverhalten, so wurde definiert, folgt primär expressiven Orientierungen, und das bedeutet, es erlaubt intensive Identifikationen mit Partnern und Objekten. Daraus folgt auch, daß im Freizeitverhalten jenen Bedürfnis-Wert-Dispositionen am stärksten gefolgt wird, die der Akteur am tiefsten verinnerlicht hat. Sie bestimmen sein Verhalten um so intensiver, je stärker er seine Handlungssituation durch solche Rollenerwartungen definiert, die sich mit diesen Dispositionen decken, d. h. je stärker seine Ich-Identität durch Verhaltenserwartungen der anderen Rollenpartner gefunden und stabilisiert wird. Im gleichen Ausmaß nehmen aber seine Ich-Leistungen ab, d. h. die Notwendigkeit, das Rollenverhalten unabhängig von fremden Erwartungen zu interpretieren. Abnehmende Ich-Leistungen bedeuten also zugleich zunehmende Identifikation mit der Rolle und Eindeutigkeit des Verhaltensspielraums. »Abnehmende Ich-Leistungen bezeichnen den Zwangscharakter der sozialen Normen« (Dreitzel 1968, S. 167).

Auf dieser theoretischen Ebene wird nun sehr plausibel, daß die Freizeitsituation strukturell ein Konsumverhalten begünstigt, für das die Abnahme von Ich-Leistungen des Akteurs zugunsten der Verstärkung von Ich-Identifikationen mit Objekten und Rollenerwartungen typisch ist. Dreitzel behauptet, daß diese Tendenz die Möglichkeit der »Selbstentfremdung« verstärkt, da umgekehrt zunehmende Selbstbestimmung mit wachsender Ich-Leistung identisch ist. Wir erkennen also, falls diese Prämisse gilt, daß das Freizeitverhalten unter den dargestellten Bedingungen einer paradoxen Tendenz zu unterliegen scheint: Während die wert-, interpretations- und wahloffene universalistische Konsumentenrolle ein hohes Maß an Ich-Leistungen, und das bedeutet: individuelle Autonomie der Wahl, ermöglicht, verweisen die gegebenen Ambiguitäten den Handelnden auf seinen parikularistisch-privatistischen Bezugsrahmen, und hier verstärkt sich die Ich-Identifikation zu Lasten der Ich-Leistungen. Dadurch steigt wahrscheinlich die Empfänglichkeit gegenüber vorgeprägten Konsumleitbildern und propagierten Klischees, insgesamt die »Manipulierbarkeit« des Konsumenten.

Dies sind zunächst hauptsächlich theoretische Schlüsse, deren empirische Überprüfung noch aussteht, zumal die Fähigkeit breiter Schichten zu rationalen Verbrauchsentscheidungen (vor allem bei längerlebigen Gütern) wohlbekannt ist. Gesichert scheinen gleichwohl die besondere »Anfälligkeit« des Konsumentenverhaltens für emotional nahe Bezüge und »Außenlenkung« (Riesman 1958) sowie die strukturelle Instabilität der Autonomie des Verbrauchers. Die Förderung von Ich-Leistungen beim Verbrauch dürfte daher eines der wichtigsten Ziele der Freizeit- und Konsumerziehung sein. Dennoch bleibt zu prüfen, ob nicht ein wünschenswertes ausgewogenes Verhältnis zwischen expressiven Orientierungen mit starker Identifikation und distanzierter Reflexion mit starken Ich-Leistungen in der Freizeit realisierbar ist. Bei positiver Antwort hätte sich das moderne sozialpädagogische Konzept bewährt, daß differenzierende Lernleistungen auch lustvoll sein können, daß zum Beispiel eine konzentrierte politische Bildungsarbeit mit jungen Arbeitern in gesellig-konsumtiver Clubatmosphäre mit hohen sozialen Gratifikationswerten und zugleich effektiven Lernleistungen möglich wäre.

4. Zur Freizeitorientierung von Jugendlichen

Es liegt auf der Hand, daß Jugendliche zugleich die wichtigsten wie problematischsten Adressaten der Freizeit- und Konsumerziehung sind. In der Jugendphase, dem Höhepunkt der Sozialisation, spaltet sich nicht nur für den Handelnden der Alltag bereits deutlich in eine Sphäre der instrumentalen Verpflichtungen und in eine Sphäre der Freizeit auf, sondern der Handelnde wird sich auch als Inhaber von Geld und zeitlichen Mitteln seiner Möglichkeiten bewußt und als solcher auf dem Markt umworben.

Besonders problematisch oder besser: verhaltensbelastet ist der Jugendliche als »Educandum«, insbesondere während der Phase der Adoleszenz um das 15. bis 18. Lebensjahr, deshalb, weil in dieser Phase die altersspezifischen Probleme der sozialen Orientierung, Rollen- und Identitätskonflikte, mit den generellen Verhaltensproblemen im Freizeitsektor zusammentreffen und sich wechselseitig verschärfen. Deshalb bedürfen Jugendliche der besonderen Unterstützung durch Sozialisations- bzw. Individuationsprozesse im Bereich von Freizeit und Konsum, zumal sie sich in diesem Feld am ehesten den Einflüssen von Elternhaus, Schule, Beruf und anderen Erwachseneninstanzen entziehen können: Diese Unterstützung im Sinne von institutionellen Hilfen darf hier keineswegs als bloße Manipulation und Anpassung mißverstanden werden – etwa motiviert durch die Sorge, unsere Jugend könne sich hier einen Freiheitsraum einrichten, der von der etablierten Erwachsenengesellschaft nicht hinreichend kontrollierbar ist. Es kann vielmehr nur um solche pädagogischen Hilfen gehen, die einerseits das Innovations- und Emanzipationspotential der Jugendlichen nicht zerstören, andererseits aber auch verhindern, daß die »natürliche« Tendenz bestimmter jugendlicher Altersgruppen zur Bildung von Subkulturen umschlägt in manifeste Anomie und Delinquenz, wie das häufig durch die Verbindung von Rebellion, Verweigerung, Hedonismus, neoromantischer Ideologie oder Aggressivität z. B. in der Form von kollektiver Sucht, Gesellschaftsflucht (eskapistische Tendenz der Dropouts) oder Gewalt (Rocker) geschieht.

Angesichts der Überschneidung und Akkumulation von Sozialisations- und Freizeitproblemen in der Situation von Jugendlichen ist die Kenntnis derjenigen Muster und Tendenzen der Freizeitorientierung von Jugendlichen, die eine gewisse Eigendynamik besitzen, von besonderer Bedeutung. Sie sind als wichtige Randbedingungen der Freizeiterziehung zu betrachten, die in konkreten didaktischen Modellen als relativ invariante Faktoren behandelt werden müssen. Mit anderen Worten: pädagogische Maßnahmen in der Freizeit, die für Jugendliche attraktive Handlungsalternativen anbieten wollen, müssen, da sich die Entstehung bestimmter Freizeitmuster und -bedeutungen der Jugendlichen einer pädagogischen Kontrolle entzieht, diese Faktoren realistischerweise als Gegebenheiten berücksichtigen und dementsprechend die Mittel auswählen und prüfen, die am ehesten Chancen der Verstärkung oder Veränderung von Einsichten, Einstellungen und Verhaltensweisen der Jugendlichen garantieren. Wir führen einige der bedeutsamsten Randbedingungen dieser Art, die als vorläufig durch die Forschung gesichert angesehen werden können, in Thesenform auf. Der Einfachheit halber verzichten wir dabei auf die detaillierte Angabe von Belegen und verweisen auf die angegebene Literatur.

a) *Die Bedeutung altershomogener Gruppen:* Jugendliche lösen in unserer Gesellschaft eine Reihe von Sozialisationsproblemen in sogenannten altershomogenen Gruppen. S. N. Eisenstadt (Von Generation zu Generation, München 1966) hat ihre Bedeutung als Verbindungsbereich zwischen dem Partikularismus der Familie und dem Universalismus der übergreifenden gesellschaftlichen Institutionen theoretisch analysiert. Unter ihnen sind alle jene mehr oder weniger lockeren geselligen Gruppierungen zu verstehen, die solidarische Orientierungen für ihre Mitglieder in der gleichen sozialen Situation bei gleichzeitigem Wettbewerb um Gruppenanerkennung gewährleisten. Sie verknüpfen als ein relativ eigenständiges Feld affektive und affektiv neutrale Beziehungen, diffuse und spezifische Rollen und erleichtern damit den Übergang in den Erwachsenenstatus. Typischerweise manifestieren sich diese Gruppen im Freizeitsektor, ihre Ziele, Aktivitäten und Verhaltensformen sind also überwiegend solche der Freizeit.

b) *Altersgleiche als Bezugsgruppe der Freizeitorientierung:* Freizeit wird damit zum Kristallisationspunkt der Formen jugendlicher Teilkulturen, wie sie in Moden, Popmusik, Jargon, Formen der Erotik usw. zum Ausdruck kommen. Wie F. H. Tenbruck (Jugend und Gesellschaft, Freiburg 1962) ausgeführt hat, nimmt Jugend ihre Sozialisation teilweise in »eigene Regie«, indem sie Elemente der Gesamtkultur auswählt und nach eigenen Bewertungskriterien interpretiert. Daher fungieren für Jugendliche fast ausschließlich die Gleichaltrigen als normative und informierende Bezugsgruppe, als Auditorium und Publikum ihres Freizeitverhaltens. Der Einfluß von Eltern und anderen Erwachsenen auf die Freizeitorientierung von Jugendlichen muß sich meist auf äußere Sanktionen beschränken, zum Beispiel auf die Festsetzung des Zeitpunktes des abendlichen Nachhausekommens; was in der Freizeit als aktuell und bedeutsam gilt, entzieht sich jedoch weitgehend ihrer Kontrolle.

c) *Dominanz der geselligen Kommunikation:* Damit wird auch verständlich, weshalb Bezugsgruppe und Partner der Freizeit bei Jugendlichen weitgehend identisch sind: Es dominieren gesellige Unternehmungen in altershomogenen Gruppen. Die Interaktionsformen sind typischerweise informal und entziehen sich weitgehend einer rationalen Organisation; am attraktivsten erscheinen diffuse Situationen, die vielfältige Erfahrungen, verschiedene Objekte und Motive des Handelns zur Geltung kommen lassen. Die Party, die Diskothek, offene Geselligkeit oder scheinbar ungezieltes »Gammeln« und ähnliches sind häufiger gewählte und weitaus beliebtere Freizeitsituationen als etwa zielgerichtete individuelle oder Gruppenleistungen wie die arbeitsähnlichen Hobbies. Empirische Untersuchungen bestätigen immer wieder, daß die im Elternhaus verbrachte Freizeit sich weitgehend auf Tätigkeiten im Zusammenhang mit instrumentalen Verplfichtungen beschränkt und die altersspezifisch bedeutsameren Freizeitaktivitäten außerhalb der Familie ausgeübt werden. Was von den Erwachsenen dabei häufig als ziellose, unstrukturierte oder rituelle »Non-Aktivität« empfunden wird, läßt sich positiv als spielerisches Experimentieren mit verschiedenen Rollen interpretieren, wobei dem »Versagen« nicht sogleich die Bestrafung durch Erziehungsautoritäten folgt wie sonst bei sozialem Mißerfolg unter Ernstbedingungen.

d) *Beherrschung der Spielarten des Konsums:* Es besteht ein enger Zusammenhang zwischen der Form der geselligen Kommunikation und der Wahl von Freizeitaktivitäten in Verbindung mit verschiedenen Spielarten des Konsums: zum Beispiel Genuß von Getränken beim Lokalbesuch, Rezeption von Musik über den Kauf von Medien wie Schallplatten, Demonstration modischer Objekte, Benutzung sportlicher Geräte. Der extensive Freizeitkonsum von Jugendlichen erklärt sich nicht nur aus der expressiven Funktion des Konsums überhaupt, sondern auch daher, daß von allen Erwachsenenrollen Jugendliche die des »souveränen Konsumenten« wahrscheinlich am ehesten und sichersten lernen und beherrschen. Dies hängt zweifellos mit der eindeutigen Zweck-Mittel-Rationalität des Kaufaktes zusammen. Jugendliche werden als Käufer natürlich von der Freizeitindustrie ebenso ernst genommen wie andere auch, so daß im Rahmen ihrer eigenen Kaufkraft und mit ihrem altersspezifischen Hedonismus als zusätzlichem Stimulus sie sich als normale Verbraucher in relativer Unabhängigkeit von äußeren moralischen Zwängen verhalten können. Die Konsumentenrolle dürfte also Jugendlichen normalerweise eine sehr stabile und eindeutige Verhaltensgrundlage für die Freizeit bieten.

e) *Unvollständige Sozialisation:* Dynamische Gesellschaften verhindern eine vollständige Sozialisation der jungen Generation im Hinblick auf die Übernahme kultureller Traditionen und Tabus. Daraus ergibt sich für Jugendliche ebenso die Chance abweichenden Verhaltens wie die Chance der Durchsetzung, der Übernahme und des Einübens von sozio-kulturellen Innovationen. Die institutionelle Bedeutung der Jugend als Phase eingeschränkter Mündigkeit erleichtert es aber, bestimmte Formen jugendlichen Verhaltens stärker als Abweichung und Rebellion denn unter dem positiven Aspekt des sozialen Wandels zu bewerten. Dies ist unter anderem auf die auf Anpassung und Disziplin basierenden ökonomischen und politischen Strukturen der Gesellschaft zurückzuführen. Wenn Jugendliche nun aufgrund dieser unvollständigen Sozialisation und ihrer größeren historischen Unbefangenheit bestimmte Neuerungen, insbesondere im Bereich der Mode, des Genusses, der sexuellen Normen, der Kommunikationsformen, der Freizeit überhaupt, relativ unbelastet von verinnerlichten moralischen Zwängen artikulieren, so geraten sie daher leicht unter das Verdikt von Kritik und Verbot. Jene negativen gesellschaftlichen Bewertungen fördern somit die Tendenz, die Verhaltensmuster als

Symbole des Protests einzusetzen: eine wesentliche Quelle von Generationskonflikten aufgrund von Mißverständnissen. Dynamische Gesellschaften implizieren ständig bestimmte kulturelle Innovationen, aber die geeignetsten Träger dieser Innovationen unterliegen aufgrund ihrer strukturellen Unmündigkeit entgegengesetzten Sanktionen.

f) *Demonstrativer Symbolismus:* Immer häufiger zeigt sich, daß die zahlreichen subkulturellen Bewegungen von Jugendlichen und jungen Erwachsenen von relativ geringer Kontinuität sind. Der Grund hierfür ist darin zu suchen, daß sie wie wohl die meisten Formen der Jugendkultur nicht ernstlich auf die Realisierung von grundlegend neuen Werten und moralischen Standards hin angelegt sind. Sie erschöpfen sich vielmehr weitgehend in der abweichenden Demonstration von Symbolen, hinter denen im Grunde abstrakte Werte und Ziele der Gesamtgesellschaft stehen (wie Freiheit, Glück, Gemeinschaft, Harmonie, soziale Geltung, politischer Einfluß), vielleicht mit Ausnahme einer langfristig erfolgreichen Abkehr vom rigiden Leistungsprinzip. Der »demonstrative Symbolismus« von Jugendlichen, das heißt die Überbetonung von äußerem Habitus, des Geltungsnutzens (im Gegensatz zum Zwecknutzen) von Gütern, von Zeichen der Gruppenzugehörigkeit, von Idolen und ähnlichem – häufig mißverstanden als Infragestellung von Werten – bei gleichzeitig weitgehender Wertkonformität hat zweifellos die Funktion, in einer Situation der Rollenunsicherheit und fehlender Anerkennung seitens Erwachsener Jugendlichen die Identifikation mit ihresgleichen zu erleichtern. Er ist also von kompensatorischer und stützender Bedeutung. Ein Teil der jugendspezifischen Symbole wird im Zuge modischen Wandels und kommerzieller Entwicklungen regelmäßig von der Gesamtkultur absorbiert.

g) *Schichtspezifische Freizeitmuster:* Entgegen der verbreiteten Ansicht, im Freizeitverhalten der Bevölkerung hätten sich Klassen- und Schichtunterschiede weitgehend nivelliert, kann davon empirisch keine Rede sein. Bereits bei Jugendlichen zeigen sich deutliche Unterschiede des Freizeitverhaltens in Abhängigkeit von Differenzen der sozialen Herkunft, der schulischen und beruflichen Bildung, auch wenn diese Unterschiede noch nicht so stark ausgeprägt sind wie bei Erwachsenen, da Jugendliche ja ihre Statusfindung noch nicht abgeschlossen haben. Im Freizeitverhalten von Jugendlichen setzen sich zum Teil diejenigen Muster fort, die auch in anderen Bereichen am ehesten Erfolg garantieren bzw. dort gelernt wurden. Jugendliche aus höheren Sozialschichten sind zum Beispiel in ihrem Freizeitverhalten stärker leistungsorientiert als Jugendliche aus unteren Schichten, diese üben umgekehrt häufiger rezeptive und weniger auf spezifische Ziele gerichtete Tätigkeiten aus. Die Teilnahme an der dominanten geselligen Kommunikation ist hingegen weitgehend schichtunspezifisch verteilt, ebenso ein Teil der sportlichen Aktivitäten. Dagegen bestehen erhebliche Schichtdifferenzen bei den insgesamt selten ausgeübten Freizeitaktivitäten wie Hobby, Bildung, musischen Tätigkeiten, Jugendverbandsarbeit, Wandern und ähnlichem. Sehr deutlich ausgeprägt sind übrigens auch geschlechtsspezifische Freizeitmuster.

Folgende allgemeine Randbedingungen für die Freizeit- und Konsumerziehung können aus diesen Feststellungen abgeleitet werden:
– Die Bedeutungen der Freizeit und des Freizeitverhaltens Heranwachsender sind jugendspezifisch und müssen vom Standpunkt der jeweiligen Gruppe interpretiert werden, mit der es der Erzieher zu tun hat. Das setzt einen hohen Stand der Information über »Geschichte«, Struktur und das außerhalb institutioneller Kontrollen stattfindende Verhalten der Gruppe voraus.

– Die erfolgreiche Verinnerlichung von alternativen Leitbildern setzt voraus, daß diese nicht den gegebenen Bezugsgruppen der Freizeitorientierung zuwiderlaufen. Werden bei Jugendlichen Ziele und Rollen angestrebt, die bereits von der Altersgruppe definiert sind, wird der Erzieher als inkompetent zurückgewiesen oder unterlaufen, wenn seine Intention die gegebenen Muster in Frage stellt, ohne daß zugleich mindestens ebenso attaktive und einsichtige Alternativen angeboten werden.

– Bei der Arbeit mit Gruppen sind solche Einstellungen und Verhaltensweisen eher zu erreichen, die zunächst von den Führern und Schlüsselpersonen der Gruppe akzeptiert werden.

– Unterrichtsstoffe müssen aktuell sein, das heißt sich auf konkretes und gewohntes Verhalten beziehen. Ihre Reflexion durch die Schüler wird eher angeregt durch das planvolle Durchspielen realer Möglichkeiten und Konsequenzen als durch moralische Appelle und verbale Bewertungen.

– Sollen Lernprozesse in Freizeitsituationen selbst inszeniert werden, so ist der diffuse und expressive Charakter der Situation möglichst zu erhalten. Freizeitsituationen werden von Jugendlichen in der Regel nicht als Leistungssituationen interpretiert, sondern als solche, die Spaß machen und eine Vielfalt von Reizen beinhalten, wobei die Freiwilligkeit der Teilnahme erhalten bleiben muß.

– Konsumtive Aktivitäten Jugendlicher entziehen sich moralischer Bewertung von außen weitgehend. Als Ansatzpunkt für ihre kritische Reflexion bieten sich dagegen alternative Konsumobjekte und ihre Vorteile sowie die verdeckten Motive, deren Herkunft und die ökonomischen Bedingungen und individuellen Konsequenzen des Konsums an.

– Jugendliche empfinden ihre Freizeitmuster dort meist als selbstverständlich und vertraut, wo Erwachsene sie als neu und ungewohnt bewerten. Der Zugang zu ihnen ist eher möglich, wenn Jugendliche in der Artikulation von Innovationen zunächst bestärkt werden, als wenn diesen mit Skepsis und Unverständnis begegnet wird.

– Jugendspezifischer Symbolgebrauch entzieht sich ebenfalls moralischer Bewertung von außen. Dem demonstrativen Symbolismus liegen sehr häufig gar nicht die abweichenden kulturellen Wertmuster zugrunde, mit denen er identifiziert wird. Die stillschweigende Akzeptierung jugendlicher Symbole wird im Gegenteil sehr wahrscheinlich Vertrauen und Anerkennung seitens ihrer Träger zur Folge haben. Als sinnvoller Ansatzpunkt einer Kommunikation zwischen Erziehern und Jugendlichen bietet sich die Hilfe zur Kultivierung eines persönlichen Stils mittels der von den Jugendlichen entwickelten und akzeptierten Symbole an.

– Der Erzieher sollte sich über die soziale Zusammensetzung seiner Schüler oder Klienten im klaren sein, um beispielsweise zu verhindern, daß er Jugendliche anderer sozialer Herkunft an seinen eigenen Mittelschichtenstandards mißt. Ansatzpunkte, pädagogischer Stil, Sprachverhalten, Formen und relevante Motive der Kommunikation zwischen beiden sind danach zu wählen bzw. zu erschließen, was als geschlechts- und schichtspezifische Sozialisationsleistungen in der

Gruppe vorausgesetzt werden kann. Bei einer sozial differenzierten Gruppe ergibt sich daraus die Notwendigkeit der Anwendung einer differenzierten Kommunikationsstrategie, um nicht bestimmte Jugendliche zu fördern bei gleichzeitiger Zurückweisung und Frustration anderer.

Zum pädagogichen Spielraum

1. Notwendigkeit, reale Chancen und Ziele einer Freizeit- und Konsumerziehung

Wir haben zu zeigen versucht, daß die Freizeit für den einzelnen prinzipiell der institutionell ungesichertste und im Hinblick auf Wahlmöglichkeiten des Verhaltens offenste gesellschaftliche Sektor ist. Angesichts der universellen Pädagogisierung von vielen Lebensbereichen, die dem sozialen Wandel unterliegen, scheint auch die Nowendigkeit einer Freizeit- und Konsumerziehung keiner besonderen Begründung mehr zu bedürfen. Da man freilich gegenüber dem Anspruch einer totalen Pädagogisierung autonomer Lebensbereiche zu Recht sehr skeptisch sein kann, sei ein wichtiges Argument genannt: Ein Sektor wie die Freizeit trägt vorläufig noch eine Fülle von Quellen der Verunsicherung und psychischer Konflikte in sich, während er zugleich zahllosen Einflüssen der Freizeitindustrie, der Massenmedien und moralisch-meinungsbildender Gruppen unterliegt, die primär ihren partikulären Interessen folgen oder sich unter dem Aspekt des real gegebenen Normenpluralismus breite Repräsentativität anmaßen. In dieser Situation können pädagogische Orientierungshilfen mit aufklärenden und individuell stabilisierenden Funktionen eine emanzipatorische Notwendigkeit sein, sofern sie von Institutionen ausgehen, die fachkompetent, neutral in bezug auf partikuläre Interessen und politisch legitimiert sind. Der theoretische Grenzfall, daß die individuellen Akteure sich gegenüber den vielfältigen Freizeitansprüchen immunisieren, indem sie sich ausschließlich ins Private zurückziehen, bleibt auf Dauer fragwürdig, da hierdurch die öffentliche Lösung sozialer Probleme in der Freizeit unmöglich wird. Neben der emanzipatorischen Funktion kommt der Freizeiterziehung (im Verein mit der Freizeitplanung) also auch die Funktion zu, private Verhaltensstandards und Rechte mit politisch-öffentlichen Bedürfnissen zu vermitteln. Freilich ist dabei zu bedenken, daß im demokratisch-pluralistischen System auch die einflußreichste Instanz keinen allgemeinverbindlichen Maßstab dafür liefern kann, wie der einzelne nun sein Freizeitfeld subjektiv interpretiert, sondern immer nur die in bezug auf das Gemeinwohl politisch abgeleiteten Ziele und Notwendigkeiten, die dann wiederum der öffentlichen Revision durch Versuch und Irrtum unterliegen.

Vergegenwärtigen wir uns noch einmal, daß bei der Vermittlung von Freizeit- und Konsumrollen vier grundlegende Randbedingungen wirksam sind:

a) die durch die Stellung im Produktionsprozeß vorgegebenen materiellen Handlungsmöglichkeiten,

b) der objektive Handlungsspielraum aufgrund des verfügbaren finanziellen und zeitlichen Budgets sowie der individuellen Energie,

c) die primären physischen und psychischen Bedürfnisse,

d) die sekundären Bedürfnisse (abgeleitete soziale Motivationen) des Handelnden.

Die Freizeiterziehung im engeren Sinn wird sich dann weitgehend auf den Bereich d) als Objekt beschränken müssen. Andernfalls ergäbe sich die logische Konsequenz, daß man die Akteure, etwa durch moralischen Appell, dadurch verunsichert, daß man ihnen einerseits erweiterte oder ideale Freizeitorientierungen aufzeigt, andererseits aber die Bereiche a) und b) unberührt lassen muß und dadurch ungewollt dem einzelnen eine wachsende Differenz zwischen seiner sozio-ökonomischen Situation und den maximalen Möglichkeiten bewußt macht, ohne ihm zugleich die Mittel zu ihrer Überwindung zu liefern.

An dieser Stelle wird die grundlegende Begrenzung der Freizeiterziehung sichtbar. Sie mag »soziologische Realisten« wie Scheuch dazu veranlaßt haben, die Notwendigkeit freizeitpädagogischer Versuche gar nicht erst in Erwägung zu ziehen, sondern eher davon zu sprechen, daß Freizeit zunehmend »zu einem Objekt der Sozialplanung (wird) und . . . dabei (ist), Grundlage und Gegenstand für eine allgemeiner verstandene Gesellschaftsplanung zu werden« (Scheuch 1969, S. 749). Somit beginnt jenseits des pädagogischen Spielraums das weite Feld der Gesellschaftspolitik und Sozialreform, also der Aufgaben übergreifender politischer Institutionen, angefangen mit hohen Investitonen für die Infrastruktur, auf die Scheuch ebenfalls aufmerksam macht.

Geht man von einem bestimmten Bündel einsichtiger Ziele aus, von denen im folgenden nur einige wichtige angedeutet werden können, so richtet sich die konkrete Erziehungsstrategie danach, welche »pädagogischen Defizite« bei einer gegebenen Schüler- oder Klientengruppe im Hinblick auf diese Ziele feststellbar sind, wobei die Gruppe nach sozialer Lage und Rollensystem ihrer Mitglieder genau zu spezifizieren ist. Neben dem generellen pädagogischen Leitbild eines aufgeklärten und autonomen bzw. nach rational gewählten Verpflichtungen handelnden »Freizeit- und Konsumbürgers«, in dessen Perspektive ein Individuum je nach Situation eines Mehr oder Weniger an Aufklärung und Beratung, an Fähigkeiten des kritischen Wahlverhaltens, an Kenntnissen, Interessen geltend zu machen, an Autonomie des spielerischen Rollenwechsels usw. bedarf, seien die folgenden Ziele aufgeführt:

– Vermittlung von Leitbildern, die dafür sorgen, daß das Freizeitverhalten nicht mehr unter dem Druck der Kompensation steht, sondern als bewußte Erweiterung des eigenen Erlebnis- und Erfahrungshorizonts inszeniert wird. Die in der Arbeitsrolle reduzierten Ich-Leistungen können nicht ohne Schwierigkeiten in anderen Rollen erbracht werden, es sei denn durch neue Sozialisation. Der Aufbau solcher Ich-Leistungen bedeutet daher möglicherweise die Unterstützung des emotionalen Rückzugs aus der Arbeitssphäre. Da sich der Sozialstatus eines Individuums jedoch immer noch weitgehend aus der Arbeitsrolle herleitet, kann dies zu erheblichen psychischen Konflikten führen. Pädagogisches Ziel wäre dann der Aufweis von Freizeitmöglichkeiten, die eine hinreichende Befriedigung der emotionalen Bedürfnisse erlauben und die überwiegend instrumentale Bewertung der Arbeitssphäre stützten.

– Rationalisierung der Wahlentscheidungen durch Förderung des Vermögens zur Differenzierung zwischen dem Geltungsnutzen (Demonstration von Sozial-

prestige) und dem Zwecknutzen (Mittelcharakter im Hinblick auf Bedürfnisbe-
friedigung, Spiel, Entspannung, Kommunikation, Erweiterung des Lebensstils)
eines Gutes oder einer Freizeitaktivität.

– Befreiung der individuellen Freizeitorientierung von ihrer deterministischen
Abhängigkeit vom vorgegebenen Rollensystem und Vermittlung der dazu notwendigen Risikobereitschaft.

– Transparenz der Skala von äquivalenten oder vorteilhafteren Freizeitzielen
im Bewußtsein des Handelnden bei gegebenen Mitteln, wodurch die Erfahrung
neuer Spielarten des Freizeitverhaltens ermöglicht wird.

– Vermittlung eines individuellen Freizeitstils durch Förderung der Integration
verschiedener, durch Versuch und Irrtum ausgewählter Freizeitobjekte zu einem
bedeutungsvollen Ganzen, das persönliche Identität verleiht.

– Förderung der sozialen Kontaktfähigkeit und des individuellen Kommunika-
tionsstils in der Freizeit, wodurch der Aufbau neuer Gruppenbezüge und erweiterte soziale Erfahrungen ermöglicht werden.

2. Didaktische Konsequenzen

Die schwierigste, noch zu leistende Aufgabe der Freizeitpädagogik ist zweifellos die Umsetzung dieser Ziele in konkrete, didaktisch sinnvolle Einzelschritte
und die Erarbeitung einer situationsangemessenen Methodik. Hier müssen einige
abschließende Hinweise auf didaktische Konsequenzen genügen, die zum Teil
schon aus den weiter oben aufgeführten Randbedingungen direkt hervorgehen.
Zunächst gilt ganz besonders für die Freizeit- und Konsumerziehung, wie für
den gesamten Bereich der politischen Bildung und »Sozialkunde«, deren integrierter Bestandteil sie sein sollte, daß es hierbei um die Stützung oder Modifi-
zierung von Einstellungen und Verhaltensweisen geht. Das darauf bezogene Lernen läuft aber in konkreten Handlungssituationen ab und nicht vorwiegend über
kognitiv-informatorische Prozesse wie etwa der Mathematikunterricht. Solche
Situationen sollten in der Schule planspielartig simuliert werden; im sozialpädagogischen Bereich, zum Beispiel den Häusern der Jugend, sind sie aktuell gegeben. Problematisch ist dabei die Rolle des Erziehers, der sich primär affektiv
neutral, leistungsspezifisch und universalistisch verhält, während die in Freizeitsituationen der Jugendlichen vorherrschenden Maßstäbe ja eher expressiv-diffu-
ser Art sind. Aus dieser latenten Konfliktlage folgt die Notwendigkeit eines in-
formalen, zurückhaltenden und nondirektiven pädagogischen Stils. Anstelle der
einfachen Konfrontation der Jugendlichen mit vordefinierten Werten und Normen ohne Kriterien für ihre Prüfung erscheint uns dabei grundsätzlich ein empi-
risch-pragmatischer Weg sinnvoller: man spielt die empirischen Konsequenzen
verschiedener Maßstäbe und Rollen in einer konkreten Situation durch und
erhält so rationale Entscheidungskriterien.

So zum Beispiel bei der Analyse des Motivs: »ich muß mir die *Mittel* verschaffen,
einen *rasanten Wagen* fahren zu können; dann gelte ich als *technisch versiert, sportlich*
und *erfolgreich*, werde *bewundert* und von *meiner Gruppe anerkannt*«, wobei die her-

vorgehobenen Elemente auf ihr Woher, Weshalb, ihre Vor- und Nachteile sowie ihre logischen Zusammenhänge hin kritisch befragt werden.

Am Beispiel der Mode lassen sich die Dimensionen ihres Gebrauchs ausfindig machen und kritisch vergleichen, woraus eine reflektierte Hierarchie der zukünftigen Benutzung resultieren kann: a) spielerisches Rollenverhalten: modischer Wandel eröffnet den Reichtum an symbolischen Alternativen des Verhaltens (Ästhetik, Verkleidung, Stil, Geschmack); b) Mode als Beschränkung individueller Konsumalternativen: Diktatur der Produzenten, Fixierung auf Klischees und Leitbilder, Manipulation durch Propaganda; c) Mode als Ausdruck sozialen Wandels: Entwicklung von Design, Kunst, Qualität, Formen des Gebrauchs; d) Mode als Symbol des sozialen Status und der Gruppenzugehörigkeit usw.

Der Sozialpädagoge hat die Möglichkeit, nach denjenigen speziellen Rollen der Jugendlichen zu suchen und zu ihrer Entwicklung anzuregen, die erfolgreiches Verhalten gewährleisten. Es sind dies gerade jene Rollen, die unabhängig vom eingeschränkten Spielraum der Arbeitswelt sich zu einer gewissen Perfektion ausgestalten lassen:

So zum Beispiel der notorische Fußballfan, der mit quasi-wissenschaftlicher Akribie die Ereignisse der Saison analysiert und Prognosen über die nächsten Spiele verkündet: er kann im Freizeitheim die Organisation von Fußballmannschaften und Wettkämpfen übernehmen; oder der Spezialist für moderne Beat- und Rockmusik: er übernimmt verantwortlich die Verwaltung der Diskothek und organisiert den nächsten Tanzabend.

Als allgemeines Prinzip einer solchen Didaktik kann schließlich gelten: Benutze den Erfahrungsstand der Jugendlichen und akzeptiere ihn vorurteilsfrei; lasse die darin enthaltenen Verhaltensmuster kritisch reflektieren nach einem sichtbaren Vergleichsmaßstab modifizierter oder alternativer Muster, wobei eine ausgewogene Antwort auf die Frage möglich ist: sind diese oder jene attraktiver im Hinblick auf expressiv-diffuse Erfahrungen, erbringen sie instrumentale Vorteile und versprechen sie spätere Belohnungen?

2. Horst W. Opaschowski
Kritische Freizeitpädagogik

Vorbemerkungen

In dem dreibändigen Kompendium »Erziehungswissenschaft«, dessen abschließender dritter Band im Januar 1971 erschienen ist, wird bei einem Umfang von über 1000 Seiten das Freizeitproblem auf 2 (zwei!) Seiten beiläufig erwähnt und damit genauso oft behandelt wie z. B. die im Buch ebenfalls nur zweimal erwähnten und darum belanglosen Stichwörter »Frauengefängnis«, »selektive Züchtung« oder »Strichliste«. Im Gegensatz zur Freizeit finden die Themen »Arbeit«, »Beruf«, »Industrie«, »Wirtschaft« und »Leistung« auf über hundert (!) Seiten Beachtung. Dieses einschlägige Werk, dessen erster Band mit einer Auflage von 25 000 bereits nach zwei Monaten vergriffen war und das auf der

Funk-Kolleg-Reihe des Hessischen, Saarländischen, Süddeutschen und des Südwestrundfunks basiert, versteht sich als »eine zeitgemäße ›Einführung‹ in die Erziehungswissenschaft unter Berücksichtigung *aller* modernen Erkenntnisse«. Wie *Klafki* einleitend bemerkt, hat das Autoren-Team »die Fülle der einzelnen Erkenntnisse« in »ihrer Bedeutung im Gesamtzusammenhang *gewichtet*«, um »Zentrales von Peripherem«[1] zu unterscheiden. Das Ergebnis ist bekannt: Arbeit und Beruf gehören zu den zentralen Themen der Erziehungswissenschaft, die Freizeit aber ist – pädagogisch gesehen – ein peripherer Bereich. In den kommenden Jahren werden sich die meisten Studenten, Lehrer und Sozialpädagogen an den Aussagen dieses grundlegenden Buches orientieren und zur Kenntnis nehmen, daß es pädagogische Freizeitprobleme eigentlich nicht gibt – auch wenn sich die ›Sozialisierung‹ des jungen Menschen heute vorwiegend in der Freizeit – außerhalb von Elternhaus, Schule und Betrieb – mit allen Chancen und Risiken vollzieht, jeder dritte Gattenmord[2] an einem Samstag geschieht, jeder dritte Arbeitsunfall sich an einem Montag (unmittelbar *nach* dem freien Wochenende) ereignet und die Freizeit weiter anwächst . . .

Die folgenden Ausführungen werden zeigen, daß es durchaus relevante Freizeitprobleme gibt, die die Pädagogen dazu herausfordern, bestimmte Grundeinstellungen, Haltungen, Verhaltenstechniken, Verfahrensweisen und ›Spielregeln‹ für die Freizeit zu entwickeln und erzieherisch zu vermitteln. Die Frage nach den Freizeitinhalten wird gegenüber der Entwicklung von geeigneten Instrumentarien und praktikablen Freizeitverhaltensmustern zweitrangig sein.

Was ist ›Freizeit‹ und wodurch legitimiert sich ›Freizeitpädagogik‹?[3] Unter Freizeit wird im folgenden – aus pädagogischer Sicht – ein Zeitraum verstanden, der dem einzelnen ein Minimum an ökonomischem, sozialem und normativem

---

[1] *W. Klafki* (u. a.): Erziehungswissenschaft. Eine Einführung, Bd. 1, Frankfurt/M. 1970, S. 16 und 28.

[2] Ehestreitigkeiten nehmen in der Freizeit (vor allem an Wochenenden) deshalb so rapide zu, weil in diesem Zeitraum bei oft andauernden passiven Freizeitbeschäftigungen (z. B. Fernsehen) psychische Stimulationen fehlen. Sozial isoliert in einer abgeschlossenen Wohnung konzentrieren sich die Menschen in ihrer Wahrnehmung ganz auf das eigene Tun (bzw. Nichts-Tun) und Denken. In einer Atmosphäre, in der es an variierenden sozialen Kontakten mangelt, werden zunehmend rationale Mechanismen abgebaut. Der Mangel an Außenreizen führt zu Unzufriedenheit und Kommunikationsschwierigkeiten. Tauchen dann innerhalb der Familie Konflikte auf, so werden sie nicht verbal geregelt, sondern offen (ohne Selbstkontrolle) ausgelebt. Aufgestaute Aggressivität wird nach außen projiziert. Freizeit kann unter diesen Umständen mehr belastend als entspannend wirken.

[3] Über den Begriff ›Freizeitpädagogik‹ ist niemand recht glücklich, weil er zu Vorurteilen Anlaß gibt, doch hat er sich in Analogie zur ›Freizeitsoziologie‹ und ›Freizeitpsychologie‹ bzw. ›Berufspädagogik‹, ›Medienpädagogik‹, ›Friedenspädagogik‹ u. a. durchgesetzt. Solange nicht versucht wird, Probleme der Freizeit isoliert zu behandeln oder überzubewerten (um von den wirklichen Arbeitsbedingungen und -mängeln abzulenken), ist gegen die Verwendung des Begriffs Freizeitpädagogik grundsätzlich nichts einzuwenden.

Zwang auferlegt und ein Maximum an individueller Wahl-, Entscheidungs- und Handlungsfreiheit gewährt. Freizeit ist demnach ein individueller Lebensraum, in dem überlieferte Verhaltensregeln nicht mehr praktikabel, allgemein verbindliche Spielregeln aber auch noch nicht geschaffen sind. Hieraus leitet sich die Legitimation der Freizeiterziehung ab, die – nicht eigenständig und nicht isoliert – als kritisches Korrektiv zur Arbeits-, Berufs- und Wirtschaftspädagogik integriert bleibt in die Gesamterziehung. Freizeitpädagogik ist keine eigene wissenschaftliche Disziplin; als pädagogische Theorie und Praxis der sozio-kulturellen Lernprobleme im modernen Freizeitsystem ist sie ein Teilbereich der Erziehungswissenschaft und Erziehungswirklichkeit. Je nach dem Ort, an dem die Art der Freizeitverwendung aus pädagogischer Sicht problematisch wird, tritt die Freizeitpädagogik als Bestandteil der Familienpädagogik, der vorschulischen Erziehung, der Schulpädagogik, der außerschulischen Jugendarbeit, der Erwachsenenbildung oder der Sozialpädagogik auf. Was die Freizeitpädagogik leisten muß, um den einzelnen auf die Freizeitprobleme von heute und morgen vorzubereiten, darüber sollen die folgenden neun Thesen Aufschluß geben, die nicht abschließend, sondern offen, diskutierbar und veränderbar sind.

These 1: Freizeitpädagogik versteht sich als eine »kultivierte Form sozialer Dienstleistung«[4], die dem einzelnen – von der Vorschulerziehung bis zur Erwachsenenbildung – Lernhilfen zum Auslösen und Aushalten individueller und gesellschaftlicher Veränderungen anbietet.

Freizeitpädagogik will den einzelnen zu Einstellungs-, Bewußtseins- und Verhaltensänderungen in der Freizeit bereit und für ständiges Lernen, Weiterlernen und Umlernen fähig machen. Sie will ihm das Bewußtsein vermitteln, daß es in erster Linie an ihm selbst liegt, was aus *seiner* Freizeit wird. Sie will ihn dazu ermutigen, freiwillig, bewußt und kritisch an den vielfältigen Angeboten der Gegenwartskultur und ›Freizeitindustrie‹ zu partizipieren. Freizeitpädagogik will ihn davon überzeugen, daß die Freizeit in erster Linie eine Sache seiner eigenen Bemühung ist, die er selbst zu verantworten hat.

Freizeitpädagogik will den einzelnen in der Freizeit weder ›gängeln‹ noch aufdringlich ›pädagogisieren‹: Freizeit ist kein Pädagogikum. Darum will Freizeitpädagogik dem einzelnen nur Lernhilfen anbieten, damit er seine Freizeit optimal, d. h. mit einem Höchstmaß an individueller Wahl- und Entscheidungsfreiheit verwenden und dabei dem Fernziel ›Selbstrealisierung‹ bzw. ›Selbstbestimmung‹ ein Stück näherkommen kann.

In diesem Zusammenhang sei ein grundsätzlicher Einwand und kritischer Exkurs darüber erlaubt, daß die meisten Theoretiker der Freizeitpädagogik bis heute darin übereinstimmten, Freizeit müsse ›sinnvoll gestaltet‹ werden und dem einzelnen die Möglichkeit zu ›schöpferischer Pause‹ bieten[5]. Diese in den 60er

Wittl.

---

[4] *M. Wiede:* Pädagogische Überlegungen zur Geselligkeit im Jugendtourismus, in: Jahrbuch für Jugendreisen und Internationalen Jugendaustausch, Bonn 1968, S. 73.

[5] Erinnert sei nur an Aufsatztitel wie z. B. »Sinnvolle Freizeit« (*M. Keilhacker*); »Freizeitgestaltung als schöpferische Aufgabe« (*M. Fischer*); »Sinnvolle Freizeitge-

Jahren immer wieder erhobene Forderung nach *sinnvoller Freizeit* bzw. *Freizeitgestaltung* und *schöpferischer Pause* hat dazu geführt, daß Öffentlichkeit und Wissenschaft[6] die Freizeitpädagogik mit der Kulturkritik gleichsetzen, die ›berufsmäßig‹ über die ›sinnentleerte Freizeit‹ und den Verlust der ›echten Muße‹ klagt. Warum die bisherige ›sinngebundene‹ Zielbestimmung der Freizeitpädagogik heute so fragwürdig und problematisch ist, soll im folgenden erläutert und begründet werden.

Das Wort *»Freizeitgestaltung«* wurde von dem Pädagogen *Fritz Klatt* (1888–1945) geprägt und bildete den Titel eines Buches, das 1929 erschienen ist[7]. Für *Klatt* bestand die Aufgabe der Freizeitpädagogik darin, »sich der periodischen Pausen des Berufslebens in geschmeidigster Weise pädagogisch zu bemächtigen«, um »die in der Freizeit mit Erfolg mobilisierten jungen Berufsträger weiterhin zu dirigieren.« Es ist einsichtig, daß *Klatts* Versuch, den einzelnen ›meuchlings‹ (also in geschmeidigster Weise, ohne daß er es merkt) zu ›pädagogisieren‹, ebenso wie seine freizeitpädagogischen Vorstellungen, die durch Vokabeln wie bemächtigen, mobilisieren und dirigieren zum Ausdruck kamen, in den dreißiger Jahren von der nationalsozialistischen ›Kraft-durch-Freude‹-Bewegung mit Leichtigkeit aufgenommen und entwertet werden konnten.

Selbst wenn man von dem historisch-politischen Hintergrund absieht, bleibt die Tatsache bestehen, daß mit dem Wort ›Freizeitgestaltung‹ heute zumeist das passive ›Gestaltet-Werden‹ bzw. das ›Sich-etwas-gestalten-Lassen‹ assoziiert wird. Darüber hinaus lassen sich damit Synonyma wie ›bilden‹, ›formen‹ oder ›schöpferisch entwickeln‹ verbinden, die dem Wort ›Gestaltung‹ einen feierlichen

staltung« (*J. Loschelder*); »Jugendliche zwischen sinnvoller und sinnloser Freizeit« (*H. H. Muchow*) u. a. Vgl. auch die folgenden für die Freizeitpädagogik der 60er Jahre charakteristischen Aussagen:

Dt. Ausschuß für das Erziehungs- und Bildungswesen: »Die Freizeit hat als freie Zeit, als Zeit für die Freiheit, den Sinn, jenes unmittelbare Dasein, jene Muße möglich zu machen« (In: Zur Situation und Aufgabe der deutschen Erwachsenenbildung. Gutachten, Stuttgart 1964, S. 37 f.)

L. Froese: »Drittens könnte durch die Entwicklung einer Freizeitkunde dem Schüler ein Maßstab für die eigenverantwortliche Selbstgestaltung seiner Freizeit gegeben werden.« (In: Schule und Gesellschaft, Weinheim 1962, S. 125).

H. Roth: »Die kommende Generation muß ... für die sinnvolle Handhabung und Erfüllung ihrer wachsenden Freizeit ... vorbereitet werden.« (In: Jugend zwischen Reform und Restauration, Berlin-Hannover-Darmstadt 1961, S. 64).

H. E. Wittig: »Der Lehrer ... (sollte) an besonderen Tagen mit seiner Klasse, mit Gruppen oder einzelnen Schülern das ›sinnvolle Freizeitverhalten‹ praktizieren, d. h. Konzerte, Theater, Sport oder andere Veranstaltungen besuchen.« (In: Schule und Freizeit, 2. Aufl., Bad Harzburg 1964, S. 104) u. a.

[6] Noch im Oktober 1970 ließ sich ein bekannter deutscher Soziologe auf einer Tagung in Bad Wildungen zu der Bemerkung hinreißen: »Alle Freizeitpädagogen sollte man totschießen.«

[7] F. Klatt: Freizeitgestaltung. Schriften zur Erwachsenenbildung, Bd. II, Stuttgart 1929.

Klang geben (vgl. Fest-, Raum-, Bild-, Gartengestaltung u. a.). Es ist kein Zufall, daß dieses Wort im »Wörterbuch des Unmenschen« verzeichnet ist[8]. Indem es nämlich auf etwas Feierliches, Feinsinniges, Schöpferisches und Besinnliches hinweist, will es als etwas Höheres erscheinen: Dahinter verbirgt sich der unredliche Wichtigtuer. Freizeitgestaltung ist ein unredliches Wort, das mehr scheinen will als es wirklich ist. Vor allem impliziert es, daß Freizeit gestaltet werden muß (vgl. *Stefan Zweig*: »Gestalten heißt richtig sehen, konzentrieren und steigern, das Maximum hervorheben«), als ob es nicht noch andere Möglichkeiten der Freizeitverwendung geben würde.

Hinter der Bezeichnung *sinnvolle* Freizeit bzw. Freizeitgestaltung verbirgt sich die ideologisch verbrämte Durchsetzung bestimmter Inhalte, Ziele und Ideale. Sinnvolle Freizeitgestaltung setzt voraus, daß es Normvorstellungen für die Freizeit gibt, was nicht der Fall ist. Allgemein verbindliche Maßstäbe für die Sinnerfüllung der Freizeit sind nicht vorhanden. Jeder einzelne wählt in seiner bestimmten Lebenssituation seine eigene Form der Freizeitbeschäftigung. Fernsehen, Wandern, Schwimmen, Reisen, Demonstrieren oder Debattieren können für den einen in der Freizeit sinnvoll, für den anderen sinnlos sein. Freizeitpädagogik sollte darum nicht auf die Ausübung *sinnvoller* Freizeittätigkeiten achten, sondern vielmehr die Bereitschaft und Fähigkeit des einzelnen stärken, seine Freizeit freiwillig, selbstverantwortlich und zur eigenen Freude so zu verwenden, wie er sie verwenden will und nicht, wie andere sie *sinnvoll* verwendet wissen wollen.

Auch der Begriff *schöpferische Pause* wurde von *Fritz Klatt* geprägt. Das gleichnamige Buch erschien 1921. Darin charakterisierte Klatt die schöpferische Pause als eine »Erbauungszeit«, die dem »Aufbau des Selbst« gewidmet ist, und in der der Mensch in sich selbst versinkt, ganz zur Besinnung und zur Ruhe kommt. Die Pause ist für ihn gleichsam der menschliche Ruhekern, in dem die Entfaltung des Lebens beschlossen liegt. Die schöpferische Pause unterliegt ganz dem »Arbeitsdogma«, das dem Menschen befiehlt, sich in die unbedingte Abhängigkeit von der Arbeit zu begeben. Die schöpferische Pause wird selbst zur Arbeitspflicht: »Arbeit ist Freude und die Fortsetzung der Arbeit über den natürlichen Ermüdungspunkt hinaus, ist das äußerste Glück, das den Menschen zuteil werden kann.«[9] Die Verabsolutierung der Arbeit spricht für sich.

Unabhängig von *Klatts* Ausführungen stellt der Begriff *Pause* nur eine kurzfristige Unterbrechung der Arbeitstätigkeit dar. (Pause, spätmhd. puse, heißt *Zwischenzeit*, *Unterbrechung einer Arbeitstätigkeit*). Pause bleibt in das System der Arbeit einbezogen, ist ausschließlich auf Arbeit orientiert. Ob sie nun fünf Minuten oder eine Stunde dauert, Pause ist nur um der Arbeit willen da, hat nur indirekt etwas mit freier Zeit zu tun. Pause ist zwar arbeitsfreie Zeit, aber dennoch zweckgerichtet auf Arbeit und Erwerbstätigkeit.

[8] *D. Sternberger, G. Storz* und *W. W. Süskind:* Aus dem Wörterbuch des Unmenschen, München 1970.
[9] *F. Klatt:* Die schöpferische Pause, Jena 1921, S. 40.

Mit der Bezeichnung ›schöpferische Pause‹ assoziiert man die Pflege und Kultivierung sprachlicher, bildnerischer und musischer Fähigkeiten. Von daher gesehen ist schöpferische Pause problematisch, weil sie die Arbeit verabsolutiert und Defizite des Arbeitssystems auf Kosten der Freizeit ausgleichen will. Tendenziell beschwört die schöpferische Pause die Gefahr herauf, daß der Mensch ›verbastelt‹ wird und konflikt- und reibungslos, schöpferisch und musisch im eigenen Hobbyraum für sich ›dahinwerkelt‹. Indem er sich mit vorindustriellen Arbeitsweisen beschäftigt, wird seine gesellschaftspolitische Wachsamkeit ›eingeschläfert‹ und verhält er sich systemkonform – ganz im Interesse der Arbeitswelt und der Freizeitindustrie. Während er sich ins Private und scheinbar Heile zurückzieht, bleibt oder wird er wehrlos gegenüber künftigen gesellschaftspolitischen Anforderungen, vergißt er über seinen Hobby-Leistungen die wirklich ungelösten Probleme der industriellen Arbeitswelt.

These 2: Freizeitpädagogik basiert auf der positiven Einstellung zu einer konfliktreichen Welt, die nicht harmonisierbar ist.

Konflikte gehören zum täglichen Leben, auch zur Freizeit. Man darf sie weder leugnen noch vor ihnen fliehen. Freizeitpädagogik will darum jene Fähigkeit vermitteln, durch die Konflikte ausgehalten, erträglich gestaltet oder geregelt werden können. Freizeitpädagogik basiert auf der positiven Einstellung zu auftauchenden Spannungen und Konflikten, die als individuell auferlegte Entscheidungssituationen, in denen man Lebenstechniken lernen kann, angesehen werden und nicht als unerträgliche Abweichungen von einem ersehnten ›Normalzustand‹. Gerade hier muß der traditionellen Freizeitpädagogik der Vorwurf gemacht werden, daß sie überwiegend negativ bestimmt war und sich in der Negation der Industrialisierung und Technisierung des modernen Lebens erschöpfte. Sie verstand die Freizeit als Gegenwelt zum Arbeitsleben und als idealistische Flucht- (und damit Ausflucht)möglichkeit vor den Anforderungen der Industrie- und Leistungsgesellschaft. Diese pädagogische Freizeitkonzeption wollte keine Probleme lösen oder Konflikte aushalten, sie wollte lediglich vor Gefahren warnen, wollte abschirmen und abwehren. Entsprechend fielen ihre Empfehlungen aus: Die fröhliche Gemeinschaft der Gruppen- und Vereinsmitglieder sollte vor Vermassung schützen, Hobbys und musische Betätigungen sollten vor Entseelung bewahren und Sport und Wandern eine Antwort auf Monotonie und mangelnde Bewegung im Arbeitsleben sein. Immer verstand sich hierbei Freizeitpädagogik als Gegen-Bewegung und Re-Aktion auf negative Auswirkungen der Arbeitswelt, als Abwehr von Disharmonie. Diese Art von Freizeitpädagogik machte die Freizeit zum Schirm-, Schutz- und Schonraum, zum Refugium, zur Insel des Friedens in einer friedlosen Welt. Sie verhielt sich – ganz im Sinne unserer extraversiven Konsumkultur – ›systemstabilisierend‹, denn »von der Lobpreisung der Waschmaschine bis zum Heroin besteht unsere Zivilisation auf der Verlegung ihrer Schattenseiten. Ihre Werbungstechnik unterscheidet sich darin«, wie *Mitscherlich* herausfand, »gar nicht von der alten theologischen Propaganda, den Menschen immerfort an seinem Illusionswillen zu packen, statt ihn gegen Illusionen stark zu machen«[10].

Eine moderne, den künftigen Anforderungen angemessene Freizeitpädagogik kann und darf keine solche illusionäre ›Nestwärme‹, die bloße Pseudo-Geborgenheit ist, mehr zum Leitziel erheben. Die »glückliche« (?!) Erfahrung eines spannungsfreien und reibungslosen Freizeitlebens würde die Arbeitszeit nur noch unerträglicher machen.

In Zukunft muß die Freizeitpädagogik dem einzelnen dazu verhelfen, unbewältigte Probleme ausreifen zu lassen und ihn veranlassen, sich um eine Erhellung seines Konflikthintergrundes zu bemühen. Die Gemeinschaftsseligkeit im Verein wird im allgemeinen dazu weniger beitragen können als etwa das Nichts-Tun oder die Lange-Weile. Wer dagegen den spannungsfreien Auszug aus dem Arbeitsleben unter allen Umständen und mit allen Mitteln zur ›Prestigefrage‹ und zum einzigen Kennzeichen einer gelungenen Freizeit macht, betrügt sich selbst.

Auch in der Freizeit gibt es Streit und Auseinandersetzungen, die physisch und psychisch bewältigt werden müssen. Freizeiterziehung will darum die formale Eigengesetzlichkeit solcher Konflikte erkennbar und mit bestimmten Grundmustern bzw. ›Typen‹ von Konflikten vertraut machen, die in der Freizeit immer wieder vorkommen. Der einzelne sollte wissen,

– daß er sich in der Freizeit persönlicher und offener als im Berufsalltag verhält und

– daß er hier schnell und intensiv mit kontroversen Temperamenten, Lebensstilen und Weltanschauungen aufeinanderprallen kann.

Wenn er die Zusammenhänge dieser Konfliktdynamik begreift, wird er auch zur Einsicht gelangen, daß die wenigsten Konflikte unvermeidlich, die meisten aber vermeidbar sind. Mit dieser positiven Einstellung zu mehr oder minder gesetzmäßigen Konfliktabläufen kann er sich vor einer Überschätzung der Einzelkonflikte ebenso bewahren wie er lernen kann, angemessene ›Verhaltensmuster‹ in Konfliktsituationen einzuüben. Das rationale Austragen von Konflikten wird ihm auf diese Weise zusätzlichen Handlungsspielraum sichern.

These 3: Freizeitpädagogik befreit von der totalen Identifikation mit der Berufsrolle (bzw. von der arbeits- und fremdbestimmten Freizeitrolle) und der damit verbundenen Ideologisierung der Arbeit und Verabsolutierung des Leistungsprinzips.

Noch vor der industriellen Revolution waren Arbeitsrolle und Freizeitrolle weitgehend identisch und integriert in alle übrigen sozialen Beziehungen. Arbeit und Freizeit bildeten eine organische Einheit. Erst im Laufe der Industrialisierung erlangte das ›Arbeitsethos‹ ein deutliches Übergewicht – angeregt und gefördert durch bestimmte religiöse Glaubensinhalte im Pietismus, Calvinismus und Protestantismus: Um der Arbeit willen leben – Arbeit macht das Leben

---

[10] *A. Mitscherlich:* Die Unwirtlichkeit unserer Städte. Anstiftung zum Unfrieden, Frankfurt/M. 1969, S. 82.

– süß – Arbeit adelt – Arbeit als Selbstbestätigung und absoluter Wert – Arbeit als eine Art ›Gottesdienst‹ – Mühsal in der Arbeit, asketische Lebensführung in der Freizeit – Müßiggang ist aller Laster Anfang u. a. Die protestantische Berufsethik ebnete dem Geist des Kapitalismus im 19. Jahrhundert den Weg. Der Dualismus von Arbeit und Freizeit bildete sich heraus. Profit, Produktivität und Rentabilität beherrschten seither den Arbeitsprozeß, oft auf Kosten des Freizeitlebens. Permanenter Leistungsdruck reduzierte den Menschen zum homo faber, zum reinen Arbeitswesen, das sich selbst in der Freizeit noch für die Arbeit ›fit‹ halten mußte.

Dieses Leistungsbewußtsein ist bis heute bei den Menschen wachgeblieben, ja noch so stark ausgeprägt, daß die meisten weiterhin glauben, Freizeit müsse ›sinnvoll‹ und ›zweckmäßig‹ gestaltet werden – mit anderen Worten, sie müsse ›nützlich‹ sein. Unbewußt werden damit wieder Leistungskriterien ins Spiel gebracht. Arbeit und Fleiß sind in Deutschland (neben Disziplin und Ordnung) nationale Tugenden geblieben. Wirtschaft und Industrie suggerieren täglich durch die Werbung einen Zusammenhang zwischen Freizeitaktivität und sozialer Anerkennung: Freizeitaktivitäten (-leistungen) dienen der Selbstwertsteigerung und Prestigeverbesserung; sie entscheiden über Rolle und Rang des einzelnen in der Gesellschaft. Die Konsequenz dieses permanenten Leistungsstrebens wird deutlich: Wer dieser Freizeitideologie uneingeschränkt huldigt, macht seine Freizeit zu einer »Arbeit im Leerlauf« *(F. Nietzsche)* – auf Kosten wirklichen ›Freiseins von Arbeit‹. Die Freizeitpädagogik sieht darum ihre vornehmliche Aufgabe darin, die Menschen darüber aufzuklären, daß sie Gefahr laufen, auch in der Freizeit vom Arbeitssystem abhängig zu bleiben, ja von ihm beherrscht zu werden, wenn sie weiterhin versuchen, ihre ›sinnvolle Freizeitgestaltung‹ durch sichtbare Erfolge nachzuweisen: Sportliche Betätigung, Garten- und Hausarbeit, Briefmarken sammeln, Bücher lesen, Aktiver Urlaub, ›Fit durch Ferien‹ u. a. Hobbys und Reiserouten werden hierbei erledigt wie eine Arbeitsanweisung, souverän und rationell; sie werden abgehakt und zu den Akten genommen. Mit diesem ›Leistungsnachweis‹ in der Freizeit bleiben die Menschen einseitig arbeitsbezogen: »Unterm Schein des Spiels und der freien Entfaltung der Kräfte«[11] verdoppeln Sport und aktive Freizeit die Arbeitswelt. Und die Industrie hilft kräftig nach, indem sie serienweise Werkteile und Geräte mit ›praktischen‹ Gebrauchsanweisungen liefert. Sie nimmt die Ersatzbefriedigung des Heimwerkerstolzes in eigene Regie und macht »die Selbsthersteller zu Kunden einer mit modernsten Techniken arbeitenden Branche.« Auf diese Weise verleiht sie »dem Hobby unversehens den Konsumcharakter«[12], dem zu entgehen doch eigentlich das Ziel der Do-it-yourself-Bewegung ist. Die Grenzen zwischen Heim- und Handwerker verwischen sich in gleichem Maße wie sich unter dem Schein der Freiheit Arbeits- und Leistungszwang durchsetzen.

[11] *J. Habermas:* Soziologische Notizen zum Verhältnis von Arbeit und Freizeit, in: H. Giesecke (Hrsg.): Freizeit- und Konsumerziehung, Göttingen 1968, S. 116.
[12] Ebenda S. 114.

Nach diesem Prinzip verfährt z. B. *Heinz Meyer,* der Autor der 1970 erschienenen Studie »Zum Problem der Freizeitdidaktik«[13]. *Meyer* fordert für die Schule Hobbys als »Wahlleistungsfächer«, wobei der »Akzent gleichermaßen auf ›Wahl‹ wie auf ›*Leistung*‹ liegt«. In besonderen »*Arbeits*gemeinschaften« soll das Augenmerk auf »leistungs- und *erfolgs*betontes Lernen« gerichtet werden. *Meyer* interpretiert die Freizeit in Anlehnung an *Flitner* als »zweite Arbeitswelt«, in der Wettbewerb und Erfolg »interessebildend und leistungsmotivierend« wirken. Selbst die »Überforderung« in der Freizeit betrachtet der Autor noch als »ein legitimes Prinzip alles sinnvollen pädagogischen Handelns«. Und »mit etwas Fantasie«, so folgert *Meyer* allen Ernstes weiter, »müßte es gelingen, Wettbewerbsmodalitäten mit differenzierten Leistungsanforderungen und hohen Erfolgschancen zu ersinnen«. Als Ausgleich zum angepaßten, konvergierenden Verhalten in der Arbeitswelt empfiehlt er schließlich eine Erziehung zur »Kreativität«[14]. Diese Art von Freizeitpädagogik befreit nicht von der Ideologisierung der Arbeit und der Verabsolutierung des Leistungsprinzips, sie unterstützt sie vielmehr, indem sie Leistung und Erfolg zum Lebensprinzip erhebt und das Freizeitverhalten einseitig vom Arbeitsverhalten abhängig macht.

Nun besteht kein Zweifel, daß – wie man sich auch immer in der Freizeit verhält – der Charakter der Freizeit vom Charakter der Arbeit beeinflußt wird. Daran wird man nichts ändern können – auch nicht dadurch, daß man das ›Arbeitsethos‹ durch ein ebenso fragwürdiges ›Freizeitethos‹ zu ersetzen versucht. Die ausschließliche Reduktion des Menschen auf den privaten Bereich der Freizeit könnte zwar die Heroisierung der Arbeit abbauen helfen, würde aber eine neue Freizeitideologie schaffen und insofern das eine Problem durch ein anderes ersetzen. Die radikalen Gegensätze von Arbeit und Freizeit aber blieben bestehen.

Hier setzt die Aufgabe einer kritischen Freizeitpädagogik ein, die nicht mehr und nicht weniger will, als *den Menschen von der totalen funktionellen Bindung an die Arbeit zu befreien.* Sie will ihm bewußt machen, daß es neben der Arbeitsrolle auch noch andere Rollen (soziale, kulturelle, gesellschaftspolitische u. a.) gibt, die ausgefüllt und ausgelebt werden müssen.

Im Rahmen einer 1970 von der Forschungsgruppe »Freizeit« des Seminars für Sozialwissenschaften der Universität Hamburg durchgeführten Repräsentativbefragung wurden zwei Fragen zum Verhältnis von Arbeit und Freizeit gestellt[15]. Auf die erste Frage »Denken Sie während der Arbeit oft, selten oder nie an die *Freizeit*« antworteten

51,0 Prozent: »oft«,
20,0 Prozent: »selten«,
13,0 Prozent: »nie«,

[13] *H. Meyer:* Zum Problem der Freizeitdidaktik, in: Pädagogische Rundschau, Jg. 24, H. 12, Ratingen 1970, S. 934–944.
[14] Ebenda S. 938 ff.
[15] *M. Prosenc:* Wozu Freizeitforschung? (Referat gehalten am 28. November 1970 auf der Tagung »Freizeit und Planung« in der Evangelischen Akademie Loccum).

während die übrigen Befragten sich für keine der drei Antworten entscheiden konnten.

Auf die zweite Frage »Denken Sie während Ihrer Freizeit oft, selten oder nie an die *Arbeit*« antworteten

32,5 Prozent: »oft«,
34,0 Prozent: »selten«,
16,2 Prozent: »nie«.

Die übrigen entschieden sich auch hier wieder für »keine Antwort«.

Die Ergebnisse der Befragung lassen den Schluß zu, daß die Freizeit heute nicht mehr an Bedeutung hinter der Arbeit zurückzustehen braucht, ja *daß die Freizeit der Arbeit gleichwertig gegenübersteht, sie teilweise sogar an ›Lebenswert‹ übertrifft.* Diese Tendenz wird sich in den nächsten Jahren weiter verstärken. Die künftige Freizeit entwickelt sich zu einem zusätzlichen Identifikationsraum, in den sich – je nach individuellem Bedürfnis – der Sinn des Lebens verlagern kann. In diesem neuartigen Lebensraum könnten sich primär die menschlichen Grunderfahrungen und sozialen Beziehungen bilden. Arbeit würde dann endgültig aufhören, ein absoluter Wert zu sein.

Bis dahin aber werden sich noch viele Menschen ausschließlich mit der Arbeitsrolle identifizieren und infolgedessen ihre Freizeitrolle, die sie doch zeitlich viel mehr beansprucht, nur mangelhaft beherrschen können. Oft haben sie Angst vor der Freizeit, weil sie Angst vor sich selbst haben. Sie entwickeln Schuldgefühle, die bis in die Kindheit zurückgehen können (z. B. durch eine übertriebene Erziehung zu ›Fleiß‹ und ›Gehorsam‹, ›Dienst‹ und ›Pflicht‹). Ihre Schuldgefühle können sich bis zur neurotischen Angst vor Müßiggang und Lebenslust steigern (›Freizeit-Neurotiker‹). So stehen sie ständig mit sich auf dem Kriegsfuß und versuchen, sich durch Arbeit und pausenlose ›Pflichterfüllung‹ zu beruhigen:

Wenn ich samstags nicht diesen Extra-Job hätte,
würde ich vor Langeweile die Wand hochgehen.«
»Wenn ich zwei Tage nur herumbummele,
fällt mir die Decke auf den Kopf.«
»Wenn man nichts zu tun hat, überlegt man,
was man denn sonst tun könnte.«[16]

Nur die Arbeit gibt ihrem Leben einen Halt – wie ein Korsett, ohne daß sie eine traurige Figur machen würden. Freizeit wird für sie zu einer Zeit des Aktivismus und der Leistung um jeden Preis oder zu einer Zeit pflichtgemäßer Langeweile. Eine solche Lebenseinstellung wird bei ihnen spätestens mit dem Zeitpunkt der Pensionierung bzw. mit dem Eintritt in den Ruhestand zu einer Krisensituation führen, die in der Altersforschung als »existenzbedrohender Schock« (*Lippmann*), »Pensionierungsbankrott« (*Stauder*) bzw. als »Pensionierungstod«

---

[16] *W. S.:* Angst vor dem Sonntag – Angst vor sich selber, in: Frankfurter Rundschau, Frankfurt/M. 19. Dez. 1970.

(Jores) bekannt ist. Mit dem Verlust der Arbeitsrolle bricht für diese alternden Menschen dann die Welt zusammen ...

These 4: Freizeitpädagogik ermutigt den einzelnen zur rationalen Selbstanalyse und engagierten Reflexion über sich selbst und seine Stellung im Arbeits- und Freizeitsystem.

Dazu gehört auch und besonders die Reflexion über die Bedingungen, Zusammenhänge, Abhängigkeiten und Widersprüche im Arbeits- und Freizeitsystem. Ebenso soll man sich darüber Gedanken machen, warum Freizeit und Urlaub gegenwärtig so intensiv als ›Flucht aus dem Berufsalltag‹, als ›Ausnahmezustand‹ und ›zweites Leben‹ erlebt werden. Diese Verhaltens- und Reaktionsweisen sind Ausdruck eines in der Arbeit entstandenen Unbehagens. Freizeitpädagogik will darum dem einzelnen Mut machen, seine Unzufriedenheit in der Arbeit und mit den Arbeitsbedingungen nicht zu unterdrücken oder auf Kosten wirklicher Freizeit (und Freiheit) zu kompensieren.

Gerade die Kompensation ist ihrer Funktion nach apolitisch und nicht geeignet, vom Arbeitssystem ausgehende Verhaltenszwänge auf Dauer zu beseitigen. Man findet sich mit den Versagungen ab; »man will abschalten, einen Strich ziehen zwischen dem ›Dienst‹ und dem ›Leben‹«[17]. In Wirklichkeit aber bleibt man unter dem Diktat der Arbeit und wird zu einem »Status von Neobarbaren« verurteilt, »die im Käfig der Konsumkultur bei guter Laune gehalten werden«.[18] Kompensation trägt dazu bei, bestehende Abhängigkeitsverhältnisse zu verdecken und damit zu zementieren. Freizeit, ausschließlich als Ausgleich und Kompensation verstanden, würde zum bloßen ›Ablenkungsmanöver‹, zum Alibi und Ersatz (›Freizeitfreude‹ als Entschädigung für ›Arbeitsärger‹) und könnte an der ›Unwirtlichkeit‹ unserer Wirklichkeit nichts ändern.

Freizeitpädagogik will nicht Probleme und Konflikte glätten, harmonisieren und verschleiern, sie will vielmehr den einzelnen zur aktiven Auseinandersetzung mit den Umweltproblemen bereit und fähig machen, ihn zu Kontrolle und Kritik ermuntern (z. B. im Rahmen der Mitbestimmung) und ihn – wenn es die Situation erfordert – zur Unruhe und zum Widerstand anstiften.

Eben diese kritische Haltung und Reflexion wird derzeit von vielen Arbeitgebern nach dem Grundsatz »Wehret den Anfängen« heftig attackiert. Hierzu ein konkretes Beispiel:

Auf Einladung der Essener Arbeitgebervereinigung hielt der Mainzer Soziologe *Helmut Schoeck* am 29. September 1970 zur Eröffnung der Führungsseminare der Essener Wirtschaft ein Grundsatzreferat. Darin warf *Schoeck* der jetzigen Bundesregierung vor, sie fördere einen »Pädagogismus« (?), der jede Gewinnorientierung als »Anpassung an die Leistungsgesellschaft« verketzere und bei den Jugendlichen »anrüchig« mache. Die Folge sei schließlich das »Versiegen der handwerklichen Dienstleistungen« überhaupt, ja das »Absinken der handwerklichen Qualität und Verläßlichkeit der Industriegüter«. Was Schoeck aber vor allem an dieser Form politischer Pädagogik ›schockt‹, ist die

---

[17] *Habermas:* a.a.O., S. 116.
[18] Ebenda S. 119.

Tatsache, daß sie zum »*Abbau bzw. zur Verhinderung der bisherigen Einstellungen, Lebens- und Berufsziele, der Anpassungsmuster und Arbeitsmotivationen*« beiträgt und ein »Versiegen von einsatzfähigen Arbeitskräften« bewirkt. *Schoecks* eindringliche Warnung vor einer künftigen Leistungsgesellschaft *ohne* einen anpassungswilligen und einsatzfähigen Nachwuchs fand den ungeteilten Beifall der Arbeitgeber, insbesondere sein folgenschwerer Satz: »In den letzten fünf Jahren ist es der sozialromantischen Linken gelungen, in zunehmendem Maß die Bildungsbewußtheit und Ausgabenbereitschaft des Staates für Bildung in Programme umzulenken, die dazu dienen sollen, über eine neue Art der *Allgemeinbildung und Berufsausbildung* (bzw. deren Verhinderung) *der industriellen Leistungsgesellschaft den an sich anpassungsfähigen und anpassungswilligen Nachwuchs zu entziehen.*«[19]

Überspitzt formuliert bedeutet dies: Die Arbeitgeber wünschen sich für die Erhaltung der Leistungsgesellschaft ›*angepaßte Arbeitssklaven*‹ und ›*unkritische Konsumidioten*‹. Sie wollen den Bildungs- und Ausbildungsstand der Arbeitnehmer bewußt möglichst niedrig halten. In dem Augenblick nämlich, in dem sich die Arbeitnehmer in der Freizeit fortbilden und lernen, gesellschaftspolitische Zusammenhänge zu durchschauen, würden sie – entgegen dem Willen der Arbeitgeber – aufhören, bloße anpassungswillige Arbeitskräfte zu sein, würden sie Kontrolle ausüben, Kritik anmelden, Unruhe in den Betrieb bringen und so das ›harmonische Betriebsklima‹ stören.

Daß diese Auffassung für die Mehrheit der Unternehmerschaft typisch ist, bezeugt im folgenden eine Reihe repräsentativer Stimmen aus Wirtschaft und Industrie:

Walter Bauer, Präsident der Industrie- und Handelskammer Fulda:

»Jedem Unternehmer ist die Aufgabe gestellt, eine Synthese zu finden zwischen *möglichst hoher Effizienz, hoher Rentabilität* einerseits und einer *zufriedenen, arbeitswilligen*, sich in die Aufgaben des Betriebes *einfügenden* Belegschaft andererseits, die sich mit Recht als *Betriebsbürger* empfinden will.«[20]

Fritz Arlt (Deutsches Industrieinstitut):

»Das Leben im betrieblichen Geschehen ist eine natürliche *Erziehung zum Ordnungsdenken* ... Die Unternehmerschaft als verantwortliche Initiatoren und Entwickler der Betriebe hat ein Recht, bewußt zu betonen, daß sie eine *Erwachsenenbildungsfunktion* wahrnimmt, deren Bedeutung nicht auf einen Betriebsnutzen beschränkt ist, sondern von einem hohen Gesellschafts- und Staatsnutzen ist ...«[21]

Hans Martin Schleyer, Vizepräsident der Bundesvereinigung Deutscher Arbeitgeberverbände.

[19] H. *Schoeck*: Regierung. Öffentliche Armut – privater Reichtum?, in: Der Arbeitgeber, Jg. 22, Köln 1970, S. 812–814.
[20] W. *Bauer*: Die Bedeutung des Betriebes für die gesellschaftliche Ordnung, in: Die unternehmerische Verantwortung in unserer Gesellschaftsordnung. Veröffentlichungen der Walter-Raymond-Stiftung, Bd. 4, Köln und Opladen 1964, S. 138 f.
[21] F. *Arlt*: Die Erwachsenenbildung in der Wirtschaft, in: Hessische Blätter für Volksbildung, H. 4, Juli/August 1958, S. 224 ff.

»In den jungen Menschen sind *Arbeitstugenden zu entwickeln* ... Diese Tugenden sind erforderlich nicht nur für das Wirken im Betriebsgefüge, sondern ganz allgemein für das Leben in der Gesellschaft.«[22]

Albrecht Düren, Hauptgeschäftsführer des Deutschen Industrie- und Handelstages:

»Die Jugend braucht einen Bildungsraum, in dem sie im *Ernst der Arbeit und des Lebens* erzogen wird ... Es ist selbstverständlich für den, der weiß, daß unser Volk sich auch in der Zukunft nicht auf Freizeit und Konsum verlegen kann, sondern *auf harte Arbeit konzentrieren muß.*«[23]

Erziehung zum Ordnungsdenken, zur Zufriedenheit, zur Arbeitswilligkeit, zur Einordnung und passiven Anpassung, zum Leistungsdenken und zu Produktivität kennzeichnet die ›Bildungskonzeption‹ der Mehrheit[23a] der Unternehmer, die einseitig auf die Entwicklung von ›Arbeitstugenden‹ und die Unterdrückung von Freizeitwerten ausgerichtet ist.

Diesen Bemühungen einzelner Arbeitgeber um die Neutralisierung von Arbeitskonflikten, die Konsolidierung betrieblicher Harmonie und die Entpolitisierung des Arbeitnehmers in der Freizeit muß die Freizeitpädagogik entgegenwirken, indem sie das Individuum ganz im Sinne *Th. W. Adornos* zum »Kraftzentrum des Widerstandes« macht und befähigt, seine individuellen Glücksansprüche gegen den Fetisch- und Warencharakter der Arbeit zu verteidigen und sich in der durchorganisierten und durchrationalisierten Arbeitswelt zu behaupten.

Insbesondere aber will Freizeitpädagogik den einzelnen davon überzeugen, daß er ein *Recht auf passive Freizeit* hat. Dieses Recht schließt die persönliche Freiheit, sich in der Freizeit *erholen zu können,* ebenso ein wie die persönliche Freiheit, sich in der Freizeit *nicht erholen zu müssen.* Der einzelne sollte wissen, daß die Forderungen der Arbeitgeber nach ›sinnvoller Freizeitgestaltung‹ und ›schöpferischer Pause‹ eindeutig und einseitig auf die konfliktfreie Ausbildung schöpferischer Kräfte gerichtet sind, die zum persönlichen gesellschaftspolitischen Engagement unfähig machen. Erholung und Entspannung, Hobbys und sportliche Aktivitäten in der Freizeit bieten die sicherste Gewähr für unpolitisches Bewußtsein.

Unter diesen Umständen wird es notwendig sein, den Freizeit-, Urlaubs- und

---

[22] *H. M. Schleyer:* Bildungserfordernisse im Betrieb. Wünsche der Wirtschaft an Schule und Lehrerschaft, in: Contakt, H. 12 (1965), S. 104 f.

[23] *A. Düren:* Um die Zukunft der Berufsbildung, in: Berufsbildung heute und morgen, Bonn 1962, S. 25.

[23a] Vereinzelte Stimmen aus neuerer Zeit lassen hoffen, daß die Arbeitgeber insgesamt zu einer angemesseneren Beurteilung der Freizeitproblematik gelangen. Vgl. z. B. die Stellungnahme von Georg Juraschek, nach der »eine kürzer gewordene Arbeitszeit ... nicht ausschließlich Lebensinhalt und Selbstbestätigung sein kann und soll. Freizeit und Arbeitszeit stehen damit in einem ausgewogenen komplementären Verhältnis zueinander. Arbeitszeit, um Not fernzuhalten und Wohlstandsgüter zu schaffen; Freizeit als Raum menschlicher Erfüllung« (der arbeitgeber, Jg. 24, H. 2, Köln 1972, S. 42).

Erholungsbegriff im Arbeitsrecht ganz neu zu überdenken, weil hier bis heute noch das Muster der rationalisierten Berufsarbeit (›Leistungssoll‹) gilt. Aus arbeitsrechtlicher Sicht ist z. B. der Urlaub eine dem Arbeitnehmer zum Zweck der Erholung gewährte Freizeit. Wesentlich im arbeitsrechtlichen Sinn ist die Zweckbindung des Urlaubsanspruchs, d. h. die Wiederherstellung der Arbeitskraft, also die Erholung *von* der geleisteten Arbeit und die Erholung *für* die noch zu leistende Arbeit. Ganz selbstverständlich hat man hier das Leistungsprinzip der Arbeitswelt auf den Freizeitbereich übertragen. Aus dieser einseitigen Auslegung des Freizeitbegriffs resultiert z. B. auch der Grundsatz der Unteilbarkeit des Urlaubs: Der Urlaub soll zusammenhängend genommen werden, weil nur dadurch eine »nachhaltige« Erholung (im physischen Sinne!) gewährleistet ist.

Diese einseitige Auslegung des Freizeit- und Urlaubsbegriffs ist umso problematischer, als sie von jedem Arbeitnehmer ungefragt voraussetzt, daß er sich mehr mit der Arbeit als mit der Freizeit identifiziert und von daher Verständnis aufbringt für ausschließlich arbeitsorientierte Erholungsvorstellungen. Die heute noch geltende Zweckbindung ist in ökonomischen Notzeiten entstanden, sie ist mit dem im Grundgesetz verankerten Recht des einzelnen auf die freie Entfaltung seiner Persönlichkeit kaum noch vereinbar. Verbindliche Freizeitmaßstäbe und absolute Erholungsnormen sind eine Fiktion und widersprechen dem Recht des einzelnen auf Selbstbestimmung und auf Erfüllung seiner Lebensansprüche. Die Freizeit ist ein Anspruch höchstpersönlicher Art, der von niemandem reglementiert werden darf.

These 5: Freizeitpädagogik überwindet Angst, Not und Repression und ist offen für Wohlstand, Müßiggang und Selbstgenuß.

Ein Minimum an zivilisatorischem Komfort, Wohlstand und Luxus gehört heute zu den selbstverständlichen Lebensansprüchen des Menschen, existentielle Angst und Not sind ihm fremd. Im gleichen Maße wie der allgemeine Lebensstandard im kommenden Jahrzehnt steigt, wird sich auch das Anspruchsniveau verändern. Für vergnügungs- und konsumfeindliche Tendenzen in der Pädagogik ist dann kein Platz mehr. In der Freizeit sollte der Mensch künftig Freude und Vergnügungen haben und sein Leben genießen dürfen, solange es nicht zum Mißvergnügen der anderen wird. Müßiggang, Vergnügen und Selbstgenuß sind positive, das psycho-physische Gleichgewicht fördernde Erlebnisinhalte der Freizeit. Zur Kategorie des Vergnügens und Selbstgenusses zählt zweifellos auch die Sexualität. Sie trägt dazu bei, daß aggressive Impulse, die jeder in sich hat und die durch ungünstige Arbeitsbedingungen noch verstärkt werden, aber nicht zum Ausbruch gelangen können, durch ein freieres Sexualverhalten in der Freizeit neutralisiert werden. Dieses freiere Sexualverhalten hilft eine Welt der ›doppelten Moral‹ abzubauen. Niemand sollte daher in der Freizeit an seiner sexuellen Entfaltung gehindert werden, solange dadurch nicht Freiheit und Rechte anderer beeinträchtigt werden.

Freizeit ist immer individuell und grundsätzlich offen, d. h. aufgeschlossen für individuell bestimmte Aktivitäten. Sie kann also – je nach Bedürfnis und Anforderung –

> Ruhe und Entspannung,
> Romantik und Träumerei,
> Bildung und Fortbildung,
> Erlebnis und Abenteuer,
> Abwechslung und Vergnügen,
> Komfort und Bequemlichkeit,
> Kontakte und soziale Beziehungen

einschließen. Freizeiterziehung will dem einzelnen Angst, Not und Repression überwinden helfen, damit sich für ihn die Freizeit nach *D. Riesman* als die Sphäre erweist, »in der noch Raum für den nach Autonomie Strebenden ist, um den eindringlichen Forderungen seines sozialen Charakters die Ansprüche seines individuellen Charakters entgegenzustellen«[23b]. Freizeit ist primär »*Befreiungszeit*« (H. von Hentig), in der jeder die Freiheit und das Recht hat, aus sich selbst heraus und für sich selbst zu leben. Darum ist jeder Versuch, absolute Freizeitverhaltensnormen zu schaffen, unpädagogisch und ebendeshalb abzulehnen, weil er das Recht des einzelnen auf Erfüllung seiner Lebensansprüche einschränkt, ja ihm widerspricht.

These 6: Freizeitpädagogik befähigt zur potentiellen Teilnahme und Teilhabe an Kommunikation und sozialen Beziehungen, Öffentlichkeit und Politik.

In einer Zeit, da sich die menschlichen Grunderfahrungen und sozialen Beziehungen primär in der Freizeit bilden bzw. dorthin verlagern, entwickelt sich die Freizeit zu einem der bedeutendsten sozio-kulturellen und sozialen Erfahrungsbereiche des Menschen überhaupt. Insofern hat die Freizeitpädagogik wenigstens drei Funktionen zu erfüllen – eine individuelle, soziale und kulturelle. Sie will

– die Eigenaktivität anregen und das freie selbstverantwortliche Handeln fördern,
– soziales Lernen in der Interaktion mit anderen Menschen ermöglichen,
– zur Übernahme der Gegenwartskultur fähigmachen.

Seit Thorstein Veblen (»The Theory of the Leisure Class«, 1899) und David Riesman (»The Lonely Crowd«, 1950) wissen wir, daß das soziale Verhalten des Menschen nicht mehr – wie bei Hegel, Marx oder Max Weber – allein von der Arbeits- und Berufssphäre her erklärbar ist. Das soziale und politische Potential der Freizeit ist lange Zeit unterschätzt worden. Erst in den letzten Jahren setzte sich die Erkenntnis durch, daß die Freizeit kein apolitischer Raum sein kann und darf. Die Freizeit erfordert ganz bestimmte Sozialtechniken, die der einzelne zu erlernen bzw. zu erwerben hat, wenn er seine Sozialisationschancen auch und gerade in seiner freien Zeit wahrnehmen will. Das Aufeinanderprallen von ›Menschenmassen‹ in Freizeit- und Ferienzentren verlangt neue Formen

---

[23b] *D. Riesman:* Die einsame Masse. Eine Untersuchung der Wandlungen des amerikanischen Charakters, a.a.O. 1965.

und Regeln des Zusammenlebens. In einem informellen sozialen Beziehungsgeflecht gilt es, sich seine eigene Position bewußt zu machen und gleichzeitig die permanente Öffentlichkeit in der Freizeit als ein Kommunikationsfeld zu verstehen, in dem ständig gruppendynamische Prozesse ablaufen, in dem jeder seine Meinung mit dem anderen austauschen und Verantwortungsgefühl gegenüber seinen Mitmenschen und der Gesellschaft lernen kann. Er kann, um nur auf einige seiner Möglichkeiten für »soziales Lernen« in der Freizeit hinzuweisen[24],
– sensibel werden für die Empfindlichkeiten des anderen (Einfühlung lernen),
– Achtung vor der Autonomie des anderen lernen,
– spontanes Mitleid und Hilfsbereitschaft gegenüber Schwachen und Hilflosen empfinden lernen,
– Phantasie für soziale Situationen entwickeln (ein großes Arsenal an unterschiedlichen Reaktionsweisen anderen Menschen gegenüber haben; z. B. einen anderen trösten, ihn zum Lachen bringen, ihn in seine Schranken weisen können, den Mut auch zu ungewöhnlichen Reaktionsweisen oder Gesten erwerben).

Um die unausweichliche Konfrontation mit Kommunikation, sozialen Beziehungen, Öffentlichkeit und Politik bestehen zu können, muß die Freizeitpädagogik den einzelnen in der Freizeit bereit und fähig machen
– neben der Verwirklichung eigener Wünsche auch freiwillig für Gemeinschafts- und Gruppenziele initiativ zu werden und in Solidarität mit anderen und für andere Entscheidungen zu treffen und zu verantworten;
– zu sozialer Gerechtigkeit, mitmenschlicher Zusammenarbeit und gegenseitigem Verstehen sowie zu Kontakt, Kommunikation und Kooperation auch in Konfliktsituationen;
– zu politischem Engagement und couragiertem Eintreten für demokratische Meinungs- und Willensbildung im privaten und öffentlichen Bereich. Sich ›politisch‹ in dieser Form zu verhalten heißt, auch anderen in der Freizeit beim Problemsuchen, -erkennen und -regeln zu helfen.

Freizeitpädagogik kann Isolierung, Vereinzelung und soziale Angst überwinden und zu der Einsicht verhelfen, daß die Freizeit ein Raum des Lernens, der politischen Entscheidung und des sozialen Handelns ist. Die sozial-politische Dimension der Freizeit wird in Zukunft – für die Gesellschaft ebenso wie für das Individuum – an überragender Bedeutung gewinnen.

These 7: Freizeitpädagogik bejaht die Fülle und Vielfalt der Konsumangebote in gleichem Maße wie sie zur permanenten Selbstkontrolle, Wachsamkeit und kritischen Distanz gegenüber der Freizeitindustrie auffordert.

Freizeitpädagogik will den einzelnen zum selbstkritischen Umgang mit Konsumangeboten befähigen und vor »Euphorie im Unglück« *(Marcuse)* bewahren. Wer sich den Magen durch überreichlichen Genuß von Nahrungsmitteln ver-

---

[24] Vgl. dazu den ausführlichen Aufgabenkatalog für das »Soziale Lernen« bei Gerold Becker: Soziales Lernen als Problem der Schule, in: W. Schäfer (u. a.): Probleme der Schule im gesellschaftlichen Wandel, Frankfurt/M. 1971, S. 125 ff.

dirbt, kann den Lebensmittellieferanten dafür nicht verantwortlich machen. Daraus folgt: Wer dem gefährlichen Spiel mit der Freizeitindustrie nicht gewachsen ist, kann dafür nicht die Freizeitindustrie zur Rechenschaft ziehen, sondern allenfalls private oder öffentliche Erziehungs- und Sozialisationsträger wie Elternhaus oder Schule, die es versäumt haben, den einzelnen dafür entsprechend auszurüsten bzw. widerstandsfähig zu machen. Mit anderen Worten: Kritik an dem gegenwärtigen Freizeitsystem zu üben, mit dem Ziel, seine Abschaffung zu fordern, wäre unnütz. Diese Einschränkung im Hinblick auf eine totale Veränderung des bestehenden Systems schließt keineswegs die persönliche Bereitschaft zu gesellschaftsveränderndem Handeln aus. Sie fordert sie vielmehr als einen notwendigen Bestandteil permanenter Gesellschaftskritik.

Im Freizeit- und Konsumbereich gilt in besonderem Maß die eingangs erwähnte These, wonach Freizeitpädagogik die positive Einstellung zu einer nicht harmonisierbaren Welt voraussetzt. Es kann also nicht darum gehen, dem einzelnen die Vielfalt der Konsummöglichkeiten vorzuenthalten. Vielmehr soll und muß ihm die ganze Fülle zur Verfügung stehen, damit er für sich das Beste aussuchen und nach größtmöglichem eigenen Nutzen streben kann. Dieses selektive Konsumverhalten, des gegeneinander abwägt und rational auswählt, verlangt ein hohes Maß an Wachsamkeit. Der selbstkritische Umgang mit Konsumangeboten erfordert vom einzelnen vor allem die Bereitschaft und Fähigkeit, sich um eine *Aufklärung der Manipulationstendenzen in der Freizeitindustrie* (z. B. Werbung, Mode) zu bemühen. Daß Wachsamkeit und Widerstand den Freizeit- und Konsummarkt nicht nur beeinflussen, ihn sogar verändern können, zeigen zwei Beispiele:

»Haut den Modediktatoren doch den Maxi um die Ohren« – mit diesem Wahlspruch zogen 20 000 Frauen im Juli 1970 durch die Straßen Dortmunds. Seither geistert das Schreckenswort ›Kurzarbeit‹ durch die Modebranche; 1970 wurde zum Rekordjahr der Konkurse in der Bekleidungsindustrie. Ungeachtet des allgemeinen Booms lagen die Aufträge der Damenoberbekleidungsindustrie weit unter der Norm (vgl. Der Spiegel Nr. 46 vom 9. Nov. 1970). Das Beispiel des Midi- und Maxi-Protestes macht deutlich, daß eine ›Mafia‹ der Modeindustrie nur so lange Erfolg hat, wie ihr kein Widerstand entgegengesetzt wird. Nach einer Umfrage des Allensbacher Instituts für Demoskopie hat sich ein Drittel der befragten Frauen entschlossen, der Mode-Repression weiterhin hartnäckigen Widerstand zu leisten . . .
Der nur aus Gründen der Produktivität und des Profits von Westdeutschlands Schuhfabriken kreierte Damenschuh mit Blockabsatz hatte die Wünsche der Konsumentinnen unberücksichtigt gelassen. Der Verstoß gegen das Grundgesetz der Werbepsychologie (»Verkaufen Sie an Frauen nicht Schuhe – verkaufen Sie hübsche Füße«) blieb nicht ohne Folgen. Der Widerstand der Konsumentinnen gegen das ›Klumpfuß-Modell‹ führte zu einem bundesweiten Schuh-Absatzstau. So mußte z. B. Europas größte Schuhfabrik Salamander AG 2000 Beschäftigten Zwangsurlaub im Herbst 1970 verordnen . . . (vgl. Der Spiegel Nr. 37 vom 7. Sept. 1970).

Der einzelne sollte wissen, daß das ›individuelle Freizeitangebot‹ für die Freizeitindustrie wie jedes andere Konsumangebot ein fertiges Klischee ist, völlig definiert durch seinen Zweck, der ihm in der Serienproduktion zufällt. Jedes noch so individuelle Angebot[25] auf dem Freizeitmarkt enthält in sich bereits die Katalogisierung und Klassifizierung. Für jeden Geschmack ist etwas vorgesehen, damit sich jeder mit dem Angebot identifizieren bzw. keiner ausweichen kann. Die Belieferung des Freizeitkonsumenten (z. B. innerhalb der Hobby- und Do-it-yourself-Bewegung) mit einer differenzierten Skala von Serienqualitäten dient nur der umso lückenloseren Erfassung. Jeder soll sich gleichsam spontan seiner vorweg durch Marktforschung bestimmten ›Bedürfnislage‹ gemäß verhalten und nach der Preiskategorie greifen, die für seinen Typ fabriziert ist. *Horkheimer* und *Adorno* nannten dies den »*Zirkel von Manipulation und rückwirkendem Bedürfnis*«[26], von dem die ›Freizeitmacher‹ leben. Es fällt schwer, innerhalb der Freizeit- und Konsumwelt ›Individuum‹ und autonom handelnde ›Person‹ zu werden und zu sein, also im Einklang mit sich, seinem Denken und Fühlen und seinen Fähigkeiten und gleichzeitig im Konflikt mit den etablierten Waren und Werten der Freizeitindustrie zu leben. Die Gefahr, daß die Individualität ›verwaltet‹ und die Freizeit durch Serienproduktion von Prestige- und Statussymbolen präformiert und determiniert wird, ist übergroß. Kritische Freizeitpädagogik sollte darum methodisches Mißtrauen gegenüber der Freizeitindustrie entwickeln und vor einer grundlegenden Umwertung dehumanisierender Werte nicht zurückschrecken, indem sie die »Entlarvung jedes Heroismus im Dienst der Unmenschlichkeit« (*Herbert Marcuse*) herbeiführt, »des Sports und Vergnügens im Dienst von Brutalität und Dummheit; des Glaubens an die Notwendigkeit des Kampfes ums Dasein und an die des Geschäfts«[27].

Der Freizeitmarkt, als Flucht vor dem beruflichen Alltag und der Arbeitsrealität deklariert, etabliert sich selbst als ein realistisches Arbeitsgeschäft. Seine Ideologie ist das Geschäft.

Mit dieser angebotenen Flucht aus dem grauen Alltag in die ›schöne neue Freizeitwelt‹ verhält es sich wie mit der Entführung der Tochter im Witzblatt: Die Tochter will und soll geheiratet werden, also hält der Vater selbst im Dunklen die Leiter für die Entführer[28]. Für den Freizeitmarkt bedeutet dies: Die von der Freizeitindustrie angebotene Flucht vor dem Arbeitsleben ist von vornherein dazu bestimmt, wieder zum Ausgangspunkt zurückzukehren. Das konsumierte Freizeitvergnügen suggeriert darum: nicht an die Arbeit denken müssen, die Berufprobleme vergessen. Was die Freizeitindustrie bietet ist in der Tat *Flucht*, aber nicht wie versprochen Flucht vor den ungelösten Problemen der Arbeit, sondern *vor dem letzten Gedanken an Widerstand*. Die Freizeitindustrie befreit

---

[25] Vgl. z. B. Werbeanzeigen wie: »Tribut an die Persönlichkeit. Den Mann, der das *Individuelle* sucht. Der sich unterscheidet. Mehr Distinktion. Mehr Überlegenheit. *Sir international* ... hat das, was Sie von anderen unterscheidet«; »Es war schon immer etwas teurer, einen *besonderen* Geschmack zu haben« (Atika) u. a.

[26] *M. Horkheimer* und *Th. W. Adorno*: Kulturindustrie, in: Dies.: Dialektik der Aufklärung, Frankfurt/M. 1969, S. 129.

[27] *H. Marcuse*: Das Individuum in der ›Great Society‹, in: Ders.: Ideen zu einer kritischen Theorie der Gesellschaft, Frankfurt/M. 1969, S. 180.

[28] *Horkheimer/Adorno*: a.a.O., S. 150.

den Konsumenten vom Denken, indem sie ihm schon die Ahnung von der Möglichkeit des Widerstandes durch programmiertes Vergnügen ersetzt. Dieses Freizeitvergnügen bietet nicht Freiheit und Glück, sondern nur den Anschein, daß es sie gibt.

Niemand kann dem gefährlichen Spiel mit der Freizeitindustrie ausweichen, ein Spiel, das einem Ritt auf dem Tiger gleicht: Solange man auf der Bestie sitzt, findet man keine Ruhe. Steigt man ab – wird man aufgefressen. Dies tritt dann ein, wenn man sich in der Freizeit total vor Konsumeinflüssen schützen will Dabei geht man das Risiko ein, ohne ausreichende Abwehrkräfte in den Arbeitsbereich zurückzukehren und dem Konformitätszwang und Leistungsdruck des Berufsalltags umso mehr zu erliegen.

Wer dies vermeiden will, muß die vorhandenen Zwänge durchschauen, sich aktiv mit der Freizeitindustrie auseinandersetzen und sich zugleich durch permanente Wachsamkeit, kritische Distanz und Selbstkontrolle vor gefühlsmäßiger Konsumtion schützen. Er muß Widerstandskräfte entwickeln, die ihn befähigen, sich nicht mehr als bloßes ›Manipulationsobjekt‹ behandeln und als automatisch reagierender und scheinbar ›glücklicher Konsument‹ von der Freizeitindustrie einlullen zu lassen. Freizeitpädagogik fordert vom einzelnen in der Freizeit ›wachsame‹ Anspannung (als Korrektiv zur ›betäubenden‹ Entspannung), eine geistige Aktivierung, die das kritische Potential stärkt und die Manipulierbarkeit schwächt. Nur dann wird es ihm gelingen, die von der Werbung suggerierte Sorglosigkeit als eine Illusion zu entlarven, wofür der »Club Mediterranée« das beste Beispiel liefert, der in der sterilen Atmosphäre programmierter Sorglosigkeit das Scheinglück einer befreiten klassenlosen Gesellschaft vermittelt . . .

These 8: Freizeitpädagogik verhilft zur physischen, psychischen und sozialen Sicherheit und zu einer neuen Ökonomie der Gesundheit.

Die Freizeitpädagogik will den einzelnen bereit und fähig machen, für sich selbst (zur eigenen Sicherheit!) ›Freizeitinhalte‹ sportlicher, ökonomischer, sozialer, kultureller oder politischer Art auszuwählen und seine Entscheidung selbst zu begründen und zu verantworten. Gesundheit – die psycho-physische Fähigkeit, nach den eigenen Gesetzen ebenso wie nach den Anforderungen der Umwelt leben zu können – muß in Zukunft das Vitalinteresse jedes einzelnen sein. Da Gesundheit kein unveränderbares Gut ist und Krankheit kein unabänderliches Schicksal sein muß, gilt es, sich mehr als bisher prophylaktisch, therapeutisch oder rehabilitiv die Widerstandsbereitschaft und Widerstandsfähigkeit zum eigenen Leben zu erhalten – also in erster Linie im Hinblick auf die Erhaltung und Verlängerung des eigenen Lebens und erst in zweiter Linie im Hinblick auf Fitness und Arbeitskraft. Jeder muß selbst über seine Gesundheitschancen und -risiken entscheiden, seine eigene Konstitution richtig einschätzen und Selbstverantwortung für seine Gesundheit tragen. Auf diese Weise kann er zu einer neuen Ökonomie der Gesundheit gelangen, indem er mit seinen Kräften haushaltet, d. h. verständig und unter Umständen sparsam mit ihnen umgeht. Dieses anzustrebende Gesundheitsziel kann zur *Basis einer ökonomischen und nicht mehr einseitig leistungsorientierten Lebensführung* werden. Gesundheit wird daher auch ein Gradmesser für seelisches Wohlbefinden und Psychohygiene und ein Maßstab für Entspannung und Zerstreuung, für Sicherheitsgefühl und Lebensmut, für das psychophysische Gleichgewicht sein. Dieses wünschenswerte Gleichgewicht schließt jede Leistungsverherrlichung aus, die Möglichkeit des Krankseins jedoch notwendig ein – nur daß dieses Risiko (das zum Leben gehört) jetzt auf ein individuell erträgliches Maß reduziert werden kann.

Freizeitpädagogik will die Erkenntnis vermitteln, daß Gesundsein von der Bereitschaft des einzelnen abhängt, sich in seinem Leben und durch seine Lebensweise gesund zu halten. Nur dann wird er auch nach den jeweiligen Lebensbedingungen angemessen leben können.

Darüber hinaus sollte er, wie *Hartmut von Hentig* in seinem Buch »Systemzwang und Selbstbestimmung«[29] im einzelnen beschrieben hat, lernen,
– in wie vielfältiger Weise sein Körper seine geistigen und sozialen Funktionen bestimmt, befördert oder begrenzt,
– seinen eigenen Körper zu beobachten, ihn zu disziplinieren oder zu genießen, ihm Zumutungen zu machen oder krank zu sein, wie es dem einzelnen – d. h. seiner Konstitution und seinen Absichten bekommt und nicht, wie es die Moral vorschreibt,
– mit der richtigen Ernährung und vernünftigen Lebensweise vertraut zu werden,
– daß man in der Ökonomie der Gesundheit mit langen Fristen rechnen muß.

Über das bloße Freisein von Angst, Schwäche und Krankheit hinaus kann diese Art der Freizeiterziehung, die zu einer neuen Ökonomie der Gesundheit führt, durch richtige Ernährung, Hygiene, Krankheitsschutz, durch Aufklärung (Sexualkunde) und Leibeserziehung wirksam zur physischen, psychischen und sozialen Ausgeglichenheit und Sicherheit beitragen.

These 9: Freizeitpädagogik trägt durch Verbesserung des subjektiven Lebensgefühls zur Lebensbejahung und Ich-Stärkung bei.

Sie fördert die positive und aktive Zuwendung zum Leben. Sie fordert den einzelnen auf, sich in der Freizeit weitgehend von fremdbestimmten Einflüssen freizumachen, z. B. vom Geltungskonsum, von der Anerkennung der anderen. Andernfalls läuft er Gefahr, sich und seine Lebensprinzipien aufzugeben. Wer z. B. eine ›ruhige‹ Freizeit verleben will, sich aber dennoch ständig dem ›lauten‹ Treiben seiner Freunde anschließt (um kein Spielverderber zu sein), bringt sich um das Erlebnis des Freiseins, um die Chance weiterer Befreiung von Abhängigkeitsverhältnissen und um die Chance weiterer Ich-Stärkung.

Freizeit dient der Intensivierung des Lebens, ist ein Raum der Erhaltung von Identität und Entwicklung neuer Identität. Freizeit ermöglicht einen spezifischen Zuwachs an Persönlichkeitsreife, den das Individuum benötigt, um für die Anforderungen und Aufgaben des Lebens gerüstet zu sein und um darüber entschei-

[29] *H. von Hentig:* Systemzwang und Selbstbestimmung, 2. Aufl., Stuttgart 1969, S. 107.

den zu können, »was man ist und was man zu sein sich anschickt« *(Erik H. Erikson)*. Die Freizeit als Befreiungszeit und individueller Freiheitsraum bietet die Chance zum freien Rollen-Experimentieren. Sie dient der Rollenfixierung, der Durchprobung verschiedener Sozialrollen (vom Familienvater über den Kirchgänger bis zum Vereins- oder Parteimitglied). Darum sollte die Freizeitpädagogik den einzelnen zum Nachdenken anregen, z. B. darüber, ob er sich in seinem Freizeitverhalten ausschließlich nach dem Grad der gesellschaftlichen Wertschätzung richtet, ob er sich widerspruchslos gesellschaftlichen Sanktionen unterwirft, ob er unkritisch dem Konsumzwang der »Beschäftigungs- und Spannungskultur« *(K. Bednarik)* unterliegt, ob er sich total anpaßt oder ob er in den sozialen Rollen ›sich selbst spielt‹. Freizeitpädagogik sollte ihm dazu verhelfen, »im Wechsel der Rollen die *Selbstrolle* zu erkennen und zu korrigieren, eine Instanz, die die Individualität interpretiert, indem Rollen akzeptiert, akzentuiert oder abgelehnt werden, gemäß dem Verhalten, das man von sich selbst erwartet«[30].

Mit dem Erkennen der Selbstrolle gelangt man zu einer realistischeren Einschätzung und Beurteilung der eigenen Stellung im Arbeits- und Freizeitsystem, wodurch das Selbstgefühl und die Selbstgewißheit erheblich gestärkt werden. Zwar ist das bürgerliche Ich-Ideal ›persönlicher Autonomie‹ auch in der Freizeit kaum realisierbar. Erreichbar aber ist die Stärkung des Ichs dadurch, daß es seine Realisierungschance wahrnimmt im Widerstand gegen jede Form von Manipulation, Abhängigkeit und Zwang. Die Ich-Stärkung ist Voraussetzung für die gesellschaftspolitische Partizipation und die bewußte Teilnahme an der Freizeitkultur. Freizeitpädagogik sollte mit dazu beitragen, Freizeit in individuell disponible freie Zeit umzuwandeln und ihr – anstelle der bisher einseitig komplementären Funktion – einen eigenen Lebensinhalt zu geben.

Schlußbemerkungen

Es wurde versucht, eine in ihrer Grundkonzeption gesellschaftskritisch-emanzipatorische Theorie der Freizeitpädagogik zu entwerfen. Dieser Entwurf ist zugleich als Versuch einer ideologiekritischen Analyse zu verstehen. Auch wenn die hierbei entwickelten Zielvorstellungen selbst nicht ganz frei von Wertungen und Deutungen sind, so heben sie sich doch von den unreflektiert anerkannten Freizeitverhaltensnormen (»sinnvolle Freizeit«) ebenso deutlich ab wie sie den gesellschaftspolitischen Bezug hervorheben. Es kann allerdings nicht klar genug betont werden, daß es sich hier in erster Linie um die Projektierung allgemeiner Fernziele handelt, nicht aber um eine lückenlose Systematik. Eine stufenweise Umsetzung der allgemeinen Zielkonstellation in die Praxis bedarf noch einer besonderen freizeitdidaktischen und -methodischen Reflexion, die auch die alters-, geschlechts- und statusspezifischen Unterschiede im Freizeitverhalten mitberücksichtigt.

[30] *W. Schulz:* Freizeitverhalten als pädagogisches Problem, in: H. Giesecke (Hrsg.): Freizeit- und Konsumerziehung, Göttingen 1968, S. 214.

Wenn dieser Entwurf nicht ebenso schön wie folgenlos sein soll, müssen Wege zu seiner Konkretisierung und Realisierung aufgezeigt werden. Die wissenschaftlichen Überlegungen bedürfen eines Vermittlers und Multiplikators, wie er beispielsweise im neuen Berufsbild des ›Freizeitberaters‹ zur Verfügung stehen könnte.

Natürlich werden die Freizeitberater die ›Massenaufklärung‹ über Probleme der Freizeit allein nicht leisten können. Sie müssen durch die Arbeit der Schulen unterstützt werden. Überhaupt hat das freizeitpädagogische Anliegen nur dann eine echte Realisierungschance, wenn es ihm gelingt, Lehrerbildung und Schule für sich zu gewinnen. Freizeitpädagogik darf – ebenso wie die Berufs- und Wirtschaftspädagogik – keine eigenständige wissenschaftliche Disziplin sein, sondern lediglich ein besonders akzentuierter Aspekt der allgemeinen Pädagogik. Freizeitpädagogigk bedarf der Kooperation und des Austausches zwischen Erziehungswissenschaftlern und Erziehungspraktikern. Als Ausgangspunkt allgemeiner Bewußtseinsveränderungen bietet sich die Schule an. Nur die Schule kann frühzeitig und wirksam vor einer Überschätzung der Arbeit warnen und dem Schüler Lernhilfen zur Selbstbestimmungsfähigkeit in der Freizeit anbieten. Dazu wird es nicht gleich erforderlich sein, ein eigenes Fach ›Freizeitkunde‹ einzurichten, wie manche Pädagogen fordern. Was vielmehr notwendig und bis heute keineswegs selbstverständlich ist, daß dem Problemfeld ›Freizeit‹ die gleiche Beachtung geschenkt wird wie der ,Arbeit‹ (z. B. innerhalb des Schulfaches ›Gemeinschafts- bzw. Gesellschaftskunde‹). Das beweist nicht zuletzt die Untersuchung des Berliner Arbeitskreises Didaktik; hierbei fanden sich in 32 Schullesebüchern besondere Abschnitte über Arbeit und nur 1 Abschnitt, der ebenso ausdrücklich der Freizeit gewidmet war[31]. Die künftige Ganztagsschule wird dem Erfahrungsbereich ›Freizeit‹ weit mehr Aufmerksamkeit widmen müssen als dies heute die Schulen herkömmlicher Art (einschließlich der *Berufs*schulen) tun. Freizeitpädagogik und Schulpädagogik sollten sich künftig nicht mehr ausschließen, sondern gegenseitig ergänzen[32]. Diese Forderung wird so lange als utopisch gelten, wie die Freizeitpädagogik nicht fester Bestandteil der Lehrerbildung geworden ist. Es ist kein Zufall, daß z. B. an den Pädagogischen Hochschulen in

---

[31] Ebenda S. 209.
[32] Aus *W. Nahrstedts* neuerer Untersuchung über die Entstehung der modernen Schul- und Freizeitpädagogik geht hervor, daß die Schulpädagogik mit ihrer starken Betonung des »Gehorsams« ein Produkt des absoluten, die Freizeitpädagogik mit ihrem Hauptakzent auf der »individuellen Freiheit« ein Produkt des demokratischen Staatsgedankens ist. Je mehr es also in Zukunft gelingt, die Schulerziehung der Freizeiterziehung anzugleichen, desto größere Bedeutung wird die Freizeitpädagogik für das erziehungswissenschaftliche Denken erhalten und desto eher wird sie ein Zeichen für den Grad sein, in dem die individuelle Freiheit zum Kriterium für die Organisation der demokratischen Gesellschaft werden kann. Ob allerdings, wie *Nahrstedt* folgert, die künftige Freizeitpädagogik »vor allem dem Training *sinnvoller* Zielsetzungen« zu dienen hat, muß bezweifelt werden. (Vgl. *W. Nahrstedt:* Erziehung, Rationalität und Freiheit, in: Pädagogische Rundschau, Jg. 25, H. 1, Ratingen 1971, S. 44.

Nordrhein-Westfalen für den Bereich »*Wirtschafts- und Arbeitslehre*« eigene Lehrstühle eingerichtet sind, aber niemand dafür zuständig ist, der die Studenten über die Thematik »*Konsum- und Freizeitlehre*« hinreichend informiert[33]. Darüber hinaus wird den künftigen Grund- und Hauptschullehrern Gelegenheit gegeben, ein »Praktikum in der Arbeitswelt« abzuleisten. Ein entsprechendes »Praktikum in der *Freizeitwelt*« ist dagegen nicht vorgesehen. Die berechtigten Wünsche der Studenten, die durch Information und Betreuung auch eine Übersicht über die Strukturen der Freizeit- und Konsumwelt gewinnen wollen, bleiben unberücksichtigt – und das angesichts sinkender Arbeitszeit und ständig wachsender Freizeit ...

In Zukunft wird es unerläßlich sein, auch die *Volkshochschulen* in die Massenaufklärung über Probleme der Freizeit miteinzubeziehen. Die Volkshochschulen können und dürfen es sich nicht weiter leisten, sich in ihren Angeboten fast ausschließlich auf arbeits- und berufsbezogene Themen oder auf unverbindliche Hobby- und Bastelkurse zu beschränken, die die Sachzwänge der auf Umsatz bedachten Freizeitindustrie nur verstärken. Es sollte zu denken geben, daß gegenwärtig Kurse wie »Aquarellieren«, »Modellieren«, »Bridge-Spiele« oder »Metall-Emaille-Arbeiten« rückläufige Tendenz aufweisen, während gleichzeitig die Nachfrage für Arbeitskreise über »Technik im Alltag«, »Architektur und Umweltgestaltung«, »Stadtplanung« und »Umweltschutz« erheblich ansteigt. Wegweisende Arbeit hierzu leistet seit längerem die Volkshochschule in Frankfurt, die »Selbstlerngruppen« initiiert und ihren Teilnehmern Hilfestellung für den Umgang in und mit der Freizeit gibt. In »Werkstattgesprächen« (z. B. im Wintersemester-Programm 1970/71: »Fragen und Probleme bei der Entwicklung eines Bildungsangebotes der Volkshochschule für die ›Freizeit‹«) werden Anregungsmöglichkeiten geboten, über die gesellschaftliche Funktion von Freizeitangeboten nachzudenken. Die Selbstlerngruppen und Werkstattgespräche sind keine bloßen Ersatzbeschäftigungen für eine nicht heile Welt mehr, sie tragen zum Experimentieren und Erkennen von Form und Funktion in unsere technischen Umwelt bei und befähigen zur ständigen Auseinandersetzung mit den Veränderungen des gesellschaftlichen Lebens.

Zusammenfassend bleibt festzustellen, daß die hier konzipierte gesellschaftskritische Theorie der Freizeitpädagogik, die zum Schutz des Individuums das emanzipatorische Moment in den Mittelpunkt stellt, des ständigen Transfers auf die Praxis hin bedarf und auf Vermittler und Multiplikatoren angewiesen ist. Erst wenn das Transferproblem gelöst ist, z. B. durch eine stärkere Thematisierung der Freizeit in der Lehrerausbildung und in der Schule oder durch staatlich anerkannte ›Freizeitberater‹, wird es vielleicht gelingen, den Gedanken von der kritisch-selbstverantwortlichen Partizipation an der Freizeitkultur weiter zu verbreiten. In unserer »Ära der Glückseligkeit und des Wohlstandes« (B. Russell) sollte künftig niemand mehr in der Freizeit auf Wohlstand und Glück verzichten

---

[33] Als erste europäische Universität hat Leicester (England) im Mai 1969 das Studienfach »Freizeitgestaltung« eingeführt.

müssen. Die populärste Form von Glück stellen heute Freizeit und Ferien dar: Sie geben auch eine Antwort darauf, wofür man lebt.

3. Hartmut von Hentig
Freizeit als Befreiungszeit

Kritik eines Pädagogen an einem deterministischen Modell

Welche Antworten hat die Pädagogik auf »das Freizeitproblem«? Was kann sie zur »Bewältigung der Freizeit« beitragen? Wie hilft sie den Menschen, mit dem »challenge of leisure« fertig zu werden? – so wird der moderne Pädagoge fordernd, dramatisch, selbstsicher gefragt.

Meine erste Reaktion als sogenannter moderner Pädagoge ist: Vorsicht – die Fragen könnten falsch gestellt sein! Meine zweite Reaktion ist abermals: Vorsicht – die Pädagogik könnte sich wieder einmal übernehmen! Verführt von einer interessanten Theorie ist sie, wie schon oft, im Begriff, sich Verantwortungen zuzuziehen, die sie nicht geprüft hat und die dann als Vorwurf und Gewissensnot auf denen lasten, die sie austragen müssen: den Lehrern, Eltern und Erziehern. – Wir sollten uns, so meine ich, mit einiger Strenge daran gewöhnen, daß die allmählich zur Wissenschaft heranreifende Pädagogik nicht in erster Linie dazu da ist, praktische Lösungen für die theoretischen Probleme hervorzubringen, die die anderen Disziplinen und die Gesellschaft formulieren, sondern zusammen mit ihnen zu prüfen, *was die Probleme sind* und wer für ihre Lösung zuständig sein kann.

Es ist zwar verständlich, daß man die Bewältigung neuartiger Schwierigkeiten zunächst in der Herstellung eines neuartigen Menschen sucht, eines Menschen, der von vornherein »richtig eingestellt« ist – zum Fernsehen, zu den Drogen, zur Sexualität, zu den Rassenunterschieden, zu den Konsumangeboten, zur Gewalt, zum Faschismus, zur Autorität, zur Demokratie, zur modernen Kunst. Aber diese Erwartung ist unrealistisch, weil die von dem »Problem« infizierte Wirklichkeit immer mit- oder gegen-erzieht; und sie ist zugleich unpädagogisch, weil die heutigen Kinder in der Welt von morgen vermutlich ganz andere Probleme haben werden. Der Auftrag, für eine »Freizeiterziehung« zu sorgen, scheint mir jedoch vor allem politisch bedenklich, nämlich solange damit eine besondere Maßnahme für einen besonderen Lebensbereich gemeint ist. Es könnte sein, daß wir uns auf Grund eines hohen pädagogischen Einsatzes und umständlicher Lösungen auf das falsche Problem fixieren: Wie man die abnehmende gesellschaftliche Tätigkeit, genannt »Beruf«, durch einen zunehmenden Aufwand an privater Tätigkeit, genannt »Freizeitverhalten«, ersetzt.

Wie ich dagegen das Problem ansehe, will ich in der Form von sechs Behauptungen vorbringen; ich werde jede der sechs Behauptungen im Anschluß begründen.

1. Die mit dem Wort »Freizeit« gemeinte Problematik wird *in der Gegen-*

wart nicht unmittelbar als solche erfahren – so wie man Armut, Kriegsangst, Ungerechtigkeit und Gewalt unmittelbar erfährt. Sie wird von Menschen diagnostiziert, die von ihr nicht betroffen sind oder sein werden und die in der berechtigten Vorwegnahme eines öffentlichen Schadens eine unberechtigte Vorwegnahme eines künftigen Bewußtseins vollziehen.

2. Das uns *für die Zukunft* vorhergesagte Freizeitproblem ist einseitig durch die errechneten oder erschlossenen ökonomischen Bedingungen der Zukunft definiert. Die Pädagogik muß den deterministischen Zügen dieses Zukunftsmodells ebenso Widerstand leisten wie den Gefahren, auf die es hinweisen will.

3. Die beschreibenden *Verhaltenswissenschaften* allein können dem ökonomischen Modell nicht als Korrektiv dienen.

4. Erst wenn die Freizeit im Zusammenhang mit der *politischen Verwirklichung der Selbstbestimmung* gesehen wird, läßt sich ein stichhaltiger pädagogischer Auftrag formulieren.

5. Der pädagogische Auftrag besteht zunächst darin, den Übergang von einer Gesellschaft des Mangels zu einer Gesellschaft der Fülle bewußt zu machen, die Möglichkeit einer *realen Konsumfreiheit* anstelle des herrschenden Konsumdruckes vorzubereiten, die Menschen frühzeitig nicht nur wissen, sondern erfahren zu lassen, daß sie ihre Bedürfnisse selbst bestimmen können, und so die Automatik der wirtschaftlichen und technischen Entwicklungen aufzuheben.

6. »Freizeit« ist also in der neuen Gesellschaft nicht beliebig verfügbare Zeit für kategorisierten Freizeitkonsum, sondern je verschiedene »*Befreiungszeit*«. Das Organisieren der Freizeit wie das organisierte Lernen von Freizeitverhalten widersprechen dieser Funktion diametral.

1. Das fehlende Freizeitbewußtsein

Die Frage nach der »Bewältigung der Freizeit« enthält immer schon die Unterstellung, daß die Freizeit ein Problem, eine Schwierigkeit oder gar eine Gefahr sei und nicht eine Gunst, eine noch nicht voll wahrgenommene Chance, ein noch nicht eingelöstes Versprechen unserer reich gewordenen Zivilisation.

Fragt man den Mann auf der Straße, dem diese Sorgen in erster Linie gelten, dann hat er meist nicht sehr viel Freizeit – etwas über drei Stunden, meint er, bleiben ihm täglich zu seiner freien Verfügung[1] – und die, die er hat, ist ihm meist kein Problem. Viel Zeit (so daß sie mehr und anderes tun könnten, als sie jetzt tun) haben nach eigenen Angaben nur 14 Prozent der »erwachsenen Bevölkerung«, d. h. aller Personen über 16 Jahren; 54 Prozent meinen, eigentlich keine Zeit »übrig« zu haben, aber wenn ihnen sehr an einer Tätigkeit gelegen ist, bringen sie sie noch unter; 20 Prozent fühlen sich »voll ausgelastet« und 9 Prozent »überlastet«. 72 Prozent des sogenannten repräsentativen Querschnittes antworteten (1961) auf die Frage: »Kennen Sie das, wenn einem an Sonnta-

---

[1] Dies gilt für das Jahr 1967 in der Bundesrepublik; vgl. hier und zu den folgenden Angaben das Jahrbuch der Öffentlichen Meinung (Band III u. IV), Allensbach/Bonn. Die freie Zeit der berufstätigen Frau ist erheblich geringer als die des berufstätigen Mannes.

gen oder Feiertagen die Zeit so lang wird?« mit Nein. Das ist eine erstaunlich hohe Zahl, wenn man bedenkt, daß hierin alle alten Leute eingeschlossen sind und daß die Angst vor der unerfüllten Zeit zunimmt, wenn man aus dem Beruf ausgeschieden ist und die damit gegebenen Kontakte und das Bewußtsein, gebraucht zu werden, aufhören. 12,3 Prozent der gegenwärtigen »erwachsenen Bevölkerung« der Bundesrepublik (1980 werden es rund 15 Prozent sein) sind über 65; außerdem hat sich – bis zum vergangenen Jahr – die Lebenserwartung ständig erhöht, und die Menschen sind trotz ihres besseren physischen Zustandes immer rigoroser beim Erreichen der Altersgrenze »in den Ruhestand versetzt« worden!

Immerhin: Im Gegensatz zu der Märchenbuchvorstellung, daß nur die Reichen sich langweilen, sind unter denen, die langweilige Wochenenden kennen (was ja nicht heißt, daß ihnen jedes Wochenende langweilig ist!), die Arbeiter doppelt so stark vertreten wie z. B. die freien Berufe. Aber schon daraus zu schließen, daß, weil die Arbeitszeit der Arbeiter abnehmen werde, ihre Langeweile zunehmen müsse, ist nicht gerechtfertigt. Ob schließlich die Langeweile überhaupt in unserer Zivilisation zunimmt, läßt sich ohne Verlaufsstatistiken über größere Zeiträume hinweg nicht sagen. Ja, das eben erwähnte Los der alten Menschen in der Leistungsgesellschaft läßt vermuten, daß »Langweile« gar nicht der gemeinsame Nenner für die Schwierigkeiten ist, die die Erweiterung der berufsfreien Zeit mit sich bringt: die in ihr aufkommenden Ängste können geradezu das Gegenteil von Langweile bedeuten, und die Bestimmung dieser Zeit als »Ruhestand« dürfte in der Mehrzahl der Fälle nicht nur falsch, sondern vor allem unnötig sein: ein Mißverständnis aus dem Bewußtsein der Leistungsgesellschaft heraus. Wir nehmen die Wandlungen nicht gründlich genug wahr, weil wir uns immer zu schnell auf ihre Bewältigung stürzen!

Die schöne Literatur, in der man noch am ehesten Anhalte für das Maß an Langweile vergangener Gesellschaften finden kann, zeigt – vom Starken Grettir bis zu Leonce, von Kalypso bis zu Nora – daß es immer schon ganze Menschengruppen gegeben hat, die nicht nur gelegentlich nicht wußten, was sie mit sich anfangen sollten, sondern generell an der Fadheit und Folgenlosigkeit ihrer Existenz litten, an einer Unausgefülltheit, die durch den Rat: »So tu' doch etwas Vernünftiges!« nicht zu verscheuchen war, weil es keinen objektiven Anlaß und Maßstab für eine solche »vernünftige Tätigkeit« gab. Literaturfähig wurde diese Langweile jedoch immer nur durch die Antworten, die sie erfuhr: Übermut, Abenteuer, Narrheit, Aggression, Zerstörung und *dolce vita*. Mit großen Mitteln konnten nur die Reichen und Mächtigen gegen den Stumpfsinn zurückschlagen. Die Langweile der kleinen Leute gab nichts als Langweile her – außer bei den arkadischen Hirten, die sie mit Liebesspielen vertrieben haben sollen, Theokrit und Vergil und deren reichem Publikum zuliebe.

Wenn ich nun die Sorgen der Freizeitproblematiker richtig verstehe, meinen sie, diese aus der totalen Sättigung und Sicherung der Existenz erwachsende Reiz-losigkeit des Lebens der Reichen werde uns allgemein befallen, wenn die Arbeit zunehmend von Automaten verrichtet wird und zusätzliche Arbeit nicht zusätzliche Verfügung über zusätzliche Möglichkeiten einbringt. Dies werde uns zu Berserkern, Größenwahnsinnigen, Neurotikern, Selbstmördern – oder zu Opfern eines »Freizeitsystems« machen, das unsere Bedürfnisse so manipuliert, daß es sie immer reiz-voll befriedigen kann; sie befürchten, wir möchten – wenn wir uns nicht dagegen wappnen – einem kalkulierten Konsumangebot ausgeliefert sein, das unsere Ansprüche ständig steigert oder sie ganz herunterstimmt auf idiotische Seligkeit. Ja, das Steigern und das Herunterstimmen könnten zwei Phasen derselben Manipulation sein.

Die Angst vor der Langweile und die Angst vor der Steuerung der Bedürfnisse widersprechen sich, genauer: Sie können nicht für die gleiche Zeit gelten.

– Ist das »Freizeitsystem« erfolgreich, werden wir immer weiter in immer differenzierterer Form konsumieren und folglich immer weiter immer differenzierter produzieren; wir werden die Produktion ständig verändern müssen; wir müssen dann sehr erfindungsreich leben; neue Möglichkeiten zu erfinden – das wird uns so beschäftigen wie einst, den alten Notwendigkeiten zu genügen und wird den gleichen Ernst haben; wir werden uns also nicht langweilen!

– Werden wir durch eine plötzliche und drastische Verkürzung der Arbeitszeit tatsächlich der Langweile ausgeliefert, unter anderem weil kein Freizeitsystem sie uns abnimmt, dann werden wir schnell Verhältnisse hervorbringen, in denen Freizeitsysteme tatsächlich überflüssig sind, ja, nicht funktionieren können: Revolution, Krieg, Chaos, Krankheit.

– Werden wir schließlich durch ein besonders zynisches Freizeitsystem zur seligen Anspruchslosigkeit reduziert, so wird die »Kultur« – das heißt: der Zweifel an der Seligkeit der idiotischen Reduktion – bei denen weiterbestehen, die diesen Zustand für die anderen herbeigeführt haben, doch wohl, um selbst nicht daran teilzunehmen. Was für ein Bewußtsein sich aus diesem Gegensatz ergibt, läßt sich nicht vorhersagen. Es läßt sich auch nicht vorhersagen, ob das gedachte Freizeitsystem überhaupt erfolgreich sein kann. Die Zukunftsutopien – von Huxley über Orwell bis zu Herman Kahn – können darüber schon deshalb keine Auskunft geben, weil sie bei ihren Lesern das Bewußtsein von übermorgen schon heute voraussetzen müssen, während sie doch gerade behaupten, daß es ein anderes sein werde.[2] Vermuten läßt sich lediglich, daß die Züchtung von immer neuem Reizhunger nicht durch Steigerung, sondern nur durch Verfeinerung der Reize und der Reizantworten möglich ist. Vermuten läßt sich auch, daß die Verfeinerung der Reizempfänglichkeit eine Verfeinerung der intellektuellen und moralischen Empfänglichkeit nach sich zieht: mit allen politischen Folgen, die das wiederum haben muß.

---

[2] *Marya Mannes* unterbricht sich darum in ihrem gescheiten Roman »*They*« (New York 1968) immer wieder mit der Einsicht, daß sie in der Zukunft ja gar keinen Leser haben kann für das, was sie heute schreibt.

2. Das unzureichende technisch-ökonomische Zukunftsmodell

Ich meine, daß an dieser Stelle das ausschließlich von den ökonomischen und technischen Entwicklungen her entworfene Zukunftsmodell zur Aufdeckung seiner eigenen Unstimmigkeiten führt. Voreingenommen von der Märchenvorstellung von der Langweile der Reichen, zu denen nun immer mehr Menschen gehören werden, bis es eines Tages keine Armen mehr gibt, voreingenommen von der Furcht vor der Manipulation des so entstehenden »Vakuums« übersehen die Autoren des Modells, wie wenig frei – d. h. unbesetzt – die künftige Freizeit sein wird. Das hätten sie eigentlich schon am Märchen lernen können: daß die Reichen und Neureichen, die Könige und dem Fischer sine Fru von spezifischen Problemen heimgesucht werden, die man nur, wenn alle »Arbeit« an der Produktivität gemessen wird, für unwichtig, individuell, zufällig halten kann. Da gibt es

– den König, der alles hat, aber keinen Sohn,
– den König, der alles hat, aber einen mißratenen Sohn,
– den König, der alles hat, aber einen untreuen Kanzler,
– die Königin, die alles hat, aber eine Stieftochter, die schöner ist als sie,
– den reichen Mann, der alles hat, aber eine schlechte Gesundheit, einen schlechten Nachbarn, einen schlechten Ruf

und so fort.

Diese Geschichten machen sehr eindrücklich deutlich, was der Kampf um das tägliche Wurstbrot, um die noch vorenthaltenen Freuden, Befugnisse, Freiheiten, um die soziale Sicherheit bisher bei den kleineren Leuten ja nur verdeckt hat: Die scheinbar persönlichen Sorgen der Märchenkönige sind auch für sie immer schon da, treten nun aber deutlich an die Stelle der Sorge um die Sachen, auf die sie vorher fixiert waren. Eltern mit drei oder vier Kindern hatten einst ihre Not damit, sie zu ernähren und zu kleiden. Heute haben sie ihre Not mit den immer komplizierteren Bildungs- und Aubildungsfragen ihrer Kinder, mit ihrer sexuellen Emanzipation, mit ihren politischen Protesten, ihren Moden, Ansprüchen, Neurosen ... Wehe den Eltern, die meinen, ein Einkommen von 2000 DM, das Einkaufszentrum nebenan und die Maschinen in der Küche hätten ihnen ein »Freizeitproblem« beschert! Ihr »Beruf« hat sich einfach geändert, und alle Entlastungen, die die technische Zivilisation hinzufügt, verdeutlichen nur einmal mehr, daß weder die Arbeit noch das Freisein von Arbeit zählt, sondern die Beherrschung der Prozesse – die Möglichkeit, weder die Zukunft dem Augenblick noch den Augenblick der Zukunft zum Opfer zu bringen, das Nahe nicht dem Fernen und umgekehrt.

Die Präokkupation mit dem »Vakuum«, das der zurücktretende Beruf angeblich hinterläßt, hindert aber vor allem, zu sehen, wie die Arbeitslast bei anderen Gruppen bis zur Unerträglichkeit zugenommen hat – daß wir es also mit einem Verteilungsproblem zu tun haben. Neben dem hartnäckig überlebenden Gegensatz von Arm und Reich gibt es heute einen sehr viel einschneidenderen: zwischen denen, die mitbestimmen und denen, die es nicht tun. Wer sich s.v.v.[a] verantwortlich fühlt (und darum z. B. Theorien über die Freizeit aufstellt), wer für die Regulierung und Koordinierung, für die Verdeutlichung und Kritik des Systems sorgt, wer durch Kommunikation die Fülle überhaupt erst verfügbar macht, wer also an den ständig zunehmenden beweglichen Funktionen der Gesellschaft mitwirkt, zieht sich damit etwas zu, was im Märchen allenfalls der Teufel kannte: Überlastung.

Die extreme Polarisierung der Funktionen, die im grellen Widerspruch zur demokratischen Grundordnung steht, fehlt auffällig in den Zukunftsbeschreibungen. Sie rechnen mit seltsamer Sicherheit damit, daß Anstrengungen oder gar Überanstrengungen verschwinden werden. Der Managertod von heute wird morgen durch den Computerverschleiß ersetzt. In dieser Vision – die sie aus sehr verschiedenen Gründen hegen – stimmen die Technokraten und ihre linken Kritiker überein: Anstrengung ist verdächtig in einer Welt der Entlastungen. Für die einen ist sie ein Zeichen mangelnder Rationalisierung, für die anderen ist sie moralische Verschleierung von Herrschaft. Einen überanstrengten Professsor halten sie im Zweifelsfall für beider Fehler schuldig. Beiden Gruppen scheint es an Phantasie zu fehlen; beide sitzen dem deterministischen Modell der Ökonomen auf; z. B. dem folgenden:

Für das Jahr 2000 haben *Herman Kahn* und *Anthony Wiener*[3] eine allgemeine Zeitdisposition entworfen:

1100	Arbeitsstunden pro Jahr	10	gesetzliche Feiertage
7,5	Arbeitsstunden pro Tag	3	zusätzliche Wochenendtage
4	Arbeitstage pro Woche	13	Urlaubswochen pro Jahr
39	Arbeitswochen pro Jahr		

(oder 147 Arbeits- und 218 Urlaubstage pro Jahr)

So wird es nicht überall, sondern – nach ihren Vorstellungen – in einer »freizeitorientierten ›nachindustriellen‹ Gesellschaft« aussehen. Die »nachindustrielle Gesellschaft« ist ein von der Ökonomie bestimmter Begriff. Er stammt von Daniel Bell. Diese »nachindustrielle Gesellschaft«, die in den USA, Japan, Kanada, Skandinavien, Frankreich, in den Beneluxstaaten und in der Bundesrepublik schon »deutlich eingetreten« sein soll (noch nicht aber in der Sowjetunion, in England oder in der DDR!), wird durch die Höhe des Pro-Kopf-Einkommens nach folgender Skala definiert:

Gesellschaft	*Jahreseinkommen pro Kopf*	
Vorindustriell	50 bis	200 Dollar[4]
Teilweise industrialisiert oder im Übergangsstadium	200 bis	600 Dollar

[3] Herman Kahn/Anthony Wiener: Ihr werdet es erleben, Voraussagen der Wissenschaft bis zum Jahre 2000, Molden Verlag 1968. Der treffendere Titel der amerikanischen Originalausgabe lautet: The Year 2000, A Framework for Speculation on the Next Thirty-Three Years.

[4] Nach offenbar allgemeiner Übereinstimmung der Nationalökonomen ist die »Einkommenslage« in den letzten 10 000 Jahren vor der Industrialisierung konstant geblie-

Gesellschaft	Jahreseinkommen pro Kopf	
Industriell	600 bis	1 500 Dollar
Massenkonsum oder fortgeschrittene Industrialisierung	etwa 1500 bis	4 000 Dollar
Nachindustriell	über 4000 bis vielleicht	20 000 Dollar

Die durch diese letzte Einkommenslage[5] bestimmte Gesellschaft hat nach Kahn/ Wiener die folgenden allgemeinen Merkmale, die ich in geraffter Form wiedergebe:

- die meisten Berufe sind Dienstleistungsberufe, nicht Produktionsberufe;
- die meisten Tätigkeiten werden freiwillig ausgeführt und nicht durch Profitaussichten in Gang gehalten; Leistungsdruck und Aufstiegswille sind sensualistischen und humanitären Einstellungen gewichen;
- es wird also von der Gesellschaft ein erhebliches Mindesteinkommen für jedermann gewährleistet und das heißt: die Koppelung von Einkommen und Arbeit ist aufgehoben;
- die Steuerung der gesellschaftlichen Prozesse erfolgt auf kybernetischer Grundlage;
- das Regulativ des freien Marktes spielt eine nur untergeordnete Rolle;
- der Veränderungsquotient wird sich vermutlich noch erhöhen, das Pro-Kopf-Einkommen kann sich innerhalb einer Generation mehrfach verdoppeln.

Daß die Entlastung von Arbeit so vollkommen gelingen könne, daß es sie nur noch in freiwilliger Form geben werde, diese Vorstellung beunruhigt den Menschen mehr als die Unterwerfung unter den Computer, die Preisgabe des freien Marktes, die zwangsläufige Verwirklichung des totalen Versorgungsstaates – die erklärten Schreckgespenster unserer westlichen freien Gesellschaft. Und mehr als irgendeine andere – von der Beobachtung der Gegenwart ausgehende – Überlegung erweckt diese Prognose die Sorge um die Ausfüllung der Freizeit. 40 Jahre nachdem Lord Keynes diese Sorge philosophisch formuliert hat, geben wir ihr unphilosophisch – unkritisch und panisch – nach.

Mit der Lösung der wirtschaftlichen Existenzfrage werde die Menschheit ihres gewohnten Lebenszweckes beraubt, schrieb Keynes bereits 1930:

»Mir wird bange bei dem Gedanken an die Umgewöhnung der Instinkte und Verhaltensmuster, die der Durchschnittsmensch auf die veränderte Lage hin vornehmen muß ... Zum erstenmal seit seiner Erschaffung steht der Mensch seinem wirklich bleibenden Problem gegenüber: wie er die Freizeit, die ihm die Wissenschaft und die Anhäufung von Kapital ermöglicht haben, weise und angenehm verbringt ...«[6]

ben. Indien oder Indonesien befinden sich noch heute in dieser von der Geschichte her gesehen »normalen« Zivilisation. Sie entsprechen dem Chinesischen Han-Reich oder dem Römischen Imperium. Vgl. Kahn/Wiener, S. 73; dort auch die Tabelle.

[5] Das heißt: durch eine außerordentliche Produktivität, oder noch anders ausgedrückt: Die Güter und Dienstleistungen können so billig produziert werden, daß man sich für sein Einkommen eine sehr große Menge kaufen kann – im heutigen Gegenwert der genannten Summe.

[6] *J. M. Keynes:* »Economic Possibilities for our Grandchildren«. Deutsch: »Wirt-

Der hier angesprochene Durchschnittsmensch stimmt, noch bevor diese Zukunft begonnen hat, in jene Befürchtungen ein: 80 Prozent antworten auf die Frage, ob sie ein Leben ohne Arbeit schön fänden, mit einem entschlossenen Nein, nur 13 Prozent mit Ja, 7 Prozent sind unentschieden. Und dieselben Menschen, die selber gerne mehr Zeit hätten, sind der Meinung, daß ihre Mitmenschen schon zuviel davon haben und jedenfalls nichts Rechtes mit ihr anzufangen wissen.[7] Wenn es das Paradies auszeichnet, daß die Menschen – auch die lieben Nachbarn – in ihm nicht arbeiten müssen, dann wollen wir dahin nicht mehr zurück. In anderen Worten, das Freizeitproblem mag unwirklich sein, unwirksam ist es nicht. In einer Periode des Übergangs setzen uns die Zwangsvorstellungen der Vergangenheit, die Angst vor der Nichtsnutzigkeit eines nicht-produktiven Lebens, das Arbeitsethos der Mangel-gesellschaft, noch uneingeschränkt zu.

Die Prognosen, gegen deren materiale Gewalt wir uns als Laien nicht wehren können, unterschlagen dabei genau das, was uns dereinst »helfen« wird – die veränderten Einzelverhältnisse, die eine Veränderung des Bewußtseins erleichtern, wenn nicht gar erzwingen werden. Die Prognosen sind voll mit Fertig-Lösungen für alles, was das Paradies heute noch verhindert, aber sie verraten nicht, daß die dann gelösten »Schwierigkeiten« ihrerseits schon »Lösungen« von anderen Schwierigkeiten waren und welche neuen Schwierigkeiten die neuen Lösungen verursachen werden. Aus den Vorhersagen der Rand Corporation, die 1964 unter dem Titel: »*Report on a Long-Range Forecasting Study*«[8] veröffentlicht wurden, und aus den 100 technischen Neuerungen, von denen Kahn und Wiener annehmen, daß sie noch im Laufe des letzten Drittels des 20. Jahrhunderts verwirklicht werden, greife ich einige heraus, die meine Skepsis – sie folgt jeweils in Klammern – zu bestätigen geeignet sind:

– *automatische Übersetzung* (das Volumen dessen, was wir lesen müssen, wird dadurch ungeheuer vermehrt: die Wachsamkeit des Lesers gegenüber Texten muß erhöht werden / die automatische Übertragung von Sprache setzt die Homogenisierung der Denkformen voraus / die Sprachen werden auf ihren Zustand zur Zeit der Programmierung festgelegt, so wie die englische Orthographie auf ihren Zustand zu der Zeit, als die Druckkunst eingeführt wurde, d. h. um diese Fehlerquellen auszugleichen, wird es großer Sprachforschungsinstitute bedürfen und deren ständige Kommunikation zum »Verbraucher«)

– *allgemeine Immunisierung gegen Erkrankungen* (wenn die Ausflucht in die physische Krankheit verwehrt wird, werden die psychischen Erkrankungen zunehmen; wir werden uns laufender prophylaktischer Behandlung unterziehen, während wir jetzt nur zum Arzt gehen, wenn wir krank sind)

– *chemische Heilung von seelischen Störungen* (dies bedeutet Veränderung der Per-

schaftliche Möglichkeiten für unsere Enkelkinder«, in: Politik und Wirtschaft, Ausgewählte Abhandlungen von J. M. Keynes, Tübingen/Zürich 1956.

[7] Vgl. Jahrbuch der Öffentlichen Meinung IV, S. 288.

[8] T. J. Gordon/Olaf Helmer: Report on a Long-Range Forecasting Study, Santa Monica (Cal.) 1964; auf deutsch auszugsweise in: BP Kurier II/III/66.

sönlichkeit durch Drogen – und fordert a) die Preisgabe der geltenden Ethik, die von der Würde des einzelnen ausgeht; b) die Aufstellung einer neuen Ethik X und von – vermutlich sehr komplizierten – Verfahren, die die Ethik X annehmbar, lehrbar, verläßlich und austragbar machen)

– *chemische Korrektur von Erbfehlern* (gedacht ist dabei sicher an Mongolismus, Hasenscharten, Klumpfüße und dergleichen – und alle werden gerne solcher Korrektur zustimmen. Aber wo ist die Grenze zwischen »Fehler« und »Besonderheit«? Ist »Erbfehler« alles, was von der statistischen Norm abweicht oder von der Normerwartung? Häßlichkeit? Dummheit? Empfindlichkeit? Homosexualität? – wir werden sehr umständlich ermitteln und vielleicht nie zu einem endgültigen Konsens kommen, was das, woraufhin, ist)

– *automatisierte Krankheitsbestimmung* (und wenn ich die automatische Krankheitsbestimmung nicht anerkenne? Wir werden Tausende und Abertausende von Ärztegerichten einsetzen müssen, die die hier geforderten Entscheidungen zu treffen haben; und einen Teil unseres Lebens werden wir in der gerichtlichen Verteidigung unserer Gesundheit verbringen)

– *Medikamente zur Intelligenzsteigerung* (wenn dabei nun Superintelligenzen entstehen, denen die anderen – die Mehrheit – nicht »folgen« kann und wenn diese Superintelligenzen sich der gemeinen Vernunft nicht unterstellen? Wir werden ein ganz neues, ungleich schwierigeres Problem der Chancenungleichheit haben als heute und noch kompliziertere Reformpläne in längerfristigen »empirischen« Untersuchungen testen müssen – wenn wir uns nicht mit der Ungerechtigkeit abfinden wollen)

– *chemische Kontrolle des Alterns* (d. h. ausdrücklich die Verlängerung der Lebenserwartung auf 100 bis 150 Jahre. In Marya Mannes oben erwähntem Roman »They« kann man nachlesen, was schon bei der heutigen Lebenserwartung für Maßnahmen zu gewärtigen sind, wenn die Kluft zwischen den Generationen sich weiter vertieft und die Jungen die Macht übernehmen, weil nur sie noch mit den Veränderungen fertig werden, die sich »ohnedies« vollziehen)

– *Wetterbeeinflussung* (welches Wetter soll wo, wie lange, zu welchem Zweck, herrschen? Wir können uns heute schon kaum über die Nutzung des ja dadurch unveränderten Luftraums und der Meereswege, geschweige denn über den Verlauf der Landesgrenzen einigen. Nun soll ein allgemeiner Wetterplan den Strand der Küste für die Sommergäste besonnen und das Hinterland mit Regen versehen. Wie wird man entscheiden? Mit welchen Superbehörden, Expertenmeinungen, Meinungsbefragungen werden wir zu rechnen und zu rechten haben, wenn wir nicht wehrlose Opfer sein wollen? Und diese Möglichkeit steht in der gleichen Liste, in der man eine »automatische Zollabfertigung« feiert – in der also mit dem Fortbestehen der Nationalstaatenstruktur gerechnet wird«)

– *wirksame Appetits- und Gewichtskontrolle / physiologisch unschädliche Methoden für unmäßigen Genuß / verläßliche, billige, bequeme Methoden der Geburtenkontrolle / dauerhafte kosmetische Veränderungen für Gesichtszüge, Hautbeschaffenheit, Farbe / künstlich angeregte und geplante, vielleicht programmierte Träume* (all diese Möglichkeiten werden uns an neue Probleme heranführen: wir werden das ganze Elend des ersten Aktes von Mrozeks »Tango« durchspielen – die Qual der unabgegrenzten Existenz, von seelischer und sozialer, physischer Unordnung – und einige werden unfehlbar zum zweiten Akt übergehen: zu umständlichen Ritualisierungen, Willkürordnungen, Askese, die die anderen dann wiederum als Faschismus denunzieren werden)[9]

[9] Daß es dann in einem dritten Akt auch zum Ausbruch der nackten Gewalt kommen wird, liegt nahe – gehört aber nicht in dieses Argument.

– neue biologische und chemische Methoden für Polizei und Militär zum Identifizieren, Aufspüren und Überwältigen von Personen / automatisierte Autobahnen / erweiterte, intensive Zentralisation von gegenwärtigen oder vergangenen persönlichen oder geschäftlichen Informationen / billige Herstellung von Bauten / billige und allgemein verfügbare Waffen und Waffensysteme / fast kostenloser Transport für Menschen und Fracht ... (all das setzt eine solche Fülle von Planung und Kontrolle, von Anpassungs- und Veränderungsmechanismen, von Wachsamkeit, Kritik, Konsens und Abwehr (!) voraus – oder ein totales 1984 –, daß wir mehr als beschäftigt sein werden).

Wir dürfen uns nicht einbilden, daß mehr Information, mehr Mittel, mehr Kommunikation die Welt automatisch verbessere und vereinfache. Wenn ich bei Kahn/Wiener lese: Neue Methoden zur Erhaltung und Verbesserung der Umwelt, oder: Neue und verläßlichere Erziehungs- und Propagandamethoden zur Beeinflussung des menschlichen Verhaltens im Privatleben und in der Öffentlichkeit, oder: Praktische Anwendung elektronischer Kommunikation mit dem Gehirn und dessen künstliche Reizung, oder: Automatische Volksabstimmung – dann verstehe ich endgültig nicht mehr, wo die Freizeit-probleme herkommen sollen – das Vakuum, das wir mit »Bildung«, »Spiel«, »Hobbies« und »Geselligkeit« erfüllen sollen. Überall dort, wo die Möglichkeiten als »verbessert«, »verläßlich«, »konkurrenzfähig«, »allgemein verfügbar«, »zentral«, »vielseitig« und so fort gepriesen werden, ist diese schöne neue Welt auf zusätzliche Anstrengungen, auf komplizierte Prozeduren, außerordentliche Erfindungsgabe und ein schier unerträgliches Maß an Charakter, Veantwortung und Gemeinsinn angewiesen. Vielleicht werden wir diese Welt nicht vermeiden können; aber eine von ihrem politischen Gesamtzustand isolierbare und isoliert zu genießende Freizeit wird es gerade in ihr nicht geben.

Wir müssen nicht so weit in die Zukunft greifen, wie es Kahn/Wiener, die *Rand Corporation* und die Autoren des *New Scientist* in der Sammlung »1984«[10] tun. Wir können uns an unserem Alltag klarmachen, daß Freizeit nicht privat zu verbringende freie Zeit sein wird. *Hans Linde*[11] hat das Verhältnis von Arbeitszeit zu frei verfügbarer Zeit mit 1 : 1,5 angegeben.[12] Von den 168 Stunden der Woche kann man 56 (7×8) auf den Schlaf, 40 auf Arbeit und 62 auf »verfügbare Zeit« rechnen. Diese Rechnung macht deutlich, wie wenig frei verfügbar diese Zeit tatsächlich ist: Sie schließt ja das tägliche umständliche Fertigmachen für den Auftritt in der Zivilisation ein, die Mahlzeiten, die Information, die Arbeitswege, das Kontakthalten, Einkaufen, Warten auf X, den Haushalt,

[10] Deutsche Übersetzung. Unsere Welt 1985; Entwürfe von hundert Wissenschaftlern und Technikern aus fünf Kontinenten, Desch Verlag 1965; in der Reihe: Modelle für eine Neue Welt, herausgegeben von Robert Jungk und Hans Josef Mundt.
[11] *Hans Linde:* »Kritik des etablierten Freizeitgeredes«, in: *Radius,* Heft 4, Dezember 1968.
[12] Er meint dabei offensichtlich nicht das Verhältnis der Arbeitstage im Jahr, die zufällig auf ungefähr das gleiche Verhältnis herauskommt wie bei Kahn/Wiener, sondern der Arbeitsstunden in der Woche. – Die Stundenverteilung stammt von mir.

die Abrechnungen, die zehntausend Kleinigkeiten, von denen Musil sagt, sie könnten seinen Tag voll ausfüllen ohne jeglichen Beruf.

Die Fülle der Objekte bringt die Fülle der Aufgaben mit sich: Wartung, Sicherung, Reparatur. Zeit gewinnt, wer *kein* Auto, *kein* Telefon, *kein* Büro hat; er verliert freilich auch an gesellschaftlicher Funktion.

Hans Linde zitiert eine Untersuchung aus dem Jahre 1958, der zufolge die Mehrheit der befragten Arbeitnehmer für eine Verkürzung der Arbeitszeit bei gleichbleibendem Lohn stimmten (also gegen die andere Möglichkeit: einen erhöhten Lohn für die gleiche Arbeitszeit zu bekommen) – und das, obwohl ihnen bewußt war, daß man bei mehr freier Zeit auch mehr Geld ausgibt. In anderen Worten, schon vor zehn Jahren hatten die deutschen Arbeitnehmer in ihrer Wirklichkeit wahrgenommen, was sie bei *Jean Fourastié* vor zwanzig Jahren hätten lesen können:

»... der Mensch (entdeckt) eben wegen seiner Sättigung mit sekundären (Verbrauchs-)Gütern die Knappheit seiner Zeit, nicht nur weil er tagsüber arbeiten muß, sondern auch, weil der Reichtum, den er sich erworben hat, ihn mehr und mehr daran hindert, ... (ihn) auch zu nutzen ... Er merkt sehr bald, daß die Zeit nicht dehnbar ist.«[13]

Fourastié begründet hiermit die Zunahme der Nachfrage nach Dienstleistungen (also auf dem sogenannten tertiären Beschäftigungssektor), die Zeit sparen. Im tertiären Sektor aber kann der technische Fortschritt nur geringe Produktivitätssteigerung bewirken.[14]. In den Tätigkeiten beispielsweise, die uns die oben aufgezählten technischen Neuerungen aufnötigen werden – Entscheidungen treffen, Fälle identifizieren, Arbeitspläne entwerfen, Personal einstellen, Aufgaben, Rechte, Kompetenzen abgrenzen, Konsens erzielen, Gruppen oder Einzelne koordinieren, Rechtsordnungen schaffen und austragen, Anpassung und Widerstand, Störung, und Entstörung, Diagnose und Therapie – wird es keine wirksame Entlastung durch Technik geben. All das wird so kompliziert bleiben, wie es war, ja, es wird komplizierter werden in dem Maße, in dem es mehr Information, mehr Interdependenz, mehr Kommunikation gibt.

Aber nehmen wir einmal an, daß auch hiervon sehr viel mehr, als wir uns vorstellen, von Automaten übernommen werden kann, so werden damit genau die ökonomischen Bedingungen hergestellt, die den stärksten Anreiz zur Wiederbelebung des alten, mobilen Marktsystems geben: Mögen die Waren und der »service« in noch so großer Fülle angeboten werden – sie werden standardisiert und allgemein verfügbar sein. Die Menschen werden sich darum vermutlich um so heftiger nach Individuation umsehen und sie hoch bezahlen – mit Mitteln, von

---

[13] *Jean Fourastié:* Die große Hoffnung des Zwanzigsten Jahrhunderts, Köln 1954 (die französische Originalausgabe stammt aus dem Jahre 1949).

[14] »Die tertiäre Produktivität wird sich selbst in den reichsten Ländern nicht vor dem Jahre 2000 vervierfacht haben, und auch dies nur *unter der Bedingung, daß die gegenwärtige Arbeitszeit nicht verkürzt wird.* Diese Vervierfachung ist indessen ... lächerlich wenig ... Es ist nicht übertrieben, eine Sättigung nicht vor einer Verzwanzigfachung des gegenwärtigen Verbrauchs zu erwarten.« S. 277. (Hervorhebung von mir.)

denen sich der so Bezahlte selber wieder Individuation leisten kann. Mag sein, daß die Großküche für die Mehrzahl der Menschen die heutige Familienküche ersetzen wird; zugleich aber – sie mag so perfekt sein, wie sie will – wird sie gerade in der reichen, hochindustriellen Gesellschaft die Lust an der selbstge-kochten Mahlzeit ungeheuer erhöhen. Wer will heute schon nach Miami, Mal-lorca, Nizza? Wenn eine große internationale Fluggesellschaft seit Monaten in allen großen Zeitungen der Welt für ihre Reisen zu einsamen Stränden wirbt, wo es keine Transistorgeräte, zwar Gitarren, aber ohne Verstärker, und nur das einfache Leben gibt – wie mag es dort inzwischen aussehen? Die Fülle der Dinge, die wir heute noch begehren, wird uns morgen widerwärtig sein. Und so sind die meisten der Freizeitversprechungen in den Papierkorb fabuliert: Spielhöllen, Wettbüros, Pferde- und Windhundrennen, Hausroulette, Bingo, Lotto und Toto, staatliche Kasinos, staatliche Freizeitzentren, staatliche Drogen-verteilung; dazu der Sport-boom (mit »internationalisierten Sportarten aus aller Welt«), der Reise-boom (»mit nicht-ortsgebundenen Freizeitgeräten«), der Ba-stel-boom (»do it yourself«), der Bildungs-boom (»werde gescheit, ohne dich anzustrengen«), der Kunst-boom (»den die wirklichen Künste nicht überleben werden«).[15]

Alles das sind zweifelhafte, reizlose, unbegründete Beschäftigungen. Warum eigentlich »*müssen* wir selber malen und nicht bloß Gemälde anschauen« (Her-bert Read)? Was für ein Vergnügen können narrensichere Kameras, chemisch »konditionierte« Sportleistungen, fertige Bastelvorlagen, Glücksspiele inmitten der staatlich garantierten Existenz noch bereiten? Weil den Zukunftswissen-schaftlern selber nichts Besseres einfällt, sagen sie uns eine »weltweite Gedan-kenlosigkeit als Balsam« (H. M. Finniston) voraus. Welche Unterschätzung des Menschen, der zugleich eine Produktions- und Verteilungsapparatur von un-geheurem Ausmaß und ungeheurer Kompliziertheit entwickeln und unterhalten soll!

Nein, *diese* Welt, dieses Freizeitsystem, diesen Vergnügungs- und Ablen-kungsschwindel werden die Menschen im Zorn zerschlagen und das Herstel-lungs- und Verteilungssystem, das ihnen derartiges aufnötigt, erst recht. Jene dürftigen Visionen von einer Camping-, Hobby- und Playboy-Freizeit, die aus-sehen, als seien sie aus dem Katalog der Ersten Deutschen Freizeitmesse abge-schrieben, sind voreilige Antworten auf die Herausforderungen eines technisch und ökonomisch einfallsreichen, psychologisch und gesellschaftlich jedoch denkbar primitiven Modells von der Zukunft. In diesem Modell haben die De-terministen aus den noch nicht beherrschten Möglichkeiten der Gegenwart die endlich gesicherten »Errungenschaften« von morgen extrapoliert[b] – ohne zu fragen, ob die Menschen das alles wollen oder nicht. Die brauchbarste Möglich-keit aus dem Arsenal der Wissenschaft und Technik scheint mir noch die zu sein, den Menschen über Monate oder gar Jahre in einen tiefen Schlaf zu versetzen;

[15] Die einzelnen Prognosen sind verschiedenen Aufsätzen von David A. Morse, Sir Herbert Read, H. M. Finniston, Joan Littlewood aus: Jungk/Mundt »Unsere Welt 1985« entnommen.

»Winterschlaf«[16] wird man ihn nach der Aufhebung der Jahreszeiten freilich nicht nennen können.

Prognosen machen, heißt Voraussetzungen festlegen; sagt man etwas voraus, muß man Gründe für sein Eintreten geben; sollen diese Gründe nicht absolut gelten, muß man auch das begründen; irgendeine Kausalität bleibt immer: auch für die Möglichkeit der Willkür. Wenn mir die Voraussage nicht genügt, daß »viele Intellektuelle und Manager des allgemeinen Kulturbetriebes dazu beitragen werden, den ›bürgerlichen‹, ›leistungsorientierten‹, ›bürokratischen‹, ›industriellen‹, ›puritanischen‹ und anderen ›veralteten Werten‹ den Prozeß zu machen«[17]; wenn mich die Prognose nicht befriedigt, daß die Menschen »öffentliche Werte« als sinnlos ablehnen (vom Nationalismus über die Wohlanständigkeit bis zum Gemeinsinn) und sich ganz der »Steigerung der privaten Werte« hingeben, dann setze ich voraus, daß die Menschen eine *neue* gemeinsame Wertordnung entwickeln können, wenn sie die Notwendigkeit dazu erkennen – daß sie die ganze »privatistische« Freizeitlehre und die Subsumtion des Problems unter die stupide Formel »Die Wachstumsrate des Produktionspotentials vermehrt die Freizeit« als einen Irrtum abtun, noch bevor sie ihre Folgen erlitten haben: als einen Irrtum, weil jene Freizeit nichts mit Freiheit zu tun hat.

So wird aus der technisch-ökonomischen Frage eine pädagogisch-politische.

3. Die fehlende Korrektur durch die Verhaltenswissenschaften

Es kennzeichnet die empirischen Verhaltenswissenschaften – die Soziologie und die Psychologie –, daß sie sich an den Prognosen der Techniker und Ökonomen nicht beteiligen. Sie beschreiben, was ist; sie spekulieren nicht über das, was sein wird oder sein kann. Andererseits verfügen nur sie über die Kenntnis der Gesetze, nach denen sich das Verhalten der Menschen in neuen Lagen einigermaßen bestimmen läßt, das dann seinerseits diese Lagen bestimmt. Ohne die Hilfe und Kritik der positiven Verhaltenswissenschaften aber ist die Pädagogik (je nach Einstellung) den überkommenen Wertordnungen oder den projektierten »Tatsachen« oder beidem ausgeliefert – sie verfällt der Kulturkritik oder der Technokratie.

Die Präokkupation der Verhaltenswissenschaftler mit der eigenen Methode, die mit Hilfe dieser Methode vorgenommene Beschreibung der Phänomene, die mit Zahlen belegten Einzelposten – dies alles legt die Diskussion zwischen diesen Disziplinen und anderen vollends auf die vorgegebene Problematik fest. Die Voraussetzungen und Ziele der wissenschaftlichen Erörterung werden ihrerseits nicht erörtert. Für den auf gesellschaftliches Handeln eingestellten Pädagogen bleibt die Kooperation mit diesen Disziplinen, soweit sie ausschließlich so verfahren, unergiebig, ja verdrießlich.

Dabei könnten diese Wissenschaften schon am gegenwärtigen Freizeitverhalten zeigen:

[16] *Kahn/Wiener:* Ihr werdet es erleben, S. 68.
[17] *Kahn/Wiener:* Ihr werdet er erleben, S. 191.

- wie dieses Verhalten von den spezifischen Merkmalen der modernen Berufsarbeit bestimmt ist, durch deren Systemcharakter, deren Abstraktheit, deren Leistungsintensität oder – wie Jürgen Habermas es ausdrückt, dessen Analyse ich hier folge – deren »Unverhältnismäßigkeit des Leistungsanspruchs«[18];
- wie also schon von daher die getrennte Behandlung, geschweige denn die prinzipielle Getrenntheit der Freizeit von der Arbeit irreal und gefährlich ist;
- wie wir schon heute die »kompensatorischen«[c] oder die Entfremdungen der Berufswelt »suspendierenden«[d] Funktionen der Freizeit mißbrauchen, um uns von dem ganz unübersichtlich gewordenen, also unheimlichen, also verdrängten, also unwidersprochen hingenommenen Arbeitszusammenhang (= System) abzuwenden;
- wie wir dadurch in unserer Apolitie bestärkt werden, das bißchen Politik versäumen, das uns möglich ist, wobei doch Politik gerade darin besteht, den Anspruch auf Freiheit aus der individuellen Existenz in die allgemeine – in das System – zu tragen, sich also nicht mit der Gewährung von Spielraum hier und dem Erleiden des Ernstfalles dort abzufinden;
- wie die Konzentration der Freizeit auf das »freizeitlich« ausgestattete Heim, auf die engere Familie, auf das Private einen anti-politischen und antiquierten Kleingruppenegoismus bestärkt;
- wie die Beschäftigung mit den »freien« Künsten, mit dem Bildungsgut (»mal ein gutes Buch lesen«), mit vorindustriellen Arbeitsweisen und Aufgaben, mit do-it-yourself-Hobby und ganzheitlichem Schrebergarten eine billige, irrelevante, falsche Selbstbestimmung gewährt – also Freiheit vortäuscht;
- wie das Verbraucherverhalten im Bereich der »Freizeitbeschäftigungen« das Produktionsverhalten der Berufssphäre rekapituliert, wie es gilt, Freizeithöchstleistungen zu erzielen, weiter zu reisen, mehr zu fotografieren, mehr Gewicht zu verlieren, brauner zu werden, die Zeit, die Angebote, die Wettbewerbslage auf das äußerste auszunutzen;
- wie Überstunden, Schwarzarbeit, Zweitberufe gar nicht dem behaupteten ökonomischen Motiv dienen, sondern der Arbeit durch die Frei-willigkeit den Schein der Freiheit geben;
- wie also die Freizeit zur Scheinfreizeit und damit zur wahren Unfreizeit geworden ist, weil sie den Menschen dem System gegenüber wehrlos macht, dessen Fremdbestimmung ihn demütigt und frustriert.

Aber diese kritischen Ausblicke stammen von der philosophischen Gesellschaftskritik und nicht von den empirischen Disziplinen. Die Empiriker verfallen aus Mangel an eigener Theorie der Gemeinsprache und der Gemeinansicht.

---

[18] Vgl. *Jürgen Habermas:* »Soziologische Notizen zum Verhältnis von Arbeit und Freizeit« (1958), abgedruckt in: Hermann Giesecke (Hrsg.): Freizeit- und Konsumerziehung, Göttingen 1968 in der Reihe Paedagogica, Bd. 2, S. 105. Der knappen Analyse ist kaum etwas hinzuzufügen. – Unter »Unverhältnismäßigkeit des Leistungsanspruchs« versteht Habermas minimale Tätigkeit mit maximaler Verantwortung; jedem von uns ist das vom Autofahren her bekannt: die dort aufzuwendenden Fähigkeiten und Anstrengungen stehen in keinem Verhältnis zu den Folgen, die ihr Versagen haben kann.

Die Genauigkeit und Objektivität, die sie in sie einbringen, machen sie nicht brauchbarer, sondern nur noch trivialer. Für die Schwächen des Verfahrens nehme ich einen seiner erfolgreichsten Vertreter als Beispiel: *Viggo Graf Blücher*[19] will »Tatbestände« aufklären. Dazu muß er sie benennen. Mit der Benennung übernimmt er die Perspektiven, unter denen er die Tatbestände ansieht, und damit den wichtigsten Teil der Antwort, die er doch erst finden will. Er geht von einem Begriff der »freien Zeit« aus, der »praktisch das gesamte, von der Berufsarbeit ausgesparte private und öffentliche Leben des Menschen umfaßt« (S. 76) und endet folgerichtig bei der Forderung nach »Sinngebung der Freizeit« (S. 79) einerseits und »Schaffung einer freizeitkonformen Umwelt als institutionelle Aufgabe« (S. 77 und 91 ff.) andererseits. Was man unter dem ausdrücklichen Gesichtspunkt betrachtet, daß es »von der Berufsarbeit ausgespart« geblieben ist, läßt sich dann kaum mehr wieder damit verbinden.

Die einzige Verbindung zwischen Freizeitbeschäftigungen und den Berufstätigkeiten, die bei Blücher gezogen wird, liegt in einer pauschal definierten Erholungsfunktion. Blücher unterscheidet zwischen »reproduktiver« und »verhaltensbeliebiger« Freizeit. »Reproduktiv« soll heißen: die Kräfte und Nerven regenerierend, die der konzentrierte und ruheloser gewordene Arbeitsprozeß verbraucht. Die anderen Merkmale der Berufswelt, von denen wir eben gesehen hatten, wie tief, ja total die Freizeittätigkeiten in sie eingelassen sind, werden weder mit ihr noch mit irgendeinem anderen der statistisch aufgegliederten Posten seines »Zeitbudgets« in Beziehung gesetzt. Erholung, das bringt die Einteilung mit sich, steht eben *neben* den anderen Freizeitbeschäftigungen. Daß auch diese eine spezifische Ausgleichsfunktion haben können, die mit zur Erholung gehört – das Spielen mit Kindern oder Tieren, der Besuch des Kinos und von Verwandten, das Aufräumen und Briefeschreiben – kommt nicht zum Ausdruck. Von der Sexualität (dem zeitlich schwer fixierbaren Umgang mit den Trieben), von der Politik (dem Umgang mit dem ubiquitären[e] System), vom Nachdenken, Träumen, Planen, Rauchen ohne Tätigkeit oder bei beliebigen Tätigkeiten (dem statistisch nicht registrierbaren Umgang mit sich selbst) ist nicht die Rede, weil sie keine spezifischen Tätigkeitsmerkmale und keine Zeitgrenzen haben. Das heißt die engen Ergebnisse sind die Folge der Unterwerfung unter eine enge Methode.[20] Dabei dürfte es sogar statistisch ins Gewicht fallen, wie lange einer vor dem Spiegel steht, sich schön macht, flirtet, wartet, trinkt.

[19] *Viggo Graf Blücher:* »Das Freizeitproblem und seine praktische Bewältigung« (1968), abgedruckt in: Hermann Giesecke op. cit.

[20] Ganz auffällig ist das im sogenannten Shell-Bericht. Eine Tabelle auf S. 15 zeigt, daß die Jugendlichen ihre Freizeit zum überwiegenden Teil mit

	Werktag Feierabend	Freier Samstag	Sonntag
1. Zerstreuung/Unterhaltung	35%	39%	44%
2. Ausruhen/Nichtstun	26%	23%	30%

verbringen. Arbeit im Haus und Garten, Weiterbildung im weitesten Sinn, Arbeit für Freunde, Basteln und Reparaturen teilen sich in den Rest. Auf den 310 Seiten des Be-

Noch fragwürdiger als die Bezeichnung der »reproduktiven Freizeit« ist die der »verhaltensbeliebigen«. »Beliebig« ist das Verhalten gerade nicht: Es folgt Zwängen, die die Verhaltenswissenschaften aufzudecken hätten – durch Analyse freilich und nicht nur durch Gruppierung von Merkmalen.

Gerade die habitualisierten[f] Tätigkeiten, die darum auch bei Befragungen nicht »herauskommen«, könnten tiefreichende allgemeine Wirkung haben, die mit der Tätigkeit selbst in keiner besonderen Beziehung stehen. Das ließe sich z. B. an den Erhebungen von *Stückrath* und *Schottmayer*[21] über das Verhalten von Familien mit Fernsehapparat und ohne Fernsehapparat veranschaulichen. »... und danach haben wir ferngesehen.« »Um vier Uhr tranken wir Kaffee, und dann sahen wir im Fernsehen ...« so allenfalls heißt es stereotyp in den von den Kindern angefertigten Tagesberichten – wenn sie das Fernsehen überhaupt erwähnen. Die gesehenen Inhalte spielen keine Rolle.

Stückrath und Schottmayer glauben dem Vergleich der Tagesberichte und tatsächlichen Tagesabläufe der Fernsehfamilie mit denen der Nicht-Fernsehfamilie entnehmen zu können, daß die Kinder der letzteren ihre Tätigkeiten intensiver und nachhaltiger erleben:

»Ich habe vom Nikolaus geträumt ...« »Ich habe mit meinen Schuhen im Wasser gepantscht ...« »Ich war bei Rita in der Post.« »Ich habe die Blumen begossen ...« »Ich habe mit Mieze gespielt ...« »... sind wir bei Frau Barhanns Haus vorbeigegangen ...« (S. 252).

So registrieren die Nicht-Fernsehkinder angeblich auffallend häufiger als die anderen. Die »erziehliche Einwirkung« der Eltern, die Spontaneität, die eigene Initiative, der familiäre Kontakt sei bei Nichtfernsehfamilien größer. Besonders beängstigend sei bei den Fernsehfamilien das Maß, in dem die Erwachsenen den Kindern das Fernsehen geradezu aufnötigen.

Hier könnten die Fragen einer Freizeitpädagogik einsetzen: Welche Funktionen hat das Fernsehen für die verschiedenen Arten von Eltern? Welche davon lassen sich auf die Kinder übertragen? Welche gehen davon in das gesellschaftliche Mimikry der Kinder ein, welche in ihre verdeckten Abwehrmechanismen, welche in die offene Aggression gegen die Erwachsenenwelt überhaupt, welche als bleibende Bedürfnisse? Was hiervon wirkt auf andere Erfahrungsbereiche weiter – auf die Schule, das Spiel, die Berufsziele, die Einstellung zur Gesellschaft? – Man kommt auf diesem Weg schließlich zu der Frage: Ist dieses Fernsehen wirklich noch eine Privatangelegenheit – ein privates Gerät in privater Stube zu privatem Gebrauch oder privater Ablehnung? Weder Stückraths und

richtes aber kommen Zerstreuung, Ausruhen, Nichtstun nicht mehr vor, außer in der Tabelle, die die Faktorenanalyse belegt (S. 100 f.). Vgl. Jugend, Bildung und Freizeit, Dritte Untersuchung zur Situation der Deutschen Jugend im Bundesgebiet, durchgeführt vom *Emnid*-Institut für Sozialforschung im Auftrag des Jugendwerkes der Deutschen Shell, bearbeitet von Viggo Graf Blücher, 1966; nicht im Buchhandel erhältlich.

[21] *Fritz Stückrath und Georg Schottmayer:* Fernsehen und Großstadtjugend, Braunschweig 1967.

Schottmayers Trauer über die korrumpierte, unpädagogisch gewordene Fernsehfamilie noch Graf Blüchers Freude über die kleine Gruppe der »Innengelenkten«, die eine »bewußte Freizeitgestaltung« treiben, antwortet auf das von ihnen selbst gestellte Problem. Das könnte nur eine Kombination von Elternerziehung und pädagogisch und didaktisch sorgfältig vorbereitetem Programm, die zusammen die Lektion ermöglichen: Wie man eine Unterhaltung oder Information wählt, wie man diese Wahl begründet, wie man sie durchsetzt und wie man das Gelernte oder Genossene mit anderer Erfahrung verbindet.

Wenn man nur unter dem Klassifikationszwang statistischer Untersuchungen einteilt: Es gibt »harte«, »weiche« und »mittlere« Interessengebiete – die harten stehen deutlich vor dem Bewußtsein, die weichen werden kaum mehr wahrgenommen – und wenn man aus der Schwierigkeit, diese hypothetischen Kategorien *absolut* zu verifizieren, schließt:

»daß die verschiedenen Freizeitgebiete eine verschiedenartige Reizwirkung ausüben, der von der großen Mehrzahl der Bevölkerung im allgemeinen in unterschiedlicher Weise gefolgt wird« (Blücher in: Giesecke op. cit. S. 87).

dann subsumiert man endgültig die Verhaltensweise, die Verhaltensmotivation, die Verhaltensintensität, den Verhaltenstransfer unter die vorgegebenen Freizeit*gebiete*, unter die Erfindungen der Freizeitindustrie und der Freizeitverwaltung, und Pädagogik und Politik müssen sich eben mit diesen befassen – mit Bibliotheken, Gesangsvereinen, Turnklubs und Filmstunden –, wenn sie überhaupt »etwas tun« wollen.

Graf Blücher fordert am Ende seiner Darlegungen eine Erziehung zur Freizeitbewältigung. Das bedeutet für ihn einerseits: die Vermittlung von Haltungen und Einsichten, die »Schutz vor einer hektischen, reizüberfluteten Umwelt versprechen«. Und zum anderen: die »Schaffung einer freizeitkonformen Umwelt« andererseits, wozu Parks, Kulturhäuser, Vortragszyklen, Ferienuniversitäten, Klubs, Volksbühnen, Sozialtouristik und dergleichen mehr gehören – ein großes Angebot für die verhaltens-beliebige Freizeit. Daß dies alles von Aufgaben ablenken könne, die wir haben, aber nicht wahrnehmen oder nicht aufkommen lassen, z. B. die Beschäftigung mit den Alten oder die Anleitung unserer Kinder vor und nach dem Fernsehen oder die Politik; daß also das vermehrte Angebot eine falsche Lösung auf Grund einer falschen Voraussetzung – daß wir zuviel Freizeit hätten – sein könnte, kommt dem nicht in den Blick, der die Freizeit von vornherein »praktisch bewältigen« will. Es scheint, als habe der Druckteufel eine echte Freud'sche Fehlleistung zustande gebracht, als er im ersten Absatz des Blücherschen Aufsatzes aus »leisure« *»leisture«* machte!

Die politische Bewandtnis des sogenannten Freizeitproblems ist längst deutlich geworden. Sie läßt sich von den technisch-ökonomischen Bedingungen der Gesellschaft so wenig trennen wie von den sozialen, psychischen und pädagogischen. Eben darum aber kann die Frage nicht unterdrückt werden, warum von »Politik« im Zusammenhang mit Freizeit so selten die Rede ist. Warum gehen die dafür bestallten Fachleute auf die »Politik« allenfalls mit den halbpolitischen

Schlagworten von der »Emanzipation« oder der »Autonomie der Freizeit« ein? Warum bleibt die politische Behandlung des Freizeitproblems den National-sozialisten (mit »Kraft durch Freude«, Schulungsabenden und »Dienst an der Gemeinschaft«), den Kommunisten (mit Übersollerfüllung und programmati-schen Utopien) und allenfalls den Gewerkschaften (mit ihren Forderungen nach Volksbildungsstätten, Volksbühnen, Volksbibliotheken und Bildungsurlaub) vor-behalten?

Die Vermutungen, die ich hierzu habe, wirken ihrerseits politischer, als sie sind: Sie sind keine Verdächtigungen! Sie nicht auszusprechen, hieße jedoch ihren Ideologiecharakter bestätigen.

4. Die politische Verwirklichung der Selbstbestimmung

Die Politik wird m. E. deshalb nicht berührt, weil Politik nach wie vor mit dem Ausüben von Herrschaft verwechselt wird. Aber gerade mit dem Herr-schaftssystem soll die Freizeit nichts zu tun haben und schon gar nichts mit einem verdeckten oder unbewußten: Sie ist der apolitische Abfall einer Produk-tionsform.

In meinem, vom antiken Ursprung her legitimierten Sprachgebrauch ist »Poli-tik« dagegen die bewegliche Regelung der gemeinsamen Verhältnisse, ist also die Ablösung des starren Herrschaftsverhältnisses durch beständigen Macht-ausgleich. Gibt man die herkömmliche Einteilung in Arbeit und Freizeit preis – indem man sich z. B. klarmacht, daß Miteinanderreden »Arbeit« sein kann und Seinen-Garten-Umgraben »Erholung« –, so stößt man auf ein latentes Herr-schaftsverhältnis. Die Aufhebung des Gegensatzes von Arbeit und Nichtarbeit in der Politik, die gegenseitige Durchdringung der Tätigkeitsgruppen durch fak-tische Angleichung ihrer Merkmale (psychische Anspannung/physische Entspan-nung; Zweckgebundenheit/Zweckfreiheit; Mechanisierung/Individualisierung) zerstört eine über zweitausendjährige Denkform: das platonische Modell von den Führenden und den Geführten. Die unkritischen Statistiken über die tat-sächliche Verwendung der Freizeit, die Theorien von der erstrebten Autonomie der Freizeit und die unmittelbar darauf vorbereitende Pädagogik lassen diese platonische Einteilung bestehen: Hier Planer, die einem Sachgesetz (der Ökono-mie und der Rationalisierung) folgen, dort Ausführende, die der Planung folgen; hier Leute, die das System überschauen, dort solche, die Entfremdung und Angst leiden und in der Freizeit dafür entschädigt werden; hier Menschen, die poli-tische Verantwortung tragen, dort solche mit vorwiegend privater Existenz; hier Menschen, die wissen, was der Freizeit Sinn gibt, dort solche, die sich von ihnen betreuen, mit »freizeitkonformen« Angeboten bei der Bewältigung der Freizeit helfen lassen.[22]

[22] Ein Beispiel für die hier genannte patronisierende Besserwisserei der neuzeitlichen Wächter-Philosophen: »In den Städten mit hohen Freizeitwerten, wie z. B. in München, wird es Freizeitschulen geben, wo Leute ausgebildet werden, *die anderen wiederum sagen, wie man in Zukunft die Freizeit vernünftig zu verbringen hat:* Daß es gar keinen Sinn hat, übers Wochenende von München nach Venedig zu jagen und dort Postkarten zu

Friedrich Pollok hat die Möglichkeit einer Verschärfung dieses alten Gegensatzes durch die Automation geschildert und vor den daraus erwachsenden Gefahren für die freiheitliche Gesellschaftsordnung gewarnt[23]. Eine konsequente Antwort auf diese, wie mir scheint, unbezweifelbare Gefahr bestünde darin, daß wir die Zeit, die uns Technik und Kapital durch Entlastung von der Produktion schenken, in die Beherrschung des Systems re-investieren, also einen beträchtlichen Teil der Entlastung freiwillig wieder aufheben: *Wir müssen lernen, daß wir die sogenannte Freizeit der Erhaltung der Freiheit schulden. Und* diese »Beherrschung« oder Kontrolle des Systems lernen und üben wir nicht außerhalb des Arbeitsprozesses – in der Schule davor und in Abendkursen danach: durch »Orientierung in der Großraumgesellschaft«, durch »die Kultivierung des Rollenwechsels«, der »Frustrationstoleranz«, der »Kontaktfähigkeit«, durch die »Entwicklung von Verhaltensmustern ... zur spielerischen Produktivität, zur Korrektur der Arbeitssitution«[24], lauter auch wichtige allgemeine Aufklärungsfunktionen –, sondern im Arbeitsprozeß selbst, der dann freilich weniger vorbestimmt und weniger »effizient« verläuft.

Ein deutliches Beispiel von der hiermit gemeinten Umverteilung geben heute die Universitäten: Dort wird der wissenschaftliche »Produktionsprozeß« nicht nur durch immer mehr Allotria gestört, sondern vor allem durch zeitraubende politische Steuerungsprozesse »transparent« und »kontrollierbar« gehalten. Ich halte die an den Universitäten eingetretenen »Reibungen« für den unmittelbaren Ausdruck dieser allgemeinen Verlagerung unserer Tätigkeiten aus der Produktion in die Kommunikation und Politik – also für normal und bleibend. Verkehrt an ihnen ist gerade, daß alle Seiten hoffen, mit einer besonderen letzten Kampfanstrengung die Auseinandersetzung *endgültig* in ihrem Sinn zu lösen. Diese falsche Auffassung von »Politik« macht diese gereizt, unsachlich und am Ende oft bösartig und ergebnislos zugleich. – Im Ganzen ist es ein Beweis für die emanzipatorische Kraft von Wissenschaft, daß diese Entwicklung sich an den Universitäten zuerst vollzieht, die damit den anderen gesellschaftlichen Institutionen – zumal der Wirtschaft, der Verwaltung, den Kirchen – um eine gute Leidensstrecke voraus sind. In allen genannten Bereichen wird es entweder Mitbestimmung geben und dadurch eine Verlangsamung ihrer »Produktivität« bei gleichzeitiger Verminderung der »Freizeit« – oder die (gemeinsame!) Rück-

schreiben und am Montag früh um 4 todmüde wieder zu Hause anzukommen ... Nein, man wird sich im echten Sinne erholen müssen und das lernen ... das heißt auch sich zu betätigen, das Seelische zu befriedigen. Die Seele hat genau so Hunger wie unser Leib, manche wissen das bloß nicht mehr.« (Horst Wagenführ: »Wirtschaft im Wandel«, in: Perspektiven für das letzte Drittel des 20. Jahrhunderts, Stuttgart 1968. Horst Wagenführ ist Professor für Volkswirtschaft und Direktor des Instituts für wirtschaftliche Zukunftsforschung an der Universität Tübingen.)

[23] *Friedrich Pollok:* Automation, Frankfurt 1956, S. 105 f.

[24] Diese Erziehungsaufgaben für die Freizeit entnehme ich Wolfgang Schulz: »Freizeitverhalten als Pädagogisches Problem« (1965), in dem von Hermann Giesecke herausgegebenen Band »Freizeit und Konsumerziehung«, Göttingen 1968.

kehr zur Oligarchie, über deren Formen und Folgen man sich im Zeitalter der Vollautomatisierung, der zentralen Energieversorgung und des einheitlichen Kommunikationssystems keine Illusionen mache!

Gemessen an den Gefahren, die das deterministische ökonomische Modell für die politische Mitbestimmung des Arbeitsprozesses hat, sind die Gefahren der Freizeitindustrie für die private Selbstbestimmung gering. Für das, was das Freizeitsystem den Menschen aufschwindeln kann, gibt es innere Grenzen. Das Ideenreservoir der Freizeitindustrie ist die Gesellschaft selbst, die ja nicht nur zur Tötung der Freizeit-Langweile offene Lebensformen und Abweichungen hervorbringen muß, sondern auch zur Regelung ihres hochkomplexen, interdependenten, abstrakten, veränderlichen Apparates. Wir werden in unserer noch weitgehend von der Vergangenheit eingerichteten Welt viel umbauen, umordnen, umleiten müssen – ganze Städte, Verkehrssysteme, Verteilungssysteme, Vorbereitungssysteme – und schon darum immer wieder zum kritischen und anregenden Umlernen gezwungen sein.

Ein Beispiel dafür, wie elastisch, anpassungsfähig und individuell die Arbeit des Menschen sein muß, damit die Arbeit der Maschine standardisiert, massenhaft und automatisch sein kann, habe ich kürzlich in einem Referat über die Lehrlingsausbildung an einer süddeutschen Maschinenfabrik kennengelernt. Diese Fabrik stellt u. a. Papiermaschinen her – Monstren von etwa 120 Meter Länge, aus denen in einer Stunde 60 Kilometer Papier in einer Breite von 10 Meter herausrollen. Eine geradezu symbolische Bedeutung haben nun die folgenden Tatsachen: *erstens* kann es von dieser Art Maschinen nur wenige in der Welt geben – etwa 10 bis 15 –, sie fräßen sonst die Wälder schneller weg als sie nachwachsen können; *zweitens* wird darum fast jedes Stück dieser Maschine von Hand und nach einem individuellen Plan gefertigt, eine automatisierte oder auch nur serienmäßige Fabrikation kommt bei 10 bis 15 Stück ja nicht in Frage; an einer solchen Anlage wird also *drittens* viele Jahre lang mit einem Aufwand von höchster theoretischer Kompetenz, von Hunderten von Arbeitern und einer sehr komplizierten Koordination und Kooperation gearbeitet, für die man *viertens* eine langjährige, sehr gründliche, vielseitige, individualisierte Ausbildung braucht, die man *fünftens* nicht ohne weiteres auf das nächste womöglich ganz andersartige Projekt der Firma wird übertragen können; und am Ende – *sechstens* – wird die fertige Papiermaschine von nur zwei Leuten bedient, die im wesentlichen Kontrollfunktionen ausüben. So verlagert sich in der hochentwickelten Industrie die menschliche Tätigkeit in den Anlern- und Umlernprozeß, in die theoretische Planung und in die Koordinierung – die Bewältigung der Interdependenz. Nichts wird (für die Tätigkeiten des einzelnen Menschen) weniger automatisch und endgültig sein, als das Zeitalter der Automatisierung.[25]

Das Modell, das sagt: In 30 Jahren wird es so und so sein – z. B.: man wird nur noch 4 Stunden am Tage arbeiten, oder: man wird die Arbeitszeit für alle kontingentieren, oder: man wird nur noch freiwillig arbeiten[26] – verschleiert

[25] Eine nicht weniger symbolträchtige Erscheinung unserer konsumfördernden Produktion sind technische Erzeugnisse, die herzustellen mehr Zeit kostet, als sie nachher Mühe und Zeit ersparen können: z. B. das automatisch arbeitende Verdeck eines Sportwagens.

[26] *David A. Morse in:* Jungk/Mundt »Unsere Welt 1985«, S. 223.

nicht nur, daß auch dies *politisch* entschieden werden muß; es verschleiert vor allem die vielen politischen Entscheidungen, die den gegenwärtigen Entwicklungen schon zugrunde liegen.

Die politische Entscheidung setzt Vorstellungen vom Ziel voraus. Die von den Technikern und Ökonomen vorgelegten Utopien helfen uns jedoch nicht, sie erschweren es uns vielmehr, einen Willen hinsichtlich der Zukunft zu fassen. Einerseits unterschlagen sie die Alternativen; ihre eine Zukunft verhindert unzählige andere Zukünfte, ohne auch nur eine Andeutung von ihnen zu machen.[27] Andererseits können sie uns nicht auf die Empfindungen und das Bewußtsein einlassen, die wir dann haben werden. Um so mehr aber müßten sie sagen, daß zur veränderten Welt ein veränderter Mensch gehört und daß er zumindest in der Übergangszeit große Anpassungsschwierigkeiten haben wird.

Wie aber sollen Menschen entscheiden – etwa zwischen der Möglichkeit, die angeblich abnehmende Arbeit auf alle Arbeitsfähigen zu verteilen, und der Möglichkeit, die Arbeit gänzlich freizustellen –, solange sie nicht wissen, was ökonomische Sicherheit ist; solange Sicherheit für sie durch Arbeit gekennzeichnet ist, solange diese Arbeit immer noch als Fluch, als wie auch immer humanisierter *Dienst* am System erscheint und nicht als seine *Beherrschung*; solange sie erfahren, daß die »notwendige« Produktion durch das also notwendige Profitmotiv in Gang gehalten wird (und mit ihr die Fülle der nicht-notwendigen!); und solange vor allem die Freizeit nur von denen genützt und genossen werden kann, die auch zusätzliches Geld haben?

Die Überschüsse der Produktion sind bisher zu Reichtum geworden. Reichtum erlaubt nicht nur, er erzwingt in einem gewissen Grad mehr Politik. Aber nicht die Gesellschaft wird reich und also politisch, sondern einstweilen nur die Reichen. Man kann das gelegentlich in den Zeitungen lesen – in ganzseitigen Anzeigen von Investmentgesellschaften: »Es stimmt, daß die Reichen immer reicher werden . . .« Und daß sie politisch werden, das beweist die Existenz der Anzeige selbst. Sie gibt es nur nicht zu, und das ist der Anfang illegitimer Herrschaft.

Ich habe es hier nicht mit den sozialen Schäden der Ungerechtigkeit und den psychischen Folgen des Neides zu tun, sondern mit der Freiheit der Zukunft durch die Entlastung des Menschen von der Produktion oder damit: wie Reichtum in Freiheit umgesetzt werden kann. Und da ist der Weg, den eine Gesellschaft zu gehen hat, genau so weit wie der Abstand zwischen ihren »Armen« und ihren »Reichen«. Teilt man einmal die zwölf Einkommensklassen, die das Statistische Bundesamt für Angestellte und Arbeiter aufstellt, willkürlich in vier Gruppen, dann befinden sich in den beiden unteren Gruppen je etwa 40 Prozent der Steuerpflichtigen, also zusammen 80 Prozent, in der obersten nur 2,5 Prozent.[28] Weiter muß man sich vor Augen halten, daß die in der Statistik

---

[27] Das ist den Autoren nicht besonders übelzunehmen, denn auch die Vergangenheit ist ihnen – wie uns allen – nur als die notwendige, nicht als eine auch mögliche Geschichte gelehrt worden.

[28] Damit man den progressiven Abstand zwischen den Gruppen ermessen kann,

berücksichtigten Einkommen nur 43,5 Prozent des Volkseinkommens ausmachten (im Jahre 1961); die meisten Einkommen aus »Kapital« (z. B. nicht entnommene Gewinne) und »Transferleistungen« (z. B. Renten) sind hierin nicht enthalten. Sie vergrößern den Abstand zwischen Reich und Arm noch erheblich.

Ist Politik – und zwar die, die nicht beruflich ausgeübt wird – auf Steuerungs- und Informationsprozesse, auf Lernen und Kommunikation, auf Zeit, Mittel und Motivation angewiesen, dann bedeutet die hier vorgeführte Einkommenslage, daß Dreiviertel unserer Bevölkerung nicht reich genug sind, um sich an ihr beteiligen zu können oder zu wollen. – In anderen Worten: Der Reichtum der Gesellschaft, der in Politik umgesetzt werden könnte, wird von wenigen, die ohnedies schon Politik treiben, in ihre eigenen Interessen investiert; er wird zu privatem Kapital, und das heißt für den einzelnen Investor: zu mehr Sicherheit, größerer Verfügungsmöglichkeit, einem potentiellen Konsum – er braucht nicht einmal sehr aufwendig zu leben. Die Re-Investition von gesellschaftlichem Reichtum in Politik – d. h. in die zunehmenden notwendigen gesellschaftlichen Regelvorgänge von der Planung bis zur Judikation, von der Bildung bis zur sozialen und psychischen Therapie – setzt dagegen voraus, daß nicht die Einzelnen, sondern die Gemeinwesen über die Überschüsse der Gesellschaft verfügen. Die »unproduktive« Krankenpflege, die Altersversorgung, die Schulen, die Gerichtsbarkeit und das Schiedswesen, die öffentliche Beratungs- und Informationsarbeit, ja, selbst das sogenannte Freizeitsystem werden von der Gesellschaft getragen werden müssen, sowohl jetzt, solange so viele Ärmere dafür nicht aufkommen können, als auch später, wenn *wir alle* »reich« geworden sind und die Arbeit kontingentiert werden muß. Denn das wird das Profitsystem außer Funktion setzen – wenn wir es je in diesem Bereich dulden wollten.

Der die Gesellschaft repräsentierende Staat ist heute noch zu arm für diese Aufgabe, trotz anschwellender Haushalte. Da die Einnahmen unseres Staates von der Produktivität der freien Wirtschaft abhängen, löst er die ihm aufgetragenen Probleme meist nur unter Bestärkung des Systems, das sie verursacht. Die Hoffnung, das System möchte sich durch die technische und ökonomische Entwicklung ändern oder gar selbst aufheben, hat sich in den über hundert Jahren, seit sie aufkam, nicht erfüllt und scheint sich auch in Zukunft nicht erfüllen zu wollen. Es wird dem Gemeinwesen vielmehr die seelischen Opfer einer privatisierten und trivialisierten Freizeit anliefern, so wie in vergangenen Zeiten die Opfer der unkontrollierten Industrialisierung, des Großstadtelends, der Rassentrennung, der Kriege – und das Gemeinwesen wird sich ihrer »annehmen«, statt die Ursachen zu beheben. Die schon zu geringen Mittel des Staates werden so in der Restitution absorbiert, statt der Wandlung zu dienen.

Dabei hätte ein Staat, der seinen Bürgern lohnende Aufgaben eröffnet (nicht

gebe ich das jährliche Durchschnittseinkommen der jeweils mittleren Klasse an – Gruppe I 3000,- DM; Gruppe II 6600,- DM; Gruppe III 10 000,- DM; Gruppe IV 21 000,- DM. (Vgl. Armin Bohnet: Zur Theorie der personellen Einkommensverteilung, Kohlhammer, Stuttgart 1967.)

auferlegt), gute Chancen, mit wenig Mitteln viel zu erreichen. Ein gut ausgebauter, befristeter, freiwilliger, an den Kosten der Weltraumforschung oder der militärischen Rüstung gemessen billiger Entwicklungsdienst im eigenen wie im fremden Land könnte das gegenwärtige Muster dafür sein, wie zukünftig gute Zwecke eine noch bessere Bezahlung ausstechen. Noch immer muß stattdessen für solche Aufgaben der Idealismus mobilisiert werden, die Askese, die »Ehrensache«[29], das Schuldgefühl für den Egoismus der eigenen Gruppe oder Rasse. Das sind keine aussichtsreichen Konkurrenten gegen das herrschende Profit- und Aufstiegssystem.

In dem Maß, in dem sich die ökonomischen Voraussagen erfüllen und wir von unseren Robotern bedient werden, wird der einzige »Lohn, der reichlich lohnet« die Befriedigung sein, die wir in der Aufgabe selbst finden – in ihrer Wichtigkeit und humanitären Vernunft. In keinem Punkt irrt Herbert Marcuse mehr als in der Vorhersage einer ganz von der ästhetischen Lust erfüllten Zukunftswelt. Der *moralische* Genuß an einer Tat, deren guten politischen Sinn man einsieht und die man tun kann ohne das Gefühl, ausgebeutet zu werden, wird die anderen billig gewordenen intellektuellen und sensorischen Genüsse weit hinter sich lassen. – Das Gemeinwesen wird dann freilich das Gegenteil von dem tun müssen, was es heute tut: Es wird nicht mehr schwere und sachwidrige Zumutungen durch persönliche Entschädigung aushaltbar zu machen suchen; es wird vielmehr die öffentlichen Aufgaben, an denen einer arbeitet, so sinnreich anordnen und die Einrichtungen, in denen er arbeitet, so gut ausstatten wie nur möglich.

Von dem Zustand, in dem eine Tätigkeit nur der Wahrhaftigkeit und der Vernunft bedarf, um getan zu werden (und weder der Begeisterung noch der Dienstverpflichtung noch des materiellen Lohns), sind wir freilich noch weit entfernt. Das Ärgerliche an jenen ökonomischen Utopien ist ja, daß offenbar erst ihr gesamter Unterbau da sein muß, bevor auch nur eine einzige Konsequenz für ihren »Überbau« mit Sicherheit gezogen werden kann. Und so muß einstweilen der Staat sehen, daß er zu Geld kommt, um wenigstens die Folgen des Systems aufzufangen; und die Politiker und Pädagogen müssen wenigstens verkünden: Wenn es zur Freiheit und damit zu einer wirklichen Freizeit gehört, daß man auch frei von Angst lebt, dann werden wir von uns aus den Milliarden von Menschen in den unterentwickelten Ländern mit unseren geistigen und physischen Anstrengungen helfen wollen und dazu den Überschuß an Kraft und Zeit einsetzen, den unsere hochindustrielle Gesellschaft ermöglicht.

»Wenn das entworfene Szenarium eintrifft«, so sagen Kahn/Wiener von ihrer eigenen Prognose, »wird im Jahre 2000 eine recht große Insel des Wohlstands von einem Meer des ›Elends‹ umgeben sein . . .«[30] Dieses Szenarium *muß* nicht

[29] Für die es ein »Ehrenzeichen« geben solle, wie der Leiter der Landeszentrale für politische Bildung, Dr. H. J. Nachtwey, in einem Brief an die FAZ vom 15. 4. 1969 empfahl.

[30] *Kahn/Wiener:* Ihr werdet es erleben. Voraussagen der Wissenschaft bis zum Jahre 2000, S. 76.

eintreffen. Damit es jedenfalls *so* nicht eintrifft, müssen wir die technisch-ökonomische Determination politisch durchbrechen und die Pädagogik in den Dienst dieser Politik stellen.

5. Pädagogische Hilfen für den Übergang

Wem dies einsichtig geworden ist, dem muß es noch lange nicht machbar erscheinen. Das Hauptproblem der Pädagogik ist gewöhnlich nicht, die richtige Theorie zu finden, sondern die Annahme dieser Theorie in einer Welt zu ermöglichen, die täglich entgegengesetzte Erfahrungen hervorbringt.

Wir haben noch keinen 4-Stunden-Arbeitstag, sollen aber eine Pädagogik ausdenken und treiben, die hilft, mit der »Fülle« der »ausgesparten Freizeit« fertigzuwerden, die nur wenige als solche empfinden. Wir haben noch keine vollautomatische Produktion, ja die Mehrzahl der Menschen hat bisher überhaupt noch keinen Computer gesehen; wir planen aber eine Erziehung, die die Steuerung von großen Systemen auf kybernetischer Grundlage zu kritisieren und politisch »mitzubestimmen« erlaubt. Wir haben zwar ein reiches, aber doch kein so billiges Warenangebot, daß es nicht doch – und zwar gerade auch mit seinen Trivialitäten – einen starken Sog auf uns ausübte, und wollen doch erreichen, daß wirkliche Konsumfreiheit – die Erfüllung selbstgesetzter, begründeter Ansprüche – gelingt: die Askese, die die »eigentliche Voraussetzung zur Befriedigung realer Bedürfnisse ist«[31], wenn sie bedeutet: »nicht konsumieren *müssen*«. Wir haben noch keine umfassende politische Mitbestimmung in unseren Betrieben, Behörden, Schulen, Organisationen, wir wissen allenfalls wie zeitraubend sie sein kann, nicht jedoch wie sinnvoll; wir sollen aber so erziehen, daß sie möglich wird.

Kein Lehrer weiß, was und wie er hier lehren soll; kein Kollegium hat reale Chancen, die Selbstbestimmung vorzuleben; und wenn die Erzieher – oder die Erwachsenen überhaupt – sich orientieren wollen, was sie hier zu tun haben, dann finden sie im Fischer-Lexikon der Pädagogik, das 350 Seiten umfaßt, ganze 15 Zeilen zu diesem Thema, in denen bedauernd festgestellt wird, daß die Familie nicht mehr zwischen Arbeit und Freizeit vermittele und daß die Freizeit die Mündigkeit des Menschen bedrohe, etwa indem sie dem Heranwachsenden die Lebensprobleme verhülle. Daraus kann man allenfalls entnehmen, daß die Autoren Arbeit und Beruf für »die Lebensprobleme« halten, denn alles andere kommt in der Freizeit unverhüllter vor, einschließlich der Politik. Aber das stellt nur wieder das Problem und löst es nicht – das Problem, wie die Vorbereitung auf die Zukunft durch Menschen geschehen kann, die sie selber nicht kennen und sich nur schwer vorzustellen vermögen. Es ist nicht schwer, in der nachindustriellen Gesellschaft Kahnschen oder Marcuseschen Zuschnitts zur Gelassenheit zu erziehen, so wenig schwer wie in der industriellen Gesellschaft zur Leistung. Aber in der letzteren so auf die erste vorzubereiten, daß nicht nur eine monströse Ausgabe der industriellen Gesellschaft daraus wird, das ist schwer.

[31] Habermas, in: Giesecke, S. 121.

Wir haben von der einen die Mentalität und die tägliche Erfahrung, von der anderen einen abstrakten Umriß. Wir wollen – mit Recht –, daß die Privatheit nicht ganz verschwindet, daß die Freizeit wirklich genossen wird und daß die Berufe funktionieren. Eine gestörte Technik erscheint uns – wieder mit Recht – unsinnig, untechnisch, schlimmer als keine Technik. Aber wie soll man dann ihr gegenüber die Selbstbestimmung lernen, wenn denn Selbstbestimmung nicht nur negativ möglich sein soll – im Nicht-mitmachen, in der »Aussparung der Arbeit«, im Hippie-tum, im seligen Schmarotzen auf der verderbten, unfreien, aber funktionierenden Zivilisation?!

Es mag sein, daß der Weg dorthin über eine Dialektik von Freizeiterziehung und Arbeitserziehung gehen muß, »die einander widersprechen«[32]. Aber so gescheit dies formuliert ist, vorstellen kann ich mir den Vorgang nicht. Die darin eingeschlossene Gleichzeitigkeit von funktioneller Rationalität im Berufsleben und substantieller Rationalität in der Freizeit halte ich für ein Mißverständnis des Begriffspaares: Die substantielle Rationalität schließt die funktionelle notwendig ein, ordnet sie aber unter.

Zu dieser Unterordnung kommen wir nicht von allein. Das eingangs so ausführlich besprochene technisch-ökonomische Zukunfts*modell* (nicht etwa die Technik oder die Ökonomie) leistet im Gegenteil jede denkbare Hilfe dazu, daß die Funktionalität zum endgültigen Maßstab der gesellschaftlichen Entwicklung wird. Wir kommen zu dieser Unterordnung auch nicht, wenn wir von den heute gegebenen Verhältnissen ausgehen. Sie sind nicht so eindeutig wie die technische Utopie, aber auch in ihnen ist die Funktionalität so gesichert, daß alle übrigen Tätigkeiten als »beliebig«, d. h. als folgenlos für den Apparat, gelten können. Wir dürfen gerade, wo der *Übergang* gelernt werden soll, nicht wieder mit Unterrichtsveranstaltungen beginnen, in denen der verordneten, schon immer zweckgebundenen Arbeit die freien Betätigungen gegenüberstehen, so, als sei ihre Trennung selbstverständlich: Wir müssen vielmehr mit den vielen, täglichen Anlässen beginnen, aus denen diese Trennung problematisch erscheint.[33]

Gesetzt ich bin *Schüler*: Was soll dann in meinem »Spielraum« den Vorrang haben: die angesetzte zusätzliche Klavierstunde, das Bedürfnis, in diesen Tagen den Anschluß in einer Leistungsgruppe, sagen wir in Physik, nicht zu verlieren, die Arbeit im Schülerparlament, eine außerhalb aller Schülermitverantwortung inszenierte Demonstration gegen die Relegierung eines Mitschülers, der auf dem Schulhof seine Freundin »öffentlich geküßt« hat, das Gespräch mit einem unvermutet eingetroffenen bedeutenden Gast meines Vaters . . . Schulen haben zu allen diesen Möglichkeiten einzeln etwas zu sagen; sie bereiten auf die verschiedenen Funktionen vor: Kultur, Leistung, Politik, Geselligkeit – aber gerade *nicht* auf den Zusammenhang und die Rivalität, in denen sie miteinander stehen. Außer-

---

[32] Dies ist Hermann Gieseckes Ansicht, freilich meint er sie nicht als Weg, sondern als Ziel: op. cit., S. 231.

[33] Vgl. Hartmut v. Hentig: Systemzwang und Selbstbestimmung, Klett, Stuttgart 1969, 2. Aufl., S. 162 ff.

dem bereiten sie »vor«: d. h. ihre Tätigkeit gilt einer Sache, die die Schule selbst für das Kind vorerst aufhebt – die gesellschaftliche Wirklichkeit. Das Vor-bereiten des Kindes auf die Freizeit geschieht dadurch, daß man sie ihm nimmt und Arbeitszeit daraus macht. Am Ende entspricht weder die Freizeit noch die Arbeit der der Erwachsenen. Weniger Schule – und das Kind hätte vermutlich von beidem mehr!

Ich halte »weniger Schule« für eine ernste Alternative zu der unbefriedigenden Schule, die wir heute halten. Daß wir mehr und mehr Schule zu brauchen meinen, ist selbst eine Folge der falschen Einteilung in produktive Abläufe und »andere«. Der gemeinsame, offene Lernprozeß, die Beteiligung der Kinder am Leben der Erwachsenen scheint mir die erste Voraussetzung für die Wiedergewinnung der Autonomie, die wir an den Produktionsprozeß verloren haben; und diese Beteiligung wird möglich, nicht obwohl, sondern weil die Arbeit technisiert wird: Wir können jetzt in ihr über sie reden, wir stehen nicht mehr *unter* ihr. Die fast zwei Jahrzehnte dauernde pädagogische Vorbereitung der Kinder auf den Arbeitsprozeß (nicht einmal den Gesellschaftsprozeß!), der »danach« kommt, ist eine gründliche Unterwerfung unter das große Unveränderliche. So muß Schule gerade dann wirken, wenn sie freiheitlich gemeint ist und Spielraum und Aufklärung gewährt: auch sie also – so erfährt der Schüler – vermögen die Berufswelt selber nicht zu ändern, sie können nur über sie trösten.

Ich habe zu Anfang dieser Studie[34] davor gewarnt, die Pädagogik nicht zu überfordern – und sei es mit Ideen. Ist es eine Überforderung, sich vorzustellen, daß die reicher werdende nachindustrielle Gesellschaft eine Reihe von Produktionsbetrieben, Verwaltungsbehörden, Planungsstäben, Kunst- und Handwerkstätten der Störung durch das Publikum – nicht nur durch Kinder, sondern auch durch neugierige Erwachsene – öffnet und die Menschen an den Tätigkeiten, die dort geschehen, teilnehmen läßt, unter bestimmten, aber bereitwillig zur Diskussion gestellten Bedingungen? – Dies allein gäbe eine Erfahrung davon, welchen Sinn die Tätigkeit X, welchen Spaß die Tätigkeit Y, welchen Gewinn, welche Entbehrungen, welche Zustimmung die Tätigkeit Z einbringt – und vor allem, welche Wirkung das jeweils über sich hinaus tut. Denn den weiteren Zusammenhang kann man nun sehen: Indem man frei zur nächsten Möglichkeit übergeht. Allein wenn die produktiven Tätigkeiten so zur Wahl gestellt werden wie bisher die Hobbies, werden wir sie frei beurteilen und darum auch zu ändern bereit sein; allein wenn Hobbies in ihrem ursprünglichen ersten Kontext erfahren werden – und nicht nur als »Angebot« einer Freizeiterziehung, werden wir uns ohne nachhaltigen Selbstbetrug an ihnen freuen.

Ist es unvorstellbar, daß in unserer immer reicher werdenden Gesellschaft wenigstens Teile unserer Städte von der Autopest befreit werden, so daß Kinder dort gefahrlos freigelassen werden können – wie Kinder in den Straßen von Neapel oder in den von Jane Jacobs geschilderten Slums von Boston? Sie könnten dort unter den Erwachsenen auf den Straßen und Plätzen spielen und

---

[34] Vgl. im Text S. 161.

dem wenigen öffentlichen Leben zusehen, das uns noch geblieben ist, ja dieses öffentliche Leben würde dann selbst verändert: Es bestünde nicht mehr nur aus dem Herumjagen nach Einkäufen von Geschäft zu Geschäft, sondern, wie heute schon auf dem für Autoverkehr gesperrten Washington Square in New York oder im Central Park, darin, daß Groß und Klein aufeinander achten, sich mischen, miteinander spielen, und vor allem einander unbefangen zusehen. Dies ist das ganz Neue in der Neuen Welt, wo man prüde und *public-minded* – auf Anerkennung der Öffentlichkeit peinlich bedacht – auch das informelle Gebaren noch zu einer schützenden Schranke zwischen sich und den anderen gemacht hat: Es gibt dort jetzt Menschen, die die Fassaden der bürgerlichen Wohlanständigkeit, der Entpersönlichung fallen lassen. Dieser Entschluß, sich vor den anderen nicht mehr zu verstellen, draußen so zu sein, wie man zu Hause ist, zählt für die neue Lebensart viel mehr als das kalte oder warme Klima.

Und in der Tat: Was gibt es Interessanteres auf der Welt als Menschen, die nicht mehr bürgerliches Theater voreinander aufführen, sondern sich selbst und ihre seltsamen oder einfachen oder anmutigen Tätigkeiten: Menschen, die sich lieben, die ihren Rausch ausschlafen, einander vorlesen, eine Jacke flicken, turnen, essen, eine Wunde verbinden, auf der Schreibmaschine einen Artikel oder ein Gedicht oder Schularbeiten schreiben, Schach spielen oder mit Meerschweinchen, ein Bild malen, ein Baby wickeln, einen Hund abrichten, eine politische Debatte abhalten – und die sich nicht stören lassen dadurch, daß andere zusehen und teilnehmen? Könnten die Kinder dies alles erleben wie auf dem Washington Square, sie würden eine Fülle von Dingen für sich entdecken und daß es Spaß macht, sie selber zu tun. Die Pädagogik, die die Kinder an das ewig gleiche Zuhause, die gleichen Erwachsenen mit den gleichen Vorlieben und Beschränkungen bindet, weil die Kinder sonst die Nachbarn, den Verkehr, die Arbeitenden belästigen, gibt eine kümmerliche »Lebenshilfe«, und die Klassenzimmerpädagogik ergänzt sie gerade in dieser Hinsicht schlecht.

Schließlich: Ist es unvorstellbar, daß wir die Schulen, statt sie in Gebäude zu sperren, die in jeder Hinsicht anders sind als die Gebäude, in denen man lebt, arbeitet, einkauft, Kaffee trinkt, tanzt und Filme sieht oder Ausstellungen (so daß man immer schon von weitem weiß: dies ist eine *Schule!*) – ich frage, ist es unvorstellbar, daß wir unsere Schulen in der Stadt aufgehen lassen, in normalen Wohn- und Geschäfts- und Versammlungsgebäuden, konturlos unter die anderen gemischt mit viel Aus- und Eingängen, so daß, wie Paul Goodman[35] schreibt, die Kinder sich schnell vor der Schule nach Hause retten können und schnell vor ihrem Zuhause in die Schule? Die Lehrer und andere, die Kinder gern haben, könnten mitten im Bereich der Schul-Tätigkeiten wohnen.

Wenn wir wirklich so reich geworden sind, wenn wirklich eine »Fülle« von »Freizeit« zu »bewältigen« ist, dann ist nicht einzusehen, warum wir diesen

---

[35] Paul Goodman: »Freedom and Learning: The Need for Choice«, in: Saturday Review, 18. 5. 1968.

Überfluß nicht hier investieren – in einer weniger künstlichen, weniger rationalisierten, weniger vom Leistungsdruck bedrängten und darum an Lernerfahrungen reicheren, vielseitiger wirksamen, rationaleren, freundlicheren Symbiose von Erwachsenen und Kindern.

Eine andere Frage ist, was man mit dem langen, womöglich sehr verlängerten *Alter* anfangen soll. Das Alter erscheint »nutzlos«, wenn das Leben bis dahin von Arbeit erfüllt war, die an einen Ort, eine Zeit, einen Apparat gebunden war. Nun hat ein anderer meine Aufgaben übernommen, und ich selbst bekomme meinen Unterhalt – für den sorgen zu *müssen* jahrzehntelang der zwingende Inhalt meiner Existenz war – von Stund an umsonst. Das ist eine doppelt böse Quittung: Ich brauche nicht und ich werde nicht gebraucht. Wohl dem, der dann wenigstens verbraucht ist – müde, so daß ihm die Ruhe bekommt!

Man spürt das Altern, »wenn man die Zeit gewahr wird«, sagt Jean Améry[36]. Aber das heißt doch: Das Altern macht die Zeit zum Problem und nicht umgekehrt die Zeit das Altern. In der Tat ist das Alter für viele Menschen schon heute deshalb eine Qual, weil die Jungen sich nicht mehr mit ihnen abgeben. Ich sage nicht »um sie kümmern«, denn das gerade ist meist viel weniger nötig, als die Jungen meinen oder behaupten. Die Jungen kümmern die Alten oft von sich weg; sie wickeln sie fest in eine Decke, setzen sie in einen bequemen Sessel, schieben ihnen noch ein Kissen in den Rücken, versuchen, ihnen einzureden, daß sie die Ruhe brauchen. Dann gehen sie fort. Sie haben selber ja so viel zu tun. Wollten die Alten nicht in alles hineinreden, wollten Sie nicht immer alles besser wissen, wollten sie ihre Erfahrungen nicht mit solcher Zähigkeit bei jeder Gelegenheit anbringen, es fiele nicht so schwer, wirklich *mit* ihnen zu leben. So aber macht man sie zum Objekt, man lebt *neben* ihnen, man erwehrt sich ihrer, wie man sich der Kranken erwehrt.

Die Alten wiederum drängen sich nur deshalb so auf, weil wir ihnen so wenig wie den Kindern einen ernstzunehmenden Anteil an unserem Leben einräumen. Ja, es besteht ein widriges Wechselverhältnis zwischen der Tatsache, daß wir die Menschen zu spät auf die gesellschaftlichen Verantwortungen einlassen, die sie dann zwischen 30 und 50 unter Hochdruck und Höchstleistung fast alleine tragen, und der Tatsache, daß sie danach nicht zur Ruhe kommen können und dadurch den Selbstbehauptungswahn der ihnen nachfolgenden 30- bis 50jährigen ihrerseits noch steigern.

In Marya Mannes' bereits erwähntem bedeutenden Roman »*They*« schließen die Jungen – »Sie« – die Alten – »Uns« – kurzerhand aus dem gesellschaftlichen Leben aus, sie ex-kommunizieren sie im Wortsinn: Die Überfünfzigjährigen werden in Wohnreservaten – wohlversorgt mit allem außer Kontakt zu den Jungen – einander ausgeliefert.[g] Die unausgesprochene Absicht dabei ist, daß sich die lästigen Alten mit ihrer Verdrossenheit und Sterilität gegenseitig zu Tode martern. Das funktioniert einige Jahre hindurch, und die Sterblichkeit unter ihnen nimmt kräftig zu – aber dann vergessen die Alten, daß sie alt sind,

---

[36] Jean Améry: Über das Altern, Revolte und Resignation. Klett, Stuttgart 1968.

weil es keine Jungen um sie herum gibt, die sie daran gemahnen und sie täglich ihrer Nutzlosigkeit überführen. Sie fangen an, erfindungsreich zu leben und mit dem Schatz ihrer Erinnerungen zu wuchern; sie geben sich Regeln zur gegenseitigen Hilfe; sie bekommen Freude aneinander; sie kultivieren ihre Sensibilität, ja sie erhöhen ihre Wahrnehmungskraft: Indem sie den einen Sinn zeitweilig ausschalten, schärfen sie die anderen (heute ist Blinder Tag, morgen Tauber Tag, übermorgen Linkshändiger Tag, und so fort); sie entdecken sogar neue Formen einer sie beglückenden Sexualität.

Diese Utopie entlarvt unsere Unmenschlichkeit gegenüber den Alten, und da wir alle einmal alt sein werden, ist es gut, sich für jene Zeit nicht nur keine Illusionen zu machen, sondern auch konkrete Vorbereitungen zu treffen: Tätigkeiten zu lernen, genauer: sich mit Tätigkeiten zu befreunden, die uns *unabhängig* von den anderen und ihrem System erfüllen, aber nicht *abseits* – Tätigkeiten vor allem, die in sich schon Antwort enthalten, Dialog sind und nicht Monolog oder Streit: im Garten arbeiten, mit Kindern und Tieren umgehen und, wenn es gelingt, mit den eigenen Gedanken: mit der Philosophie.[37] Schon die Ausübung von Kunst gehört nicht dazu, weil sie zu sehr darauf angewiesen ist, daß andere darauf reagieren.

Überhaupt spielt Kunst in den gängigen Freizeittheorien eine verdächtig große Rolle. Sie ist in unserer Zeit so bequem »beliebig« – von jedermann machbar und nichts mehr gefährdend, erschütternd, verändernd; sie zu empfehlen *kann* gar nicht falsch sein. Aber womit sollte sie ein altes, ausgehendes Leben erfüllen? Kunst ist Entdeckung des Möglichen – und eben das verliert seinen Sinn, wenn alles möglich und nichts mehr notwendig ist. Kunst war immer eine Weise, sich vom Systemzwang freizuspielen. Aber wenn man nicht ihn erleidet, sondern die Leere, das Alleingelassensein mit sich selbst, dann hat Kunst keine Aufgabe. Die Hersteller von Kunst (ich meine hier immer die sogenannten »bildenden Künste« oder ihre Nachfolger) entleeren ihre Erzeugnisse heute systematisch, damit der Betrachter sie fülle. Das Kunstwerk ist ja ein Vorgang geworden, ist kein Objekt mehr, es ist, wie man sagt: eine durch die Markierung von Leerstellen veranlaßte »Interaktion«. Aber die meisten Leerstellen bleiben leer, wenn sie nicht das berühren und freisetzen, was im Betrachter zur Befreiung drängt.

Was der von der Gesellschaft ausgesetzte Mensch braucht, ist nicht dieses Füllsel oder jenen Kitzel, die ihn die Zeit vergessen lassen. Was er verloren hat und dem er nachhängt, ist der »sense of purpose«, wissen, wozu er da ist. An den Nöten des Alters wird deutlich, was die Not aller »nicht bewältigten Freizeit« ist: Es ist die Not des nicht bewältigten Lebens. Wer behauptet, es gehe darum, die »frei gewordene« Zeit zu füllen, ja, wer behauptet, man *könne*

---

[37] Ich sage nicht »mit Büchern« oder mit »Film und Fernsehen«, denn sie nützen wenig, wenn man nicht mit ihnen, sondern nur über sie sprechen kann. Zum letzteren braucht man den Partner, den die meisten Alten ja gerade nicht haben. Zum ersteren dagegen braucht man sich fortzeugende Fragen – und das ist Philosophie.

irgendeine Zeit erfüllen, wenn man sein Leben nicht erfüllen kann, sondern nur ableben – warten, bis die Arbeit vorüber ist, warten, bis der nächste Reiz sich einstellt, warten, bis die gesättigte Appetenz[h] wiederkehrt – der betrügt sich und die anderen, denen er dies einredet.

Wie könnte ich leugnen, daß es viele, unendlich viele Menschen gibt, die mit ihrer Zeit nichts anzufangen wissen, nicht nur alte, sondern gerade auch junge Leute! Aber sie muß man nicht lehren, mit der Freizeit umzugehen, sondern ihrem Leben überhaupt einen Zweck zu setzen – ihrer Arbeit, ihrem Verhältnis zu den anderen, zu sich selbst, zur Natur, die es nicht nur auch noch gibt, sondern die – allem Kulturgeschwätz zum Trotz – Freude macht. »Sich Zwecke setzen« heißt nicht den Sinn des Lebens kennen – aber doch ihn suchen. Die Alten haben das Philosophie genannt: Herausfinden wollen, was es auf sich hat zu leben, und die Antwort keine Minute zu früh verschenken! Philosophie ist dabei nicht das Nachdenken über theoretische Sätze, sondern der Zusammenhang, den wir unseren Erfahrungen geben können, das Eingehen auf die Widersprüche, Unklarheiten, Ärgernisse, die Neugier auf weitere Erfahrung, das Wagnis einer neuen Lebenshypothese. – Können die Erwachsenen keine Zeit – und keine Phantasie – dafür aufbringen, dieses Fragen in den Kindern und untereinander in Gang zu bringen, wie es Platon fordert, dann haben sie kein Recht, von einem Frei-Zeit-Problem zu sprechen. Sie machen mit diesem Gerede nur sich und ihre Sklaverei wichtig, und »Sie«, die Jungen, werden dem eines Tages – mit Recht – durch Staatsstreich ein Ende setzen.

6. Freizeit und Glück / Die je verschiedene Befreiungszeit

Soll die Freizeit also ganz in der politischen Befreiung aufgehen? Nein, die Politik ist kein Selbstzweck, sondern die unablässig notwendige Abwehr von Systemzwang. Sie ist das Instrument der Selbstbestimmung in der interdependenten Gesellschaft. Wenn wir nicht lernen, Politik zu treiben, werden wir kein Glück haben. Die Politik selber ist darum alles andere als ein Glück.

Was ist Glück? Wie kann man in einer so profanen Schrift davon reden und noch hoffen, ernst genommen zu werden? Was hat Glück mit Freizeit zu tun?

Glück ist ein Schwellenbewußtsein: Glück ist, wenn es eintritt, wenn es inmitten von Gefährdung dauert, wenn es wiederkommt, selbst wenn es aufhört. Dauert es an und wird es selbstverständlich, sinkt es in die Zufriedenheit ab. Der Zufriedenheit aber werden wir schnell untreu. – Außerdem ist Glück, allen Märchen zum Trotz, für jeden anders. Hans im Glück, ein unorthodoxes Märchen, ist Hans in sich selber. Für alle Menschen gleich sind zwei Bedingungen des Glücks: erstens die Abwesenheit von Not, das heißt von Zwang, Angst, Schmerz, Demütigung, Hunger; und zweitens, daß wir lernen müssen, es selbst wahrzunehmen. Die Fülle des Glücks, die unter dem Stumpfsinn, der Entmutigung, der Ahnungslosigkeit, der Pflichtbesessenheit, dem Prestigebedürfnis und sogenannter Bildung – der Fülle freiwillig eingeräumter Fremdbestimmungen begraben liegt, ist sicher noch größer als die, die durch äußere Drangsal verhindert wird. Kinder in der Wahrnehmung oder Annahme ihres eigenen, sehr anderen und gar nicht immer großen Glückes zu bestärken, ist eine nicht weniger wichtige Aufgabe, als sie zum Kampf gegen die Ungerechtigkeit, die Gewalt, den Mangel – die großen Verhinderer – zu rüsten.

Das aber kann nur jemand, der selber sein Glück anzunehmen gelernt hat und es gegen die Erwartungen, die Vorurteile und Wichtigtuerei der anderen behauptet – und der das zeigt. Es scheint mir, daß die Erwachsenen, deren Beruf es ist, in ihrer Arbeitszeit Kinder zu erziehen, solange eine relativ geringe Chance haben, ihnen diese Bestärkung zu geben als sie ihr eigenes Glück für die Freizeit aufbewahren und dort hüten; sie werden vollends *keine* Chance mehr haben, wenn sie die »Sinngebung der Freizeit« nach einem pädagogischen Programm lehren, wenn sie Freizeitverhalten organisieren, ja wenn sie die »Bewältigung« der Freizeit auch nur als Vokabel vortragen. Ihre einzige Chance besteht darin, daß sie auch außerhalb der Schule noch sinnvolle und erfreuliche Dinge tun, von denen sie den Kindern erzählen können – und daß die Kinder ihnen glauben.

Damit komme ich zu einem einfachen Problem zurück, das am Anfang liegenblieb, als wir zum Modell der Zukunft übergingen, weil aus ihr die Forderung nach »Bewältigung der Freizeit« kam. Läßt man die »Bewältigung« fort, kümmert man sich nicht um spektakuläre Zahlenrelationen von abnehmender Arbeit und zunehmender Freizeit, dann bleibt die Freizeit, die wir heute haben, eine Möglichkeit, die man so oder so nutzen, eine Gelegenheit, an der man andere so oder so beteiligen kann. Die Freizeit ist *einstweilen* Zeit, über deren Verwendung ich freier verfüge. Ich darf in ihr meine Selbstbestimmung suchen, wenn ich sie nicht um den Preis einer gesellschaftlichen Täuschung erkaufe, die bei Auschwitz oder Vietnam oder Contergan endet.

Diese Selbstbestimmung wird häufig in nichts anderem bestehen, als im Abwerfen des mich sonst beherrschenden Systemzwangs. Hier liegt die Gefahr, daß mir die Freiheit zum Alibi wird – für den dort nicht gekämpften Kampf. Zugleich aber werde ich nur an der Beobachtung der Freizeit gewahr, worin meine Entbehrung, meine Beraubung sonst liegt. Die Freizeit kann so zu einem Lehrgang über meine sonstigen Abhängigkeitsverhältnisse werden – gerade auch über die verborgenen. Zur Belehrung dieses Lehrgangs gehört, daß ich mit List die Freuden meiner Freizeit in den Beruf einschmuggle und die Beraubung dort aufhebe.

Ich gebe hier eine Schilderung, die die Gefälletheorie – Glück ist das Eintreten des entbehrten Zustands – bestätigt und zugleich deutlich macht, wieso es keinen Sinn hat, »Freizeitverhalten« oder deutlicher noch »Verhaltensmuster für die Freizeit«[38] durch eine besondere Erziehung zu vermitteln, weil für die verschiedenen Menschen in verschiedenen Lagen jeweils andere Formen des Ausgleichs nötig sind. Entscheidend ist, daß der Mensch sie selbst – im dreifachen Sinn des Wortes – wahrnimmt: Sie erkennt, sie genießt und sich bewußt macht, warum. Wer einem anderen das Camping oder den (»törichten«) Beat oder das Anhören von (»albernen«, »kitschigen«) Heintje-Platten ausreden will,

---

[38] Wolfgang Schulz, in: Giesecke, S. 214.

hat das Problem der Selbstbestimmung nicht verstanden und wird in seinem ganzen »guten Geschmack« nur zu einer subtileren Form der Fremdbestimmung in der Freizeit erziehen.

Ich schreibe diese Gedanken in meiner »Freizeit« auf. Warum ist sie »Freizeit« – wenn ich doch an der Schreibmaschine sitzen muß, und das in dieser Umgebung: in fast zweitausend Meter Höhe, in den Schweizer Alpen, auf der besonnten Veranda einer winzigen Hütte – eine mühsame halbe Stunde von aller Zivilisation entfernt, mitten im tiefen Schnee. Ich muß nicht nur schreiben. Ich »muß« jeden Tag eine halbe Stunde Holz sägen und eine weitere halbe Stunde Holz hacken und schichten. Wasser muß ich nicht holen, das taut tagsüber vom Dach in einen Bottich, den ich unter die Dachrinne stelle. In der Zeit fahre ich Ski – drei bis vier Stunden, davon zwei Stunden Anstieg mit den neuen, teureren, nicht leichteren Stahlskiern auf dem Rücken. Ich fahre halsbrecherisch ab – nicht gut, aber mit Lust. Zum Tee lese ich den *Spiegel* von Mittwoch bis Samstag, die *Zeit* von Sonntag bis Mittwoch. Abends wird lang und umständlich gekocht – umständlich, weil das Mahl gut werden soll und weil es nur eine wirklich brauchbare Kochstelle gibt. Der Abwasch wird erst in drei oder vier Tagen erledigt, wenn alles Geschirr verbraucht ist; einstweilen steht es kunstvoll gestapelt in der Stubenecke, aber schön sieht es doch nicht aus. Die Petroleumlampe wird so gedreht, daß sie es nicht beleuchtet, während wir bis spät in die Nacht unseren Wein trinken über einem ungesteuerten Gespräch. Morgens schlafen wir lange – bis die Holzhütte in der Sonne wohlig zu knacken beginnt. Dann sieht man, wie die Menschen auf den fernen Hängen an leise schnarrenden Lifts zur Skiarbeit fahren. Die breiten Pisten werden in einer Stunde wie von Ameisen überzogen sein, und wir müssen nicht dabei sein!

Freizeit dieser Art, die man nach dem alten Romantitel »Ferien vom Ich« nennen könnte, halten auch die anderen Menschen – nur sieht sie anders aus als die meine und das mit Recht: Sie haben monatelang am Fließband gestanden oder in einem Büro subalterne Arbeiten getan und sind ausgehungert nach Kontakt, nach dem Ungewöhnlichen, nach etwas Glanz (den es doch gibt, wie sie aus der Illustrierten wissen), nach Gesehen- und Ernstgenommenwerden. Auch sie finden sich z. T. hier in diesem Wintersportzentrum ein. Sie haben sich einen schicken Skidress gekauft, sie halten ihre Gesichter in die Sonne, sie leben in Hotels und lassen sich bedienen. Sie stehen bei den Lifts in dicken Trauben an, sie drängen sich zu Hazy Osterwald und seiner Band in der Kulm-Bar am Abend, sie tragen modische, tassengroße Sonnenbrillen, ein Kofferradio und einen gewaltigen Photoapparat, mit dem sie das Dabei-gewesensein festhalten für die Zeit, in der sie wieder »ausgeschlossen« und eingepfercht zugleich sein werden.

Für beide, für sie und für mich, sind die Ferien eine Wiedergutmachung, ein Aussetzen des Zwangs, eine Chance der Selbstbestimmung. Ich bin prinzipiell nicht besser dran als sie, nur weil sie in Scharen sind und ich fast allein: Wir kompensieren alle, und mag sich der eine oder andere gelegentlich auch täuschen, wie er was kompensieren muß: kein wissenschaftliches Institut, kein Herbert Marcuse, keine Pädagogik könnten ihn hierin grundsätzlich korrigieren. Die

Kompensation gilt mehr unserem *Bewußtsein* als unserer *Wirklichkeit*. Dem Gefühl der Verlorenheit und Unwichtigkeit gilt die Erfahrung: Ich bin doch auch wer! Dem Bewußtsein der Überlastung gilt die Erfahrung des zwanglosen Aufarbeitens.

Ich meine, es ist gut, wenn Menschen dies recht früh und *im Prinzip* verstehen lernen – nicht nur, damit sie sich gegenseitig gelten lassen: Die einsamen Bergsteiger und die Pommesfrites-Portwein-und-Pantoffel-Fernseher, die »mal-ein-gutes-Buch-Leser« und die Hummel-Reisenden – sondern auch damit sie nicht mit großem Aufwand Dinge tun, die sie nicht brauchen und nicht genießen. An der Freizeitindustrie ist nicht verkehrt, daß sie uns zu irgendwelchen Vergnügungen verführt, sondern daß diese »Vergnügungen« keinen Spaß machen. Sie suggerieren ständig, meine Hütten-Kompensation könnte weniger gelungen sein als die von ihnen gebotene Hotel-Kompensation, meine Reise ins sprichwörtliche Sauerland langweiliger als ihre Reise nach Djerba. Das Ansehen, in dem mein Vergnügen bei anderen steht, gehört sicher mit zum Vergnügen, aber doch nur zu einem sehr kleinen Teil, der mir meine anderen Bedürfnisse nicht vergewaltigen darf. Wir wissen oft unter dem Eindruck der Freizeitpflichten nicht mehr, was wir genießen: Braunwerden ist fraglos eine Quälerei, Sporttreiben vielfach auch, Sich-gründlich-Ausruhen kann nervenaufreibend langweilig sein, und Weit-fort-Reisen manchmal wirklich nur teuer. Freizeit wird zur Leerzeit, wenn man der Kompensation nicht bedarf oder die falsche gewählt hat.

Wo und wann üben wir mit Kindern, solche Wahlen zu treffen? Wann fängt der Mensch an, *seine* Kompensation zu suchen und zu genießen? Wer hilft ihm, sie als das zu verstehen, was sie sein kann – eine Stärkung für den Befreiungskampf gegen den Systemzwang –, und zu überwinden als das, was es nicht sein darf – ein momentanes Befreitsein von einem härteren Systemzwang zugunsten eines anderen, angenehmeren?

Herbert Marcuse schreibt: »Nur eine Ordnung der Fülle, des Überflusses, ist vereinbar mit Freiheit« und »Freiheit ist nicht innerhalb, sondern außerhalb des ›Kampfes ums Dasein‹«. Das ist nur die halbe Wahrheit. Wenn es die ganze wäre, die Menschheit wäre – in Geschichte und Zukunft – zu Unfreiheit verdammt oder zu bleibender, tiefer Ungerechtigkeit. Aber wir brauchen nicht erst den Über*fluß* um am Über*druß* zu lernen, daß wir die Fülle weder ganz verwenden noch ganz genießen können. Unsere Freiheit kann schon früher beginnen: in der Selbstbestimmung im Angesicht dieser Einsicht.

Quellennachweis und Anmerkungen des Herausgebers

I/1 *Iring Fetscher:* »Arbeit« und »Freizeit« (1970)
In: Ders., Arbeit, aus: Hendrik Bussiek (Hrsg.), Veränderung der Gesellschaft. Sechs konkrete Utopien, Frankfurt/M. – Hamburg: Fischer-Bücherei 1970, S. 45–52.
I. Fetscher, geb. 1922, Dr. phil., o. Professor für Politikwissenschaft an der Universität Frankfurt/M. 1950 Promotion mit einer Arbeit über »Hegels Lehre vom Menschen«, 1959 Habilitation mit einer Schrift über »Rousseaus politische Philosophie«. Buchveröffentlichung u. a.: Marx – Engels Studienausgabe (Hrsg., 1966); Der Rechtsradikalismus (1967); Karl Marx und der Marxismus (1967); Politikwissenschaft (1968); Rousseaus politische Philosophie ([2]1968); Der Sozialismus (1968); Der Kommunismus (1969); Marx/Engels »Deutsche Geschichte im 19. Jahrhundert« (Hrsg., 1969); Hegels Lehre vom Menschen (1970).
[a] *desavouieren:* nicht anerkennen; verleugnen; in Abrede stellen.
[b] *dissentieren:* abweichender Meinung sein.
[c] *domestizieren:* zähmen; heimisch machen.
[d] Nähere Einzelheiten über die Geschichte der Utopien – von Plato, Thomas Morus, Tomaso Campanella, Claude Henri Duc de Saint-Simon, Charles Fourier bis zu Karl Marx und Herbert Marcuse – finden sich in I. Fetschers Studie »Arbeit« (a.a.O., S. 52–63).

I/2 *Heinz Klunker:* Freizeit, die sie meinen . . . Eine Kritik des gesamtdeutschen Sprachgebrauchs (1970).
In: Deutsches Allgemeines Sonntagsblatt, Nr. 28 (Perspektiven '70: »Freiheit durch Freizeit?«), Hamburg: Verlag Hansisches Druck- und Verlagshaus GmbH 12. Juli 1970, S. 14.
H. Klunker, geb. 1933, Redakteur beim Deutschen Allgemeinen Sonntagsblatt (Hamburg). Publizistische Mitarbeit an Zeitschriften und Funkanstalten, Beiträge für Anthologien. 1971 Ernst-Reuter-Preis. Buchveröffentlichung u. a.: Theater in der DDR (1972).

II/1 *Albrecht Timm:* Verlust der Muße. Der historische Weg zur Freizeitgesellschaft (1966)
In: Deutsche Studien. Vierteljahreshefte für vergleichende Gegenwartskunde, Jg. IV, H. 15, Bremen 1966, S. 326–332.
A. Timm, geb. 1915, Dr. phil., o. Professor für Wirtschafts- und Technikgeschichte an der Ruhr-Universität Bochum. Buchveröffentlichungen u. a.: Das Fach Geschichte in Forschung und Lehre in der sowjet. Besatzungszone ([3]1961); Der Kyffhäuser im dt. Geschichtsbild (1961); Geschichte der Technologie (1964); Verlust der Muße, Buchholz-Hamburg: Knauel 1968 (Ausführl. Monographie zur Geschichte der Freizeitgesellschaft); Technik (1972); Einführung in die Technikgeschichte (1972).

II/2 *Horst W. Opaschowski:* Das Freizeitproblem in der Geschichte des deutschen Erziehungsdenkens (1970)
In: Ders. (Hrsg.), Freizeitpädagogik, Bad Heilbrunn/Obb.: Klinkhardt Verlag 1970, S. 20–30.
H. W. Opaschowski, geb. 1941, Dr. phil., seit 1968 Wiss. Assistent für Allgemeine

Pädagogik und Lehrbeauftragter für Freizeitpädagogik an der Gesamthochschule Siegen. Mitglied des Beraterkreises I für das Freizeitwesen beim Siedlungsverband Ruhrkohlenbezirk (Essen) u. der dt. Expertenkommission in der Académie Internationale de Tourisme (Monte Carlo). Buchveröffentlichungen u. a.: Freizeitpädagogik (Hrsg., 1970); Jugendauslandsreisen. Geschichtliche, soziale und pädagogische Aspekte (1970; Jugendkundliche Gegenwartsprobleme (Hrsg., 1971); Der Jugendkult in der Bundesrepublik (1971; in niederländ. Übersetzung: Antwerpen 1972).

Literaturhinweise des Autors zum Text.

[1] Johannes Zielinski, Freizeit und Erziehung, München/Düsseldorf 1954, S. 33.
[2] Viggo Graf Blücher, Freizeit in der industriellen Gesellschaft, Stuttgart 1956.
[3] Viggo Graf Blücher, Das Freizeitproblem und seine praktische Bewältigung, in: H. Giesecke (Hrsg.), Freizeit- und Konsumerziehung, Paedagogica II, Göttingen 1968, S. 75.
[4] L. H. Adolph Geck, Arbeitszeitentwicklung und Freizeitbewegung, in: Lebendige Seelsorge, Jg. 8, H. 1/2, Freiburg/Br. 1957, S. 151.
[5] Jürgen Habermas, Soziologische Notizen zum Verhältnis von Arbeit und Freizeit, in: Konkrete Vernunft, Bonn 1958, S. 219, 220 u. 224.
[6] Werner Küchenhoff, Freizeit, in: Pädagogisches Lexikon. Hrsg. v. H.-H. Groothoff u. M. Stallmann, 3. Aufl., Stuttgart 1965, S. 302.
[7] H. Giesecke, a. a. O., S. 9.
[8] Erich Weber, Das Freizeitproblem, München/Basel 1963, S. 11.
[9] Ernst Bornemann u. Hans Böttcher, Der Jugendliche und seine Freizeit, Göttingen 1964, S. 1.
[10] Ebenda S. 1 ff.
[11] Willy Strzelewicz, Jugend in ihrer freien Zeit, 2. Aufl., München 1966, S. 9 ff.
[12] Giesecke, a. a. O., S. 9.
[13] Ebenda S. 226.
[14] Ebenda S. 222.
[15] Ebenda.
[16] Ebenda S. 226.
[17] Joannes Amos Comenius, Opera Didactica Omnia. Editio anni 1657 lucis ope expressa. Tomus I, Pars I, Prag 1957, S. 69.
[18] J. A. Comenius, Große Didaktik. Übers. u. hrsg. v. Andreas Flitner, 3. Aufl., Düsseldorf/München 1966, S. 85.
[19] J. A. Comenius, Große Didaktik. Neubearb. u. eingel. v. Hans Ahrbeck, Berlin 1961, S. 130.
[20] Tagebuch Pestalozzis über die Erziehung seines Sohnes. 27. Januar – 19. Februar 1774, in: Pestalozzi. Sämtl. Werke, Bd. 1 bearb. v. W. Feilchenfeld, Berlin/Leipzig 1927, S. 127.
[21] Pestalozzis sämtl. Schriften, Cotta-Ausgabe, Bd. 11, Tübingen 1820 ff., S. 157.
[22] Fröbels Brief an Christoph vom 16. Nov. 1808, in: R. Stiebitz, Fr. Fröbels Beziehungen zu Pestalozzi in den Jahren 1805 bis 1810 und ihre Wirkungen auf seine Pädagogik, Leipzig 1913, S. 46.
[23] Friedrich Fröbel, Fortgesetzte Nachricht von der allgem. dt. Erziehungsanstalt in Keilhau, Rudolstadt 1823, in: Fröbels Kleinere Schriften zur Pädagogik. Mit bisher unveröffentl. Material hrsg. v. Hans Zimmermann, aus: Koehlers Lehrerbibliothek, Bd. 6, Leipzig 1914, S. 235 f.

[24] Ideen Friedrich Fröbels über Die Menschenerziehung u. Aufsätze verschiedenen Inhalts, in: Friedrich Fröbel's gesammelte päd. Schriften. Hrsg. Wichard Lange, Erste Abtlg., Bd. 2, Berlin 1863, S. 74 (Neudruck d. Ausg. 1863, Biblio Verl. Osnabrück 1966, S. 74).

[25] Ebenda S. 332.

[26] Johann Andreas Schmeller, Tagebücher 1801–1852. Hrsg. Paul Ruf, in: Schriftenreihe zur bayerischen Landesgesch. bei d. Bayer. Akademie d. Wissenschaften, II, Bd. 1826–1852, München 1956, S. 136 f.

[27] Wichard Lange, Zehn Jahre aus meiner pädagogischen Praxis. Ein Rückblick, Hamburg: Hoffmann u. Campe-Verlag 1861, S. 132 ff. – Lange war nach Diesterwegs Tod (1866) Schriftleiter der ›Rheinischen Blätter‹ u. ist in der Pädagogik als Bearbeiter von Karl Schmidts ›Geschichte der Pädagogik‹ (3. Aufl. 1875/76 u. der ›Geschichte der Erziehung u. des Unterrichts‹ (4. Aufl. 1883) bekanntgeworden.

[28] Daniel Sanders, Wörterbuch d. Dt. Sprache, Bd. 2, 2. Hälfte, S–Z, Leipzig 1865, S. 1724 c.

[29] Instruction des Praeceptoris bei denen Waisen-Mägdlein, § VI, in: A. H. Franckes Pädagogische Schriften. Hrsg. D. G. Kramer, aus: H. Beyers Bibl. päd. Klassiker, 2. Ausg., Langensalza 1885, S. 155.

[30] Instruction oder Regeln für die Praeceptores der Waisenkinder, in: A. H. Franckes Päd. Schriften, a. a. O., S. 183.

[31] Kurzer u. einfältiger Unterricht, wie Die Kinder zur wahren Gottseligkeit u. Christl. Klugheit anzuführen sind ..., in: A. H. Franckes Päd. Schriften, a. a. O., (1876), S. 116.

[32] Der Große Brockhaus, Bd. IV, F–Gar, 15. Aufl., Leipzig 1930, S. 588 a, b.

[33] O. Uttendörfer, Das Erziehungswesen Zinzendorfs und der Brüdergemeine in seinen Anfängen, in: MG Paed, Bd. 51, Berlin 1912, S. 112 f.

[34] Zit. nach Ruth Ranft, Das Pädagogische im Leben und Werk des Grafen Ludwig von Zinzendorf, Weinheim/Bergstr. 1958, S. 20.

[35] E. R. Meyer, Schleiermacher und C. G. von Brinkmanns Gang durch die Brüdergemeine, Leipzig 1905, S. 26.

[36] Friedrich Schleiermacher, Die Vorlesungen aus dem Jahre 1826, in: F. Schleiermacher, Pädagogische Schriften. Hrsg. E. Weniger, Bd. I, Düsseldorf/München 1957, S. 102, 221 u. 353 f.-Schleiermacher muß als eine Zentralfigur innerhalb der pädagogischen Freizeitbewegung angesehen werden. Seine Vorstellungen von der freien geselligen Tätigkeit der Jugend gelten für den Bereich der Protestantischen Seelsorge ebenso wie für die Schulpädagogik u. die Sozialfürsorge u. -politik. (Vgl. auch das Stichwort »freie Lebenstätigkeit« in seiner Schulpädagogik S. 228 ff. und 353 f.).

[37] Ebenda. S. 237.

[38] Wolfgang Hinrichs, Schleiermachers Theorie der Geselligkeit und ihre Bedeutung für die Pädagogik, Weinheim/Bergstr. 1965, S. 136. Vgl. außerdem S. 112 ff. und 115 f.

[39] J. H. Wichern, Briefe und Tagebuchblätter, in: J. H. Wicherns Gesammelte Schriften, Bd. I, Hamburg 1901, S. 117.

[40] J. H. Wichern, Brief an die Mutter vom 18. April 1830, aus: Zur Erziehungs- und Rettungshausarbeit. Aufsätze, Berichte und Tagebuchblätter, in: Gesammelte Schriften J. H. Wicherns, Bd. VI, Hamburg 1908, S. 211 u. 227 f.

[41] Ges. Schriften, a. a. O., Bd. V. S. 332.

[42] Ges. Schriften, a. a. O., Bd. VI, S. 212 f.

[43] Ebenda S. 153.

[44] So heißt es z. B. 1894 in den Nachrichten der ›Evang. Bruderkirche‹: »Die Frau Meisterin brachte mir darnach ein Buch mit christlichen Betrachtungen, in dem ich in meiner *Freizeit* lesen könne.« (Nachrichten aus der Brüder-Gemeine. Hrsg. v. d. Direktion der dt. Brüder-Unität, Jg. 76, H. 4, Gnadau April 1894, S. 245).

[45] Anna Paulsen, Freizeiterfahrungen innerhalb des Evangel. Reichsverbandes weibl. Jugend, in: Ev. Jugendführung, Jg. 1930, H. 2, Kassel-Wilhelmshöhe 1930, S. 53.

[46] Vgl. dazu Leopold Cordier, Die evang. Jugendkunde und ihre Bünde, Bd. II, Schwerin i. M. 1926, S. 407.

[47] Vgl. Paulsen, a. a. O., S. 52 ff. – Gieseckes Behauptung, daß man erst »seit den Zwanziger Jahren von ›Freizeiten‹ im Sinne von Tagungen« (Giesecke, a. a. O., S. 177) sprechen kann, kann nicht mehr aufrecht erhalten bleiben.

[48] Lutz Mackensen, Deutsches Wörterbuch, Baden-Baden 1962, S. 336 b.

[49] Gerhard Wahrig, Deutsches Wörterbuch, Gütersloh 1968, S. 1339.

[50] Friedrich Naumann, Arbeiter-Katechismus oder Der wahre Sozialismus, Calw u. Stuttgart 1889, S. 4 f.

[51] Fr. Naumann, Christliche Volkserholungen, in: Zimmers Handbibliothek der praktischen Theologie, Bd. XI–XIV, Abt. 16, Gotha 1890, S. 1.

[52] Vgl. H. W. Opaschowski, Zur Geschichte der Freizeiterziehung in Deutschland, a. a O., S. 60 (Fußn. 45).

[53] Victor Böhmert, Die Erholungen der Arbeiter außer dem Hause, Berlin 1893. Abdruck bei Giesecke, a. a. O., S. 31.

[54] Fritz Klatt, Pädagogisierung der Freizeit, in: Das junge Deutschland, Jg. 21, H. 9, Berlin 1927, S. 420–427. – Vgl. außerdem F. Klatt, Rationelle Freizeitgestaltung, eine Lebensnotwendigkeit der berufsgebundenen Jugend, in: Das junge Deutschland, Jg. 23, H. 4, Berlin 1929, S. 139–149.

[55] F. Klatt, Freizeitgestaltung, Stuttgart 1929, S. 1.

[56] Giesecke, a. a. O., S. 177.

[57] Strzelewicz, a. a. O., S. 11.

[58] Giesecke, a. a. O., S. 175.

[59] Max Weber, Die protestantische Ethik, München/Hamburg 1965, S. 147.

[60] Zit. nach Hermann Plitt, Zinzendorfs Theologie, Bd. I, Gotha 1869, S. 428.

[61] M. Weber, a. a. O., S. 152.

[62] Klatt, Freizeitgestaltung, a. a. O., S. 1.

[63] Wilhelm Flitner, Die Abendvolkshochschule. Entwurf ihrer Theorie, in: Volk und Geist, H. 4, Berlin 1924, S. 16.

[64] Ebenda S. 23 ff.

[65] Johannes Hammer, Die Freizeitbewegung der erwerbstätigen Jugend. Münchner Phil. Diss. v. 27. Juli 1933, Friedberg/Augsburg 1936.

[60] Maria Guyer, Freizeitpolitik mit besonderer Berücksichtigung der stadtzürcherischen Verhältnisse. Volksw. Diss., Zürich 1941.

[67] Wilhelm Flitner, Freizeit, in: Die Erziehung, Jg. 12, Leipzig 1937, S. 26–38.

[68] Giesecke, a. a. O., S. 97.

III/1 *Theodor W. Adorno:* Freizeit (1969)
    In: Ders., Stichworte. Kritische Modelle 2, Frankfurt/M.: Suhrkamp Verlag 1969, S. 57–67.
    Th. W. Adorno (früher: Th. Wiesengrund), geb. 11. Sept. 1903/ gest. 6. Aug. 1969, lehrte als o. Professor für Philosophie und Direktor des Instituts für Sozialforschung

an der Universität Frankfurt/M. Nach 1933 war er in Oxford, Princeton u. Berkeley tätig. Arnold Schönberg Medaille (1954), Dt. Kritikerpreis für Literatur (1959) u. Goetheplakette der Stadt Frankfurt/M. (1963). Buchveröffentlichungen u. a.: Prismen (²1969); Eingriffe (⁵1969); Jargon der Eigentlichkeit (⁴1969); Negative Dialektik (³1970); Aufsätze zur Gesellschaftstheorie und Methodologie (1970); Minima Moralia (1971); Erziehung zur Mündigkeit (1971); Musikalische Monographien (1971); Zur Metakritik der Erkenntnistheorie (1971).

ᵃ *Konterbande:* Schmuggelware; Bannware.

ᵇ *Insistenz,* abgeleitet von »insistent«: auf etwas bestehend; dringend; beharrend.

ᶜ *Charles Baudelaire* (1821–1867), frz. Dichter, Kunstkritiker u. Essayist.

ᵈ *Ennui:* Langeweile; Verdruß; Überdruß.

ᵉ *Arthur Schopenhauer* (1788–1860), dtsch. Philosoph.

ᶠ *Immanuel Kant* (1724–1804), dtsch. Philosoph.

ᵍ *hypostasieren:* Verdinglichen; vergegenständlichen; personifizieren; »seine Gedanken zu Sachen machen« (Kant).

ʰ *kompilieren:* unverarbeiteten Stoff zu einer Schrift ohne wissenschaftl. Wert zusammentragen.

ⁱ *Heteronomie:* Fremdgesetzlichkeit, die von etwas anderem ausgehende Gesetzgebung (im Gegensatz zur Autonomie).

ᵏ Vgl. dazu M. Horkheimer/ Th. W. Adorno: Kulturindustrie. Aufklärung als Massenbetrug, in: Dies., Dialektik der Aufklärung (New York, 1944), Frankfurt/M. 1969, S. 128–176.

III/2 *Hellmuth Karasek:* Das Angebot der Kulturindustrie (1971)
(Vortrag geh. am 13. Juni 1971 in der Sendereihe »Die Freiheit der Freizeit. Zur Verwirklichung eines neuen Rechts« im Hessischen Rundfunk, II. Programm).
H. Karasek, geb. 1934, Dr. phil., Redakteur im Feuilleton der Wochenzeitung *Die Zeit.* Buchveröffentlichungen u. a.: »Sternheim«, »Max Frisch« und »Deutschland deine Dichter.«

IV/1 *Viggo Graf Blücher:* Freizeitbedürfnisse und Umwelt (1971)
In: Deutsche Gesellschaft für Freizeit (Hrsg.), Freizeitgesellschaft im Blickpunkt, Heft 1, Düsseldorf 1971 (Eigenverlag), S. 3–14.
V. Graf Blücher, geb. 1914, Leiter des Arbeitsbereichs Sozialforschung im Bielefelder EMNID-Institut. 1955 Promotion mit einem Freizeitthema, danach Tätigkeit als empirischer Sozialforscher in der Hörerforschung des Nordwestdeutschen Rundfunks und im Institut Infratest München-Hamburg. Zahlreiche Veröffentlichungen über die Themenbereiche Freizeit, Jugend und politische Meinungsforschung. Bearbeiter und Herausgeber der Untersuchungen »Jugend – Bildung und Freizeit« (o. J.) und »Freizeit im Ruhrgebiet« (1971).

IV/2 *Rainer Waterkamp:* Kreatives Vergnügen oder Konsumzirkus? Konflikte in der künftigen Freizeitgesellschaft (1970)
In: Ulrich Greiwe (Hrsg.), Herausforderung an die Zukunft. Die kritische Generation vor der Jahrtausendwende, München/Wien/Basel: Verlag Kurt Desch 1970, S. 330 bis 339.
R. Waterkamp, geb. 1935, Dipl. Politologe; 1960–1963 im Gesamtdeutschen Referat des VDS; 1964–1967 im Presseamt Kiel und bei der staatl. Pressestelle des Senats

von Hamburg; 1967–1969 Referent beim hess. Ministerpräsidenten; 1969–1971 bei der IBM; seit Okt. 1971 beim Wiss. Institut für Erziehung und Bildung in den Streitkräften (München).

V/1 *C. Wolfgang Müller:* Die Familie und die un-heimliche Freizeit (1968)
In: H.-H. Groothoff (Hrsg.), Erziehung im Gespräch (Theorie und Praxis der Erwachsenenbildung), Braunschweig: Westermann Verlag 1968, S. 184–196.
C. W. Müller, geb. 1928, Dr. phil., o. Professor für Sozialpädagogik an der PH Berlin. 1956 Promotion in Publizistikwissenschaft, Theaterwissenschaft und Germanistik an der FU Berlin. 1957–1962 Jugendpfleger und Dozent am Institut für Jugendgruppenarbeit/Haus am Rupenhorn (Berlin), danach Zweitstudium der Erziehungswissenschaft und Soziologie an der FU Berlin und in den USA. Seit 1965 Professor an der PH Berlin. Buchveröffentlichungen u. a.: Jugendpflege als Freizeiterziehung (1965); Jugend. Soziologische Materialien (1967); In Jugendclubs und Tanzlokalen (zus. mit P. Nimmermann, 1968); Gruppenpädagogik (Hrsg., 1970); Stadtplanung und Gemeinwesenarbeit (Hrsg., zus. mit P. Nimmermann, 1971).

V/2 *Erich Weber:* Die freizeitpädagogische Herausforderung der Schule (1972; Erstveröffentlichung)
E. Weber, geb. 1927, Dr. phil., Dipl. Psych., o. Professor für Pädagogik und Pädagogische Psychologie an der PH Bayreuth. Buchveröffentlichungen u. a.: Das Freizeitproblem (1963); Technik – Freizeit – Politik (1965, Mithrsg.); Die Freizeitgesellschaft und das Buch (1967); Die Verbrauchererziehung in der Konsumgesellschaft (1967); Der Erziehungs- und Bildungsbegriff im 20. Jahrhundert (Hrsg., ²1971); Erziehungsstile (²1971).

Literaturhinweise des Autors zum Text:
Adorno, Th. W.: Ohne Leitbild. Frankfurt a. M. 1967
Andreae, C. A.: Ökonomik der Freizeit. Reinbek b. Hamburg 1970
Antholz, H.: Unterricht in Musik. Düsseldorf 1970
Augustinus, A. : Bekenntnisse. München 1955
Banaschewski, A.: Ordnungen, Umgang, Sitten und Bräuche im Schulleben. In: Hdb. f. Lehrer, 3. Bd. Gütersloh 1963
Bednarik, K.: An der Konsumfront. Stuttgart 1957
Dietzfelbinger, H.: Sonntag und freie Zeit. München 1960
Dumazedier, J.: Vers une civilisation des loisirs. Paris 1962
Erl, W.: Modelleinrichtungen von Jugendfreizeitstätten in der Bundesrepublik Deutschland. Forschungsbericht des Deutschen Jugendinstituts. München 1968
Fourastié, J.: Der Mensch in der mechanisierten Produktion. Köln 1952
Fourastié, J.: Die 40 000 Stunden (Aufgaben und Chancen der sozialen Evolution). Düsseldorf/Wien 1966
Froese, L.: Zur Freizeitkunde und -erziehung. In: Schule und Gesellschaft. Weinheim 1962
Geipel, R.: Erdkundeunterricht in neuer Sicht. 2. Teil: Beispiel »Freizeitverhalten«. In: Pädagogische Welt. Jg. 1971, H. 8, S. 493 ff.
Giesecke, H. (u. a.): Pädagogik des Jugendreisens. München 1967
Giesecke, H., Hrsg.: Freizeit- und Konsumerziehung. Göttingen 1968. Darin u. a. H. Giesecke: Didaktische Probleme der Freizeiterziehung, S. 219 ff.

Giesecke, H.: Einführung in die Pädagogik. München 1969

Gottschalch, W.: Soziales Lernen und politische Bildung. Darin: Das Werben um den Freizeitkonsumenten. Frankfurt a. M. 1969, S. 100 ff.

Guardini, R.: Der Sonntag. Würzburg 1957

Haubrich, K.: Wahlfreie Arbeitsgemeinschaften in der Hauptschule. Stuttgart 1969

Hentig, H. v.: Freizeit als Befreiungszeit. In: Club Voltaire IV, Jahrbuch für kritische Aufklärung. Hrsg. G. Szczesny. Reinbek b. Hamburg 1970, S. 186 ff.

Herzfeld, G.: Freizeit – Problem und Aufgabe. Schorndorf bei Stuttgart 1963

Hitzer, W., u. Schmitt, A.: »Souvenirs – Souvenirs« – Nachdenken über das Andenken. In: Reflektierte Schulpraxis. Versuche, Materialien, Diskussionen zur Unterrichtsvorbereitung. Hrsg.: R. Ebinger, K. Giel, W. Popp, H. Schaal. Villingen 1970

Jünger, F. G.: Perfektion der Technik. Frankfurt a. M. 1946

Kerstiens, L.: Medienkunde in der Schule. Bad Heilbrunn/Obb. 2. veränderte Aufl. 1971

Klafki, W.: Studien zur Bildungstheorie und Didaktik. Weinheim 1964, 2. Aufl.

Lassahn, R., Hrsg.: Das Schulleben. Bad Heilbrunn/Obb. 1969

Lennert, R.: Geschichte eines Steckenpferdes. In: Die Sammlung, Jg. 1960

Linde, H.: Die Tagesschule (Tagesheimschule, Ganztagsschule, Offene Schule). Heidelberg 1963

Lohmann, J.: Das Problem der Ganztagsschule. Ratingen 1965

Marcuse, H.: Versuch über die Befreiung. Frankfurt a. M. 1969

Marcuse, H.: Der eindimensionale Mensch. Neuwied/Berlin 1970

Mester, L.: Freizeitpädagogik. Schorndorf bei Stuttgart 1961

Odenbach, K.: Das Schulleben. In: Westermanns Pädagogische Beiträge. Jg. 1959, H. 10

Oestreich, G.: Nachbarschaftsheime. München 1965

Packard, V.: Die geheimen Verführer. Düsseldorf 1957

Pankow, W.: Kurse und Neigungsgruppen für alle Schüler. In: Die Deutsche Schule. Jg. 1960

Pankow, W.: Schule und Freizeiterziehung. In: Westermanns Pädagogische Beiträge. Jg. 1966

Pieper, J.: Muße und Kult. München 1958

Rössner, L.: Jugend in der Offenen Tür – Zwischen Chaos und Verartigung. München 1962

Rössner, L.: Jugend im Erziehungsbereich des Tanzes. Stuttgart/Bern 1963

Rössner, L.: Offene Jugendbildung. München 1967

Rosenmayr, L.: Kulturelle Interessen von Jugendlichen. Wien/München 1966

Rost, D.: Freizeitgestaltung und Urteilsschulung. Möglichkeiten und Wirkungen des bildnerischen Unterrichts über die Hauptschule hinaus. In: Welt der Schule. Jg. 1970, S. 177 ff.

Rutz, G.: Freizeit in der Tagesheimschule. Aus: Erfahrungen mit Tagesheimschulen (Hg. Klinger, K.) Frankfurt 1961

Schepp, H. H.: Offene Jugendarbeit. Weinheim 1963

Scheuch, E. K.: Die Problematik der Freizeit in der Massengesellschaft. In: Wissenschaft und Planung. Universitätstage 1965. Mit Beiträgen von B. Bellinger u. a., Berlin 1965

Scheuch, E. K.: Soziologie der Freizeit. In: Handbuch der empirischen Sozialforschung. Hrsg. R. König, Bd. II, Stuttgart 1969

Soule, G.: Mehr Zeit zum Leben. Frankfurt a. M. 1956

Strzelewicz, W.: Jugend in ihren freien Zeit. München 1965

Tietgens, H., Hrsg.: Erwachsenenbildung und Schule. Braunschweig 1967
Weber, E.: Das Freizeitproblem (anthropologisch-pädagogische Untersuchung). München/Basel 1963
Weber, E.: Erziehung zum partiellen Verzicht. Aus: Markierungen (Hrsg. Hastenteufel, P.) München 1964
Weber, E.: Fest und Feier als pädagogische Situationen. In: Welt der Schule. Jg. 1965
Weber, E.: Die Freizeitgesellschaft und das Buch (Literaturpädagogische Aufgaben der Schule) München 1967 a
Weber, E.: Die Verbrauchererziehung in der Konsumgesellschaft. Essen 1967 b
Weber, E.: Die Bedeutung des Lesens für die Freizeit junger Menschen. In: Wozu Literatur in der Schule? Hrsg. A. C. Baumgärtner u. M. Dahrendorf. Braunschweig 1970
Weber, E.: Überlegungen zur Wirtschaftserziehung in der Konsumgesellschaft. In: Sonnenberg-Briefe. Jg. 1971, Nr. 56
Wittig, H. E.: Schule und Freizeit (Ein Beitrag zum pädagogischen Problem der Jugendkulturhilfe. Mit einer Dokumentation zur Freizeitpädagogik) Bad Harzburg 1964
Wurzbacher, G.: Freizeit – Wesen und soziale Problematik. In: Mitteilungen der Arbeitsgemeinschaft für Jugendpflege und Jugendfürsorge (Bonn), Jg. 1960

V/3 *Uwe-Jens Schumann/Günter Geschke:* Molotow-Cocktails oder Hasch. Freizeit als Protest, Protest als Freizeit (1970).
In: Deutsches Allgemeines Sonntagsblatt, Nr. 28 (Perspektiven '70: »Freiheit durch Freizeit?«), Hamburg: Verlag Hansisches Druck- und Verlagshaus GmbH 12. Juli 1970, S. 16.
U.-J. Schumann, geb. 1944, freier Journalist (Dt. Allgemeines Sonntagsblatt; Frankfurter Allgemeine Zeitung; Epoca; Sport-Illustrierte; Rundfunk u. a.).
G. Geschke, geb. 1931, Dr. phil., Studium der Geschichte, Soziologie und Philosophie in Münster, Köln und Hamburg. Seit 1962 Redakteur beim Dt. Allgem. Sonntagsblatt (Hamburg).

V/4 *Jugendfreizeitstätten.* Analysen – Konsequenzen – Forderungen. Diskussionsergebnis der Arbeitsgruppe »Freizeitstätte – autonom oder ferngesteuert? (Pädagogik der Emanzipation – pro und contra)« im »Konfliktfeld Freizeit« auf dem 4. Deutschen Jugendhilfetag (1970).
In: Mitteilungen der Arbeitsgemeinschaft für Jugendpflege und Jugendfürsorge. Hrsg. v. Ch. Hasenclever, H. 60, Bonn (Eigenverlag) 1970, S. 31–34.
a *Supervisor:* Erfahrener Gruppenpsychologe, der in regelmäßigen Abständen Kontrollbesprechungen über die Gruppenarbeit durchführt und dabei Probleme der Projektion und Identifikation kritisch erörtert sowie die persönliche Reaktion des Gruppenleiters kontrolliert bzw. korrigiert.

V/5 *Willi Erl:* Das Freizeitangebot unserer Gesellschaft. Versuch eines Assoziationsvortrags (1970)
In: Mitteilungen der Arbeitsgemeinschaft für Jugendpflege und Jugendfürsorge. Hrsg. v. Ch. Hasenclever, H. 60, Bonn (Eigenverlag) 1970, S. 31–34. (Dem abgedruckten Beitrag liegt ein Vortrag zugrunde, den der Verfasser im Mai 1970 anläßlich des 4. Deutschen Jugendhilfetages in Nürnberg gehalten hat. Für den vorliegenden Textband hat der Vf. den Beitrag um einige stilistische Korrekturen verändert).
W. Erl, geb. 1933, Leiter der Ev. Schule für Heimerziehung Reutlingen und Lehrbeauftragter an den Universitäten Heidelberg und Tübingen. Buchveröffentlichungen

u. a.: Gruppenpädagogik in der Praxis ([3]1967); Modelleinrichtungen von Jugendfreizeitstätten in der BRD (1968); Neue Methoden der Bibelarbeit (zus. mit F. Geiner,
[3]1970).
a *Perpetuierter Infantilismus* (Ausdruck von Alexander Mitscherlich); *perpetuieren*,
Ableitung von perpetuell bzw. perpetuierlich: beständig; fortwährend.

V/6 *Horst W. Opaschowski:* Überlegungen zur Konzeption der Freizeitberatung (1972)
(Diesem Beitrag liegt ein in der Zeitschrift »Recht der Jugend und des Bildungswesens« (Jg. 20, H. 4, Neuwied/Berlin: Luchterhand Verlag 1972, S. 116–119) unter
dem gleichen Titel veröffentlichter Aufsatz zugrunde; er erscheint hier in umgearbei-
teter und erweiterter Form).

VI/1 *Rose Marie Hansen/Hartmut Lüdtke:* Sozialwissenschaftliche Grundlagen einer
modernen Freizeitpädagogik (1971/72)
(Dem Beitrag liegt der in der Zeitschrift »deutsche jugend« (Jg. 19, München: Ju-
venta Verlag 1971; H. 9, S. 418–426; H. 10, S. 464–474; H. 11, S. 512–520) ver-
öffentlichte dreiteilige Aufsatz zugrunde. Für diesen Textband haben die beiden
Autoren eine eigene Fassung erstellt, die nicht in jedem Fall mit dem Originalauf-
satz übereinstimmt).
R. M. Hansen, geb. 1943, Dipl.Soziologin, Assistentin und Lehrbeauftragte an der
Hochschule für Wirtschaft und Politik (Hamburg). Arbeitet an einer Dissertation
über Probleme der Konsumsoziologie.
H. Lüdtke, geb. 1938, Dr. rer. pol., Referent für Empirische Sozialforschung an der
Forschungsstelle der Hochschule für Wirtschaft und Politik (Hamburg) und Lehr-
beauftragter für Soziologie an der Univ. Hamburg. Veröffentlichungen zu den Pro-
blembereichen Jugend und Generationsdynamik, Freizeit, Sozialisation und Schule,
Wohnverhalten, Forschungsmethoden.

Literaturhinweise der Autoren zum Text:
Albus, A., und Leube, D.: Selbstbestimmung der Konsumenten, in: Befreiung des All-
tags, München 1970
Andreae, C. A.: Ökonomik der Freizeit, Reinbek 1970
Berger, B. M.: The Sociology of Leisure: Some Suggestions, in: E. O. Smigel (ed.), Work
and Leisure, New Haven, Conn. 1963
Dreitzel, H. P.: Die gesellschaftlichen Leiden und das Leiden an der Gesellschaft, Stutt-
gart 1968
Dubin, R.: Industrial Workers' World. A Study of the Central Life Interests of In-
dustrial Workers. Social Problems, 3, 1956
Dumazedier, J.: Vers une civilisation du loisir, Paris 1962
EMNID: Freizeit im Ruhrgebiet, im Auftrag des Siedlungsverbandes Ruhrkohlenbezirk,
Bielefeld/Essen 1971
Friedmann, G.: Grenzen der Arbeitsteilung, Frankfurt 1959
Fürstenberg, F.: Die Sozialstruktur der Bundesrepublik Deutschland, Köln/Opladen 1967
Giesecke, H.: Didaktik der politischen Bildung, 6. Aufl., München 1971
Giesecke, H. (Hrsg.): Freizeit und Konsumerziehung, Göttingen 1968
Habermas, J.: Soziologische Notizen zum Verhältnis von Arbeit und Freizeit, in:
G. Funke (Hrsg.), Konkrete Vernunft, Bonn 1958
Hanhart, D.: Arbeiter in der Freizeit, Bern/Stuttgart 1964

Kluth, H.: Arbeit und Freizeit, in: H. Röhrs (Hrsg.), Die Bildungsfrage in der modernen Arbeitswelt, Frankfurt 1963

Kluth, H.: Freizeit im Schatten der industriellen Arbeit, Göttingen 1966

Lüdtke, H.: Jugendliche in organisierter Freizeit, Weinheim/Berlin/Basel (in Herstellung, 1972 a)

Lüdtke, H.: Freizeit in der Industriegesellschaft. Reihe »Analysen«, Opladen (1972 b)

Meyer-Dohm, P.: Arbeitszeitverkürzung und Verbraucherverhalten, in: Arbeitszeit und Freizeit, Berlin 1961

Müller, C. W.: Jugendpflege als Freizeiterziehung, Weinheim 1965

Riesman, D., u. a.: Die einsame Masse, Reinbek 1958

Riesman, D.: Wohlstand wofür? Frankfurt 1966

Schelsky, H.: Beruf und Freizeit als Erziehungsziele in der modernen Gesellschaft (1956), in: ders., Auf der Suche nach Wirklichkeit, Düsseldorf/Köln 1965

Scherhorn, G.: Konsumökonomik und Konsuminformation, in: Die Ware in Wirtschaft und Technik. Festschrift zum 65. Geburtstag von A. Kutzelnigg, hrsg. v. U. Koppelmann, Herne/Berlin 1969 (1969 a)

Scherhorn, G.: Soziologie des Konsums, in: Handbuch der empirischen Sozialforschung, hrsg. von R. König, Bd. 2, Stuttgart 1969 (1969 b)

Scheuch, E. K.: Soziologie der Freizeit, in: Handbuch der empirischen Sozialforschung, hrsg. von R. König, Bd. 2, Stuttgart 1969

Schulz, W.: Freizeitverhalten als pädagogisches Problem, in: H. Giesecke (Hrsg.), Freizeit- und Konsumerziehung, Göttingen 1968

Weber, E.: Das Freizeitproblem, München/Basel 1963

Weber, E.: Die Verbrauchererziehung in der Konsumgesellschaft, Essen 1967

Zahn, E.: Wirtschaftliche Entwicklung und gesellschaftliche Erwartungen, Kölner Zeitschrift für Soziologie und Sozialpsychologie, 19, 1967

[a] *Extrapolation:* Schluß, der aus dem Verhalten einer Funktion innerhalb eines bekannten Bereiches auf ihr Verhalten außerhalb dieses Bereiches gezogen wird.

[b] *anomisch:* gesetzlos; gesetzwidrig.

VI/2 *Horst W. Opaschowski:* Kritische Freizeitpädagogik (1972).
(Umgearbeitete und erweiterte Fassung des Aufsatzes »Freizeit und Pädagogik«, in: Pädagogische Rundschau, Jg. 25, H. 7, Wuppertal: Henn Verlag 1971, S. 451–474).

VI/3 *Hartmut von Hentig:* Freizeit als Befreiungszeit. Kritik eines Pädagogen an einem deterministischen Modell (1970).
In: Club Voltaire, Jahrbuch für kritische Aufklärung IV. Hrsg. v. Gerhard Szczesny, Reinbek b. Hamburg: Rowohlt Taschenbuch Verlag 1970, S. 186–218.
H. von Hentig, geb. 1925, Dr. phil., o. Professor für Pädagogik an der Universität Bielefeld. 1953 Promotion mit einer Arbeit über Thukydides; 1956 Staatsexamen; danach Lehrer am Uhland-Gymnasium in Tübingen; 1963 Berufung auf den Lehrstuhl für Pädagogik an der Univ. Göttingen, 1968 auf den Lehrstuhl für Pädagogik an der Univ. Bielefeld. Buchveröffentlichungen u. a.: Probleme des altsprachl. Unterrichts (1960); Wie hoch ist die Höhere Schule? (1962); Hellas und Rom (1964); Die Schule im Regelkreis (1965); Platonisches Lehren (1966); Universität und Höhere Schule (1967); Systemzwang und Selbstbestimmung (1968); Öffentl. Meinung, öffentl. Erregung, öffentl. Neugier (1969); Spielraum und Ernstfall (1969); Cuernavaca (1971); Die Bielefelder Laborschule (1971); Das Bielefelder Oberstufen-Kolleg (1971).

[a] *s. v. v.,* Abk. von »sit venia verbo«: man verzeihe das Wort!

b *extrapolieren:* vgl. Anmerkung VI/1, Fußnote a.

c *kompensatorisch:* (gegeneinander) ausgleichend; eine Wirkung durch eine andere ausgleichend.

d *suspendierend:* zeitweilig aufhebend; in der Schwebe lassend.

e *ubiquitär:* überall verbreitet; allgegenwärtig.

f *habitualisiert:* gewohnheitsmäßig; ständig.

g Vgl. H. W. Opaschowski: »Die Vertreibung«: Utopie oder Wirklichkeit?, in: Ders., Der Jugendkult in der Bundesrepublik, Düsseldorf 1971, S. 91 ff.

h *Appetenz,* von lat. »appetens«: nach etwas trachtend, strebend, verlangend.

Nachwort des Herausgebers

Daß wir in einer Leistungs- und Erfolgsgesellschaft leben, in der soziale Ränge nach Arbeit, Leistung und Erfolg zugewiesen werden, ist ein Tribut, den wir bisher dem gesellschaftlichen Fortschritt und wachsenden Wohlstand entrichten mußten. Daß jedoch auch die Bewertung der Freizeit und des Freizeitverhaltens vom Image oder Schein der Leistung abhängig gemacht wird, sollte kein unabänderliches Schicksal sein, das von uns widerstandslos hingenommen werden muß. Wenn der britische Nationalökonom John M. Keynes vor über vierzig Jahren voraussagte, daß wir einem »Zeitalter der Muße und des Überflusses« nur mit Furcht entgegensehen könnten, weil wir zu lange dazu erzogen wurden, nach Leistung zu streben, anstatt zu lernen, wie man das Dasein genießt, so sehen wir heute gerade in der Bundesrepublik vieles davon bestätigt. Mehr und mehr ergreift eine technokratische Leistungsideologie Besitz von einem Raum, der gemeinhin als frei gilt. Natürlich kann eine arbeitsteilige Gesellschaft ohne Leistungsansprüche nicht funktionieren. Doch ohne die Industriegesellschaft von ihrem Wachstumskurs abbringen zu wollen, ist zu fragen, ob der ›Kult der Effizienz‹ die Freiheit unserer Freizeit dirigieren und die positive Bewertung und öffentliche Anerkennung der Freizeitverwendung von bestimmten Leistungsnachweisen in der Freizeit abhängig machen darf und ob das Leistungsprinzip allgemeinverbindliche Wertkategorie sein und einziger Maßstab gesellschaftlicher Honorierung bleiben darf.

Nach einer Prognose des französischen Nationalökonomen und Politikwissenschaftlers Bertrand de Jouvenel könnte die Freizeit in Zukunft zu einer »Sache der großen Masse«[1] werden und die effektive Arbeit den Inhabern der Spitzenpositionen vorbehalten bleiben. Unter der Voraussetzung, daß die Leistungsideologie weiterhin so dominiert, wäre in Zukunft jeglicher Statusgewinn nicht mit einer Vermehrung, sondern mit einer Verminderung der Freizeit verbunden. In der fortgeschrittenen Leistungsgesellschaft verbände sich der Begriff Freizeit mit der Vorstellung der Minderwertigkeit; an dem mangelnden Zwang zur Arbeit würde man das Fehlen von »gefragten« Fähigkeiten erkennen. Mit anderen Worten: Die Freizeit würde als bedrückend empfunden und die »Bürde der Arbeit« wäre im Begriff, zu einem positiven Statusmerkmal zu werden.

Wenn unser Erziehungs- und Bildungssystem den herrschenden Leistungsimperativ nicht umgehend relativiert, dann könnte diese kühne Prognose Wirklichkeit werden. Der jahrzehntelange Kampf um Arbeitszeitverkürzung würde zur Farce und jeder quantitative Gewinn an Freizeit zum Symptom sozialen Abstiegs. Mit der Überbewertung der Leistung in allen Lebensbereichen ginge die Geringschätzung der Freizeit einher. Die Erziehungs- und Bildungsarbeit muß darum ihren Einfluß auf das öffentliche Bewußtsein so weit verstärken, daß jede quantitative Veränderung der arbeitsfreien Zeit in Verbindung mit einer qualitativen Änderung der Freizeit vollzogen wird. Arbeitszeitverkürzung und Gewinn an freier Zeit werden erst dann ein sozialer Fortschritt sein, wenn gleichzeitig die individuellen Freizeitbedürfnisse und die gesellschaftlichen Freizeitbedingungen (freizeitgerechte Umwelt) positiv verändert werden.

Gegenwärtig sind wir davon noch weit entfernt, wie die leistungsbezogenen Werthaltungen im Freizeitbereich (Zweitberuf, Schwarzarbeit, Überstunden, Do-it-yourself-Bewegung u. a.) zum Ausdruck bringen. (1959 hatten z. B. von je 100 Baufacharbeitern in Hessen 63 eine regelmäßige Samstags-/Sonntagsbeschäftigung bzw. -arbeit).[2] Wer es – aus welchen Gründen auch immer – wagt, sich nachdrücklich (oder gar demonstrativ) vom Leistungsethos zu distanzieren, gerät in Verruf, wirkt arbeitsfeindlich oder gar antisozial. So wurden z. B. im Sommer 1971 in Dortmund Sitzbänke abtransportiert, weil sich sogenannte Gammler auf ihnen ›breit gemacht‹ hatten. Passivität erzürnt den braven Bürger, der seine Pflicht erfüllt, indem er etwas leistet. Wer Freizeit nicht durch Arbeit ›ver-dient‹, verhält sich beinahe illegal.

Im Jahre 1970 betrugen z. B. die durchschnittlichen Wochenarbeitsstunden der männlichen Arbeiter in der Industrie 44,8 Stunden.[3] Von einer Freizeitgesellschaft kann also nicht die Rede sein; der lange Marsch dorthin hat eben erst begonnen. Ein Blick auf die Einkommensschichtung der Bevölkerung in der Bundesrepublik zeigt im übrigen, daß selbst bei einem verhältnismäßig hohen Zuwachs an freier Zeit in naher Zukunft die ökonomischen und sozialen Probleme der Freizeit nicht gelöst, eher verschärft werden. Von je 100 männlichen Erwerbstätigen hatten 1970 ein monatliches Nettoeinkommen[4]:

	Arbeiter	Angestellte	Beamte	Selbständige*
unter 600 DM	17,8	9,6	2,9	7,3
600– 800 DM	39,3	12,1	10,4	10,6
800–1200 DM	39,1	39,6	40,5	24,8
1200–1800 DM	3,6	27,9	31,2	24,1
über 1800 DM	0,1	10,8	14,7	33,1

* ohne Landwirte

Mehr als die Hälfte (57,1%) der männlichen Arbeiter in der Bundesrepublik verdiente 1970 weniger als 800 DM netto. Dieses geringe Einkommen mag für einen bescheidenen Lebensunterhalt ausreichen, nicht aber für die Befriedigung wachsender Freizeitbedürfnisse und die Erfüllung neuer Konsumwünsche. Ohne ausreichende ökonomische Basis wird eine vermehrte Freizeit erhebliche soziale Spannungen hervorrufen und den einzelnen vom Arbeits- und Produktionsprozeß nicht frei, sondern abhängig machen. Obwohl die ökonomischen Voraussetzungen für eine optimale Verwendung und Nutzung der frei verfügbaren Zeit noch weithin fehlen, naht bereits die größte Herausforderung der Leistungsgesellschaft seit Einführung des Fließbandes – die Vier-Tage-Woche. Erstmals 1970 von der Eurocan GmbH in Geretsried bei München eingeführt, findet die Vier-Tage-Woche mit 37,5 Arbeitsstunden (bei Lohnzahlung für 40 Arbeitsstunden) immer mehr Anhänger. Als Gründe werden angeführt[5]:

– Arbeitnehmer werden auf diese Weise nicht nur monetär, sondern auch mit Freizeit entlohnt.
– Firma und Arbeitsplatz werden attraktiver.
– Zunehmende Rationalisierung macht Arbeitszeitverkürzungen möglich (und notwendig).

Tatsächlich ließen bisher – aus der Sicht des Arbeitgebers – positive Veränderungen innerhalb des Betriebes nicht lange auf sich warten: Anstieg der Produktivität um zwanzig Prozent – Verbesserung des Arbeitsklimas im Sinne des Anhebens der Arbeitsmoral – Bessere Ausnutzung der Maschinen und Anlagen – Rückgang der Betriebsunfälle – Verringerung der kurzfristigen Fehlzeiten für »Besorgungen«.

Auch auf der Arbeitnehmerseite schien große Zufriedenheit zu herrschen: Drei Vierteln (76%) der knapp 400 Arbeiter und Angestellten des Geretsrieder Unternehmens gefiel die neue Regelung gut bzw. sehr gut. Doch die allgemeine Zustimmung über die Verbesserung der Arbeitssituation täuscht darüber hinweg, daß die vermehrte Freizeit seelisch-geistige Probleme geschaffen hat, die bisher unbewältigt geblieben sind. Eine interne Untersuchung der Soziologin F. Lenz-Romeiss vom Münchner Referat für Stadtforschung und Stadtentwicklung sowie eine von der Firma durchgeführte Fragebogenaktion förderten zutage:

1. Das Freizeitverhalten der Arbeitnehmer läuft »*höchst unreflektiert und ungeplant*« ab. Gezielte Fragen nach bestimmten Tätigkeiten in der Freizeit werden nur zögernd beantwortet; das Fernsehen scheint hier eine »Ausfüll-Funktion« zu übernehmen. Die zusätzliche Freizeit wird zwar nominell akzeptiert, jedoch nicht von allen als solche genutzt. Häufig wird das »Werkeln, was so anfällt« erwähnt.
2. Bei den »aktiven, dynamischen Leuten, die etwas mit ihrer Freizeit anzufangen wissen«, verläuft die Freizeit weitgehend unproblematisch. Dagegen sind Alleinstehende nach der Hast der intensiven Arbeitstage in der Freizeit von Depressionen bedroht.
3. Im Zuge der sich offenbarenden Freizeitmöglichkeiten stellt sich der Zwang ein, für mehr Freizeit auch mehr Geld verdienen zu müssen.

Ein Zuwachs an freier Zeit fördert solange nicht den potentiell emanzipatorischen Charakter der Freizeit, wie sich nicht gleichzeitig die materiellen Lebensbedingungen so weit verbessert haben, daß die Menschen autonome Freizeitverhaltensformen jenseits von Arbeit und Konsum ausüben können. Paradoxerweise schafft erst eine gewisse finanzielle Unabhängigkeit die Möglichkeit zur Unabhängigkeit von der organisierten Freizeit- und Konsumindustrie.

Die Erkenntnis, daß der Umgang mit der Freizeit – genauso wie die Arbeitstätigkeit im Beruf – gelernt werden muß, brachte das Bundesministerium für Jugend, Familie und Gesundheit im vergangenen Jahr auf den Gedanken, eine Broschüre mit »*100 Tips für Freizeitspaß*« in Massenauflage herauszubringen. Darin klärte es den Bundesbürger über »den lebensnotwendigen Ausgleich« für die Belastung des einzelnen in seinem häuslichen und beruflichen Alltag auf: »Die Freizeit sinnvoll ... einzusetzen, sollte ein Grundbedürfnis sein.« Empfohlen werden Heimspiele wie »Mensch ärgere Dich nicht«, »Monopoli«, »Heimroulette« oder »Börsenspiel« oder Bastelarbeiten (»Stroh- und Bastarbeiten«, »Kartoffeldruck«, »Töpfern« u. a.). »Spielhandlungen«, so wird erklärt, »ermöglichen die Loslösung vom Alltag.« Jeder »kann sich in eine Art Traumwelt versetzen lassen, die durch Entspannung den Druck des Alltags aufhebt.« Diese Suggestion einer schönen heilen Freizeitwelt wird ihre apolitische Wirkung sicher nicht verfehlen.

Noch fragwürdiger muß die naive Darstellung der tatsächlichen Lebensverhältnisse in unserer Gesellschaft erscheinen: »Wer etwas kann, wird für andere interessant ... Diese Anerkennung ist von großer Bedeutung für die Stellung des einzelnen, die er haben möchte. Umgekehrt sind passive Menschen uninteressant.« Sport und Spiel werden hier als Instrument im Ringen um soziale Anerkennung eingesetzt und lassen vergessen, daß in unserer Leistungsgesellschaft fast ausschließlich Arbeit und Berufsposition Anerkennung finden und nicht etwa die perfekte Beherrschung des »Drachen-steigen-Lassens«, des »Wurzel-Sammelns«, des »Seilspringens«, des »Zauberns« oder »Rätsel-Erfindens«. Die meisten Spiel-Tips verhelfen dem Bundesbürger gerade nicht dazu, seine Freizeit bewußter zu erleben. Sie nähren vielmehr einen Hobbiismus, der vom Konsumieren lebt und die private Freizeitsphäre total ›vermarktet‹. Die Entwicklung eines kritischen Potentials gegen den Konsumzwang in der Freizeit wird dadurch verhindert, nicht gefördert. Daß Menschen, die ihre Freizeit »passiv« verbringen, als »uninteressant« verketzert werden, ist eine Methode, die nachdenklich stimmt, weil sie gleichmacherisch verfährt und gefährlich in die Nähe von Freizeitideologien totalitärer Prägung rückt. So begrüßenswert die Idee einer besseren Informierung und Aufklärung breiter Bevölkerungskreise ist, in ihrer einseitig leistungszentrierten und nivellierenden Programmatik ist sie ebenso mißlungen wie abzulehnen. Eine solche Aufklärungsbroschüre hätte sehr viel mehr bewirkt, wenn nicht das »Was« des Freizeitverbringens gelehrt worden wäre, sondern das »Wie« hätte erlernt werden können. Stattdessen plädierte man für einen unreflektierten Massenspaß, der die Freizeit lediglich ausfüllen helfen soll und dadurch die Konsumhaltung zur dominanten Freizeitverhaltensform macht.

Die individuelle Differenzierung von Freizeitverhaltensstilen bleibt unberücksichtigt. Auf dem Weg in eine freizeitorientierte Gesellschaft werden die Menschen mit den vermehrten Möglichkeiten, ihr Leben zu leben und einen individuellen Lebensstil zu pflegen, alleingelassen. Zwar sind wir noch keine ›leisure society‹. Doch spricht vieles dafür, daß die Freizeitgesellschaft keine Vision bleibt und daß wir auf dem Weg dorthin mit verstärkten Interaktionen, zahlreichen neuen Anforderungen und Konflikten leben müssen und unter einem noch stärkeren Leistungsdruck stehen werden als bisher. Das Gefühl der gegenseitigen Abhängigkeit und Hilflosigkeit wird eher zunehmen als abnehmen. Nach einer vorsichtigen Prognose des Soziologen E. K. Scheuch[6] lassen sich für die Zukunft wenigstens vier wichtige Entwicklungslinien skizzieren:

1. Verschärfung des Leistungsdrucks;
2. Verschärfung der gegenseitigen Abhängigkeiten und Unterschiedlichkeiten der Lebensstile;
3. Vielzahl von alltäglichen Konflikten;
4. Nicht Ausdehnung der Freizeit allgemein, sondern nur begrenzt, aber dramatische Umverteilung.

Diesen Tendenzen trägt der vorliegende Studienband *»Freizeitpädagogik in der Leistungsgesellschaft«* Rechnung. Im Mittelpunkt der Diskussionsbeiträge steht die Frage nach der Legitimation und den möglichen Inhalten, Methoden und Zielen der Freizeitpädagogik, die sich gegen eine von gesellschaftlichen Leistungsansprüchen und -zwängen bestimmte Umwelt behaupten muß. Bei der Begründung und Entwicklung freizeitpädagogischer Konzeptionen werden nicht nur genuin pädagogische Beiträge berücksichtigt. Gerade historische, soziologische oder gesellschaftskritische Beiträge eignen sich als Ausgangspunkt für spezifisch pädagogische Fragestellungen. Auf einen allgemeinen Mangel der freizeitwissenschaftlichen Diskussion muß jedoch hingewiesen werden: Über alters-, geschlechts- und statusspezifische Unterschiede des Freizeitverhaltens sowie über verschiedene Funktionen der Freizeit je nach Lebenslage, Lebensstil und Art der Arbeit ist bisher noch nicht hinreichend reflektiert worden. Auch der vorliegende Studienband kann diesen offensichtlichen Mangel nicht beheben. Bei der Diskussion über aktuelle Probleme der Freizeit sollte immer mitbedacht werden, daß es »die Freizeit« eigentlich nicht gibt.

Der Textband beginnt mit dem Beitrag von *I. Fetscher* (I/1), in dem das Verhältnis von Arbeit und Freizeit in hochindustrialisierten Gesellschaften erörtert wird. Die negative Interpretation der Freizeit als Zeit der Nicht-Arbeit oder des Nichts-Tuns wird von Fetscher grundsätzlich in Frage gestellt. Ergänzt wird diese kritische Grundeinstellung durch *H. Klunkers* (I/2) auf den gesamtdeutschen Sprachgebrauch bezogene Analyse des Begriffs »Freizeit«.

Im zweiten Abschnitt, der die Geschichte der Freizeit und Freizeiterziehung behandelt, weist *A. Timm* (II/1) in Antike, Mittelalter und Neuzeit verschiedene Vorformen des modernen Freizeitgedankens und der Freizeitproblematik nach. Er geht auf die Zusammenhänge zwischen Mußeideal und Arbeitsethos ein und skizziert die historische Entwicklung zur »Freizeitgesellschaft«. Der nachfolgende Beitrag des *Herausgebers* (II/2) über das Freizeitproblem in der Geschichte des deutschen Erziehungsdenkens geht über das Sozialgeschichtliche hinaus. Er beschreibt die historische Ursprungssituation der Freizeiterziehung in Deutschland und versucht, die Kontinuität zu den vorindustriellen pädagogischen Gegebenheiten wiederherzustellen.

Der dritte Teil des Studienbandes enthält eine gesellschaftskritische Analyse des gegenwärtigen Freizeitsystems. *Th. W. Adorno* (III/1) deckt die Zusammenhänge von »Kulturindustrie« und »Konsumentenbewußtsein« auf und geht den Widersprüchen im Freizeitsystem nach, die bisher verhinderten, daß Freizeit in Freiheit umspringen konnte. Auch *H. Karasek* (III/2) geht davon aus, daß die Kulturindustrie den Menschen zwar einerseits vom industriellen Prozeß »freisetzt«, ihn aber andererseits an einen neuen industriell vorgefertigten Prozeß des kulturellen Konsums »bindet«. Karasek will darum die »kulturelle Freizeit« als einen Freiraum verstanden wissen, damit sich »einstellen« kann, was nicht im voraus »bestellt« werden kann.

Die Darstellung der Probleme von Freizeitplanung und Zukunftsforschung bildet den Inhalt des vierten Abschnitts. *V. G. Blücher* (IV/1) macht deutlich, daß wir in einer industriellen Umwelt leben, die für unsere gegenwärtigen Freizeitbedürfnisse unangemessen ist. Nach Blücher stehen wir heute vor der Alternative: »Leiden unter unangemessenen Bedingungen« oder Freizeitplanung, also Entwicklung einer freizeitgerechten Umwelt. Für *R. Waterkamp* (IV/2) stellt sich im Hinblick auf die Konfliktmöglichkeiten in einer zukünftigen Freizeitgesellschaft nicht einmal mehr diese Alternative. Nach Waterkamp muß der unaufhaltsame Fortschritt auf menschenwürdige Ziele gelenkt werden, um ihn seiner lebensgefährlichen Möglichkeiten zu berauben.

Der fünfte Abschnitt geht auf pädagogisch relevante Einzelprobleme der Freizeit ein. *C. W. Müller* (V/1) beschreibt Familie und Freizeit als Bereiche, die wegen ihrer geringeren institutionellen Verfestigung den gesellschaftlichen Veränderungen stärker und schutzloser ausgesetzt sind. Zugleich aber stellt sich für Müller die Freizeit als eine Plattform zur Verwirklichung menschlicher Möglichkeiten mit menschlichen Mitteln dar. Nicht nur die Familie, auch andere Erziehungsinstitutionen sehen sich zur Bewältigung freizeitpädagogischer Aufgaben herausgefordert. Insbesondere die Schule sollte nach *E. Weber* (V/2) die Schüler zu einer bewußteren Lebensführung im Freizeitbereich gelangen lassen, indem sie die dazu notwendigen Lernprozesse durch freiheitliche Erziehungshilfen unterstützt. *G. Geschkes* und *U.-J. Schumanns* (V/3) Befragungen und Interviews von jugendlichen (Freizeit-) Revolutionären zeigen auf, wie sehr politische Protesthaltungen und -aktivitäten in der Freizeit begründet sind bzw. durch die Freizeit ausgelöst werden. Den Umgang mit der Freiheit der Freizeit erlernen zu lassen, ist eines der Ziele, das sich die freien und kommunalen Träger von Freizeiteinrichtungen gesetzt haben. Das Diskussionsergebnis der *Arbeitsgruppe* »Freizeitstätte – autonom oder ferngesteuert?« (V/4) läßt jedoch darauf schließen, daß dieses oder ähnliche Ziele erst dann erreichbar sind, wenn die personelle und ökonomische Situation der Freizeitstätte erheblich verbessert wird. Ähnliche Bedenken äußert *W. Erl* (V/5) in seiner kritischen Analyse des öffentlichen Freizeitangebots. Erl fordert ebenso qualifizierte wie engagierte Mitarbeiter, die der Jugend bei der Suche nach Modellen des Glücks zur Seite stehen sollen. Eine solche Art von Freizeithilfe arbeitet umso wirkungsvoller, je entbehrlicher sie wird – diese Feststellung gilt in besonderem Maße für die Überlegungen des *Herausgebers* zur Konzeption der Freizeitberatung (V/6). Der vorgelegte Rahmenentwurf versteht sich als kritisierbares und veränderbares Diskussionsmodell.

Der letzte Abschnitt enthält neben einer sozialwissenschaftlichen Grundlegung zwei neuere Theorien und Entwürfe zur Freizeitpädagogik, die die Diskussion um die gesellschaftliche und politische Relevanz der Freizeitpädagogik in der Leistungsgesellschaft neu beleben werden. *R. M. Hansen* und *H. Lüdtke* (VI/1) informieren über theoretische Ansätze und empirische Befunde der Freizeitforschung, beschreiben Notwendigkeit, reale Chancen und Ziele einer Freizeit- und Konsumerziehung und ziehen entsprechende didaktische Konsequenzen. Im nachfolgenden Beitrag (VI/2) entwirft der *Herausgeber* eine in ihrer Grundkonzeption gesellschaftskritisch-emanzipatorische Theorie der Freizeitpädagogik, die er in Form von neun Thesen zur Diskussion stellt. Im letzten Beitrag konzipiert *H. von Hentig* (VI/3) ein pädagogisch-politisches Alternativmodell zu den einseitig technisch und ökonomisch determinierten Modellen der Zukunftsforscher. Erst wenn die Freizeit im Zusammenhang mit der politischen Verwirklichung der Selbstbestimmung gesehen wird, läßt sich nach Hentig ein stichhaltiger pädagogischer Auftrag formulieren.

Den Verfassern und Verlagen danke ich für die freundliche Genehmigung des Textabdrucks.

Belegstellen zum Nachwort:

[1] B. de Jouvenel: Jenseits der Leistungsgesellschaft, Freiburg 1971, S. 72.

[2] Mitteilung von J. Fuhrmann (Berater beim Vorstand DGB und IG Metall) während der Podiumsdiskussion am 30. 10. 1970 anläßlich der Hochschulwoche f. staatswiss. Fortbildung in Bad Wildungen.

[3] Statistisches Jahrbuch 1971, Wiesbaden 1971, S. 458.

[4] Abgedruckt in: *Die Zeit*, Nr. 27, Hamburg 2. Juli 1971, S. 32 (Quelle: Statist. Jahrbuch).

[5] Zugrundegelegte Quellen: Europäische H. O. Canfield Co. GmbH (Hrsg.): Fragebogen zur 4-Tage-Woche, Geretsried-Gartenberg/Obb. (o. J.); Bericht des Münchner Stadtentwicklungsreferats. Hrsg. v. F. Lenz-Romeiss (Referat für Stadtforschung und Stadtentwicklung); D. Schubert: Experiment in Bayern: Die Vier-Tage-Woche, in: Die Glocke, Jg. 25, H. 6, Düsseldorf 1971, S. 12–13.

[6] E. K. Scheuch: Massenmedien und Religion in der Freizeitgesellschaft, Essen-Werden 1971, S. 12.

Bibliographie (Auswahl)

Die vorliegende chronologisch geordnete Auswahlbibliographie bringt Literaturangaben aus dem Zeitraum der letzten sechs Jahre Ausführliche bibliographische Hinweise über die vor 1967 erschienene Literatur enthalten:

1. Weber, E.: Das Freizeitproblem. Anthropologisch-pädagogische Untersuchung, München-Basel 1963;
2. Wittig, H. E.: Schule und Freizeit. Ein Beitrag zum pädagogischen Problem der Jugendkulturhilfe. Mit einer Dokumentation zur Freizeitpädagogik, Bad Harzburg 1964;
3. EMNID-Institut GmbH u. Co. (Hrsg.): EMNID-Dokumentation zur Freizeitliteratur, 5 Bde. und 1 Leitbd., Bielefeld 1969;
4. Höbermann, F., u. M. Prosenc: Kritische Zeitschriftenbibliographie der Freizeitsoziologie. Eine Auswahl von Publikationen seit 1945, Universität Hamburg: Seminar für Sozialwissenschaften 1970;
5. Opaschowski, H. W. (Hrsg.): Freizeitpädagogik, Bad Heilbrunn/Obb. 1970;
6. Giesecke, H. (Hrsg.): Freizeit- und Konsumerziehung, 2. Aufl., Göttingen 1971;
7. Hammerich, K.: Kritische Untersuchung zur Freizeitpädagogik, Ratingen-Wuppertal-Kastellaun 1971.

1967

Adorno, Th. W.: Resümee über Kulturindustrie, in: Ders., Ohne Leitbild, Frankfurt/M. 1967.

Biener, K.: Freizeit in der modernen Industriegesellschaft, in: Monatskurse für die ärztliche Fortbildung, Jg. 17, Nr. 2, (1967), S. 76–78.

Cadmus, M.: Der Mensch und seine Freizeit, in: Das Leben, Jg. 4, H. 11 (1967), S. 280–281.

Giesecke, H.: Kritik pädagogischer Freizeittheorien, in: Ders., u. a. (Hrsg.): Pädagogik des Jugendreisens, München 1967, S. 20–42.

Grunenberg, D.: Die Jugend und die Freie Zeit, Hommerich 1967.

Lange, S., u. D. Bauer: Probleme der Freizeitgestaltung, in: Ganztätige Bildung und Erziehung, Jg. 5, Nr 1 (1967), S. 34–38.

Rother, E. F.: Freizeit – Ein Thema der Schule (Ein Seminarbericht), in: Pädagogik und Schule in Ost und West, Jg. 15, H. 8 (1967), S. 273–276.

Scheuch, E. K.: Die Verwendung von Zeit in West- und Osteuropa, in: GFM-Mitteilungen zur Markt- und Absatzforschung, H. 13 (1967), S. 65 ff.

Schön, D.: Arbeit und Freizeit in der gegenwärtigen Gesellschaft, in: Neue Volksbildung, Jg. 18 (1967), S. 145–162.

Weber, E.: Die Freizeitgesellschaft und das Buch, München 1967.

Ders.:, Die Verbrauchererziehung in der Konsumgesellschaft, Essen 1967.

Ziegler, G.: Freizeitansprüche und Landesentwicklung, in: Deutscher Heimatbund (Jahrbuch 1967/68), Neuß/Rh. 1967/68, S. 20–36.

1968

Baacke, D.: Beat – Die sprachlose Opposition, München 1968.

Blücher, V. G.: Freizeitbedürfnisse und Wohnsiedlungen der Zukunft, in: Archiv für Kommunalwissenschaften, Jg. 7 (1968), S 73–91.

Ders.: Der Stellenwert der Freizeit. Die sozio-ökonomische Entwicklung, in: Industrie-kurier, Nr. 168 (1968), S. 40.

Erl, W.: Modelleinrichtungen von Jugendfreizeitstätten in der BRD (Forschungsbericht 02–1968 des Deutschen Jugendinstituts München), München 1968.

Langeveld, M. J.: Die »Freizeit«, in: Ders.: Die Schule als Weg des Kindes (1960), 4. Aufl., Braunschweig 1968, S. 100–102.

Linde, H.: Kritik des etablierten Freizeitgeredes, in: Radius, H. 4 (1968), S. 22–29.

Müller, C. W.: Die Familie und die un-heimliche Freizeit, in: Erziehung im Gespräch. Hrsg. H.-H. Groothoff, Braunschweig 1968, S. 184–196

Ders., u. P. Nimmermann: In Jugendclubs und Tanzlokalen, München 1968.

Prinz, D.: Freizeitgestaltung als Auftrag an eine zukunftsgerechte Freiraumplanung, in: Mitteilungen der Deutschen Akademie für Städtebau und Landesplanung, Jg. 12 (1968), S. 78–93.

Prosenc, M.: Freizeit – Gesellschaft – Planung, in: Architektur-Wettbewerbe (1968), S. XI–XVI.

Rössner, L.: Freizeit- und Konsumerziehung in der modernen Wirtschaftswelt, in: Pädagogik und Schule in Ost und West, Jg. 16, H. 7 (1968), S. 201–207.

Schomburg, E.: Mensch und Freizeit, in: Natur- und Nationalparks, Jg. 6 (1968), S. 81–84.

Sturm, H.: Masse – Bildung – Kommunikation, Stuttgart 1968.

Timm, A.: Verlust der Muße. Zur Geschichte der Freizeitgesellschaft, Hamburg 1968.

Weber, E.: Freizeiterziehung und Schule, in: Rhein-Pfälzische Schulblätter, Jg. 19, Nr. 1 (1968), S. 2–6.

1969

Adorno, Th. W.: Freizeit, in: Ders.: Stichworte. Kritische Modelle 2, FrankfurtM. 1969, S. 57–67.

Gleichmann, P.: Der Zweck eines allgemeinen Freizeitkonzepts und seine verhaltenswissenschaftlichen Grenzen, in: Landschaft und Stadt, 4 (1969), S. 173–176.

Golomb, E.: Die Freizeit, in: Handbuch der Pastoraltheologie, Bd. 4, Freiburg-Basel-Wien 1969, S. 397–411.

Hentig, H. v.: Freizeit als Befreiungszeit. Kritik eines Pädagogen an einem deterministischen Modell, in: Merkur, Jg. 23 (1969), Nr. 255, S. 605–622 u. Nr. 256, S. 713–729.

Kentler, H., Th. Leithäuser u. H. Lessing: Jugend im Urlaub, 2 Bde., Weinheim/Berlin/Basel 1969.

Mittelbach, H. A.: Revierparks: Freizeitkombinate, in: Das Gartenamt, H. 8 (1969), S. 345–354.

Opaschowski, H. W.: Fetisch Jugend im Dritten Milieu. Der Puerilismus der modernen Freizeit- und Konsumgesellschaft, in: Frankfurter Hefte, Jg. 24, H. 12 (1969), S. 865–874.

Ders.: Zur Geschichte der Freizeiterziehung in Deutschland, in: Pädagogische Rundschau, Jg. 23, H. 1/2 (1969), S. 51–61.

Ders.: Phänomenologie des jugendlichen Touristen, in: Jahrbuch für Jugendreisen und Internationalen Jugendaustausch, Bonn 1969, S. 87–94.

Prosenc, M.: Die Zukunft der Freizeit, in: R. Jungk (Hrsg.), Menschen im Jahr 2000, Frankfurt/M. 1969, S. 110–117.

Rohrbach, J.: Freizeitgestaltung in der Tagesheimschule, in: Pädagogische Rundschau, Jg. 23, H. 5/6 (1969), S. 402–408.

Rüdiger, H.: Selbstbestimmung in der Freizeitstätte, in: deutsche jugend, Jg. 17, H. 7 (1969), S. 305–314.

Ders.: Voraussetzungen und Vollzug demokratischer Leitung von Freizeitzentren, in: deutsche jugend, Jg. 17, H. 10 (1969), S 466–472.

Scheuch, E. K.: Soziologie der Freizeit, in: Handbuch der empirischen Sozialforschung. Hrsg. R. König, Bd. II, Stuttgart 1969, S. 735–833.

Schmitz-Scherzer, R.: Freizeit und Alter. Diss. Phil. Fak. Bonn 1969.

Schönhagen, B., u. J. v. Reuß: Schwierigkeiten beim Marsch in die Freizeitgesellschaft, in: Bauwelt, Jg. 60, Nr. 43 (1969), S. 1483–1485.

Weber, E.: Freizeitgesellschaft, Freizeiterziehung, in: Pädgogische Welt, Jg. 23, H. 3 (1969), S. 159–162.

1970

Agricola, S.: Pädagogisches und organisatorisches Konzept für die Arbeit der Freizeitstätte Frankenhof-Erlangen, Erlangen 1970.

Andreae, C. A.: Freizeit, in: Der große Entschluß, Jg. 25, Nr. 7 (1970), S. 319–322.

Ders.: Ökonomik der Freizeit. Zur Wirtschaftstheorie der modernen Arbeitswelt, Reinbek b. Hamburg 1970.

Ders.: Die Zukunft der Freizeit in der modernen Gesellschaft, in: Universitas, Jg. 25, H. 8 (1970), S. 795–803.

Erl, W.: Das Freizeitangebot unserer Gesellschaft, in: Mitteilungen der Arbeitsgemeinschaft für Jugendpflege und Jugendfürsorge, H. 60 (1970), S. 31–34.

Fetscher, I.: Arbeit, in: H. Bussiek (Hrsg.): Veränderung der Gesellschaft, Frankfurt/M. 1970, S. 44–64.

Heitger, M.: Freizeit und Konsumwelt, in: Die Aussprache, Jg. 11, H. 8/9 (1970), S. 1–3 u. S. 8.

Hillmann, G.: Die Befreiung der Arbeit, Reinbek b. Hamburg 1970.

Jugendfreizeitstätten. Analysen – Konsequenzen – Forderungen, in: Mitteilungen der Arbeitsgemeinschaft für Jugendpflege und Jugendfürsorge, H. 60 (1970), S. 31–34.

Kirschhofer, A. v.: Umgang mit der Freizeit im Lichte der Demoskopie, in: Der Monat, Jg. 22, H. 259 (1970), S. 36–41.

Maaz, W.: Freizeit als Kontaktfeld, in: Ders., Zukunftsorientierte kirchliche Jugendarbeit, in: Katechetische Blätter – Kirchliche Jugendarbeit, Jg. 95, H. 5 (1970), S. 292–294.

Meyer, H.: Zum Problem der Freizeitdidaktik, in: Pädagogische Rundschau, Jg. 24, H. 12 (1970), S. 934–944.

Nahrstedt, W.: Freizeit und Aufklärung, in: Vierteljahresschrift f. Sozial- und Wirtschaftsgeschichte (1970), S. 1–48.

Opaschowski, H. W.: Freizeit. Eine wortgeschichtliche Studie, in: Zeitschrift für deutsche Sprache, Bd. 26, H. 3 (1970), S. 142–150.

Ders. (Hrsg.): Freizeitpädagogik, Bad Heilbrunn/Obb. 1970.

Ders.: Jugendauslandsreisen. Geschichtliche, soziale und pädagogische Aspekte, Neuwied/Berlin 1970.

Ders.: Überholungsbedürftige Jugenderholung. Analyse – Kritik – Vorschläge, in: Jahrbuch für Jugendreisen und Internationalen Jugendaustausch, Bonn 1970, S. 9–28.

Rost, A.: Hausse im Überfluß und Überdruß. Freizeit – Industrie, in: Der Monat, Jg. 22, H. 259 (1970), S. 42–46.

Rost, D.: Freizeitgestaltung und Urteilsschulung, in: Welt der Schule (1970), S. 177–187.

Rüdiger, H.: Angebotener Freizeitraum (Forschungsbericht Deutsches Jugendinstitut), München 1970.

Studiengruppe ›Jugend und Freizeit Leonberg‹ (Hrsg.): Jugend in Leonberg – Jugend und Freizeit, Leonberg-Ramtel 1970.

Stüwe, K. (Hrsg.): Freizeittourismus. Sozialethische Aspekte (Tutzinger Texte, Sonderband II), München 1970

Vogelsang, R. A.: Arbeit und Freizeit. Die »leisure class« verbreitet sich, in: Der Monat, Jg. 22, H. 259 (1970), S. 30–33.

Waterkamp, R.: Kreatives Vergnügen oder Konsum-Zirkus? Konflikte in der künftigen Freizeitgesellschaft, in: U. Greiwe (Hrsg.): Herausforderung an die Zukunft, München/Wien/Basel 1970, S. 330–339.

Zoll, R., u. E. Hennig: Massenmedien und Meinungsbildung, München 1970.

1971

Blücher, V. G.: Freizeitbedürfnisse und Umwelt, in: Dt. Gesellschaft für Freizeit (Hrsg.): Freizeitgesellschaft im Blickpunkt, H. 1 (1971), S. 3–14.

EMNID-Institut (Hrsg.): Freizeit im Ruhrgebiet. Untersuchung über das Freizeitverhalten und die Freizeitbedürfnisse der Bevölkerung. Bearb. v. V. G. Blücher, 2 Bde., Bielefeld/Essen 1971.

Geipel, R.: Erdkundeunterricht in neuer Sicht, 2. Teil: Beispiel »Freizeitverhalten«, in: Pädagogische Welt, H. 8 (1971), S. 493–498.

Gierden, K.: Erholung in einer bedrohten Landschaft, in: Dt. Gesellschaft für Freizeit (Hrsg.): Freizeitgesellschaft im Blickpunkt, H. 1 (1971), S. 31–39.

Giesecke, H. (Hrsg.): Freizeit- und Konsumerziehung, 2. Aufl., Göttingen 1971.

Gottschalch, W.: Das Werben um den Freizeitkonsumenten, in: Ders.: Soziales Lernen und politische Bildung, 3. Aufl., Frankfurt/M. 1971, S. 100–113.

Hammerich, K.: Kritische Untersuchung zur Freizeitpädagogik, Ratingen-Wuppertal-Kastellaun 1971.

Hansen, R. M., u. H. Lüdtke: Sozialwissenschaftliche Grundlagen einer modernen Freizeitpädagogik, in: deutsche jugend, Jg. 19 (1971), H. 9, S. 418–426; H. 10, S. 464–474; H. 11, S. 512–520.

Hölzel, S.: Freizeitpädagogik zwischen Gleichgültigkeit und Zwang, Neuwied/Berlin 1971.

Nahrstedt, W.: Erziehung, Rationalität und Freiheit. Zur Entstehung der modernen Schul- und Freizeitpädagogik, in: Pädagogische Rundschau, Jg. 25, H. 1 (1971), S. 24–44.

Ders.: Perspektiven für eine künftige Freizeitpädagogik, in: Neue Praxis 2 (1971), S. 90–105.

Opaschowski, H. W.: Freiheit durch Freizeit, in: Frankfurter Hefte, Jg. 26, H. 7 (1971), S. 544–551.

Ders.: Freizeit und Pädagogik, in: Pädagogische Rundschau, Jg. 25, H. 7 (1971), S. 451–474.

Ders.: »Freizeitberater« – Plädoyer für ein neues Berufsbild, in: deutsche jugend, Jg. 19, H. 11 (1971), S. 521–529.

Ders. (Hrsg.): Freizeitfahrten von Jugendgruppen (Materialien für Tourismusforschung), Starnberg: Studienkreis für Tourismus 1971.

Ders.: Pädagogische Konzeptionen im Jugendtourismus, in: Jahrbuch für Jugendreisen und Internationalen Jugendaustausch, Bonn 1971, S. 47–60.

Roth, W. (Hrsg.): Freizeiteinrichtungen, in: Ders.: Kommunalpolitik – für wen? Arbeitsprogramm der Jungsozialisten, Frankfurt/M. 1971, S. 100–107.

Scheuch, E. K.: Freizeit als Gegenstand der Forschung, in: Dt. Gesellschaft für Freizeit (Hrsg.): Freizeitgesellschaft im Blickpunkt, H. 1 (1971), S. 15–22.

Ders.: Massenmedien und Religion in der Freizeitgesellschaft, Essen-Werden 1971.

Schottmayer, G., E. Schaack u. P. Herrmann: Der Bauspielplatz. Explorative Studie über Freizeitpädagogik in Dänemark, in: Westermanns Pädagogische Beiträge, Jg. 23, H. 6 (1971), S. 283 ff.

Westphal, H.: Freizeit als Gegenstand der Politik, in: Dt. Gesellschaft für Freizeit (Hrsg.): Freizeit im Blickpunkt, H. 1 (1971), S. 23–30.

1972

Freizeitgesellschaft, Die –. Chancen und Gefahren (Hess. Hochschulwochen für staatswiss. Fortbildung, Bd. 70), Bad Homburg v. d. H./Berlin/Zürich 1972.

Freizeitpädagogik. Meinungen – Analysen. Hrsg. v. d. Dt. Gesellschaft für Freizeit (Schriftenreihe, Bd. 2), Düsseldorf 1972.

Günzel, R.: Freizeitzentren, in: Stadtbauwelt 34/Bauwelt 25/26 (1972), S. 114–117.

Kühn, E.: Freizeitverhalten und Urlaubsgestaltung, in: neues hochland 64/4 (1972), S. 330–335.

Lenz–Romeiss, F.: Freizeit-Planung: Chance der demokratischen Stadtentwicklung, in: Stadtbauwelt 34/Bauwelt 25/26 (1972), S. 103–107.

Lüdtke, H.: Jugendliche in organisierter Freizeit, Weinheim/Berlin/Basel 1972.

Ders.: Freizeit und soziale Orientierung, Weinheim/Berlin/Basel 1972.

Ders.: Sportler und Voyeursportler. Sport als Freizeitinhalt, in J. Richter (Hrsg.): Die vertrimmte Nation oder Sport in rechter Gesellschaft, Reinbek b. Hamburg 1972, S. 23–47.

Ders.: Freizeit in der Industriegesellschaft (Reihe »Analysen«, Bd. 12), Opladen 1972.

Meyer, H.: Musik als Freizeitfach, in: Westermanns Pädagogische Beiträge 24/6 (1972), S. 315–323.

Miksch, J.: Jugend und Freizeit in der DDR (Beiträge zur soziologischen Forschung, Bd. 8), Opladen 1972.

Nahrstedt, W.: Die Entstehung der Freizeit, Göttingen 1972.

Ders.: Entwurf eines freizeitpädagogischen Konzepts für das Bildungswesen, in: Recht der Jugend und des Bildungswesens 20/8 (1972).

Ders.: Freizeitberater – Argumente für ein neues »Berufsbild«, in: deutsche jugend 20/5 (1972), S. 228–238.

Opaschowski, H. W.: Zur Diskussion um den Freizeitberater, in: deutsche jugend 20/3 (1972), S 101–102.

Ders.: Erziehung zur Freizeit von morgen, in: Freizeit und Planung. Hrsg. v. d. Pressestelle d. Evang. Akademie Loccum (1972), S. 30–48.

Ders.: Freiheit durch Freizeit, in: Leitlinien der Erwachsenenbildung. Hrsg. v. H. Tietgens, Braunschweig 1972, S. 260–271.

Ders.: Freizeit als Zweitberufszeit? Zur Problematik der Freizeit in der modernen Leistungsgesellschaft, in: Gewerkschaftliche Monatshefte 23/8 (1972), S. 505–513.

Ders.: Freizeitprobleme und Freizeitpädagogik, in: Freizeitpädagogik. Meinungen und Analysen (Schriftenreihe d. Dt. Gesellschaft für Freizeit, Bd. 2), Düsseldorf 1972, S. 41–60.

Ders.: Überlegungen zur Konzeption der Freizeitberatung, in: Recht der Jugend und des Bildungswesens 20/4 (1972), S. 116–119.

Pirker, Th.: Freizeit als Produkt, in: neues hochland 64/4 (1972), S. 301–312.

Pross, H.: Die Freizeitrolle der Massenmedien, in: neues hochland 64/ (1972), S. 313–321.

Sportbund, Deutscher – (Hrsg.): Die Herausforderung des Sports durch die Freizeit, in: Ders.: Sport für alle – Herausforderung an den Sport, Frankfurt/M. 1972, S. 62–71.

Wachler, D.: Das verlängerte Wochenende in seinen Wirkungen auf Familie und Haushalt. Eine erziehungssoziologische Analyse, Düsseldorf 1972.

Werner, A.: Jugend und Freizeit in Ulm, in: Stadtbauwelt 34/Bauwelt 25/26 (1972), S. 110–113.

Im Druck

Freizeit '72. Dokumentation des Zweiten deutschen Freizeitkongresses vom 26. bis 29. 9. 1972 in Essen. (Mit Beiträgen von Andreae, Diem, Grupe, von Hentig, Hetzer, C. W. Müller, Nahrstedt, Opaschowski, Scheuch u. a.), Essen (Eigenverlag).

Opaschowski, H. W. (Hrsg.): Im Brennpunkt: Der Freizeitberater. Modelle und Versuche zur Ausbildung in Freizeitberatung und Freizeitpädagogik (Mit Beiträgen von Axt, Feige, Kirchgäßner, Knopff, Nahrstedt, Opaschowski, Tetzner, Wagner), Düsseldorf (Rau Verlag).